T0346387

Jean-Guillaume
HYDE DE NEUVILLE

(1776 -1857)

conspirateur et diplomate

ISBN 2-11-089159-9

Françoise Watel

Jean-Guillaume
HYDE DE NEUVILLE
(1776 -1857)
conspirateur et diplomate

Direction des Archives et de la Documentation
Ministère des Affaires étrangères

PRÉFACE

Écrire ses mémoires est le plus sûr moyen de s'épargner des biographes. Si l'observation n'est pas toujours confirmée, elle vaut pour Hyde de Neuville.

Rédigés après 1830 sous forme de notes mises en ordre par la famille de l'auteur, les Mémoires et souvenirs du baron Hyde de Neuville n'ont été publiés en trois volumes qu'en 1888, mais cette compilation a suffi à décourager le zèle des biographes. Seul Eugène-Melchior de Vogüé consacra en 1892 dans la Revue des deux mondes un long article à Hyde de Neuville; aucun livre, avant celui de Françoise Watel, ne prit pour thème la vie de celui que Chateaubriand qualifie dans ses Mémoires d'outre-tombe de « fidèle ami ».

Et pourtant quel beau roman pourrait inspirer la destinée de cet invétéré conspirateur, grande figure de la contre-révolution, qui n'hésita pas à organiser sous le Consulat une contre-police et mit en échec Fouché lui-même. Le 21 janvier 1800 au matin, jour anniversaire de l'exécution de Louis XVI, il fit tendre un drap noir sur l'entrée de la nouvelle église de la Madeleine. Sur le velours sombre était épinglée une copie du testament du roi.

Cet exploit a frappé les contemporains et lui a valu la paternité — qu'il récusa — de l'explosion de la machine infernale en décembre de la même année.

L'insaisissable conspirateur s'est doublé sous la Restauration d'un député ultra peu porté aux concessions, même quand elles desservaient son camp, et d'un exécuteur testamentaire de Chateaubriand qui lui confia la publication de ses mémoires.

Le conspirateur et l'ultra ont fait oublier le diplomate. Or, comme ministre de France aux États-Unis de 1816 à 1821 (un poste qu'avait failli occuper Fouché en 1815, avant d'être envoyé en Saxe), ou au Portugal en 1823, il joua un rôle trop négligé. C'est le grand mérite de Mme Françoise Watel d'avoir étudié de façon approfondie, grâce aux archives du Quai d'Orsay, les missions de ce zélé royaliste.

Zélé royaliste ? De l'ouvrage de Mme Françoise Watel émerge un portrait plus nuancé du personnage. Zélé certes, mais toujours lucide en 1799 comme en 1814, en 1815 comme en 1830. Hyde de Neuville ne fut nullement la tête brûlée que les historiens ont tendance à décrire. Il avait l'étoffe d'un grand homme d'État, d'un homme à principes surtout, dans un paysage politique peuplé de girouettes.

Ce sont les girouettes qui ont eu le dernier mot.

Jean TULARD,

Membre de l'Institut,
Professeur à la Sorbonne.

AVANT-PROPOS

Il est curieux de constater que Guillaume Hyde de Neuville n'a jamais fait l'objet d'aucune étude approfondie. Pourtant, il fut mêlé à des événements très divers, auxquels il participa en jouant un rôle plus ou moins important selon les cas. Il est de ce fait souvent cité dans nombre d'ouvrages. Le nom du personnage est familier à qui s'intéresse à l'histoire de la Révolution, de l'Empire et de la Restauration. Mais l'homme lui-même est mal connu, ou seulement sous certaines de ses facettes. On sait qu'il a été conspirateur, ambassadeur, homme politique, député et ministre. On le connaît aussi comme un ami de Chateaubriand, et comme un royaliste fervent, au point qu'on a pu faire de lui un ultra de la plus pure espèce. En revanche, on ignore souvent qu'il fut un observateur attentif et judicieux des États-Unis du premier quart du XIXe siècle, et on connaît peu ses opinions réelles : politiques, religieuses, sociales et économiques.

Il est vrai que son rôle spectaculaire et pittoresque de conspirateur sous l'Empire a pu faire oublier les autres aspects du personnage et l'importance de son action ultérieure. Outre quelques brochures biographiques de contemporains, l'essentiel des études sur Hyde de Neuville portent sur l'agence anglaise qu'il fonda en 1799, et sont à la limite du roman. Ce sont les ouvrages de L. Pingaud ou, moins lyriques, d'Hauterive ou Gaubert. Mais rien n'a été fait sur l'exil de Hyde aux États-Unis, où il a pourtant tissé des relations importantes avec des personnalités éminentes d'Amérique, manifesté des qualités intéressantes d'observateur curieux de la vie américaine, et joué un rôle culturel certain, en représentant la France dans sa vie d'exilé, avant de la représenter en tant qu'ambassadeur. C'est à ce moment-là qu'il a noué, dans le Nouveau Monde, des relations avec les milieux intellectuels, scientifiques, commerçants et mondains. Ce séjour a également joué un rôle crucial dans l'évolution de la pensée politique de Hyde. J'ai donc délibérément privilégié cette partie, d'autant plus que je pouvais disposer de documents américains à peu près complètement inédits. Il était intéressant de voir à travers l'exemple de Hyde de Neuville ce que pouvait être la vie des réfugiés français à New York, dont l'étude reste à faire.

La carrière d'ambassadeur de Hyde de Neuville a retenu l'attention de quelques historiens, notamment dans le monde anglo-saxon, à cause du rôle qu'il a joué dans le règlement des affaires entre l'Espagne et les États-Unis en 1819. L'étude la plus complète et la plus récente est une thèse de l'Université de Georgie, non publiée, mais qui est assez décevante dans la mesure où elle n'a tenu compte que des documents américains accessibles à la Library of Congress et aux Archives nationales des États-Unis, et où elle n'a guère cherché à renouveler les aspects déjà connus.

Il serait néanmoins illusoire de vouloir traiter en quelques pages ces aspects complexes et bien étudiés, notamment le traité de cession des Florides de 1819 et le problème des indemnités dues par la France aux États-Unis, aspects qui, chacun, ne mériterait pas moins qu'une étude vraiment approfondie. Je n'ai donc fait que les rappeler.

Quant à l'ambassade portugaise, malgré sa courte durée, Hyde y joua un rôle assez exceptionnel de défenseur de la légitimité et d'adversaire farouche de la Grande-Bretagne. Cependant, si l'on excepte l'article d'A. Silbert, cette période a pâti d'une historiographie portugaise déficiente (déficiente au moins en ce qui concerne cette portion ingrate et peu grandiose de l'histoire du Portugal). Elle mériterait pourtant d'être davantage étudiée, ce qui n'a pu être fait dans ce travail. Je n'ai envisagé l'histoire de ce pays qu'à travers le prisme de mon personnage, par le rôle qu'il a joué et la façon dont il a pu percevoir et analyser les événements dont il était à la fois le témoin et l'acteur. De façon générale, j'ai préféré étudier, dans ce travail qui est avant tout une biographie et non un ouvrage d'histoire diplomatique à proprement parler, les réactions d'Hyde de Neuville devant les événements et les situations, et la façon dont il a pu les observer, les juger, et parfois les orienter. Cette préférence m'a portée à ne pas insister sur les éléments conjoncturels, économiques ou sociaux, dont je tiens cependant à souligner l'importance, notamment dans le cas du Portugal.

La carrière politique, les idées politiques, les liens entretenus par Hyde de Neuville avec Chateaubriand sont souvent évoqués, mais mal connus quant au fond; ils sont presque mieux connus aux États-Unis, grâce à quelques thèses assez récentes (notamment celle de Marylin L. Mitchell). Que furent l'influence exacte de Chateaubriand sur Hyde ou de Hyde sur Chateaubriand, l'utilité dont ils ont pu être l'un à l'autre et leur solidarité politique, leurs relations réelles d'amitié ? Et que dire surtout des idées de Hyde ? Peut-on vraiment appeler ultra intransigeant un homme qui eut des idées libérales parfois avancées et qui parla souvent avec la gauche à l'Assemblée ? Hyde de Neuville est représentatif d'un certain idéal de la royauté, légitime, mais aussi constitutionnelle. De telles contradictions entre des idéaux traditionalistes et libéraux en font un personnage difficile à saisir et assez à part, malgré une apparente simplicité d'opinion que lui-même professe en se proclamant royaliste au plus pur sens du terme, et qu'il développe en trois points simples : « Dieu, le Roi, la Charte ». Il est vrai que la cohérence, la ligne-force du personnage réside dans cette idée du service de la royauté légitime, avec tout ce qu'il implique : un dévouement personnel dans l'action qui ne s'est jamais démenti, et un ensemble de théories sur ce qu'est la royauté, indispensable au bonheur des peuples, et sur ce qu'elle doit être pour se maintenir dans le contexte postrévolutionnaire du début du XIXe siècle.

Je tiens à remercier ici monsieur Delmas, professeur à l'École des chartes, et monsieur Fohlen, professeur à la Sorbonne, qui m'ont assistée et conseillée tout au long de cette étude, ainsi que la Commission franco-américaine, grâce à qui j'ai pu obtenir une bourse Fulbright qui m'a permis de mener à bien mes recherches aux États-Unis.

TABLE DES ABRÉVIATIONS

AC La Charité   Archives communales de La Charité-sur-Loire (Cher).

AD Nièvre   Archives départementales de la Nièvre.

AE   Archives du ministère des Affaires étrangères.

AN   Archives nationales.

APS   American Philosophical Society.

BI   Bibliothèque de l'Institut de France.

BNF   Bibliothèque nationale de France.

CP   Correspondance politique. (Archives du ministère des Affaires étrangères.)

CCC   Correspondance commerciale et consulaire. (Archives du ministère des Affaires étrangères.)

CU   Columbia University Library.

EMHL   Eleutherian Mills Historical Library.

LC   Library of Congress.

MC   Minutier central des notaires parisiens (Archives nationales).

M & D   Série Mémoires et documents. (Archives du ministère des Affaires étrangères).

NJSA   New Jersey State Archives.

NYHS   New York Historical Society.

NYPL   New York Public Library.

PRO   Public Record Office, Londres.

PRO   Public Record Office, Londres.

RU   Rutgers University Library.

TT   Archivo nacional da Torre do Tombo, Lisbonne.

v.   Volume

d.   Dossier

Nota. – Pour alléger les notes, j'ai pris le parti de citer les *Mémoires* d'Hyde de Neuville sans répéter textuellement le nom de l'auteur. Une référence aux *Mémoires* d'Hyde de Neuville se présentera donc sous la forme : *Mémoires*, I, 243, le chiffre romain représentant le numéro du volume, et le chiffre arabe celui de la page. D'autre part, je ne donnerai en note la référence complète d'un ouvrage que dans la mesure où il ne figurera pas dans la bibliographie, s'il s'agit d'un ouvrage à l'intérêt trop ponctuel.

Tableau généalogique

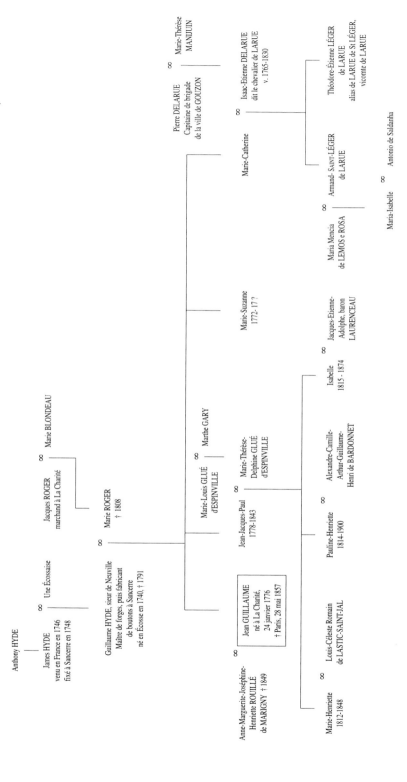

Figure 1 - Portrait du Baron Hyde de Neuville,
par la Baronne Henriette Hyde de Neuville.

Aquarelle, collection of the New York Historical Society, 1953-239.

PREMIÈRE PARTIE

UNE JEUNESSE
CONTRE-RÉVOLUTIONNAIRE

En ce matin du 26 décembre 1799, un jeune homme attend, nerveux, dans l'antichambre du cabinet du Premier Consul Bonaparte. Un reste d'adolescence transparaît encore sur ses traits réguliers et agréables. Châtain clair, les yeux gris-bleu, bien charpenté, un peu empâté peut-être, mais l'air vif et décidé[1], il est flanqué d'Andigné, un royaliste bien connu de la police de Fouché pour ses menées subversives.

Si Talleyrand, qui a accepté d'introduire les deux hommes, connaissait le véritable but de leur démarche, il serait stupéfait. Talleyrand, comme Bonaparte, les croit porteurs d'une offre de soumission des chefs vendéens. En réalité, il n'en est rien. Les deux hommes sont venus proposer à Bonaparte de restaurer le roi légitime.

Jean-Guillaume Hyde de Neuville, le jeune homme blond, va cesser dès lors d'être un inconnu.

---

[1] Les signalements de la police permettent d'évoquer un homme relativement grand (5 pieds 6 pouces), la taille élancée mais assez fort des épaules, châtain, les yeux gris-bleu, le regard vif et franc, qui devait avoir une certaine prestance naturelle (AN, F7 6250). Les portraits que l'on connaît de lui, exécutés par sa femme quelques années plus tard ou commandés à des peintres, confirment assez cette description.

CHAPITRE I

LES ORIGINES

1. LES ORIGINES FAMILIALES

Hyde de Neuville était le cadet d'une famille dont la noblesse ancienne était plus mythique qu'avérée : la lignée Hyde, qui aurait été d'illustre extraction écossaise, avait en effet dû se refaire un statut social dans le Berry, sa terre d'accueil. Le grand-père paternel d'Hyde de Neuville, James Hyde (1699-1776), serait descendu d'Edward Hyde, comte de Clarendon et Lord Chancelier d'Angleterre[1]. Jacobite fervent, James Hyde émigra en France en 1746, lorsque la bataille de Culloden mit fin aux espoirs des partisans des Stuarts. La famille Hyde se prévalut toujours du parentage du comte de Clarendon, et tirait déjà sa fierté de l'honneur intransigeant de James Hyde pour défendre la légitimité.

Cependant James devait avoir peu de terres et une fortune modeste. En 1757, il mit son fils en apprentissage chez un compatriote[2], peut-être lui aussi émigré jacobite, car la Nièvre en avait accueilli beaucoup[3] : des Mac Nab, des Mac Donald, ou des Destutt de Tracy. Guillaume Hyde y reçut certainement une bonne formation, en acquérant les techniques anglaises. Bientôt Guillaume francisa son nom en Hide, se fit naturaliser français[4], puis épousa une jeune fille de très bonne famille et d'honnête fortune, Marie Roger, après sept ans de résistance de la part du père qui ne voulait pas d'un Anglais pour gendre, vraisemblablement peu fortuné de surcroît.

La plupart des biens de la famille d'Hyde de Neuville semble dont venir de sa mère, Marie Roger. Peu de temps après son mariage, Guillaume Hyde put acheter à La Charité la manufacture où lui-même avait été apprenti.

À une époque où la quincaillerie anglaise, par sa réputation de qualité, connaissait un grand succès en France, l'arrêt du conseil du roi du 22 juillet 1749 était venu interdire l'importation de boutons de métal étrangers. Ne pouvant plus importer sa marchandise et perdant un débouché impor-

---

[1] On peut vérifier cette généalogie dans F. Nichols, *British Compendium*. Voir aussi R. Gordon, *Les Ecossais en Berry*. Pour plus de précisions sur la vie d'Edward Hyde, voir HARRIS (R.W.), *Clarendon and the English Revolution*, Londres, 1983.

[2] Contrat d'apprentissage pour Guillaume Hyde, fils de Jacques, « gentilhomme irlandais », auprès de Michael Alcock, « propriétaire de manufacture anglaise », La Charité, 3 mai 1757. AD Nièvre, 4 E, notaire Dargent.

[3] R. Gordon, *op. cit.*

[4] Arrêt du Conseil du 11 mai 1756.

tant, l'Anglais Michael Alcock était venu s'installer en France, pour fabriquer sur place sa production en utilisant les fameux « secrets » anglais, et avait obtenu l'autorisation de s'installer à Vierzon, dans un faubourg de La Charité-sur-Loire, en 1756[1], installation effective le 21 mars 1757. Il avait aussitôt pris comme apprenti le fils de son compatriote James Hyde. Six ans plus tard, en mars 1763, la « manufacture » de quincaillerie, taillanderie et bijouterie, façon d'Angleterre, occupait plus de 250 personnes. Grâce à la protection de Calonne et du duc de Choiseul, intéressés à l'affaire, la manufacture trouva un débouché important avec la fourniture de boutons pour les troupes de Sa Majesté. Entre 1766 et 1770, elle se consacra ainsi à l'habillement des soldats, fabriquant boutons, boucles de ceintures et de souliers, plaques de casaques, gibernes, ceinturons et cols, hausse-cols et garnitures d'épées et de sabres[2]. Les techniques de fabrication, les ouvriers étaient anglais. Alcock abandonna l'affaire en 1766, et le directeur devint alors Guillaume Hide, qui continua la même politique. Il faisait alors travailler 99 personnes. En 1772, il fonda un autre établissement du même genre à La Charité. La manufacture faisait vivre toute la région[3].

Alcock parti, l'entreprise subissait sévèrement la concurrence anglaise. Pour découvrir les « secrets » anglais de la dorure, Hide n'hésita pas à entreprendre un voyage en Angleterre, et réussit à pénétrer dans le laboratoire inaccessible de Birmingham, en septembre 1764. Ayant découvert le procédé anglais, il l'adopta dans sa fabrication et, grâce aux relations qu'il avait conservées dans son pays natal, attira à La Charité un certain nombre d'ouvriers anglais expérimentés[4]. En 1788, il racheta entièrement la manufacture pour son propre compte. Par ailleurs, il s'était rendu acquéreur de petites forges dans la région[5].

La manufacture permit à Guillaume Hide de s'enrichir peu à peu[6] et d'acquérir, d'abord, une charge de secrétaire du roi, maison, couronne de France et de ses finances, en 1783 (la classique « savonnette à vilains », qui lui permit de devenir écuyer), puis une série de maisons et de terres, à Paris et dans la région du Berry et du Nivernais : à Pouilly, Bulcy, Malrot, Charanton et Neuville, terre qui devait donner leur nom à ses fils[7]. Neuville surtout, acheté en 1783, était un fief noble, avec justice haute, moyenne et basse, et tous droits seigneuriaux[8]. Les terres acquises par Guillaume Hide, jointes à celles apportées par sa femme, constituaient un

---

[1] AD Nièvre, 1 C 11.
[2] AD Nièvre, 1 C 12.
[3] AD Nièvre, 1 C 13.
[4] *Ibid.*
[5] AD Nièvre, 3E 17-65, n° 227.
[6] De 1777 à 1783, G. Hide figure dans le rôle des tailles comme le troisième bourgeois le plus imposé de la ville. AC La Charité, CC 5.
[7] AD Nièvre, CC 1464, f° 32, 41; 2C 1491.
[8] Actes des 16 janvier et 27 mars 1783, et du 23 novembre 1784, AD Nièvre, 2C 1491; 3E 17-63, n° 134; 3E 17-65, n° 225.

domaine en rapport avec sa nouvelle position sociale, et lui permettaient de vivre noblement.

Le 24 janvier 1776, le premier fils de Guillaume, Jean-Guillaume Hyde, naissait à La Charité. Il avait une sœur plus âgée et un frère allait voir le jour deux ans plus tard, en 1778. La rapide ascension sociale de Guillaume Hide apportait déjà à ses enfants tous les avantages d'une famille noble et fortunée.

Malgré la Révolution, Jean-Guillaume continua cette ascension sociale, en particulier grâce à un mariage au moins aussi intéressant que celui de son père. Il épousa une femme de vingt ou vingt-cinq ans plus âgée que lui, mais seule héritière d'une riche et noble famille du Nivernais. Anne-Marguerite-Henriette Rouillé de Marigny, probablement née en 1749 (mais la date exacte de sa naissance reste un mystère), aurait donc eu quarante-cinq ans lors de son mariage avec Hyde de Neuville en 1794. Hyde avait dix-huit ans. Sa femme lui apportait de 15 à 20 000 livres de rentes[1].

Pierre Jean Rouillé de Marigny mourut en mai 1802, léguant tous ses biens à sa fille et à son gendre[2], sauf un quart à son frère, qui le leur revendit aussitôt, pour 10 000 livres tournois[3]. Ce quart étant indivis, il est logique d'estimer le total de la succession à 40 000 livres tournois. La plus belle terre était le château de l'Estang, qu'Hyde habita désormais jusqu'à sa mort. Situé à côté de Sancerre (Nièvre), dans une région de vignoble, le domaine, assez étendu, comprenait un bâtiment de maître, un pressoir, un colombier, des caves et diverses dépendances, avec une trentaine de prés, pièces de vigne, bois, fermes et terres labourables dispersées autour de Sancerre[4].

L'héritage comportait encore une « maison à porte cochère » à Paris, rue de l'Université, avec maison et dépendances[5].

Jean Rouillé de Marigny avait aussi acheté pour lui, sa fille et son gendre, dès juillet 1796, une maison à Paris, rue Croix-des-Petits-Champs[6]. Bien qu'il allât souvent à Paris, Hyde ne l'habita pas, préférant varier les refuges et éviter ses propres maisons en cette époque troublée où il était poursuivi. En revanche, il en loua chacun des trois étages[7].

De son côté, Hyde hérita de la manufacture de son père à La Charité. Malgré les troubles de la France en général et de la famille Hyde en particulier, la manufacture continua à fonctionner, à faire travailler la région,

[1] Général Moncey au Grand Juge, 25 nivôse an XI (15 janvier 1803), AN, F7 6249, dossier Larue.
[2] AN, MC, XX-796, notoriété du 16 nivôse an XI.
[3] AN, MC, XX-794, vente par David-Etienne Rouillé de l'Etang, 14 messidor an X.
[4] AN, MC, XX-794, inventaire du 17 thermidor an X.
[5] AN, MC, XX -794, vente du 17 thermidor an X.
[6] Quittance du 26 mars 1811 pour une vente du 8 thermidor an IV, et vente du 8 thermidor an IV (26 juillet 1796), AN, MC, XX-838, XX-773).
[7] Procuration pour passer un bail du 12 thermidor an IV (30 juillet 1796), AN, MC, XX-773; bail du 9 brumaire an XIV (31 octobre 1805), AN, MC, XX-808.

et même à être fournisseur du gouvernement. En 1793, alors que Hyde s'agitait contre le gouvernement, il continuait à lui vendre des boutons pour l'habillement des troupes[1]. Hyde ne vendit le bâtiment qu'après avoir émigré, en 1809. Il fut alors transformé en hôpital[2].

2. LA FORMATION INTELLECTUELLE ET L'ÉDUCATION MORALE

Avec une telle fortune, Hyde aurait dû recevoir une éducation soignée, si les troubles de la Révolution n'étaient pas intervenus. Fin 1787, il entra au collège royal de Bourges, tenu depuis quelques années par les pères de la Doctrine chrétienne avec le concours de quelques professeurs laïcs[3]. Bon élève, protégé par le père Amor, qui deviendra conservateur de la Bibliothèque Mazarine, il y fut moins nourri de latin et de grec que de poésie. Le père Amor, qui faisait des petits vers, encourageait ceux de son élève. Hyde se découvrit donc une passion précoce pour le sonnet et la charade. En revanche, il ignorait le Grec, n'appréciait guère Homère[4], jugeait la poésie latine selon son degré d'édification morale[5] et considérait que la littérature française n'était sortie de la barbarie qu'avec Racine, pour tomber dans la décadence avec le siècle des Philosophes[6].

En 1790, Hyde de Neuville vint à Paris continuer ses études au collège du Cardinal Lemoine, où il fit sa rhétorique. Mais très vite, ces études furent entravées par les événements révolutionnaires. Son professeur, l'abbé Levasseur, avait refusé de prêter serment à la Constitution civile du Clergé. Hyde refusa de suivre l'enseignement du prêtre jureur qui prit sa place et, comme il le reconnaît lui-même, négligea ses études au profit de la politique[7].

Il se mit à faire partie d'un certain nombre de sociétés royalistes, cherchant à jouer un rôle. Destiné au service par sa famille, il fut effectivement

---

[1] AN, F7 6251.

[2] La manufacture fut achetée à Hyde le 11 septembre 1809, à la suite d'une décision du Conseil général de la Nièvre de janvier 1809. Depuis plusieurs années, le Conseil général souhaitait l'établissement d'un dépôt de mendicité pour accueillir les nombreux mendiants du Département. Le préfet de la Nièvre, Adet, s'inquiétait de ne disposer d'aucun établissement pour les fous, qu'on était obligé d'envoyer dans les prisons. Il fut alors décidé de créer un dépôt de mendicité qui accueillerait les fous. La manufacture d'Hyde paraissait un local tout trouvé.
Sur la transformation de la manufacture en hôpital, voir G. Thuillier, *Les institutions médico-sociales en Nivernais*, et Garnier (Dr. S.), *Le dépôt de mendicité, l'hospice départemental et l'asile d'aliénés de La Charité-sur-Loire*, 1889.

[3] *Mémoires*, I, 9-11.

[4] Il reconnaît dans le *Journal des dames* ne pas savoir lire l'*Odyssée* dans le texte : *Journal des dames*, n° 11 (février 1810), p. 47. L'*Odyssée* d'ailleurs l'ennuie; l'*Iliade* seule est rachetée à ses yeux par ses « grands caractères », son « éloquence du sentiment », sa « force de passion ».

[5] Ainsi, il décrie Horace, car ce poète « semble avoir eu plus envie de plaire que de corriger » : *Journal des dames*, n° V (mai 1810), p.161.

[6] *Journal des dames*, n° IX (septembre 1810), p. 320.

[7] *Mémoires*, I, 11.

nommé lieutenant de cavalerie dans le régiment du Royal-Navarre, mais ne rejoignit jamais son affectation, ne voulant pas prêter serment[1].

Il commença, semble-t-il, des études de médecine. Peut-être ne les termina-t-il jamais complètement. D'autres intérêts le sollicitaient, auxquels il était d'autant plus prêt à obéir que la fidélité monarchique était chez les Hyde pour ainsi dire une tradition familiale, et que toute son éducation le poussait à abhorrer les théories qui avaient précipité la Révolution.

Cette éducation, donnée principalement par la mère, car le père mourut assez tôt, en 1791, détermina toute la vie de Hyde de Neuville, et on ne peut comprendre ses actions sans en tenir compte. C'est là toute la source du légitimisme farouche du personnage. Hyde reconnaît lui-même que, sans cette éducation, il aurait peut-être eu des idées politiques bien différentes : « Que de gens, et je suis de ce nombre, qui ont dû à des circonstances indépendantes de leur volonté une heureuse direction dans la vie ! Sans la femme supérieure que le ciel m'avait donné, sans ma mère, avec mon imagination, ma tête ardente, que d'événements pouvaient changer ma destinée ! Que de séductions pouvaient m'entraîner, que d'illusions, que de théories dangereuses pouvaient me perdre ! Ce que je puis valoir, je le lui dois. Elle a été mon égide, comment penser à elle et ne pas vouloir le bien ? »[2] Marie Hyde était là pour insuffler à ses enfants le culte de Dieu et du roi. A son lit de mort, en 1808, sa dernière parole fut de recommander à ses enfants « d'être toujours fidèles à leur Dieu et à leur roi[3] ».

Hyde de Neuville résume de la façon suivante ce que fut l'orientation de sa vie, en reconnaissant toute la part qu'il doit à son éducation : « Je suis entré dans la carrière politique jeune, heureux, sans avoir ni beaucoup de désirs à former, ni de grands souvenirs à défendre. La fougue de mes passions, l'exaltation de mon âme, pouvaient m'entraîner du côté de cette jeunesse ardente qui croyait sincèrement défendre la liberté. Les opinions de ma famille, d'autres circonstances me jetèrent dans le parti contestataire; les malheurs de la famille royale, ceux de mes parents, de mes amis, firent le reste; je défendis par sentiment une opinion que je ne dus peut-être d'abord qu'au hasard; car quelle peut être l'opinion d'un enfant de quinze ans ? [...] Quatre ou cinq ans de plus et ma digne mère de moins, et j'étais peut-être dans les rangs de ceux de mes compatriotes qui durent être facilement séduits par les plus flatteuses espérances, par les plus brillantes erreurs[4]. »

[1] *Ibid.*, I, 11.
[2] *Mémoires*, I, préface.
[3] *Mémoires*, I, 472.
[4] Hyde de Neuville à Bernadotte, 12 janvier 1814, AE, CP États-Unis, v. 74, fᵒ 41-46.

CHAPITRE II

L'ACTION CONTRE-RÉVOLUTIONNAIRE

1. LES PREMIÈRES ANNÉES

En 1790, en arrivant à Paris, Hyde de Neuville avait 14 ans, le sentiment d'assister à de grandes et terribles choses, et le désir aigu d'y participer pour défendre la cause monarchique, qu'on lui avait tant appris à vénérer. Malgré son jeune âge, il commença à manifester publiquement ses opinions par des actions aussi inopportunes que courageuses, obligeant Ducos à se découvrir devant la reine à l'opéra, ou apostrophant Théroigne de Méricourt[1]. C'était là des gestes de garçon exalté, qui ne savait comment prouver sa ferveur au roi et au parti royaliste. Hyde confie d'ailleurs : « Mes opinions allaient jusqu'à l'exagération, et rien ne pouvait m'empêcher de les manifester[...]. Je ne cherchai plus que l'occasion de donner des preuves de mon attachement à la famille royale[2]. »

Dès cette époque donc, sous la pression des événements qui, menaçant la famille royale, la rendaient encore plus digne de cet attachement, Hyde de Neuville commença à vouer un culte au roi et surtout à la reine, prêt à les défendre comme un preux chevalier. « La Reine devenait surtout pour moi l'objet d'un dévouement presque romanesque[3] », et le Lancelot en puissance passait ses journées à tourner autour du palais, dans l'espoir de faire servir son bras.

Après le 18 avril 1791, quand il fut devenu manifeste que le roi était prisonnier de son peuple, Hyde commença à attirer sur lui l'attention de la police en publiant une brochure intitulée *Avis aux Français ou le Dernier cri*. Guillaume Hide, alarmé et impatienté, décida d'aller chercher lui-même de force son fils à Paris pour le ramener dans la Nièvre. Mais il mourut peu de jours après, et les événements du 10 août incitèrent Hyde à retourner à Paris en secret, laissant sur la table un billet pour sa mère : « Je vais contribuer à sauver le trône, ou mourir en le défendant[4]. »

En route, l'émotion souffla à Hyde quelques vers indignés qui manquèrent de le faire arrêter à la porte de Paris. Arrivé trop tard pour sauver le trône, le jeune homme de 16 ans n'eut plus qu'à contempler aux Tuileries un spectacle qui accrut encore son horreur de la Révolution et des excès

---

[1] *Mémoires*, I, 12-14.
[2] *Ibid.*, I, 12-13.
[3] *Ibid.*, I, 12.
[4] *Ibid.*, I, 16.

de la populace : « Quel affreux spectacle !... Quels horribles discours ! Là, j'aperçois la dépouille encore sanglante d'une infortunée victime; ici, ce sont les débris qu'a faits le pillage; plus loin, je vois les restes épars des malheureux jetés dans les flammes...[1] »

Il resta un temps à Paris, le temps de se rendre compte que « la nature n'avait plus de lois : la peur ou la perversité dégradaient tous les caractères ». La « démence furieuse » des orateurs, les excès populaires frappèrent pour toujours ce jeune garçon impressionnable. Témoin du jugement de Louis XVI, Hyde faisait de ce roi un roi-martyr, auréolé des palmes du courage et de l'abnégation devant ses bourreaux. « Au moment où sa couronne tombait, une infortune sans mesure lui en rendait une autre, et il semblait que son noble front portât mieux la seconde, la couronne du martyre ![2] »

Le procès du roi, danger ultime que courait la monarchie, était pour Hyde un appel à l'action. Il ne se contenta plus de s'immiscer dans les groupes royalistes et dans les milieux proches du palais. Malgré son jeune âge, il se crut appelé à défendre le roi en péril, aux côtés de Malesherbes et des avocats du roi. De fait, il chercha à travailler les députés qui devaient décider du sort de Louis XVI. Il en connaissait plusieurs : ses compatriotes de la Nièvre et du Cher, notamment Guillerault. Muni de lettres de recommandation, il se présenta chez Coffinhal, qui avait une certaine influence sur plusieurs conventionnels. Introduit dans la chambre de Coffinhal, il se mit à pérorer avec éloquence devant l'alcôve sombre où était couché le député, et eut la surprise de se voir appuyé par une voix aiguë qui sortait de sous les couvertures : « Il a raison, ce jeune homme. Je t'en prie, mon petit Coffinhal, ne laisse pas voter la mort de ce pauvre homme. » Hyde sortit fort troublé de cette scène, où la « voix du vice » se portait à la défense de l'innocence[3].

Hyde s'était fait connaître de Malesherbes. Voyant que, malgré l'appui de la « voix du vice », les députés avaient cédé à la peur (car quel autre motif eût pu pousser à l'immolation d'une si auguste victime ?), il entretint Malesherbes du projet formé par une bande de jeunes gens, à laquelle il s'était naturellement joint, d'enlever la personne du roi sur le chemin du supplice, pour le soustraire à ses bourreaux. Malesherbes répondit que le roi s'y opposait[4].

Le « forfait » était accompli, mais la lutte ne faisait que commencer. Hyde s'y engagea dès lors à corps perdu. Abouché avec deux gardiens du Temple, Michonis et Jobert, il échoue d'abord à faire évader la Reine. Il quitte alors Paris, où tout espoir semble perdu, mais c'est pour continuer la lutte ailleurs. Attiré à Lyon par le mouvement fédéraliste, il s'y joint aux insurrections avant de revenir poursuivre le combat chez lui, dans la

---

[1] *Mémoires*, I, 17.
[2] *Ibid.*, I, 22
[3] *Ibid.*, I, 38.
[4] *Ibid.*, I, 40.

Nièvre. Ses activités contre-révolutionnaires se mêlent alors aux démarches humanitaires pour tenter de sauver des victimes de la révolution : des prêtres surtout, mais aussi des pères de famille arrêtés pour propos royalistes. Il s'improvise avocat pour sauver un Pierre Maugue, père de six enfants[1], fait évader un certain nombre de prisonniers des geôles de Nevers. D'accord avec sa mère, qui appuie son action, il commence à faire transformer le château familial en véritable forteresse et surtout le dote de tout un réseau de caches, souterrains et portes dérobées, qui servira tout autant aux prêtres en fuite qu'à Hyde lui-même, lorsqu'il deviendra activement recherché.

Hyde de Neuville en effet, quoique sa jeunesse l'eût mis un temps à l'abri, ne fut pas sans tarder à attirer l'attention sur lui. L'appui du citoyen Pache, ex-ministre de la guerre, cessa d'être aussi une protection suffisante, et commença pour Hyde une vie de clandestinité. Il allait jouer à cache-cache avec la police pendant près de quinze ans. Ces quinze années devaient marquer Hyde au point de faire de lui un éternel conspirateur.

Son mariage en 1794 avec Henriette Rouillé de Marigny ne remit pas en cause cet engagement. Bien au contraire, la femme dès lors partagea les dangers de son conjoint, lui sauvant la vie à l'occasion, en ouvrant subitement son parapluie au nez des agents qui venaient arrêter son mari pour lui donner le temps de se sauver, ou en partageant ses fausses identités, tour à tour ouvrière, repasseuse, femme du monde.

Sous la Terreur, et plus encore après Thermidor, Hyde multiplie les provocations, les pamphlets. Il est l'auteur de couplets chantés par les acteurs de Nevers, sur la scène du théâtre, car le public les réclame. Par son ami l'acteur Lemercier, royaliste comme lui, Hyde fait représenter des pièces à la limite de la satire ouverte, des opéras de plus en plus audacieux, avec l'appui de la population et même des autorités locales, notamment des adjoints au maire[2].

Deux journées, opéra en trois actes, raconte la proscription du comte Armand, président à mortier du parlement de Paris, qui pour avoir osé tenir tête à Mazarin, est recherché mort ou vif pour 6 000 ducats. Obligé de recourir à des déguisements, le comte trouve chez un honnête porteur d'eau le secours et l'asile que lui avaient refusés tous les courtisans. C'est l'histoire de la légitimité proscrite par le pouvoir abusif, voire usurpé; en même temps, c'est la célébration de la vertu populaire qui sait reconnaître le droit et la légitimité et n'hésite pas à se dévouer avec gaieté et simplicité. D'une certaine manière, c'est encore l'histoire de Hyde de Neuville proscrit par Bonaparte, et sauvé par un parfumeur parisien ou un paysan nivernais[3].

---

[1] AD Nièvre, 14 L 5.

[2] Critique dans le *Journal décadaire de Nevers*, n° 7 : 5 frimaire an X (26 novembre 1801).

[3] Annonce d'un nouvel opéra de Hyde, qui va être joué à Nevers, sur une musique de Dufournay. Rapport du commissaire de police de Nevers au ministre de la police, 7 frimaire an X (28 novembre 1801), AN, F7 6250.

À Paris, où il revenait fréquemment, Hyde s'était de la même façon lié avec des publicistes et des imprimeurs royalistes, et aussi avec des chefs vendéens. Dans les bandes de la jeunesse dorée ou des compagnons de Jésus, il maniait le bâton avec ardeur. Après Fructidor, son beau-frère Larue, député aux Cinq-Cents, fut envoyé en Guyane. Hyde subit lui aussi le contrecoup du durcissement qui suivit le coup d'État. C'était surtout sa parenté avec Larue qui le rendait suspect[1], car ses propres activités, même si elles avaient déjà donné l'éveil à la police, n'étaient que l'agitation d'un garçon cherchant à jouer un rôle. Toujours est-il qu'un mandat d'arrêt fut lancé contre lui. Il fut vite retiré, mais la surveillance continua[2].

Cette surveillance rendit Hyde prudent, au moins dans la Nièvre, où il était connu et où il avait sa famille, et l'empêcha de prendre une part directement active à l'insurrection sancerroise connue sous le nom de « Petite Vendée », en 1797. L'insurrection, menée par Phélippeaux, avait éclaté en avril, dans l'espoir de se joindre à celle de Charette, dont la mort avait été connue trop tard. Hyde s'était contenté de faciliter des passages d'armes sur la Loire, dans un bateau qui lui appartenait, puis de faire évader les chefs quand ceux-ci furent arrêtés, après l'échec du mouvement[3].

À Paris, où il préfère revenir se cacher, il se fait passer pour un ouvrier, et sa femme pour une pauvre veuve, Madame Roger, ce qui ne l'empêche pas de continuer à faire circuler des chansons qu'il compose, comme *Le Vrai Paradis*, inséré dans le *Journal des dames et des modes*. En juin 1798, Larue réussit à s'évader de Sinnamary, par Surinam, et vint rejoindre son beau-frère. Définitivement compromis et proscrit, Larue s'engagea à fond dans le mouvement contre-révolutionnaire, cherchant à y attirer un certain nombre d'anciens députés fructidorisés comme lui, et surtout un certain nombre de généraux. Hyde, jeune, inconnu et peu expérimenté, s'était contenté de s'agiter dans l'ombre, menant de petits combats sans grand résultat pour la royauté. Larue, ancien député, connu pour ses opinions royalistes, encore auréolé du prestige d'une évasion spectaculaire, avait l'oreille des princes. En décembre 1798, il fut chargé par le comte d'Artois d'un mémoire sur la situation de la France, de concert avec Pichegru[4].

C'est par Larue que Hyde pouvait enfin aspirer à jouer un rôle actif, un grand rôle. Larue était l'ami de Pichegru. Depuis Sinnamary, ils ne se quittaient plus. À Londres, où il était réfugié, Larue cherchait à convaincre les princes et le gouvernement britannique de l'intérêt d'utiliser Pichegru. Quant à Hyde, dans l'ombre de Larue, il cherchait à être utilisé à son tour, espérant pouvoirs et subsides de l'Angleterre.

---

[1] Directives pour la surveillance de Hyde dans la Nièvre comme « beau-frère du conspirateur Delarue », février-mai 1798, AN, F7 7388, dossier B5 2541.

[2] Mandat d'arrêt du 14 vendémiaire an V (5 octobre 1796), et correspondance entre le ministre de la police et le Commissaire du Directoire dans la Nièvre, 1796-1797, AN, F7 7286, dossier 2003.

[3] *Mémoires*, I, ch. IV.

[4] *Ibid.*, I, ch. VI.

Dès 1797, Hyde avait cherché à attirer l'attention sur les déportés de Sinnamary, faisant notamment publier dans nombre de journaux une fausse lettre d'un prêtre déporté, intégralement rédigée par lui, et destinée à émouvoir l'opinion, sous le titre *Pierre Marie D..., prêtre déporté à Counonama à son frère*. Il obtint enfin à Londres, pour accélérer l'envoi d'un bâtiment marchand sur les côtes de Guyane, une lettre de passe générale et spéciale. En arrivant en France, il apprit que le Premier Consul Bonaparte, trois jours auparavant, avait fait expédier deux frégates pour sauver les déportés. L'entreprise de Hyde était désormais inutile : mais c'était la première action pour laquelle il avait obtenu l'appui anglais effectif, et cet appui devait bientôt lui apparaître comme le principal élément de la lutte pour le retour de la royauté.

Phélippeaux[1] reprit contact avec Hyde en 1797 pour faire évader du Temple Tromelin, Brottier et Laville-Heurnois. Ces derniers avaient été arrêtés le 30 janvier 1797, quand fut découverte la première agence royaliste formée à Paris. Il semble que Hyde de Neuville n'ait jamais participé directement aux activités de l'agence, quoiqu'il avoue qu'il connaissait bien Laville-Heurnois[2]. Les membres de l'agence, Brottier, Duverne de Presles, étaient, comme Phélippeaux et Hyde, nivernais. Fut-ce ce qui rapprocha d'eux Hyde de Neuville ? Et leurs relations s'arrêtèrent-elles là ?

Brottier et Laville-Heurnois furent envoyés à Sinnamary avant que Phélippeaux et Hyde aient pu faire quoi que ce fût pour eux. En revanche, ils firent évader Tromelin et le commodore Anglais Sydney Smith[3] avec qui Tromelin s'était lié en prison. Cette évasion devait assurer à Hyde l'amitié de Sydney Smith, et éveiller l'intérêt de l'Angleterre envers lui.

La véritable action de Hyde se place donc après 1799, lorsque l'Angleterre fut disposée à l'aider, et alors que les conditions politiques en France avaient changé. Après Brumaire, Hyde de Neuville ne luttait plus contre la Révolution, que tous les royalistes haïssaient, mais contre le pouvoir dictatorial de Bonaparte, auquel certains étaient disposés à se rallier. De plus il n'hésitait pas à solliciter les secours d'une puissance étrangère. Il avait donc dû faire des choix politiques qui n'allaient pas de soi, et qui correspondaient, chez cet homme mûri, à des idées à présent clairement définies.

---

[1] Phélippeaux (Louis-Edmond-Antoine Le Picard de), 1768-1799. Rival de Bonaparte dès l'École militaire de Pont-Levoy où il le connut, farouche adversaire de la Révolution, il émigra en 1791. Officier de l'armée de Condé, il rentra en France en octobre 1795 avec l'intention de soulever le Berry. Il eut d'abord quelque succès et s'empara de Sancerre, mais sa troupe fut bientôt dispersée et lui-même fut arrêté à Orléans en juin 1796. Il retrouva Hyde de Neuville pour faire évader Sidney Smith du temple. Il mourut devant Saint-Jean d'Acre au service de l'Angleterre. Cf. Diesbach (Ghislain de), *Échec à Bonaparte : Louis-Edmond de Phélippeaux, 1769-1799*, Paris, 1980, 319 p.

[2] *Mémoires*, I, 161.

[3] AN, F7 6249, d. Delahaye.

2. L'ENTOURAGE ET LES IDÉES

À Paris, Hyde de Neuville évoluait dans deux milieux bien différents. Dans les salons qu'il fréquentait, peut-être imprudemment, au plus fort de sa proscription, il s'adonnait aux charades, aux jeux d'esprit, à la vie de société; ses amis, aristocrates royalistes comme lui, avaient toutefois su conserver une sorte de neutralité privilégiée à l'égard des événements, et au besoin protégeaient Hyde. Un certain nombre de ces dames, qui continuaient à deviser sur l'amour dans leurs hôtels, se moquaient aussi des gouvernements révolutionnaires, lisaient entre elles les pamphlets de Hyde qui allaient être publiés, et parfois même osaient courir des risques pour Hyde et pour la cause royaliste. À peine sorti de chez elles, Hyde redevenait un pauvre ouvrier et allait rejoindre les hommes du parti, dans les clubs, ou dans les imprimeries clandestines.

Hyde de Neuville allait régulièrement dîner chez le marquis d'Harcourt ou chez les comtesses de Saint-Maurice et de Durfort. Surtout, il était un familier de la comtesse de Damas et de l'hôtel de Montchenu qui appartenait à la famille de Vaux, où se réunissaient Mesdames de Montchenu, Marguerye, Rochemore, et la marquise de la Maisonfort, de façon régulière[1]. Il en aimait l'esprit, la gaieté, les charmes des hôtesses, échangeait avec elles des vers faciles. Poète familier de ces dames, Hyde était chargé de composer des pièces pour mettre en relief le talent de chacune de ces actrices amateurs. L'une de ces pièces, *Constance ou l'Heureuse journée*, fut même représentée au théâtre sans que l'on soupçonnât la situation réelle de son auteur[2].

Cet aimable passe-temps n'était pas forcément dénué de toute arrière-pensée. Indépendamment de leur charme, ces dames insoupçonnables pouvaient cacher Hyde, lui rendre des services, au besoin participer à sa correspondance avec le parti royaliste et les princes. Tel est bien le rôle que semble avoir joué la comtesse de Damas, épouse de Charles de Damas, que la police, surtout celle de Bonaparte, n'osa trop inquiéter, quoiqu'elle affichât un royalisme intransigeant. Son salon, comme celui de la baronne de Montchenu, était de tout le Faubourg Saint-Germain le plus hostile à Bonaparte, et le resta tout au long de l'Empire, malgré les tentatives de Joséphine pour se le rallier. Mme de Damas n'hésita pas à payer souvent de sa personne pour cacher Hyde et le faire échapper aux recherches.

Au moment de l'affaire dite la « Conspiration anglaise », la comtesse fut sérieusement impliquée, alors que la police avait saisi trois lettres qu'elle avait imprudemment adressées à Hyde et dans lesquelles elle n'avait pas

---

[1] Rapports de police, AN, F7 6250, d. 5588.
[2] Compte rendu dans le *Journal des dames et des modes*, 20 vendémiaire an VII.

jugé bon de s'exprimer à mots couverts. Il fallait bien toute l'amitié de Joséphine pour que la police passât sur l'affaire[1].

Mais la fréquentation assidue de ces salons parisiens correspondait aussi à un besoin de Hyde de ne pas rompre tout à fait avec la vie de société. Bien qu'il fût recherché assidûment, il ne résistait pas à fréquenter les spectacles, notamment celui du Vaudeville, quitte à courir le risque d'y être reconnu[2].

À Londres, Hyde de Neuville noua de même des relations avec plusieurs femmes de l'émigration : Mme de Balbi, future favorite de Louis XVIII, la comtesse de Boigne, et toute une série de jeunes dames dont Mme de Boigne, qui généralement n'est jamais tendre, dit beaucoup de mal dans ses *Mémoires* : Mme de Vaudreuil, « dont la conduite peu mesurée aurait pu épuiser la patience [de son vieux mari], s'il s'en était aperçu[3] »; et ses sœurs, surtout Mme de Sérent, nivernaise comme Hyde[4] , qui sera une des premières dames de l'impératrice Joséphine. « Elle était remarquablement instruite, assez spirituelle, et l'Empereur se plaisait à causer avec elle, dans le temps où il causait encore[5]. » Inutile de dire que les relations privilégiées de Hyde de Neuville avec ces dames (plutôt qu'avec leurs maris, à l'exception de Vaudreuil) étaient assez ambiguës. En tout cas, de telles relations purent lui servir, tant dans le milieu de l'émigration à Londres et auprès du comte d'Artois que, par la suite, auprès de Napoléon.

Royaliste engagé, membre du club de Clichy, Hyde s'était lié aussi, à Paris, avec les principaux hommes du parti. Il dit avoir eu des relations avec les chefs vendéens dès avant 1799. Surtout, il évoluait dans le milieu de ces journalistes parisiens qui continuaient à imprimer et à faire passer sous le manteau ces petites feuilles de quelques pages qui tenaient plus du pamphlet que du journal, autant par leur contenu que par leur périodicité, et que la police saisissait régulièrement sans pouvoir interrompre leur production. « Au premier rang, l'ami que j'ai conservé à travers tous les événements de ma vie et de la sienne, l'homme aimable, spirituel et fin [...] Michaud [...] faisait le charme du petit cercle qui nous réunissait journellement dans un restaurant situé place de Louvre[6]. » Dans ce même

---

[1] Documents trouvés dans les papiers de l'agence anglaise, AN, F7 6248, documents n°s 31, 32, 33.

[2] Rapport de police du 9 frimaire an VI (29 novembre 1797) signalant Hyde au Vaudeville, AN, F7 7344, dossier 8530.

[3] Comtesse de Boigne, *Récits d'une tante*, I, 154.

[4] V. Gueneau, *Dictionnaire biographique des personnes nées en Nivernais*.

[5] Boigne, *op. cit.*, I, 156.

[6] *Mémoires*, I, ch. IV.

endroit , Hyde de Neuville rencontre encore Bertin[1], Lacretelle[2], Fiévée, qui accueillent ce jeune homme avec bienveillance et lui permettent de faire ses premières armes avec eux, dès 1795. Joseph-François Michaud, né en 1767, s'établit imprimeur à Paris en 1790. Il travailla au *Courrier républicain* de Poncelin, qui n'avait de républicain que le nom. Après Thermidor, il collabora à la rédaction de plusieurs journaux royalistes, notamment *La Gazette française*, avec Fiévée et Poncelin, et surtout, après 1795, à *La Quotidienne*. Son frère Louis-Gabriel (1773-1858) fonda avec lui et Gignet un grand établissement d'imprimerie, dont il consacra les presses à la propagation exclusive d'écrits religieux et monarchiques. Il est probable qu'il édita la plupart des pamphlets de Hyde. Il osa même signer l'opuscule de Larue au lendemain du 18 fructidor. Les deux frères sont les auteurs de la *Biographie universelle*.

Né à Paris dans la petite bourgeoisie, imprimeur et journaliste, Joseph Fiévée (1769-1839) avait vite été inquiété par la police, malgré la modération de ses articles dans la *Chronique de Paris* de Condorcet. Arrêté en 1793, c'est après Thermidor qu'il s'engage activement dans le parti royaliste. Il fait alors partie, avec d'autres journalistes, des correspondants secrets du futur Louis XVIII que recrute Becquey. Après Brumaire, il se rallia à Bonaparte[3].

Au sein même de sa famille, Hyde de Neuville possédait des alliances utiles : non seulement Larue, mais aussi Emmanuel de Pastoret et sa femme.

Isaac Etienne, chevalier de Larue, avait épousé Suzanne, la sœur de Hyde, en 1792[4]. Né à Gouzon dans la Creuse, Larue (1760-1830) était le fils d'un contrôleur général des entrées de Paris. Il joua vite un rôle local important, d'abord comme président du district de la Charité. Membre des Cinq-Cents, il fit partie avec Pichegru et Willot de la commission dite des inspecteurs. Ayant senti trop tard que le 18 fructidor se préparait, il échoua à faire prendre à ses collègues les mesures nécessaires. Fructido-

---

[1] Louis-François Bertin (1766-1841), impliqué dans l'affaire de l'agence anglaise : AN, F7 6249, dossier Bertin. Il était nivernais. Fut-ce lui qui introduisit Hyde dans ce petit cercle de libraires parisiens aux opinions royalistes ? Fils d'un écuyer du duc de Choiseul, il commença à écrire dans le *Journal français* et le *Courrier universel* sous la Révolution. Rapidement accusé d'antijacobinisme, il fonda l'*Eclair*, journal supprimé après le 18 fructidor. Il racheta en 1800 avec son frère le *Journal des débats*. Exilé en 1801 à l'île d'Elbe pour complicité avec les complots de Hyde, il se lia avec Chateaubriand, obtint péniblement de revenir en France. Sous la Restauration, *le Journal des débats* était largement dévoué à Hyde de Neuville et à Chateaubriand. Cf. A. Cavalier, *Bertin l'aîné.*

[2] Charles-Joseph Lacretelle (1766-1857). Jeune frère du publiciste Pierre-Louis Lacretelle, il rejoint celui-ci à Paris en 1787 pour travailler à ses côtés. Il ne tarda pas à se compromettre avec le parti royaliste, à l'inverse de son frère, qui restait modéré. Mais il se rallia à Bonaparte. Sous la Restauration, il devait poursuivre une carrière honorable comme homme de lettres et historien de la Révolution, de l'Empire et de la Restauration. Il a raconté ses souvenirs de la contre-révolution dans ses *Dix années d'épreuve pendant la Révolution*, Paris, 1842. Sur ses liens avec Hyde, voir spécialement p. 196 et suiv., 258 et suiv., et tout le chap. XII.

[3] Joseph Fiévée a raconté sa vie dans la très longue introduction à sa *Correspondance... avec Bonaparte*, Paris, 1836, t. I. Cf. TULARD (Jean), *Joseph Fiévée, conseiller secret de Napoléon*, Paris, 1985, 247 p.

[4] Enregistrement du mariage du 8 février 1792, AD Nièvre, série N.

risé, il s'évada de Sinnamary[1]. Il s'engagea complètement dans le parti royaliste et se réfugia à Londres, cherchant à entraîner Pichegru avec lui. Il fut dès lors l'agent discret, mais actif de son beau-frère. La Restauration le fit maître des requêtes et garde général des Archives.

Adélaïde Piscatory (1765-1843), cousine germaine d'Henriette Rouillé de Marigny, la femme d'Hyde de Neuville, avait passé une jeunesse brillante à Paris chez son oncle de l'Estang, liée avec d'autres jeunes femmes à la mode : Germaine Necker, Mlle Cabarus, Mme de Condorcet. Elle épouse très jeune Emmanuel Pastoret. Arrêtée ainsi que son oncle sous la Terreur, elle reprend son rang après 1795, tandis que Pastoret rentre en France pour siéger au Conseil des Cinq-Cents. Elle retrouve ses anciennes relations, Germaine de Staël, Mme Cottin, se lance dans les actions charitables : elle devient secrétaire de la Société de charité maternelle (fondée par Marie-Antoinette en 1788), organise à Paris une salle d'asile pour les enfants laissés seuls la journée. Après la paix d'Amiens, elle reçoit de nombreux étrangers, comme l'économiste Richard Edgeworth. Son mari, Claude-Emmanuel Pastoret (1756-1840), de son côté, poursuit une honorable carrière de député. Procureur syndic du département de Paris en 1791, puis député de Paris à l'Assemblée législative, d'abord favorable aux idées de la Révolution, il se fait une réputation de fougueux démocrate, avant de se rapprocher de la Monarchie dès qu'il la voit sérieusement menacée. Désormais compromis, il ne reparaît sur la scène qu'après le 9 thermidor. Élu membre de l'Académie française, puis député au Conseil des Cinq-Cents, dont il devient secrétaire, il se rapproche des royalistes et des Clichiens. Proscrit après fructidor, il ne rentre en France qu'en 1800. Il joue alors désormais un rôle politique mineur. Lié avec certains ministres, c'est lui qui, bien souvent, n'hésitera pas à user de son influence, notamment auprès de Lambrecht, ou de Fouché, pour sortir Hyde de Neuville des mauvais pas où l'ont entraîné ses activités royalistes. Plus peut-être encore que son mari, Adélaïde dispose d'un certain crédit personnel. Liée autrefois avec Joséphine, elle arrive, en 1810-1811, à intéresser Napoléon à la Société de Charité maternelle dont elle est vice-présidente, tandis que Marie-Louise en devient présidente[2].

Henriette Rouillé, quoique aussi riche que sa cousine, n'avait ni son charme ni son crédit. Provinciale dans l'âme, timide et froide, elle n'allait dans la société que pour suivre son mari, et encore l'y laissait-elle souvent aller seul. Si elle pouvait être utile à son mari, ce n'était pas par ses rela-

---

[1] Il n'y a aucun doute que Larue soit l'auteur de l'ouvrage anonyme intitulé *Anecdotes secrètes sur le 18 fructidor et nouveaux mémoires des déportés à la Guiane, écrits par eux-mêmes, et faisant suite au journal de Ramel...*, Paris, chez Gignet et cie, s.d.
Il y édite notamment, p. 32-44, une lettre à son ami G... (Guillaume Hyde ?), largement reprise, mais avec des variantes de détail, dans les *Mémoires* d'Hyde, et où il fait allusion à des détails personnels tels que sa femme Suzanne, son fils Emile, etc. L'ouvrage auquel celui-ci fait référence est *Mémoire de Ramel,... sur son évasion avec... Delarue...*, Paris, chez Gignet et cie, s.d.

[2] Cf F. Bassan, *La Famille Pastoret...*; FALLOUX (Vte A. de), « Biographie de Madame de Pastoret », *Annales de La Charité*, 30 avril 1846; ARTAUD DE MONTOR (Chevalier A.F.) et BLOSSEVILLE (Vte E. de), *Notices historiques sur la famille Pastoret*, Paris, 1844.

tions, comme sa cousine. « Toujours sauvage et peu expansive », comme elle se définit elle-même[1], elle était considérablement plus âgée que son mari, et ils n'eurent d'ailleurs aucun enfant.

Tous ces milieux dans lesquels Hyde se mouvait étaient plus ou moins engagés dans l'action, mais tous farouchement royalistes. L'événement du 18 brumaire changea les conditions politiques et amena des remises en question dans ce consensus. L'avènement d'un pouvoir fort, de plus en plus proche d'une royauté, encouragea certains des anciens amis de Hyde à se rapprocher de Bonaparte. Hyde lui-même pouvait, comme Fiévée ou Chateaubriand, être tenté. S'il ne le fit pas, s'il se démarqua d'un Fiévée, refusa la main tendue de Bonaparte, c'est qu'il avait dû définir précisément ses idéaux politiques, savoir ce qu'il voulait, ce qu'il rejetait, ce pour quoi il luttait.

L'horreur de la Révolution, de son anarchie, de ses excès, était commune à tous. Mais Bonaparte terminait la Révolution : en ce sens, il pouvait apparaître comme un espoir. Tout dépendrait de sa conduite ultérieure.

Cette horreur de la Révolution chez Hyde était instinctive, viscérale, et irraisonnée. Eût-elle été son seul sentiment, elle eût pu le pousser dans les bras du général sauveur. Mais elle était doublée d'une vénération de la légitimité, profondément ancrée par son éducation, et c'est ce sentiment, plus que l'autre, qui allait motiver le refus de Hyde de se rallier à Bonaparte.

La position de Hyde par rapport à la Révolution n'était pas en effet sans ambiguïté. Une répulsion instinctive se doublait d'une certaine fascination pour ces théories mauvaises que toute son éducation lui avait appris à rejeter. Hyde y voyait là l'attrait du Diable, du vice qui se présente sous le jour de la beauté, des théories fausses et mauvaises mais séduisantes, et comprenait que plus d'un jeune homme « à la tête légère », qui n'avait pas eu comme lui la chance d'avoir une mère telle que Marie Roger pour lui servir de guide, ait pu y succomber. Théroigne de Méricourt personnifiait à merveille la Révolution, avec ses vices et ses attraits : « Elle s'exprimait avec facilité, sa démarche était hardie, sa figure belle. L'ensemble de sa personne portait le cachet de l'effronterie et de l'impudeur poussées à leur dernier degré[2]. »

À ses débuts, la Révolution avait pu paraître attirante, même empreinte d'une certaine grandeur, alors qu'elle renversait un monde. Mais cette fausse grandeur, en fait née de l'extraordinaire de sa violence, s'était vite désagrégée dans ses excès. « On a abusé des mots, jusqu'à taxer la Révolution de grandeur. Cette appellation, justement méritée à ses débuts, s'est bien vite perdue dans de tels excès qu'elle ne semble plus applicable à son ensemble sans de grandes restrictions. Il ne faut pas confondre la violence et la grandeur; la beauté d'un drame ne consiste pas dans les grands gestes

---

[1] Henriette Hyde de Neuville à Joséphine Du Pont, 15 septembre 1810, EMHL, W3-5405.
[2] *Mémoires*, I, 14.

de l'acteur qui l'interprète, et l'on peut être saisi d'étonnement sans être ému d'admiration[1]. »

La principale caractéristique de la Révolution reste donc sa monstruosité. Paroxysme de passions criminelles, aberration de l'histoire, elle est un monstre en elle-même, parce qu'elle n'a ni cause rationnelle, ni évolution logique, ni justification compréhensible. Elle est la création artificielle de quelques esprits pervers à qui elle a échappé car elle n'a aucun sens. On le vit bien lors de la chute des Girondins : « La Révolution, ne trouvant plus assez de victimes en dehors d'elle, tournait maintenant sa fureur contre les siens[2]. » La cruauté aveugle du monstre dépassait ses procréateurs.

Comment une telle aberration a-t-elle pu se produire ? Il est évident qu'elle ne venait pas du peuple. La thèse du complot s'impose d'elle-même. Seule une minorité d'esprits viciés, une « secte de novateurs », a pu enfanter un tel monstre. Hyde rejette la faute sur les théories de la Philosophie, à laquelle il refuse d'ailleurs ce noble nom pour l'appeler « philosophisme ». Le « déficit » n'est qu'un prétexte : Necker, Calonne auraient pu le combler. La vérité, c'est le jeu de cette « secte de novateurs qui, méditant une Révolution, redoutait avec raison un ministre qui pouvait en détruire le prétexte. En effet, le déficit comblé, l'impôt territorial établi, quel moyen restait-il d'entraîner une nation qui ne voulait que la suppression de quelques abus[3] ? » La Révolution a donc été voulue, préméditée par quelques hommes, et non amenée naturellement par la situation sociale et économique de la France. « L'évêque de Sens doit être jugé par l'aveu honteux qu'il fit depuis publiquement, *de n'avoir eu en vue dans sa carrière ministérielle que l'avènement de la Révolution*[4]. »

Créée de toutes pièces par quelques hommes, la Révolution aurait pu être arrêtée à temps par eux, s'ils s'étaient repentis, puisqu'elle ne correspondait à aucun mouvement en profondeur. Ceci explique que Hyde ait mis un instant ses espoirs dans Mirabeau : Mirabeau, son immoralité vaincue, voyant ses disciples aller plus loin qu'il ne l'avait ordonné, voulut combattre « cette tourbe malfaisante », allait « briser son propre ouvrage, quand la mort frappa sur lui[5] ».

Nier tout soutien populaire à la Révolution justifiait en même temps la lutte d'Hyde et les moyens qu'il allait employer. Autrement, son patriotisme aurait pu souffrir du recours à une puissance étrangère, et une puissance de surcroît qu'il n'avait jamais portée dans son cœur : l'Angleterre. Hyde de Neuville en effet avait scrupule à se mettre en quelque sorte au service de l'Angleterre, et chercha en permanence à s'en justifier. Déjà, il avait hésité à faire évader Sydney Smith du Temple : « ce ne fut pas sans

---

[1] *Mémoires*, I, ch. IV.
[2] *Ibid.*, I , 107.
[3] *Ibid.*, I, ch. II.
[4] *Ibid.*
[5] *Ibid.*

quelques scrupules que je m'employais à sauver un prisonnier qui avait été combattre contre la France[1]. « Les services que l'Angleterre rendait aux émigrés et à leurs princes, et ses efforts évidents pour remettre le Roi sur son trône[2] » étaient une raison à peine suffisante pour calmer ces scrupules, et Hyde précisera chaque fois qu'il le pourra que les contre-révolutionnaires et les émigrés ne combattaient pas, aux côtés des Alliés, contre la France, mais contre la Révolution : « Pas plus que les républicains exaltés, elle [l'émigration] n'eût accepté l'idée du morcellement de la France, de son amoindrissement, ni de sa domination par une puissance étrangère. Une telle pensée l'eût fait bondir, et ce n'est que parce que l'Europe la berçait des illusions les plus généreuses, des promesses les plus désintéressées, que l'émigration faisait cause commune avec elle pour combattre la *Révolution,* non la *France*[3]. »

Mais la nécessité de supprimer ce « chancre », cette aberration qu'était la Révolution allait justifier tout fanatisme. Tous les moyens seraient bons. L'Angleterre offrait des fonds qu'Hyde allait réclamer et recevoir sans honte, clamant que ce n'était pas pour autant qu'il était à ses gages. « Il fallait nécessairement trouver quelque part ce secours efficace et matériel auquel les meilleures causes sont forcées de recourir comme les autres. Le Roi usait du droit le plus légitime en recourant à l'argent de l'Angleterre pour remonter sur le trône. C'est l'emprunt que des souverains exercent entre eux, et qui ne peut frapper d'aucun impôt leur indépendance[4]. » Lorsque Hyde rédige ces lignes justificatrices, c'est longtemps après, lorsqu'il est un vieillard, et qu'il traîne la honte secrète d'avoir paru un instant aux gages d'une puissance ennemie, ce qui nuisit un temps à sa popularité et lui fut reproché. Il est plus que probable qu'au moment même, il avait beaucoup moins de scrupules.

Pourtant, quand Hyde décidait ainsi de se mettre au service de l'Angle-terre, la Révolution en tant que telle pouvait paraître vaincue en France. Bonaparte arrivait au pouvoir en annonçant des mesures de stabilité et d'apaisement. On pouvait espérer la fin de l'anarchie au moins, et peut-être davantage.

C'eût été suffisant pour Hyde s'il n'avait été dominé que par le désir d'ordre social et politique. Ce qui fit la différence entre Fiévée ou Cha-teaubriand, et Hyde de Neuville, c'est que Hyde avait en plus la religion de la dynastie légitime. Un ordre social différent ne lui apparaissait pas forcément détestable, et c'est ce qui explique son attrait premier pour la Révolution. Mais là où Hyde de Neuville restait inébranlable, c'était dans son culte, non pas seulement de la royauté, mais de la légitimité. Hyde était prêt à se rallier à Bonaparte, pourvu que Bonaparte ramenât les Bour-bons.

---

[1] *Mémoires,* I, 161.
[2] *Ibid.,* I, 166.
[3] *Ibid.,* I, 173.
[4] *Ibid.,* I, 243.

CHAPITRE III

LE GRAND RÔLE

1. HYDE ET NAPOLÉON

Comme pour beaucoup d'autres, l'irruption de Bonaparte au pouvoir suscita les espoirs de Hyde de Neuville, mais à une fin bien précise : Hyde rêvait d'un Bonaparte jouant le rôle du général Monk, et ramenant la dynastie légitime au pouvoir en France comme Monk l'avait fait en Angleterre.

Cette illusion était partagée par beaucoup[1], y compris et surtout par Louis XVIII, qui écrivit le 20 février 1800 une lettre à Bonaparte lui disant : « Sauvez la France de ses propres passions [...] Rendez-lui son roi. » Bonaparte ne répondit, par un refus, que le 7 septembre 1800, après la victoire de Marengo, acte de baptême de son pouvoir.

D'un autre côté, tous les chefs chouans, entre la fin de 1799 et le début de 1800, avaient fini par signer un pacification générale. La plupart des chefs étaient désorientés, dans l'expectative. Pour ces deux raisons, l'un d'eux, d'Andigné[2], et Hyde de Neuville, qui revenait d'Angleterre, cherchèrent à obtenir une entrevue du Premier Consul, pour décider de l'orientation qu'il convenait désormais de donner au mouvement de la Chouannerie, et tenter, s'il était possible, de convaincre Bonaparte de rappeler Louis XVIII.

Hyde venait de se décider à partir pour Londres voir le gouvernement anglais et le comte d'Artois. Il y était poussé par les chefs royalistes qu'il connaissait, et par le chevalier de Coigny[3], ex-beau parleur de salon récemment amendé, qu'il connaissait depuis peu, mais qui lui avait inspiré une telle confiance qu'il n'hésita pas à lui communiquer le plan qu'il méditait depuis quelque temps. Ce plan, qui avait pour but le renversement du Directoire, mettait en jeu des députés et des généraux, en particulier Pichegru. Premier plan d'envergure imaginé par Hyde, ses moyens d'exécution

---

[1] Cf. Louis Madelin, *La Contre-Révolution*, p. 134-137.

[2] Louis-Marie-Auguste Fortuné d'Andigné (1765-1857), dit le chevalier de Sainte-Gemme. Émigré dès le début de la Révolution, officier dans l'armée des princes, à partir de 1794 agent de liaison entre le gouvernement anglais et l'armée royaliste, commandant des troupes des environs de Segré en 1796. Cf. CROSNIER (A.), *Le Général Andigné*, Angers, 1893, et ANDIGNÉ (marquis d'), *La Vie aventureuse du général d'Andigné. À travers la Chouannerie*, Paris, 1934.

[3] Jean-Philippe de Franquetot, chevalier de Coigny, 1743-1806. Maréchal de camp, il émigra à la Révolution, revint temporairement en France en 1800. Arrêté en 1801 et relâché deux mois plus tard, il mourut à Dusseldorf vers 1806. Roman d'Amat, *Dictionnaire de biographie française*, IX, 155-156.

devaient se trouver à Londres. Il fut entendu que Hyde irait demander au comte d'Artois des pouvoirs au nom de Coigny, plus âgé et davantage connu. Il s'embarqua en octobre 1799 avec le marquis de Crénolles[1], ami de Coigny, qui devait désormais entrer dans la conspiration sous le nom de Durocher, et vit sur le chemin Cadoudal et Frotté, avec qui il conféra en Normandie. Le plan fut approuvé par Monsieur, et Hyde fut renvoyé en France. Mais le 18 brumaire, qui bouleversait la situation, obligea Hyde à modifier ou du moins suspendre ses projets, et à tâter le nouveau terrain.

La meilleure façon était de rencontrer Bonaparte. Dès le début décembre 1799, la comtesse de Damas mit Hyde en relation avec Joséphine[2].

D'autre part, Hyde avait réussi à se mettre en rapport avec Talleyrand, qui organisa deux conférences avec Bonaparte : la première, préparatoire, avec Hyde de Neuville seul, le 26 décembre 1799, et la deuxième avec Hyde et d'Andigné, le 27 décembre. Talleyrand favorisait la naissance de ces espoirs dans le camp royaliste, que Bonaparte, espérant une pacification prochaine, se gardait de démentir. Sur les rapports de Hyde, d'Andigné fut délégué à Paris par les chefs chouans.

L'entrevue reposait sur un malentendu réciproque. Bonaparte attendait une négociation pour une pacification qui pouvait être signée sur le champ; d'Andigné, qui n'avait pas les pouvoirs pour traiter, cherchait seulement à sonder les intentions du Premier Consul sans engager ses compagnons, et à lui proposer le rétablissement des Bourbons. Quant à Hyde, d'accord avec Bourmont, la pacification ne lui paraissait pas à exclure, mais à condition qu'elle fût un premier pas, la base d'un autre traité, « bien autrement important » : le rappel des Bourbons[3]. L'accord se fit sur un certain nombre d'articles : radiation et mise en possession de leurs biens non vendus pour ceux des chefs royalistes qui étaient portés sur la liste des émigrés, exemption de la conscription pour tous les départements insurgés, rétablissement des prêtres sans serment. Mais, chacun cherchant à gagner l'autre, la discussion devint très violente lorsqu'ils s'aperçurent du malentendu[4].

Il n'était pas forcément stupide de penser que Bonaparte, qui n'avait jamais réellement déclaré ses intentions, eût pu travailler pour les Bourbons. Simplement il s'avérait que le Premier Consul ne voulait pas se compromettre dans une cause perdue, alors qu'il espérait bien plus que le rôle de connétable que lui proposaient sans sourciller Hyde et d'Andigné. « S'ils [les princes] eussent été dans la Vendée, j'aurais travaillé pour eux. Mais vous ne pouvez vous figurer, leur déclara Bonaparte, combien

---

[1] Anne-Louis Quengo de Crénolles, 1734-1824. Maréchal de camp, inspecteur d'infanterie, il émigra en 1791, rallia l'armée de Condé et devint maréchal général des logis : *Ibid.*, IX, 1195.

[2] Trois lettres de Mme de Damas à Hyde de Neuville 13, 14 et 23 frimaire an VIII (4, 5 et 14 décembre 1799), AN F7 6248.

[3] *Mémoires*, I, ch. VII.

[4] Trois ouvrages donnent le point de vue de chacun des protagonistes : Hyde de Neuville, *Mémoires*, I, ch. VII; d'Andigné, *Mémoires*; Gourgaud (Général), *Mémoires pour servir l'histoire de France sous Napoléon, écrits à Sainte-Hélène...*, I, 127.

peu l'Europe s'en occupe. Il y a eu un temps, je vous l'avouerai, où j'ai voulu faire quelque chose en leur faveur. Lors du traité de Campo-Formio, j'ai parlé de leur créer un grand établissement. On ne voulut pas faire le moindre sacrifice pour eux[1]. »

Bonaparte donc ne se ralliait pas aux Bourbons. Mais Hyde allait-il se rallier à Bonaparte ? La cause des Bourbons apparaissait effectivement de plus en plus perdue, et Bonaparte présentait un régime stable, si ce n'était pas la royauté légitime, qui pouvait agréer beaucoup de royalistes, à défaut de mieux : « On n'aime pas Bonaparte, on le préfère[2]. » De plus, Hyde n'avait pas été sans se laisser prendre au magnétisme de Bonaparte qui lui offrait de se joindre à lui : « Oui, ajouta-t-il en s'adressant particulièrement à moi... Venez sous mes drapeaux, mon gouvernement sera le gouvernement de la jeunesse et de l'esprit. » Mais quand Bonaparte demanda à Hyde ce qu'il désirait, celui-ci répondit : « Deux choses : Louis XVIII pour régner légitimement sur la France, et Bonaparte pour la couvrir de gloire[3]. »

Hyde n'avait pas été sans se laisser troubler fortement par la personnalité du Premier Consul. « Il me regarda avec une telle expression, une telle pénétration, que je perdis toute assurance sous le feu de cet œil investigateur. L'homme avait grandi pour moi tout à coup de cent coudées. [...] Il y a quelque mérite, quand on est très jeune, à n'être point ébranlé par un nouvel Hercule. J'aurais voulu pouvoir saluer le connétable, et suivre contre l'étranger le héros; à tous les points de vue, je regrettais d'avoir lu trop clairement à travers les paroles du Premier Consul ses véritables intentions à notre égard, mais il n'était plus permis de s'abuser sur les dispositions qui l'animaient; jamais il ne serait des nôtres[4] ! »

Malgré toute sa fascination pour l'homme, Hyde en était séparé par un fossé idéologique, et surtout par l'irréductibilité de sa position en faveur de la légitimité.

Il n'allait donc pas hésiter à user de tous les moyens pour supprimer l'homme qui se dressait ainsi devant le retour du roi.

2. LA GUERRE OUVERTE : L'AGENCE ANGLAISE

Hyde, déçu par le Premier Consul, reprit le plan qu'il avait préparé à Londres, et qui avait été approuvé par le comte d'Artois. La seule différence par rapport à sa position antérieure était qu'il ne luttait plus contre un régime, mais plus spécifiquement contre un homme, avec l'impression, de plus en plus, qu'il suffirait d'éliminer cet homme, qui avait concentré

---

[1] D'Andigné, *op. cit.*
[2] Cité par J. Godechot, *La Contre-révolution*, p. 384.
[3] *Mémoires*, I, 272.
[4] *Ibid.*, I, 274.

le pouvoir entre ses mains, pour faire triompher la Cause. Ceci pourrait aller jusqu'à justifier un assassinat politique.

Le but de Hyde de Neuville revenant en France était de reconstituer une agence parisienne pour remplacer celle, démantelée, de Duverne de Presle, et mettre en relations constantes et régulières Londres, Paris et la Vendée, afin de concerter des actions communes. L'agence cumulait les trois fonctions classiques : renseignement, action, protection. La fonction de renseignement était assurée par un réseau d'espions et un service de correspondance régulier; la fonction action, par un petit commando d'élite stationné à Paris, sous le commandement du chevalier de Margadel, alias Joubert; la fonction protection, par un service de contre-police redoutablement efficace mis sur pied par un ancien fonctionnaire, Dupérou.

Pour tout cela, Hyde avait reçu des pouvoirs pour trois personnes qui devaient diriger l'Agence. Hyde, sous le nom de Paul Berry, en était le moteur; cependant, le chef théorique était le chevalier de Coigny. Ancien militaire qui avait plus brillé dans les salons que sur les champs de bataille, ancien bourreau des cœurs, connu pour sa légèreté et ses bavardages, mais hardi royaliste de fraîche date et conspirateur enthousiaste, Coigny avait alors 55 ans[1]. L'ancienneté, sa petite notoriété d'ancien courtisan « à la mode », le fait qu'il était connu du comte d'Artois, furent autant d'éléments qui justifièrent ce choix.

Un troisième et mystérieux personnage, jamais identifié par la police, partageait les responsabilités de l'agence et allait fréquemment en Angleterre prendre les ordres : Ferrand. Il s'agissait du marquis Anne-Louis Quengo de Crénolles, également appelé Durocher, ancien major d'infanterie, très dévot, mais bavard et indiscret[2].

L'Angleterre était principalement intéressée par le réseau de correspondance, destiné à transmettre en Vendée les ordres des princes, et surtout à envoyer en Angleterre les renseignements sur la situation française. Pitt, poussé par Burke, Windham et les conservateurs, avait fini par surmonter sa méfiance envers les agents, plus ou moins fiables, du comte d'Artois, et à allouer pour la mise sur pied de la correspondance des sommes assez considérables. À partir de 1795, les Alliés avaient peu à peu fait défaut à l'Angleterre et elle se retrouvait à peu près seule face à la France. Le seul allié sur lequel l'Angleterre pouvait compter avec certitude, qui ne lui ferait jamais défaut, c'était les royalistes français[3]. D'août 1799 à février 1800, elle leur envoya par conséquent 75 000 livres (contre 9 491 livres pour toute l'année 1798), 21 000 fusils, 1 800 carabines, et 500 pistolets[4]. Ces fonds servaient à financer les frais de la contre-police de Hyde, de la troupe de Joubert (y compris les chevaux), les achats de journaux (*L'Ami*

---

[1] Dossier de police, AN, F7 6249, d. Coigny.

[2] Statistique des émigrés (1810), AE, M & D France, v. 620.

[3] Cf. A. W. Ward, *The Cambridge History of British Foreign Policy*, I, 266-267.

[4] Rapport de La Chaussée, 15 février 1800, FO 27/56; comptes des *Government Offices*, FO 366/427.

des Lois, Le Courrier Universel, et d'autres, envoyés à Londres pour information), les voyages de ses agents dans l'intérieur, et d'autres dépenses de détail, y compris douze caisses de champagne destinées à fêter un éphémère succès. Le reste devait être transmis à la Vendée[1]. Hyde se plaignait régulièrement de ne pas recevoir assez d'argent pour pouvoir financer ses propres hommes, et surtout d'être obligé d'avancer lui-même de l'argent à Bourmont et aux Vendéens. Il fallait bien justifier des demandes de fonds incessantes. En fait, l'Angleterre se montrait particulièrement généreuse, au point que Crénolles, qui se plaignait du gâchis d'argent fait dans le circuit de la correspondance, pouvait dire à Hyde : « Cependant comme je connais la magnificence de vos commettants, je n'en ferai que de légers reproches[2]. »

Un service régulier fut organisé dès novembre 1799 par Amiens, Boulogne et les îles Marcouf[3], pour le transport des dépêches chiffrées. Deux agents, de Vauxnoir et d'Andréville, faisaient alternativement le voyage. En plus de ce service régulier, Hyde employait souvent des personnes sûres : des chouans, et surtout un certain nombre de personnages insoupçonnables : des aristocrates normands, comme de Vaux, ou Héricard de Thury, alias le Furet, et beaucoup de femmes : Emilie de Croixmare, Mlle Poisson, Mme de Vauguyon, Mme des Lians, Mme de Vaubadon, Rose de Banville, alias Jeanne d'Arc (nom de guerre qui en dit long sur la manière dont elle considérait sa mission), et Mme Williams, qui avait épousé un négociant anglais[4]. Un plus grand nombre encore, sans avoir le rôle actif de messager, servaient de relais. Au Mans, à Laval, à Château-Gontier, à La Flèche et dans un certain nombre de bourgs de la Mayenne, on peut compter au total 94 correspondants, dont 44 femmes, la plupart nobles. Mais on voit aussi des artisans, des négociants, des hommes de lois, des apothicaires ou des chirurgiens[5]. Il faudrait y ajouter les correspondants de Normandie, plus nombreux encore et plus actifs, dont la police n'a pas la liste, à Amiens, Abbeville, Bayeux, Boulogne, et les principaux ports normands.

Ce réseau était destiné à compléter, voire remplacer, celui que les Anglais avaient eux-mêmes mis en place par les Iles Marcouf et par Jersey, depuis 1794. Malgré les ordres reçus, les gouverneurs de ces îles, le prince de Bouillon et le général Gordon, virent d'un mauvais œil l'établissement d'un nouveau réseau qui se voulait indépendant et entièrement français, relevant plus du comte d'Artois que du gouvernement britannique[6]. Cependant ils assistèrent sa mise en place, et les îles Marcouf non seule-

---

[1] Notes de comptabilité de Hyde de Neuville, AN, F7 6248. En Avril, Hyde envoie 16 000 livres à Bourmont.

[2] Durocher [Crénolles] à Hyde, 17 frimaire an VIII (8 décembre 1799), AN, F7 6248, pièce n° 39.

[3] Actuelles îles Saint-Marcouf, entre la Pointe du Hoc et Saint-Vaast-la-Hougue.

[4] AN, F7 6248.

[5] Ibid.

[6] PRO, WO 1/607, WO 1/922.

ment devinrent le pivot de la correspondance entre Londres, Paris et la chouannerie normande, mais reçurent baraques en bois, entrepôts et réserves de poudre[1]. Elles devenaient ainsi un carrefour de transit d'armes, de personnes, et de dépêches secrètes des agents du continent.

Parallèlement, Hyde de Neuville mettait sur pied une petite « armée », placée sous le commandement du chevalier de Margadel[2]. Le projet, dont Dupérou avait entretenu le gouvernement anglais dès septembre 1799, était ambitieux. Il ne s'agissait de rien moins que d' « organiser une chouannerie à Paris » : vingt hommes par section, commandés par un sergent, un lieutenant et un capitaine. Les capitaines correspondraient avec douze colonels établis dans les douze municipalités de Paris. Les colonels rendraient compte à quatre généraux qui se partageraient Paris et ses environs; et les quatre généraux recevraient des ordres d'un commandant en chef, lequel ne pourrait agir que d'après des instructions qu'il tiendrait du principal ou des principaux agents du roi à Paris[3].

En fait, l' « armée » ne dépassa jamais une douzaine d'hommes[4], et son action était réduite à des coups de mains, audacieux certes, mais limités. Son principal coup d'éclat fut l'affichage du testament du roi le jour anniversaire de sa mort, le 21 janvier 1800. Hyde voulait une action qui frappât les imaginations et leur rappelât l'existence d'un parti du roi. Avec son frère et quatre autres hommes, il réalisa une mise en scène théâtrale, voila d'un gigantesque drap noir la façade de la Madeleine et afficha un peu partout dans la ville le testament de Louis XVI, avec une proclamation du comte d'Artois. Le drap et les proclamations ayant été enlevés assez tard, vers 9 heures du matin, l'affaire fit sensation, mais pour peu de temps.

La contre-police fut placée sous la direction de l'homme le plus capable, par son habileté, de la rendre efficace : Dupérou, qui avait été indiqué à Hyde par le comité de Londres, avec qui il était déjà en relation. Dupérou avait offert ses services poussé plus par l'appât du gain, peut-être aussi les idéaux politiques, que par ambition. Il demandait deux cents louis par mois, et n'en obtint que quatre-vingts, ce qui d'après lui était bien insuffisant pour pénétrer les six polices de Paris[5].

Louis Dupérou était le fils d'un officier de chambre à la cour de Mannheim. Chassé par ses maîtres en 1792, Charles-François Dupérou se réfugia à Strasbourg puis à Paris, où il se fit nommer commissaire des guerres. Louis, qui avait étudié à l'université de Heidelberg, parlait couramment cinq langues. Il fut envoyé par Lebrun comme agent secret sur les frontières. Mêlé à une série d'affaires mystérieuses, il fut admis en août 1794 à la troisième division du commissariat, où il continua ses manœuvres

[1] PRO, WO 1/664.

[2] Charles-Nicolas de Margadel, dit Joubert, était un ancien chouan, officier de Frotté. Il fut arrêté et fusillé le 19 décembre 1800 : AN, F7 6251

[3] Dupérou aux agents de Londres, 19 fructidor an VII (5 septembre 1799), *Conspiration anglaise*, pièce n° 6.

[4] Révélations de Dupérou, AN, F7 6245.

[5] Rapport de Dupérou du 28 janvier 1800, *Conspiration anglaise*, p. 24-25.

étranges et ses liaisons, notamment avec le général Miranda. Il démissionna en 1796, passa à la deuxième division de la commission des Affaires étrangères, mais continua à conserver des relations avec tous les bureaux, grâce à ses relations personnelles et aussi à celles de son père, resté commissaire des guerres. Après l'affaire de l'agence anglaise, il garda des liens avec la police, qu'il servit à Grenoble lors de l'affaire de Didier[1]. Il avait également des liaisons avec Moulin, Gohier, et François de Neufchâteau[2].

Il parvint ainsi à acheter deux fonctionnaires, Clément, du bureau central de la police et Maillefer, employé au comité de sûreté générale. Les deux hommes, qui comme beaucoup de fonctionnaires n'étaient pas payés de leurs appointements, ou avec beaucoup de retard, furent gagnés par la promesse de vingt-cinq louis par mois, qui devaient les sortir de « l'extrême besoin » où ils se trouvaient[3].

Dupérou reçut ainsi chaque jour, de janvier à mars 1800, un rapport qui mettait le comité de Paris au courant de tous ceux que le bureau central de la police présentait au gouvernement. Averti de toutes les dénonciations contre les royalistes, muni d'une liste des mouchards, le comité connaissait d'avance les mandats d'arrêt et savait qui était surveillé. La police estima que plus de deux cent trente personnes échappèrent ainsi aux recherches tant que fonctionna la contre-police[4]. Mais Dupérou ne put prévenir l'arrestation et l'exécution du jeune marquis de Toustain[5].

Hyde de Neuville attachait une importance extrême à l'opinion publique. Jusqu'alors, sa guerre avait été surtout une guerre de pamphlets, et même la manifestation spectaculaire du 21 janvier 1800 était avant tout destinée à frapper les esprits. L'agence anglaise continua donc plus que jamais à répandre des écrits royalistes. C'est à ce moment-là que Hyde fonda sa propre feuille, l'Invisible, qu'il faisait circuler sous le manteau avec le testament de Louis XVI, les proclamations des princes, et divers écrits comme Les Adieux à Bonaparte de son ami Michaud. L'Invisible paraissait deux fois par semaine et circulait dans toute la France. Ces efforts reposaient sur la conviction que l'opinion, étouffée par les meneurs révolutionnaires, était au fond royaliste, et qu'il suffisait de la réveiller, en lui montrant qu'un parti du roi existait encore, et que les princes légitimes étaient aux frontières, prêts à rentrer à l'appel de leur peuple.

Hyde de Neuville avait fini par constituer, très vite, un réseau important, qui avait ses ramifications en Normandie.

---

[1] Cf. MASSON (Frédéric), Le Département des Affaires étrangères pendant la Révolution, 1787-1804, Paris, 1877, repr. Genève, 1977; et AN, F7 6245, notes sur Dupérou.

[2] Conspiration anglaise, correspondance de Dupérou saisie à Grenelle, n° 7 et 8.

[3] Interrogatoire de Philippe Joseph Clément, 20 juillet 1800, AN, F7 6249, d. Clément.

[4] Conspiration anglaise, p. 16.

[5] Ibid., p. 25-27.

Ses agents étaient très divers. La majorité était composée d'anciens chouans, surtout les agents employés à la correspondance[1]. Hyde avait aussi attiré à lui des soldats déserteurs en mal d'argent, comme Boisgirard, dont il avait déjà employé les services pour faire évader Sir Sydney Smith, des aristocrates parisiens et normands portés à la lutte par leurs convictions, comme Billard de Vaux, dont le manoir normand était une plaque tournante de la correspondance et une cache souvent utilisée, de Vauxnoir, et bien d'autres; des paysans normands, des aubergistes, des artisans parisiens comme le parfumeur Caron, des perruquiers, des limonadiers, qui faisaient circuler les tracts et offraient des caches; des fonctionnaires, qui renseignaient la contre-police; beaucoup d'ambitieux et surtout beaucoup d'agents plus ou moins doubles poussés par l'appât du gain, notamment parmi les fonctionnaires au petit traitement et aux habitudes de vénalité. La police malgré tout réussit fort peu à s'infiltrer dans le réseau, dont elle soupçonnait pourtant depuis longtemps l'existence[2]. Malgré les affirmations de Fouché, elle semble avoir été très mal informée de l'étendue de la conspiration, de ses activités et de ses agents, jusqu'à la découverte fortuite des papiers de l'agence[3].

Un certain nombre d'agents, outre les trois chefs, Dupérou et Margadel, étaient de plus haute volée, et collaboraient par conviction; quelques-uns avaient déjà été impliqués dans des affaires précédentes. Joseph Michaud continuait à fournir des pamphlets. En mars 1801 il fut arrêté pour complicité avec l'agence anglaise. Il est probable que la police l'avait plutôt confondu avec son frère Gabriel, engagé plus activement[4].

Hyde s'était également adjoint un étrange personnage, l'abbé Ratel, déjà compromis dans des conspirations précédentes. Curé de Dunkerque avant la Révolution, Louis Jean-Baptiste Justin Ratel s'était installé à La Roche-Guyon, où il ne se mêlait guère du culte. Il fut dénoncé en octobre 1795 comme étant un des hommes particulièrement liés aux complots royalistes d'avant le 18 fructidor, en liaison avec les conspirateurs Lemaire et l'abbé de Langlade. Impliqué dans l'affaire Duverne de Presle (la première agence royaliste de Paris), il réussit à échapper aux recherches, caché par sa maîtresse[5]. Après l'affaire de l'agence anglaise, il continua à comploter, fit partie de la conspiration de Georges en 1804. En 1808 il se rendit à Bath et fit des propositions à l'amiral Linois. Enfin il se réfugia en Angleterre[6].

Hyde employait de même un certain nombre d'ecclésiastiques en rupture de ban, comme l'abbé Vannier, ou l'abbé Étienne Godard, ancien curé berrichon, dont la maladresse devait causer la perte de tout le réseau.

---

[1] Ainsi Claude-Augustin Tercier, ancien chef de division des chouans à Bazouges (Mayenne). AN, F7 6251.

[2] Rapports des espions de la police, AN, F7 6248.

[3] Rapports d'espions, AN, F7 6248, 6251.

[4] Rapport d'arrestation du 18 ventôse an IX, AN, F7 6251.

[5] AN, F7 6251, d. Ratel, et F7 6371.

[6] AN, AF IV* 1710, p. 211-212.

Enfin, en dehors de Larue, l'agence étendait ses relations à un certain nombre de généraux ou d'anciens députés. Hyde, comme Dupérou, a tendance dans ses rapports à exagérer ces contacts. En fait, il comptait surtout sur Pichegru, travaillé par Larue. Cependant la saisie des papiers de l'agence compromit effectivement un certain nombre de députés. Le plus compromis était Jean Piet, avocat, député au Corps législatif, qui fut d'ailleurs arrêté en mai 1800, mais remis en liberté en novembre suivant. Piet, ancien membre du club de Clichy comme Hyde et Larue, avouait lui-même avoir connu Hyde de Neuville par Larue. La principale preuve qui établissait ses accointances avec l'agence de Hyde était une lettre retrouvée dans ses papiers, où d'Andigné lui accusait réception de *L'Invisible*, la feuille de Hyde : « C'est probablement par vous, Monsieur, que l'Invisible est devenu visible pour moi, je vous en fais tous mes remerciements[1]. »

Tous ces réseaux, toutes ces entreprises reposaient sur l'argent fourni, assez généreusement jusqu'à la paix d'Amiens, par la Grande-Bretagne. La Grande-Bretagne, quoiqu'assez sceptique sur les chances de la contre-révolution en France, ne voulait pas cependant laisser passer une occasion d'affaiblir son adversaire, et tenait pour précieux les renseignements fournis par l'agence de Hyde, concurremment avec d'autres espions[2].

Ce soutien de l'Angleterre n'était pas sans inconvénients. Il nuisait terriblement à l'image du parti royaliste en France. De ce point de vue, la découverte le 2 mai 1800 des papiers de l'agence anglaise fut une catastrophe. Le gouvernement de Bonaparte, conscient de l'impopularité qu'entraînerait pour les royalistes la preuve qu'ils s'étaient mis au service d'une puissance ennemie, fit publier une bonne partie des papiers saisis par une commission présidée par les conseillers d'État Chaptal, Emmery et Champagny, avec des garanties de vérité et d'objectivité[3]. La publication était effectivement d'une conformité quasi scientifique avec les originaux : Bonaparte n'avait pas besoin de falsifier les pièces pour les rendre plus odieusement anglophiles. Simplement, il fit supprimer quelques noms de gens qu'il ne voulait pas compromettre.

L'agence souffrait également de la rivalité d'autres comités ou agents royalistes, reflet du manque d'entente entre les princes, et aussi de la propension, surtout de la part du comte d'Artois, à accorder des pouvoirs au premier intrigant qui se présentait avec un plan de conspiration. Le comte d'Artois avait son agence à Paris; cela ne l'empêchait pas d'y envoyer des agents, comme Butler, munis de pouvoirs concurrents, sans avertir l'agence en place[4]. Le comte de Provence avait lui aussi son agence depuis 1798, plus discrète, moins active, qui relevait de l'agence souabe, et qui voyait d'un œil peu favorable les activités de Hyde et de ses hommes, jugées le

---

[1] D'Andigné à Piet, 25 février 1800, AN, F7 6251.
[2] Cf. A. W. Ward, *The Cambridge History of British Foreign Policy*.
[3] *Correspondance anglaise*, Paris, Imprimerie nationale, an XI.
[4] D'André au président de Vezet, 20 avril 1800, AE, M & D France, v. 598, f° 50.

plus souvent intempestives, voire intrigantes. D'André, agent du comte de Provence, se plaignait à Saint-Priest de la présence à Paris d'« une foule de gens se disant agens du roy, notamment un M. Dubois[1] qui donne des commandemens. Je ne sais absolument ce que c'est. Je ne reviendrai pas sur les inconvénients de cette foule d'intrigants ni sur la nécessité de l'unité d'action[2]. »

Début 1800, le prétendant Louis XVIII avait tenté pourtant de mettre un peu d'ordre dans ce fouillis d'agences parallèles. Des « instructions secrètes aux agents des princes français » avaient été communiquées à Henry Dundas, secrétaire à la guerre, et au gouvernement britannique : « Plan approuvé par le roi, qui seul en connaît la totalité. Le ministre anglais, les princes français ont également adopté ce qu'on leur a montré de ce plan. On a cherché à faire marcher de concert les mesures politiques et les mesures militaires. La France sera divisée en deux agences. L'une, qui comprend les provinces de Franche-Comté, Lyonnais, Forez, Auvergne, et tout le midi, sera confiée à M. de Précy. L'autre, qui s'étend sur le reste de la France, sera dirigée par les agents de Paris. Ces deux agences s'informeront réciproquement de leur situation, par une correspondance régulière et active. Aucun mouvement ne sera entrepris par l'une si l'autre n'en est prévenue d'avance, et si elle n'est pas en mesure de la seconder. Les deux agences auront une correspondance directe avec le roi et avec les agents du gouvernement britannique, cette dernière n'ayant que deux objets : le premier, la demande des secours, et pour leur emploi, les agents devront se rendre toujours indépendants des instructions que pourraient leur donner les Anglais; le second objet de la correspondance anglaise sera de leur donner toutes intelligences pour tendre au service de la cause, mais jamais celles dont le résultat pourrait être de leur faciliter la prise de quelques-unes de nos places maritimes, et en général aucunes qui n'auraient d'utilité que pour eux[3]. »

Mais Royer-Collard, Précy, d'André et les membres du comité du comte de Provence à Paris avaient exprimé autant de méfiance que de répugnance à l'annonce de cette nouvelle organisation. Une agence concurrente, par des actions imprudentes, faisait courir des risques à l'ancienne, attirait à elle des fonds qui autrement eussent échu à Royer-Collard. En février 1800, Royer-Collard envoya des protestations très vives, et se déclara opposé à toute espèce de collaboration, exigeant même, pour des raisons de sécurité, que son réseau demeurât inconnu aux agents qui dépendaient de l'Angleterre[4]. Le roi fit droit à cette exigence. La saisie des papiers de l'agence de Hyde par la police ne fit que conforter les agents de Louis XVIII qu'il n'y avait rien à attendre de bon des agents du comte d'Artois, tout juste capables de compromettre tout le parti par leur légèreté et leur impopularité surtout, née de leur collusion ouverte avec

[1] Le Chevalier de Coigny.
[2] D'André à Saint-Priest, 14 mars 1800, AE, M & D France, v. 597, f° 340-343.
[3] Instructions secrètes aux agents des princes, PRO, WO 1/923, f° 5-8.
[4] Déclaration de Royer-Collard à Saint Priest, février 1800, AE, M &D Fance, v. 597, f° 266 v°-267.

l'Angleterre. « Cette saisie est d'autant plus fâcheuse que comme on ne distingue point à Paris entre les agents de l'Angleterre, ceux de Monsieur et ceux du Roy, les imprudences, les indiscrétions, les sottises des premiers retombent sur les seconds et discréditent chaque jour le parti du Roy[1]. » Le roi, qui n'avait jamais bien aimé que son frère ait une agence à lui dans la capitale, et une agence qui de plus monopolisait tous les subsides anglais, fit répondre à la nouvelle de la saisie qu'il en avait des regrets et qu'il y avait de « fâcheuses chances à en craindre, mais pourvu que les véritables agens échappent au soupçon, ce mal servira à séparer l'ivraie du bon grain[2]. »

L'agence de Hyde de Neuville était pourtant autrement efficace que « les véritables agens », c'est-à-dire l'agence de Royer-Collard. C'était elle qui soutenait la Vendée, l'engageant à reprendre ou continuer la lutte. C'était elle aussi qui mûrissait un plan ambitieux d'insurrection, tandis que Royer-Collard se réfugiait dans l'attentisme, observant les événements et transmettant ses rapports à l'agence souabe[3].

De décembre 1799 à mai 1800, Hyde de Neuville fut le grand pourvoyeur de fonds de la Chouannerie. Dès le 11 décembre, Bourmont envisageait de reprendre la lutte malgré les tractations pour la pacification avec le Premier Consul, et demandait à Hyde des fonds et des munitions, se plaignant du manque de moyens mis à sa disposition : « Il y a dans ce pays 10 000 hommes en armes qui n'ont pas trois cartouches chacun[4]. » Dès janvier, Hyde s'employait à le satisfaire[5], et correspondait dès lors étroitement avec Bourmont comme avec Cadoudal.

Hyde de Neuville envisageait la Vendée dans le cadre d'un vaste système, comme un élément nécessaire, mais non point suffisant. Il lui fallait une insurrection générale, quelques hommes clefs : un général populaire, comme Pichegru, et un point stratégique, un port où pourraient débarquer un ou plusieurs princes français et des troupes étrangères : Brest. Il fallait convaincre de faire venir Pichegru de Londres à Paris, pour de là l'envoyer dans les départements insurgés. 15 000 ou 18 000 soldats russes seraient mis à sa disposition. Brest serait prise par surprise, pour permettre le débarquement du comte d'Artois et du duc de Berry. Cette action et la présence des princes décideraient à se rallier des généraux et des militaires secrètement dévoués au parti royaliste.

---

[1] D'André à Saint-Priest, 21 mai 1800, AE, M & D France, v. 598, f° 110-113.

[2] Le Cabinet du roi (de l'ordre du roi lui-même) à d'André, 8 juin 1800, AE, M & D France, v. 598, f° 166.

[3] Le Merer décrit ainsi, pas tout-à-fait injustement, l'agence du roi : « Je vous demanderai ce que c'est qu'une agence qui n'agit pas, qui n'agira jamais, étant admirablement organisée à ne point agir; une agence dont les chefs résident hors de la France, et dont les correspondants à Paris, sans doute les plus habiles et les plus honnêtes gens du monde, n'ont aucune influence personnelle, sans accès chez les ministres, les généraux, les gens en place, et dont toute l'activité se réduit à composer de jolies petites dépêches sur la Révolution. » : Le Merer à la comtesse de Pott, 31 juillet 1800, AE, M & D France, vol. 598, f. 325.

[4] Bourmont à Hyde de Neuville, 11 décembre 1799, PRO, FO 27/54, p. 608-609.

[5] Bourmont à Hyde de Neuville, 17 janvier 1800, AN, F7 6248, n° 17.

Ce plan n'était guère nouveau. Frotté, et d'autres encore, avaient déjà songé à relier Paris et les départements insurgés de l'Ouest pour faire éclater une immense insurrection concertée qui aurait abouti à faire reconnaître le roi « en un mois[1]. » Mais le mouvement aurait manqué d'une tête directrice à Paris, sans compter la nécessaire présence d'un prince en Normandie ou en Bretagne. Dupérou l'avait clamé en septembre 1799. L'agence de Hyde était censée répondre à cette nécessité et de fait, Hyde élabora ce plan plus précis encore que les précédents, qui reposait sur la prise de Brest, l'engagement de Pichegru, et la bonne coordination entre Paris et la Vendée.

La correspondance établie par Hyde assurait cette coordination. Hyde de Neuville travaillait étroitement avec Bourmont et Cadoudal. Pichegru était indispensable : son nom seul, espérait Hyde, ébranlerait la fidélité des troupes républicaines, qui se rallieraient au charisme du chef. C'était à Larue de convaincre Pichegru, à Londres, de se prêter à cette action d'éclat. Pichegru avait reçu des propositions des royalistes dès son arrivée à Londres avec Larue, fin 1798. Hésitant cependant à se déclarer, il ne prit nettement position qu'au milieu de l'année 1800; peut-être sous la pression de Larue, qui ne l'avait pas quitté. Il était en tout cas très certainement décidé avant les propositions de Fauche-Borel. Tout en cherchant à gagner Pichegru, ce qu'il considérait comme pratiquement réussi, Larue tentait de convaincre Dutheuil, l'agent du comte d'Artois à Londres, et le gouvernement britannique, de la nécessité d'utiliser le général, clamant dès juillet 1799, c'est-à-dire avant l'approbation du plan de Hyde par le comte d'Artois, que « beaucoup de généraux, beaucoup de députés » n'attendaient que le moment de se montrer : il fallait que Pichegru se mît à leur tête. Son nom rallierait les hésitants[2]. Le rôle de Larue, que personne n'a jamais souligné, fut pourtant certainement primordial, autant pour rallier Pichegru que pour décider la Grande-Bretagne à faire confiance au plan de Hyde.

Brest, surveillé par Du Bouchage, était le point stratégique, le port dont il fallait s'emparer pour assurer le débarquement des troupes et des subsides anglais. Hyde et Du Bouchage avaient imaginé un plan détaillé. De faux ordres devraient expédier la garnison à Saint-Malo, prétextant un débarquement prochain de l'ennemi; 3 000 royalistes en uniforme républicain se présenteraient, soi-disant pour remplacer la garnison, s'empareraient des points stratégiques du port, et ouvriraient la ville à 10 000 hommes de l'armée royale. Des signaux avertiraient la flotte anglaise. Des proclamations annonceraient le retour du roi. Trois millions de francs seraient distribués aux ouvriers et employés du port, pour leur solder tout de suite une portion de ce qui leur était dû et qui s'élevait alors à quinze millions. De cette manière, on s'assurerait du soutien populaire[3].

---

[1] Plan du 10 mai 1799, remis à Windham, ministre de la guerre britannique. AN, 280 Mi 2, registre 5.

[2] Le cabinet du roi à d'André, 28 octobre 1798, AE, M & D France, v.607, f° 32.

[3] *Conspiration anglaise*, passim.

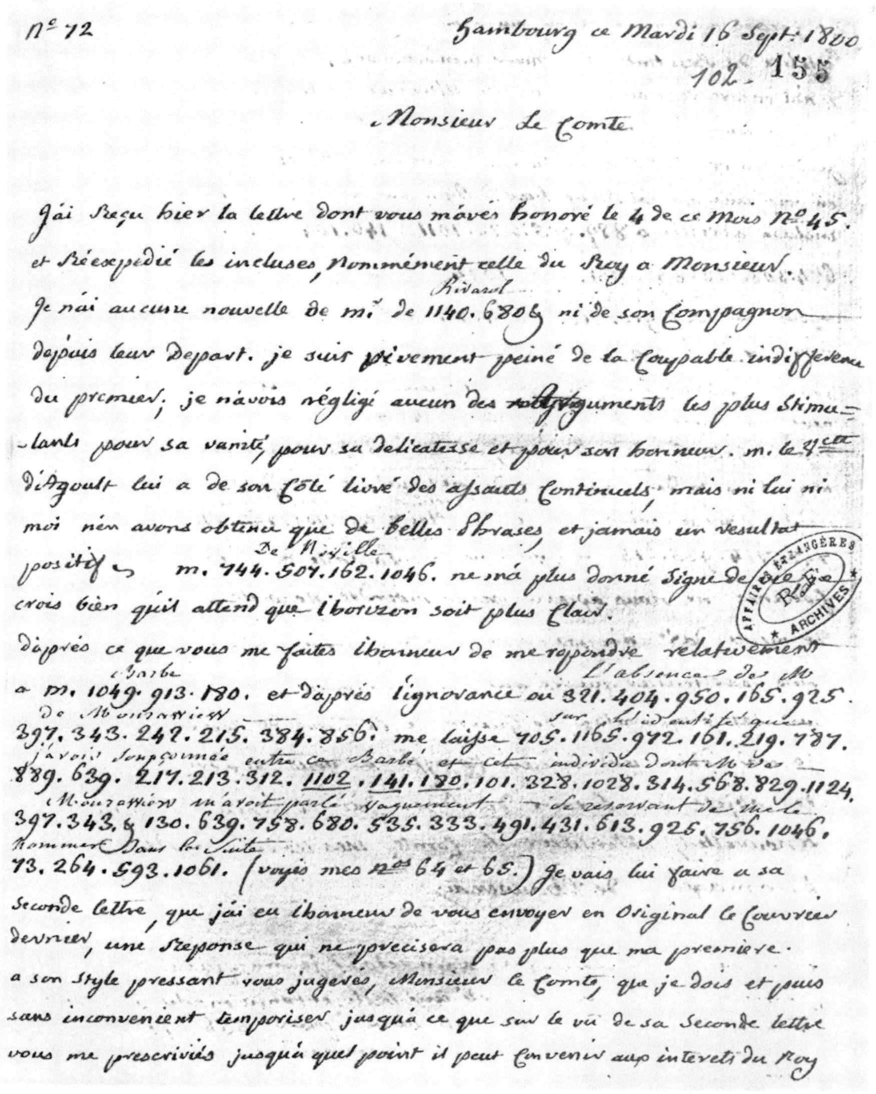

N° 72

Hambourg ce Mardi 16 Sept. 1800

102. 155

Monsieur Le Comte

J'ai Reçu hier la lettre dont vous m'avés honoré le 4 de ce Mois N° 45. et Réexpédié les incluses, nommément celle du Srey a Monsieur. Rivaud
Je n'ai aucune nouvelle de m. de 1140. 680 & ni de son Compagnon depuis leur Depart. je suis vivement peiné de la Coupable indifference du premier; je n'avois négligé aucun des arguments les plus Stimu- lants pour sa vanité, pour sa delicatesse et pour son honneur. m. le g.
d'Argoult lui a de son Côté livré des afsauts Continuels, mais ni lui ni moi n'en avons obtenu que de belles Phrases, et jamais un resultat positif. m. 744. 507. 162. 1046. De Néville ne m'a plus donné signe de vie. je crois bien qu'il attend que l'horizon soit plus Clair.
d'après ce que vous me faites l'honneur de me répondre relativement Barbe
a m. 1049. 913. 180. et d'après l'ignorance où 321. 404. 950. 165. 925. L'absence de M De Montariens sur 397. 343. 247. 215. 384. 856. me laisse 705. 1165. 972. 161. 219. 787. J'avois Soupçonné entre ce Barbe et cet individu dont M. de 889. 639. 217. 213. 312. 1102. 141. 130. 101. 328. 1028. 314. 568. 829. 1124. Montariens m'avoit parlé Vaguement se servant de M. le 397. 343. & 130. 639. 758. 680. 535. 333. 491. 431. 613. 925. 756. 1046. Nommer Dans la Suite 73. 264. 593. 1061. (voyés mes L°° 64 et 65.) je vais lui faire a sa Seconde lettre, que j'ai eu l'honneur de vous envoyer en Original le Courrier dernier, une Réponse qui ne précisera pas plus que ma première.
a son Style pressant vous jugerés, Monsieur le Comte, que je dois et puis sans inconvenient temporiser jusqu'à ce que sur le vu de sa Seconde lettre vous me prescriviés jusqu'à quel point il peut Convenir aux interets du Roy

Figure 2 - Dépêche de Thauvenay au comte d'Avaray (Agence souabe),
partiellement chiffrée, 16 septembre 1800.

A.E., M&D France 599, f° 155. Hyde de Neuville est mentionné sous le code 144.507.162.1046.

Une fois Brest saisi, le comte d'Artois et le duc de Berry débarqueraient avec Pichegru, rallieraient les royalistes hésitants; des proclamations seraient répandues pour séduire les militaires, rassurer les acquéreurs de biens nationaux en leur laissant l'espérance de ne pas tout perdre, présenter un traité de paix. Dans toute la France, des proclamations annonceraient le retour de la royauté; à Paris surtout, la petite armée de Joubert déclencherait une insurrection et renverserait l'homme dont l'ambition et surtout l'opiniâtreté pourraient ensanglanter la France[1].

En janvier 1800, les renseignements favorables de Du Bouchage, décrivant la faiblesse de la garnison et de la défense de Brest, et le départ de quatorze vaisseaux de la rade pour une destination inconnue, incitèrent Hyde à avertir sans retard la flotte anglaise, par aviso spécial, en plus de Bourmont, et de Monsieur lui-même[2]. Malheureusement, quelques jours après, le gouvernement français renvoyait Du Bouchage de son poste à Brest. Hyde perdait un agent précieux et un informateur indispensable[3].

De plus, il manquait toujours la présence d'un prince en France, et l'on ne pouvait décider Monsieur à débarquer. En décembre 1799, Monsieur promettait à Cadoudal d'arriver bientôt pour prendre la tête de ses compagnons d'armes, avec des secours, de l'argent, des munitions : « J'espère d'après les très favorables dispositions des ministres anglais arriver au milieu de vous, avec des moyens propres à assurer nos succès[4]. » En mars suivant, il ne faisait plus qu'assurer Georges de sa confiance et « de tous les sentiments que je vous ai voués pour la vie », sans plus rien évoquer de précis[5].

3. LA PROSCRIPTION

La saisie des papiers de l'agence le 2 mai 1800 sonna le glas de ces tentatives, mettant un terme aux hésitations de Monsieur. L'abbé Godard, un membre secondaire de l'agence, fut pris en train de distribuer Les Adieux à Bonaparte de Michaud. En le filant, la police repéra la maison dans laquelle il logeait, chez la veuve Mercier, et saisit tous les papiers qui s'y trouvaient. La prise était d'autant plus intéressante que Hyde avait justement confié la veille la totalité des papiers de l'agence à l'abbé, en attendant de les remettre à la comtesse de Damas[6].

Pour couronner le tout, et mettre le cabinet de Saint-James au courant de la catastrophe, le commissaire du gouvernement à Calais, Mengaud,

---

[1] Projet présenté par Le Fermier [Du Bouchage], PRO, FO 27/56.
[2] Paul Berry [Hyde de Neuville] à Monsieur, 11 janvier 1800, PRO, FO 27/56.
[3] Dutheil à Paul Berry [Hyde] et Ferrand [Crénolles], 5 pluviôse an VIII (25 janvier 1800), Conspiration anglaise, « Correspondance anglaise » n° 3.
[4] Le comte d'Artois à Georges Cadoudal, 22 décembre 1799, AE, M & D France, v. 596, f° 235.
[5] Le comte d'Artois à Georges Cadoudal, 20 mars 1800, AE, M & D France, v. 597, f° 353.
[6] Rapports sur l'arrestation de la veuve Mercier, mai-novembre 1800, AN, F7 6251, d. Mercier.

expédia à Londres quatre exemplaires de la *Correspondance anglaise* (les papiers de l'agence édités par les soins du gouvernement) camouflés dans des pâtés de canard normands destinés à l'exportation pour la table du ministre Pitt[1].

Les arrestations se multiplièrent dès la découverte des papiers. Pris par la surprise, les principaux inculpés s'échappèrent avec peine. Larue, qui était rentré en France au début de l'année 1800 à la suite de l'amnistie du Premier Consul, échappa de peu aux policiers venus l'arrêter dans la Nièvre, grâce à un passage secret pratiqué dans une armoire (un des multiples passages construits à cette fin par Hyde à l'Étang). Une fois en sûreté, il tenta d'obtenir sa grâce en faisant jouer ses relations, les anciens députés avec qui il était toujours lié, et les relations de Pastoret. Une pétition renouvelée en sa faveur des tribuns Boissy d'Anglas et Siméon, de Gau (directeur général de la guerre), Muraine (président du tribunal de cassation), Vaublanc (législateur), Barthélémy (sénateur), Duchâtel, Dumas et Portalis (conseillers d'état), Lafond-Ladébat, et bien sûr de Pastoret lui-même, n'obtint pas l'effet désiré[2]. La plupart de ces hommes politiques récemment rentrés en grâce étaient d'anciens fructidorisés comme Larue (Lafond-Ladébat, Vaublanc...), et comme lui, Hyde et Pastoret, d'anciens membres du club de Clichy (Mathieu Dumas, Portalis, Vaublanc, Siméon, Lafond-Ladébat, etc.)[3]. Ces hommes qui n'hésitaient pas à signer une pétition en faveur d'un individu compromis étaient sans doute les mêmes députés et hauts fonctionnaires que Hyde se targuait de pouvoir gagner facilement à la cause, et dont il clamait que l'appui serait efficace.

Les chefs, Hyde, Crénolles, réussirent à s'enfuir, sauf Coigny. Joubert fut pris et exécuté. Dupérou, qui s'était longtemps joué de la police sous le nom de Frédéric Dierhof, fut arrêté à son tour en juin 1800 et ne tarda pas à parler en prison, grâce à quoi il fut libéré en août 1802. Entre-temps, il avait eu loisir de donner à la police tous les détails qui manquaient à celle-ci sur la conspiration[4].

On est frappé cependant des bévues et des erreurs d'une police dite si efficace. Les volumineux dossiers sur la recherche des conspirateurs sont pleins de rapports erronés ou exagérés d'agents qui, pour justifier leur emploi, affirment avoir vu tel ou tel conjuré chez lui, et inventent des circonstances qui n'ont jamais existé, demandant des subsides au passage. De plus, des agents même honnêtes confondent des noms, les entendent mal, ou arrêtent des homonymes. Luquet est confondu avec Liquet, une certaine Arabella Williams est arrêtée par erreur. Hyde est vu à Calais en mai 1800 prêt à s'embarquer pour Londres, en même temps à Paris et à Nevers en janvier 1801, mais aussi à Bordeaux le 27 mars 1802, cherchant à gagner les États-Unis ; le 3 février 1801, on arrête un citoyen Hyde à

---

[1] Mengaud au ministre de la police, 15 nivôse an IX (5 janvier 1801), AN, F7 6245.
[2] AN, F7 6251, d. Vaisse.
[3] Cf. A. Challamel, *Les clubs contre-révolutionnaires*.
[4] AN, F7 6245.

Neuchâtel. En mai 1803, on le cherche à Turin[1]. Il s'était effectivement réfugié en Angleterre pendant l'été 1800, attendant les ordres[2]. » Mais le prince avait renoncé à sa « machine Coigny ». En fait, Hyde dut rester caché dans la Nièvre pendant la plus grande partie des années qui suivirent, dans la manufacture, sous les fourneaux et les foyers, protégé par son contremaître Smith.

L'agence anglaise était donc démantelée. Mais la comtesse de Damas, qui n'avait pas été impliquée, restait un pivot des royalistes de l'intérieur, par lequel une correspondance continuait à être établie[3]. Ratel et quelques autres, qui avaient réussi à s'échapper, pouvaient être réutilisés, et le furent. Hyde, compromis par son imprudence (d'autant plus que, par esprit chevaleresque, il avait couvert son ancien agent Godard, et avait fait sienne tout entière la responsabilité de la saisie des papiers), fut mis sur une voie de garage, bien qu'on louât sa loyauté et son courage[4].

Cadoudal en Bretagne continuait la lutte plus que jamais, et méditait de nouveaux moyens d'action, puisque les précédents, reposant sur une insurrection et l'appui de l'étranger, avaient échoué, et qu'il était de plus en plus douteux que le comte d'Artois se décidât à venir payer de sa personne sur les côtes de France.

Le plan de Brest n'avait cependant pas été abandonné, car il tentait l'Angleterre. En octobre 1800, la police saisit un nouveau plan d'insurrection : attaquer sur Saint-Malo et Vannes, insurger la Bretagne entre ces deux points, et la séparer du reste de la France, pour favoriser le coup de main que les Anglais méditaient depuis longtemps sur Brest. Bonaparte informé aurait répondu : « C'est un vieux plan, le pain arrangera tout cela[5]. »

D'autres moyens commençaient à être envisagés pour lutter contre ce qui de plus en plus apparaissait comme le pouvoir d'un seul homme.

Supprimer cet homme, et qui dirait qu'on ne pourrait restaurer le roi à sa place ? Dès juin 1800, l'agent de Louis XVIII, Thauvenay, écrivait à Avaray, de l'agence souabe : « Que Bonaparte soit enlevé par une des nombreuses causes de mort qui menacent sa tête, comptez sur les Jacobins d'une part, sur des généraux s'offrant à la succession de l'autre; comptez sur une lutte et voyez ce que la proximité du Roi au milieu de cette effervescence peut avec de l'habileté produire[6]. »

---

[1] Rapports de police, AN, F7 6249 à 6251, F7 6274.

[2] Une lettre de la comtesse de Damas est adressée à Hyde à Londres sous le nom de John Clement, en septembre 1816. AE, M & D France, v. 599, f° 155. Hyde déclare n'être rentré en France que le 9 novembre 1800.

[3] Thauvenay (agent de Louis XVIII à Hambourg) à Avaray (confident de Louis XVIII), 23 septembre 1800, AE, M & D France, v. 599, f° 183-186.

[4] Correspondance entre Hyde de Neuville et Dutheil à Londres, mai-juin 1800, PRO, FO 27/56.

[5] Bulletin de Paris à l'agence souabe, 9 octobre 1800, AE, M & D France, v. 599, f° 234-235.

[6] Thauvenay à Avaray, 20 juin 1800, AE, M & D France, v 598, f° 199-201.

Ces projets encore vagues allaient être concrétisés et mis en action par Cadoudal et ses chouans. Jusqu'à quel point Hyde de Neuville en fut-il informé, et dans quelle mesure y participa-t-il effectivement, voilà ce qu'il est difficile de dire.

Peu après le démantèlement de l'agence anglaise, le 24 décembre 1800, une bombe éclata rue Nicaise, sur le passage de Bonaparte. Les auteurs étaient trois chouans de Georges Cadoudal : Saint-Réjeant, Carbon et Limoëlan. Par son atrocité, l'attentat suscita la réprobation générale, même au sein des royalistes. Hyde de Neuville nia d'emblée un attentat si impopulaire, qui n'avait réussi à déchiqueter qu'une petite fille et un cheval.

Les rapports de police, aussi bien aux Archives nationales qu'à la préfecture de police, sont muets. Le nom de Hyde n'est même pas cité dans les volumineux rapports qu'engendra l'affaire. Cependant, si Hyde semblait lavé de toute participation directe, il était le principal agent des princes encore en activité en décembre 1800, était en relations étroites avec Cadoudal, et possédait la dose de fanatisme suffisante pour commanditer pareil attentat[1]. Fouché n'hésita pas à accuser Hyde et à rendre responsable d'un attentat déjà odieux un personnage impopulaire (un agent de l'Angleterre). C'était rendre tout à fait détestable aux yeux de l'opinion l'attentat contre le Premier Consul. Il publia un *Rapport aux Consuls* qui suscita de vives réactions de la part de Hyde de Neuville. Hyde, dans force brochures, proclamait son inactivité complète après la destruction de l'agence de Paris. Il se défendait en même temps d'avoir jamais été « l'agent de l'Angleterre[2] », et d'avoir jamais conspiré contre la vie du Premier Consul. Assurément, le Premier Consul était l'homme à éliminer, mais Hyde n'aurait jamais envisagé qu'un enlèvement. Dans sa correspondance avec Londres, il était toujours resté très discret sur les moyens à employer contre la gênante personne de Bonaparte. Une seule fois, dans une dépêche à Dutheil, l'agent du comte d'Artois à Londres, il évoque « l'enlèvement du Corse » comme un projet qu'il médite[3].

Hyde de Neuville ne fut pas impliqué officiellement; ses amis et sa famille, à commencer par Pastoret et sa femme, plaidèrent pour lui. L'accusation cependant devait toujours rester une tache sur la réputation de Hyde, ravivée à l'occasion, jusque sous la Restauration, par ses ennemis politiques.

---

[1] En février 1800, juste après l'exécution de son ami Toustain, Hyde de Neuville, encore sous le choc, écrivait à Monsieur : « ce sang crie vengeance, la rend sainte et légitime. Hier Félix [nom de code de Bonaparte], comme membre du gouvernement, n'avait pas l'odieux de l'assassinat; on pouvait balancer à le frapper; aujourd'hui, je mettrais ma gloire à le poignarder » : Hyde de Neuville au comte d'Artois, *Conspiration anglaise*, correspondance de Paris à Londres, n° 20. Mais ce qui fut écrit, peut-être pensé, sur l'exaltation du moment, pouvait n'être plus vrai plusieurs mois après, quand il s'agissait de calculer un attentat maladroit qui jetterait le discrédit sur le parti du roi.

[2] *Observations sur le rapport fait aux Consuls ...; Réponse de J-G Hyde de Neuville...*, que Hyde adressa sous enveloppe à des membres de diverses autorités : rapport du préfet de police Dubois à Fouché, 2 germinal an IX (23 mars 1801), AN, F7 6250.

[3] Hyde de Neuville à Dutheil, 15 pluviôse an IX (4 février 1800), *Conspiration anglaise*, Correspondance de Paris à Londres, n° 15.

Même si la participation active de Hyde à l'attentat reste douteuse, il est certain qu'il avait eu au moins connaissance du complot. Il est certain aussi que ce dernier échec le découragea et le convainquit de l'inutilité de la lutte. À partir de ce moment, les rapports de police ne le signalent plus que se terrant dans la Nièvre. Ils ne le citent pas dans l'affaire de Moreau, Cadoudal et Pichegru en février 1804, à laquelle Hyde lui-même proclame n'avoir pris aucune part[1], ce qui est étonnant, vu ses liens antérieurs étroits avec les protagonistes.

Hyde de Neuville continuait cependant à être recherché et à échapper aux agents de Fouché, en grande partie grâce à la complicité de la population locale. La famille Hyde avait le soutien de la plupart des notables : le maire de La Charité, ses adjoints, et même la gendarmerie; et aussi le soutien des paysans, des ouvriers, de tous ces gens que les Hyde faisaient vivre grâce à la manufacture, et qui dépendaient d'eux économiquement et socialement. À cela s'ajoutait une certaine popularité que la famille s'était gagnée grâce à sa simplicité et à sa philanthropie. En mars 1802, un agent rapporte : « Jamais cette famille hotaine et vindicatif (sic) ne s'est montrée aussi populaire et aussi charitable. Ils ont fait faire dans la plus rigoureuse saison de l'hiver des soupes économiques pour les malheureux et l'on a même été jusqu'à dire que c'était Hyde aîné qui avait donné l'idée des soupers et qu'il y avait contribué pour sa part d'environ 400 francs[2]. »

Hyde de Neuville était au mieux avec le sous-préfet de Cosne et un certain nombre de hauts fonctionnaires[3]. En août 1803, un lieutenant de gendarmerie envoyé en mission spéciale dans la Nièvre avec un collègue, déguisé en négociant en vin, rapporte : « c'est un homme qu'on n'aura que par ruse, dans un dîné, dans une chasse, etc. Tous les habitans sont pour lui; mais principalement les autorités civiles et militaires. Le sous-préfet arrivant dans le pays mangeait et logeait chez le père de la dame, et est devenu l'ami de la maison, qu'il ne fréquente plus cependant par politesse, mais à qui il ne nuira pas. Le sous-inspecteur des forêts Berthand est à ce qu'on dit on ne peut mieux avec eux. [...] Il n'est pas jusqu'au brigadier de la gendarmerie, qui pour avoir l'air d'être fin est venu au bout de huit jours, nous demander nos passeports, et qui a appelé l'agent de police en particulier pour lui dire que le vin que nous cherchions n'était pas dans les caves d'ici, et qu'il était bien sûr que nous n'en ferions pas l'emplette. À Cosnes, les gens en place sont amis du frère. Les habitants de Sancerre commencent aussi à se demander qu'est ce que c'est que ces marchands de vins [les deux policiers] qui restent si longtems sans acheter. Madame a déclaré il y a quelque tems qu'en parcourant ses titres, elle s'est

---

[1] *Mémoires* I, 387,
[2] Rapport du 6 germinal an X (27 mars 1802), AN, F7 6250, d. 5588.
[3] Rapports de l'agent Migret, 18 août-25 octobre 1801, AN, F7 6250, d. 4980.

aperçue qu'elle ne devait pas le passage, et c'est depuis qu'elle a fait construire les triples fossés, et que personne n'y entre plus[1]. »

Hyde de Neuville en effet avait transformé en forteresse son manoir de l'Étang, déjà puissamment équipé de souterrains depuis les temps de la Terreur et de la proscription des prêtres. Il était devenu impossible d'arriver à la maison autrement que par la porte principale, et les chemins qui y menaient étaient recouverts de petits cailloux qui faisaient un bruit terrible. Trois grands fossés entouraient le bâtiment, dont le dernier était rempli d'eau et hérissé de palissades. Des gardes posaient des pièges à loup contre les policiers et les espions et surveillaient les alentours. Le préfet de la Nièvre décida, après la mission du « marchand de vin » Gaudriot, de risquer une action d'envergure à l'Étang pour tenter de s'emparer de Hyde. Il était hors de question d'employer la gendarmerie locale, dévouée à Hyde, et l'on fit venir 150 dragons du 18e régiment, dans la nuit du 12 au 13 septembre 1803. Cette fouille-surprise, comme les précédentes, fut un échec, car Hyde avait été prévenu par le brigadier Clément[2]. Écœuré, le commissaire de police de Nevers, Guyon, écrivait à Paris :
« Si les Hide et de Larue ont trouvé des aziles sures dans le département de la Nièvre, on le doit à la mauvaise composition des autorités locales. Hide, membre du comité anglais, et l'un des auteurs de la machine infernale, n'a existé longtems dans les environs de La Charité que parce qu'il était protégé par Moisy, brigadier de gendarmerie, qui avait déjà favorisé l'évasion de son beau-frère de la Rue, parce que le directeur de la poste aux lettres et son fils avaient l'œil à tout, tous les gens traîtres au gouvernement qui les protège et qui les paye sont journellement encouragés à être traîtres, tandis que les hommes de bonne foi sont disgraciés. [...] Hide a fait il y a quelque temps un voyage à Paris. Je le crois rentré dans les environs de Sancerre. On aurait pu l'arrêter l'an dernier, après surveillance exercée à cet égard, si on ne s'était servi que de Rochetaillade, gendarme alors à La Charité, mais le citoyen Desbret, lieutenant de gendarmerie à Sancerre, qui était porteur du mandat, fréquentait journellement la maison Rouillé de Marigny, beau-père de Hide. Quand cet officier venait à La Charité pour se concerter avec l'agent chargé de la suite de cette affaire, il ne partait pas sans avoir dîné chez Mme Hide, ou au moins sans lui avoir rendu ses très humbles devoirs[3]. »

En 1804, tout souriait à Bonaparte, devenu Napoléon, et Hyde de Neuville jugeait « qu'il n'y avait plus rien à tenter[4] ». Le temps seul, la Providence, pouvaient, devaient détruire ce régime qui, si on lui laissait la liberté d'aller seul, se dissoudrait de lui-même, parce qu'illégitime, tôt ou tard. Hyde de Neuville, qui jusqu'alors avait tout fait pour que ce fût tôt plutôt

[1] Rapport du gendarme Gaudriot au général Gouvion, 5 fructidor an XI (23 août 1803) AN, F7 6250, d. 5588.

[2] Rapport de Guyon sur la situation de la Nièvre, ventôse an XI, AN, F7 6250, d. 5588.

[3] Rapport du commissaire de police à Nevers sur la situation de la Nièvre, ventôse an XI (mars 1803), AN, F7 6250, d. 5588.

[4] Mémoires, I, 396.

que tard, se laissait désormais aller à développer ces théories providentialistes. L'action, les complots ayant prouvé leur inutilité, il se contentait d'être certain de la non-viabilité du régime et d'attendre les événements.

En 1805, Hyde, toujours poursuivi, se réfugia avec sa femme à Couzan, aux environs de Lyon. Là, sous le nom du docteur Roland, Hyde exerçait la médecine. Il y gagna une médaille du gouvernement, qui était loin de se douter de la véritable identité du bon docteur, pour avoir vacciné gratis toute la population. Pastoret et sa femme, pendant ce temps, tentaient à Paris d'obtenir la grâce de Hyde, en vain. Henriette Hyde de Neuville fit elle-même deux fois le voyage de Paris pour solliciter la fin des poursuites contre son mari. En désespoir de cause, elle partit pour l'Allemagne à l'automne 1805, à la poursuite de l'Empereur en campagne, pour aller voir Napoléon lui-même. Grâce à l'appui de Talleyrand et de Berthier, elle le rattrapa à Schönbrunn, et obtint le 24 décembre 1805[1] la permission de s'exiler avec son mari aux États-Unis, avec un laissez-passer pour traverser la France. En conséquence, le 24 novembre 1806, Fouché ordonna la levée du séquestre sur les biens de Hyde et de sa femme.

Hyde se mit en route aussitôt, en passant par l'Espagne pour aller s'embarquer à Cadix. C'est en Espagne qu'il rencontra Nathalie de Noailles, qui lui présenta Chateaubriand[2]. Au printemps 1807, il réussit enfin à trouver un navire marchand américain qui faisait la traversée, et s'embarqua avec sa femme, son frère Paul, trois domestiques et une jeune orpheline de 12 ans, Louise, qu'il élevait par charité[3].

---

[1] Décret du 2 nivôse an XIV, AN, F7 6250.
[2] *Mémoires*, I, 444.
[3] Correspondance entre le ministre de la police et le ministre de France aux États-Unis, novembre 1806 - juin 1807, AN, F7 6250.

Figure 3 - Autoportrait de la Baronne Hyde de Neuville,
v. 1805-1810.

Aquarelle, collection of the New York Historical Society, 1953-238.

DEUXIÈME PARTIE

L'ÉMIGRATION

CHAPITRE I

L'ÉTABLISSEMENT AUX ÉTATS-UNIS

1. LA DÉCISION D'ÉMIGRER

Hyde de Neuville a été l'un des derniers à choisir la voie de l'émigration. Il attendit 1806 et une situation désespérée autant pour sa propre sécurité que pour le retour des Bourbons sur le trône. Il était en effet réellement attaché à son pays et répugnait à quitter la France. D'autre part, Hyde condamnait le principe même de l'émigration. Il avait pu observer à Londres les milieux de ces émigrés qui avaient suivi leur patrie là où ils jugeaient qu'elle se trouvait : sous les pieds du prince. Hyde reconnaissait la loyauté de ce point de vue, même s'il ne le partageait pas[1]. Pour lui, la patrie était en France, et ce n'était que là qu'il pouvait servir le roi. Il ne tenta jamais de se joindre à l'armée de Condé, et la décision du général Moreau d'aller servir la Russie, bien que ce fût pour sauver la France, le mit mal à l'aise au point qu'il dut chercher à justifier son ami[2].

De plus, l'émigration lui paraissait une faute politique, et il avait été frappé de l'étroitesse d'esprit des émigrés qui, éloignés de leur pays et du théâtre des événements, se berçaient de préjugés, d'illusions et d'idées fausses. Hyde avait pu contempler à Londres la légèreté, les « opinions surannées de ces habits râpés et de ces têtes poudrées[3] ».

Cependant, Hyde de Neuville reconnaît que s'il n'émigra pas, c'est aussi qu'il se devait à sa famille, dont, en sa qualité de fils aîné, il était le chef depuis la mort de son père. Sinon, la sécurité de ses proches étant assurée par la situation un peu particulière de son père (qui avait gardé la nationalité anglaise), il eût sans doute été poussé à partir plus tôt.

Pourquoi, dans ces conditions, Hyde de Neuville décida-t-il d'émigrer en 1806, alors qu'en 1800 il condamnait la chose ? Ce ne fut pas par point d'honneur, et il ne blâme pas non plus ceux qui suivirent Bonaparte et restèrent en France[4].

---

[1] Il observe dans ses *Mémoires* : « Je devinais déjà que l'émigration était une faute ; je l'ai surtout compris depuis : cependant, si je n'avais pas émigré, c'était par suite des circonstances et de mon jeune âge. Si mon père n'eût été protégé par sa qualité d'étranger, et s'il eût vécu, j'aurais sans doute obéi à sa suite à cette impulsion assurément très belle à son origine, car ce fut un sentiment d'honneur peut-être mal placé qui l'inspira. » *Mémoires*, I, ch. VIII.

[2] Préface de l'oraison funèbre de Moreau : *Funeral Oration Pronounced at Saint Petersburg in Honour of Moreau...*, New York, 1814.

[3] *Mémoires*, I, ch. VIII.

[4] *Mémoires*, I, 451.

Mais sa tête était mise à prix, et il n'aurait pu rester en France que dans la clandestinité, continuant la lutte souterraine. Or, Hyde en 1806 était découragé. La résistance royaliste avait pratiquement cessé, le pouvoir de Napoléon semblait stable; la plus grande partie de l'ancienne aristocratie s'était ralliée à lui. Surtout, ce qui ébranlait la volonté de lutte d'Hyde de Neuville, c'est que le pays entier semblait suivre le nouveau gouvernement. Or Hyde avait toujours considéré la volonté populaire comme un élément fondamental de la légitimité. L'exemple des paysans vendéens lui permettait de croire que le peuple opprimé par la révolution n'aspirait qu'au retour de la dynastie de Louis XVI. La volonté populaire profonde aussi bien que la tradition des siècles avaient paru justifier sa lutte pour les Bourbons. « Tout effort tendant à un changement de gouvernement n'est légitime que lorsqu'il répond à un besoin manifeste, à une aspiration générale; entrepris en dehors de ces conditions, il n'est plus qu'une témérité criminelle qui, loin de servir le pays, lui devient funeste[1]. »

Le combat ayant donc perdu à la fois tout espoir de succès et jusqu'au soutien populaire, Hyde ne pouvait que l'abandonner à son tour. Cependant il n'était pas question qu'il se soumît : il avait refusé la proposition de Fouché, ne pouvant jurer fidélité à un usurpateur. Il ne restait que l'exil, dans une terre à la réputation de liberté.

2. L'INSTALLATION. FORTUNE ET BIENS

Arrivé le 20 juin à New York, Hyde de Neuville quitta aussitôt la ville, le 10 juillet, et se mit en route vers l'intérieur. À cette époque, Hyde avait avec lui toute une maison de parents et de serviteurs, qui avaient effectué le passage avec lui.

Avant de s'établir où que ce fût, il voulait visiter le pays, comme on l'y avait encouragé[2]. Pendant plusieurs mois, il alla de ville en ville, de maison d'amis en maison d'amis, tissant des relations, découvrant son pays d'accueil : la géographie, les mœurs, et les habitants, qu'ils fussent Américains d'origine européenne, ou sauvages. En quelques mois, il parcourut une distance assez considérable jusqu'aux chutes du Niagara, répétant l'expérience que dit avoir eue son ami Chateaubriand, mais avec une vision toute différente. Dans des régions encore peu civilisées, il put voir des Indiens sur les pistes, des colons fraîchement installés. Il se trouvait là confronté à un monde bien différent de celui qu'il avait quitté.

L'itinéraire d'Hyde de Neuville est relativement facile à reconstituer, grâce aux *Mémoires* qu'il a lui-même laissés et qui sont toujours d'une grande précision quant aux dates et aux faits, grâce aux lettres envoyées tout le long du chemin par Hyde à ses nouveaux amis, sans compter les

---

[1] *Mémoires*, I, 372.
[2] *Mémoires*, I, 451.

lettres de ceux-ci les uns aux autres, qui se transmettaient des nouvelles du passage de l'exilé, et surtout grâce aux dessins, généralement fidèlement datés, que la baronne exécutait à mesure de ses pérégrinations.

On peut donc déterminer qu'en juillet 1807, Hyde et sa famille partirent de New York pour Albany puis Ballston, par l'Hudson. C'est à Ballston, ville d'eaux prisée, qu'ils rencontrèrent la Générale Moreau et l'élite américaine. C'est là aussi qu'ils visitèrent les premiers établissements d'Indiens. Ils virent plus d'Indiens encore en septembre, à Utica et dans les pays Oneida et Cayuga. Il est vraisemblable qu'ils rencontrèrent le chef Red Jacket, qu'Hyde dans ses *Mémoires* a mal transcrit en « Red Jaret ». C'est de cette période que date la série de portraits d'Indiens de Madame Hyde de Neuville. Hyde dit être arrivé devant les chutes du Niagara dès le 1er septembre. En septembre toujours, ils passèrent à Geneva, Batavia, Buffalo, et au lac Seneca puis, en octobre, redescendirent sur Albany par l'Hudson, firent une incursion dans le Genesee chez Victor Du Pont, et revinrent à New York à la fin de l'automne.

Leurs voyages n'en étaient pas finis pour autant. Surtout avant 1811, date de son établissement à New Brunswick, Hyde de Neuville passait classiquement l'hiver à New York, et allait « chercher pendant l'été un peu de fraîcheur dans les états du Nord », notamment lors de ses « courses dans le Tenessee [*sic*] » chez les Du Pont[1]. En 1808, il passa tous les mois d'été à explorer l'État de New York : on le trouve en mai à Amsterdam, en juillet à Palatine. Le dessin de la baronne d'une squaw de Seneca est daté d'août 1808. En septembre il est à Angelica chez Victor Du Pont, et en octobre à Owego. En juin 1809, il est à Totowa, et pendant l'été à Morrisville (New Jersey) chez Louis Simond. En octobre 1810, on le retrouve chez les Du Pont à Brandywine, la manufacture que Irénée et Victor venaient de fonder près de Wilmington (Delaware). Pendant l'été 1813, il va voir Victor Moreau et visite Yale (Connecticut). En octobre de la même année, il est à Princeton (New Jersey). En juillet 1815 encore, on le retrouve à Yale.

Cependant, dès 1807, c'est à New York que Hyde choisit de s'installer véritablement.

Il est difficile d'estimer dans quelles conditions de fortune Hyde de Neuville arriva aux États-Unis. Lui-même dit souvent avoir perdu la plus grande partie de sa fortune pendant la révolution. Hyde fit de la levée du séquestre sur ses biens une des conditions de son départ aux États-Unis; mais, dans la précipitation du départ, et bien que Hyde eût obtenu, en même temps que la levée du séquestre, la permission de repasser par la France, il est douteux que l'exilé ait pu emporter avec lui une fortune mobilière bien considérable. Il est probable qu'à son arrivée dans le Nouveau Monde, il ait dû éprouver, à plus ou moins longue échéance, le besoin de subvenir à ses frais d'une manière ou d'une autre. Une annonce dans le *Daily Advertiser* de New York datée du 23 juin 1807, trois jours après

---

[1] *Mémoires*, I, 479. La vicomtesse de Bardonnet, éditrice des *Mémoires*, a vraisemblablement lu « Tenessee » pour « Genesee », la région d'Angélica.

l'arrivée de Hyde de Neuville dans ce port, propose un élégant assortiment de porcelaine « tout juste arrivé de France » à vendre[1]. Il est vraisemblable que Hyde, comme d'autres émigrés, ait dû recourir à ce genre de moyen pour obtenir quelques liquidités et trouver de quoi subsister pendant plusieurs mois, en attendant de s'établir et de trouver une source de revenus stable.

Cependant, peu de temps après, il pouvait proposer à Victor Du Pont de lui prêter une somme de 400 ou 500 francs : à cette époque du moins, tout problème d'argent semblait écarté pour lui. En tout état de cause, grâce sans doute aux biens dont sa femme venait d'hériter et à la vente de la manufacture de La Charité, Hyde réussit à se constituer, entre 1807 et 1811, un domaine relativement important. Il acheta des terrains, à New York et dans le New Jersey, d'une assez vaste étendue et surtout d'une valeur considérable, sans apparemment emprunter trop d'argent : son nom ne figure pas parmi celui des débiteurs sur le registre des hypothèques du comté de Somerset. Il préféra de toutes façons emprunter à des amis et compatriotes. En 1812, désespérant de rentrer en France et envisageant un séjour à long terme aux États-Unis, Hyde avait cherché en vain à vendre tous les biens qui lui restaient en France dans la Nièvre et dans le Cher. N'y parvenant pas, il emprunta 180 000 francs à son ami Louis Simond, riche armateur, pour quatre ou six ans[2].

Hyde avait tôt été amené à séjourner à New York, d'abord pour y négocier ses affaires. Il adopta vite le rythme régulier d'y passer l'hiver avec sa famille.

Cependant il ne s'installa pas tout de suite. Il espérait toujours un rappel, un adoucissement de l'attitude de Napoléon à son égard, que la paix aurait pu favoriser. Le traité de Tilsit fut signé le 7 juillet 1807. Hyde dut en connaître la nouvelle au mois de septembre, et ses espoirs de retour furent réveillés. Il notait : « La nouvelle de la paix qu'on nous assure être conclue entre la France, la Prusse et la Russie nous a donné une joie véritable. N'est-ce pas un grand bonheur pour notre patrie et pour l'humanité ?... Et puis enfin, qui sait[3] ? »

En décembre 1807, il écrivit encore au président Jefferson : « Attaché à la France et conservant l'espoir d'y rentrer bientôt pour y vivre soumis, loin du bruit, et étranger à la politique[4] [...] »

Hyde pouvait d'autant plus nourrir des espérances qu'il savait qu'en France Pastoret s'occupait activement de sa grâce. Pastoret avait déjà obtenu la levée effective du séquestre sur les biens de Hyde (promise contre son départ), ce qui dut considérablement arranger sa condition financière. Mais quant à un retour, Fouché, l'intermédiaire bienveillant

---

[1] *The people's Friend and Daily Advertiser*, 23 juin 1807, p. l.
[2] Correspondance entre le préfet de la Nièvre et le ministre de la Police, octobre 1813, AN, F7 6250, d. 4980.
[3] *Mémoires*, I, 462.
[4] Hyde de Neuville à T. Jefferson, 22 décembre 1807, LC, Jefferson papers.

entre Pastoret et l'Empereur, en avait différé l'espérance à une situation plus stable, soit « à l'époque de la paix maritime »[1]. Le temps d'apprendre l'irrévocabilité de la décision de l'Empereur, Hyde de Neuville, incertain de sa position et comptant toujours sur l'influence lénifiante de Pastoret et de Fouché, n'avait pas osé s'installer définitivement. Il passa néanmoins tout l'hiver à New York, mais sans prendre d'engagements au-delà du printemps.

Il revint à New York à l'automne 1808, et il semble que ce soit à ce moment-là qu'il fit l'acquisition d'une maison, ou que du moins il emménagea dans une résidence permanente, et non plus dans des hôtels. C'est en effet le 9 novembre qu'il écrit à Victor Du Pont : « Henriette est au milieu de tous les embarras de l'emménagement »[2].

En tout cas, en 1810, Hyde possédait une maison à Chapel Street à New York, dont il était propriétaire puisque le 13 avril 1813, il reçut 1 000 $ d'expropriation pour l'ouverture de Chambers Street, qui passait à proximité de Chapel Street, sans doute au milieu de ce terrain[3].

Il obtint également le bail de location à sept ans, pour 45 $ par an, d'une cave sous Catharine Market, par enchère publique, le 1er mars 1811, mais vraisemblablement pas pour l'utiliser lui-même. Il insista pour qu'elle soit pourvue d'une porte et d'une fenêtre, condition nécessaire, disait-il, à la personne pour qui il louait le bâtiment. Il se peut qu'il l'ait louée à des fins d'habitation pour quelque pauvre famille[4].

Le même jour, il obtint le bail de location d'un lot de terrain Augustus Street[5]. Le 20 juillet 1812, il acheta encore le lot n° 57 dans le 9e *Ward* de la cité[6].

La maison de Hyde était dans un beau quartier et le bâtiment lui-même avait sans doute une certaine allure. En tout cas, Hyde y donnait des bals appréciés, et pendant tout l'hiver y menait une vie mondaine, restreinte surtout au cercle de ses amis, mais malgré tout animée.

Cependant New York était un établissement d'hiver. Or Hyde cherchait à s'établir à la campagne, dans une exploitation agricole : « Je projette un établissement agricole dont la surveillance remplira mes loisirs[7] », écrit-il à Madame de La Trémoille en avril 1808.

---

[1] *Mémoires*, I, 462.

[2] EMHL, W3-2704.

[3] *Minutes of the Common Council*, VII, 111. De même, le 9 octobre 1815, il fut reporté au *Common Council* comme ayant subi des dommages d'infiltrations d'eau dans une maison sise 100 Chapel Street. La municipalité l'indemnisa. *Ibid.*, VIII, 313.

[4] *Ibid.*, VI, 177, 210-211.

[5] *Ibid.*, VI, 509-510.

[6] *Ibid.*, VII, 207. New York était alors divisée en 14 quartiers ou *wards*. Sur les institutions new yorkaises à cette époque, on peut consulter avec profit l'ouvrage, quasi contemporain, de James Hardie, *The Description of the City of New York*, New York, 1827.

[7] *Mémoires*, I, 465.

En fait il cherchait un terrain depuis l'automne 1807[1], et c'était là le but ou le prétexte de ses promenades dans l'État de New York. Paul Hyde de Neuville était plutôt attiré par Saint-Domingue[2] ou Cuba, mais Hyde préférait rester aux États-Unis et aurait plutôt envisagé de se séparer alors de son frère que de partir avec lui à la Havane. « Quant au projet de la Havane mon frère y tient toujours, mais moi j'ai beaucoup plus de penchant pour la *log-house* », écrit-il à Victor Du Pont en décembre 1807[3].

Plutôt que passer par les multiples annonces du *Daily Advertiser* ou autres, il préféra traiter l'affaire par l'intermédiaire de gens qu'il connaissait, amis ou compatriotes. Il semble qu'il se soit d'abord adressé à Victor Du Pont, qui l'aurait orienté vers Cazenove et la Compagnie hollandaise. En novembre 1807, V. Du Pont lui demande : « Qu'avez-vous fait au sujet des terres Cazenove, avez-vous trouvé les Dutchmen un peu plus traitables[4] ? »

Cazenove proposait 18 000 acres pour 2 $ par acre. La négociation traîna jusqu'à la fin de l'année 1808, Hyde ne voulant pas offrir plus de 10 shillings par acre[5]. Finalement l'affaire ne se fit pas.

En revanche, en novembre 1807, Victor Du Pont De Nemour acheta vraisemblablement quelques arpents pour Hyde aux environs d'Angelica, où il était alors établi lui-même. La principale mention en est une lettre de décembre 1807 où Hyde de Neuville demande à V. Du Pont de lui faire « chopper au moins deux ou trois arpents » de sa ferme, pour qu'en arrivant il puisse y construire une petite *log-house*[6].

C'était vraisemblablement là un petit lopin pour s'installer en attendant mieux, car dans la même lettre, Hyde déclare à Victor Du Pont : « Quand je serai à Angelica nous ferons si vous le voulez une course dans vos déserts pour examiner un peu le pays, et découvrir s'il est possible une bonne terre et une position favorable. » Du Pont avait en effet proposé à Hyde la ferme attenant à sa propre propriété d'Angelica, qui était mise en vente à ce moment-là; Hyde viendrait au printemps négocier l'affaire en personne[7].

Hyde de Neuville avait paru intéressé au point que Mme Bauduy écrivait en janvier 1808 à Mme V. Du Pont : « Pour peu que Mr. de Neuville et sa

---

[1] Anthony Girard à Victor Du Pont, 22 octobre 1807, EMHL, L2-226.

[2] *Ibid.*

[3] Hyde de Neuville à V. Du Pont, 26 décembre 1807, EMHL, W3-2696.

[4] V. Du Pont à Hyde de Neuville, 15 novembre 1807, EMHL, W3-699.
Théophile Cazenove (1740-1811), financier hollandais, agent de la *Holland Land Company*, chargé de la spéculation terrienne aux États-Unis, s'installa à Philadelphie en 1790 et investit dans des terres à coloniser, à partir de 1796, pour la compagnie hollandaise. Par son intermédiaire, les banquiers hollandais achetèrent cinq millions d'acres de terres dans l'ouest de l'État de New York et dans le nord et l'ouest de la Pennsylvanie. L'affaire ne fut guère rentable. Cf. EVANS (Paul D.), « The Holland Land Company », *Buffalo Historical Society Publications*, XXVIII (1924).

[5] Hyde de Neuville à V. Du Pont, 26 décembre 1807 et 9 novembre 1808, EMHL, W3-2696 et W3-2704.

[6] Hyde de Neuville à V. Du Pont, 26 décembre 1807, EMHL, W3-2696.

[7] V. Du Pont à Hyde de Neuville, 15 novembre 1807, EMHL, W3-699.

femme se décident à s'établir à Angelica comme vous paraissez l'espérer, votre société sera charmante »[1].

Une fois de plus, l'affaire ne se fit pas et Hyde chercha longtemps. Contretemps supplémentaire, Paul Hyde de Neuville, parti en France en 1808 pour régler la succession de leur mère qui venait de mourir, fut arrêté, par similitude de nom sans doute avec son frère aîné, et conduit au château d'If où, malgré les démarches de Pastoret, il resta emprisonné près de deux ans. Durant tout ce temps, Hyde espérait toujours, dans l'inquiétude, le retour de son jeune cadet et l'attendait pour choisir de s'installer où que ce fût. Entre-temps, Victor Du Pont avait déménagé à Wilmington (Delaware) auprès de son frère Irénée. Hyde cependant envisageait toujours d'aller s'établir auprès de cette famille amie : il serait parti dans le Delaware au lieu d'Angelica[2]. Ce ne fut qu'en 1811 qu'il se décida à s'établir à New Brunswick, au bord de la rivière Raritan. La ville était située à 20 lieues de New York, mais le trafic régulier de paquebots le long du fleuve en faisait un point commode où se retirer sans être trop loin du centre social de New York. Hyde acheta une ferme qu'il transforma, à son goût, en « jolie chaumière », puis plusieurs terrains dispersés dans la même ville, qui finirent par constituer un domaine assez important.

Un problème s'était toutefois présenté à Hyde : l'impossibilité d'être propriétaire de terres, sans être citoyen américain, dans l'État de New York. Il chercha à se faire présenter à Thomas Jefferson et à user de la recommandation de Mme d'Houdetot (l'amie de Rousseau), vieille amie du président du temps de son séjour en France, pour obtenir éventuellement une dérogation. Jefferson se contenta de répondre qu'à sa connaissance, tous les États exigeaient que le propriétaire d'une terre soit citoyen américain (sauf le district de Columbia), et conseilla à Hyde de prendre l'avis d'un homme de loi, mieux informé que lui-même.[3] Hyde de Neuville, qui se refusait à se faire naturaliser et, de manière générale, à effectuer toute démarche « qui donne lieu de croire que je renonce à mon pays »[4], se tourna vers le gouverneur de l'État de New York, DeWitt Clinton, qu'il avait l'avantage de connaître plus directement par le biais de leurs entreprises philanthropiques communes, notamment l'École économique. En mars 1811, il lui demanda de présenter pour lui à la législature de l'État la permission, demandée au nom de son frère Paul, de pouvoir y être propriétaire[5].

---

[1] Mme P. Bauduy à Mme V. Du Pont, 22 janvier 1808, EMHL, W3-5390. Mme Pierre Bauduy (Juliette Le Breton des Chapelles) était la belle-sœur de Mme Du Pont.

[2] Mme Hyde de Neuville à Mme Du Pont, 11 décembre 1810, EMHL, W3-5408.

[3] Hyde de Neuville à T. Jefferson, 22 décembre 1807, et T. Jefferson à Hyde de Neuville, 17 février 1808, LC, Jefferson papers.

[4] *Ibid.*

[5] Hyde de Neuville à DeWitt Clinton, 13 mars 1811, CU, DeWitt Clinton papers :« Sir - I take the liberty of recalling to your remembrance the petition of my brother to the legislature; our interests requiring now more than ever that he should obtain permission of holding property in this state. Accept, Sir », etc.

De fait, Hyde acheta un terrain en 1811 au nom de son frère, non dans l'État de New York, mais dans celui du New Jersey, à un mile de New Brunswick sur la route d'Easton, à Franklin Township. Il y avait là cent acres de terre, soit une superficie moyenne, mais d'un terrain qui avait de la valeur. Il était évalué assez cher : 5 400 $, en 1815[1]. En 1823 Hyde le revendit pour 6 000 $[2].

La valeur de ce terrain était supérieure à la moyenne : Paul Hyde de Neuville, bien que propriétaire d'une ferme aux proportions modestes, se retrouvait parmi les plus gros contribuables du comté, et une des plus grosses fortunes terriennes[3].

Hyde de Neuville avait acheté ce terrain à un certain Charles Humpslaw. Un acte du 1er mai 1823, date à laquelle Hyde revendit la ferme, en donne la description et les limites[4], au bord de la rivière Raritan. C'est sur ce terrain que Hyde aménagea sa « chaumière » à partir d'un corps de ferme préexistant, mais ce ne fut pas la seule terre qu'il acheta dans les environs. Bout par bout, il reconstitua un domaine à sa famille, des deux côtés de New Brunswick, dans le comté de Somerset et dans celui de Middlesex[5].

Ce domaine était constitué principalement de terrains de bois d'abattage, situés à quelque distance de New Brunswick, à Franklin Township (dans le Somerset), en lots séparés. C'était du bon bois pour les constructions maritimes et Hyde de Neuville avait pu faire là des placements de valeur. Il y en avait au total à peu près pour 75 acres. On en a la description précise dans l'annonce pour la vente aux enchères qui eut lieu en novembre 1824, quand Hyde voulut définitivement s'en débarrasser[6].

De plus, Hyde fit l'acquisition d'un lot de terrain à bâtir dans la ville même de New Brunswick, Schureman Street. Il n'y construisit aucun bâtiment et le revendit tel quel, en 1824[7].

Hyde ne revendit pas tous ces biens en 1814. Il est probable que son retour fut trop précipité pour qu'il eût eu le temps de le faire. Il possédait donc toujours sa ferme, baptisée « Neuvilles' Farm » par les habitants du cru, et la retrouva en 1816 lorsqu'il fut nommé ministre de France aux États-Unis, moutons et serviteurs compris. Il y reprit ses vieilles habitudes, et il y passait régulièrement l'été, quand l'administration aussi bien que le corps diplomatique tout entier désertaient Washington devenu une fournaise. Il ne se sépara vraiment de ses possessions américaines qu'après la fin de 1818, lorsqu'il crut repartir définitivement en France. En novembre

[1] NJSA, Ratables, Franklin Township (Somerset County), v. 1730.
[2] NJSA, Deeds, Somerset County, v. K, p. 901-902.
[3] NJSA, Ratables, Franklin Township (Somerset County), v. 1730.
[4] NJSA, Deeds, Somerset County, v. K, p. 901-902 : Hyde vend le lot de terrain sur lequel il vivait, situé à Franklin Township (Somerset County), « on the southerly side of the Raritan River... ».
[5] Assez bizarrement, la limite entre les deux comtés passait en plein milieu de la ville de New Brunswick.
[6] Vente du 8 novembre 1824, RU, Morris papers.
[7] *Ibid.*

1818 il vendit les meubles, puis en juillet 1819 un corps de ferme, et se sépara du reste en mai 1823. Quant aux terrains de bois, il confia le soin de les vendre à Robert Boggs, son homme de loi à New Brunswick depuis 1811, qui s'en acquitta en 1825[1].

Hyde de Neuville ne conserva donc aucune possession en Amérique après 1825. La « chaumière » qu'il avait habitée fut rasée. Cependant il subsiste encore aujourd'hui, à l'emplacement actuel de l'ancien terrain de Hyde, une rue qui a conservé le souvenir de « Neuvilles' Farm » puisqu'elle s'appelle Neuville Drive.

On dispose d'un dessin de Mme Hyde de Neuville qui donne une bonne idée de ce bâtiment campagnard dont les exilés avaient fait leur retraite à la Rousseau et qu'ils baptisaient tour à tour « le cottage », « la bergerie » ou « la chaumière ». C'était une maison coquette, à un seul étage, avec un porche courant tout le long de la façade sur trois colonnettes, agrémenté de fleurs en pot[2]. La maison était donc beaucoup plus modeste que celles d'autres émigrés que connaissaient bien les Hyde de Neuville : Louis Simond[3], le général Moreau[4], ou les Du Pont à Eleutherian Mills[5]. Manifestement, Hyde ne chercha pas à retrouver aux États-Unis l'équivalent de son manoir de la Nièvre, mais, résigné à son rôle d'exilé, il se complaisait dans une demeure au charme intime et campagnard, plus convenable à un « hermite » ou au « fermier du Raritan », comme il se plaisait à signer ses lettres.

3. LES MOYENS DE SURVIE

Le train de vie de Hyde de Neuville était modeste : en 1815 il possédait un seul cheval, destiné à tirer une petite voiture[6], et un petit nombre de serviteurs. La principale richesse de Hyde, celle dont il tirait vraisemblablement ses revenus américains, consistait en un troupeau de moutons assez important et florissant. Hyde de Neuville n'avait pas échappé à un certain engouement pour les mérinos, race nouvellement introduite aux États-Unis, et il avait voulu se constituer un cheptel de ces animaux bucoliques, plus nobles que des bêtes à cornes. Il avait ainsi le plaisir de pouvoir signer ses lettres « le berger du Raritan » et de monter une expérience à

---

[1] Ventes des 4 novembre 1818, 24 juillet 1819, 8 novembre 1824, et 1er mai 1823, RU, Morris papers.

[2] Aquarelle de Henriette Hyde de Neuville, *Le cottage*, 1813, NYHS, 1953-203.

[3] Aquarelle de Henriette Hyde de Neuville, *Maison de Mr Simon*, 1er mai 1809, Kennedy Galleries, New York.

[4] Aquarelle de Henriette Hyde de Neuville, *Morice ville*, 1813, Museum of Fine Arts, Boston.

[5] Aquarelle de Henriette Hyde de Neuville, *Eleutherian Mills*, Hagley Museum, Wilmington (Delaware).

[6] NJSA, Ratables, Franklin Township (Somerset County), vol. 1730.

la manière de La Rochefoucauld en tentant d'acclimater une race nouvelle, expérience de surcroît rémunératrice[1].

L'idée lui avait sans doute été soufflée par Eleuthère-Irénée Du Pont, qui, avec son beau-frère Bauduy, avait l'un des premiers aux États-Unis tenté l'élevage des mérinos. Cette nouveauté avait du mal à prendre car, de l'aveu d'un autre émigré français, Delormerie, qui s'y était peut-être essayé aussi et qui surtout, disposant sans doute de moins de moyens ou ne voulant pas risquer une fortune dans un élevage hasardeux, avait étudié la chose d'un point de vue théorique, cette acclimatation était « difficile à suivre dans ce pays[2] ». Delormerie, un Français installé à Philadelphie, se disait « agriculteur théoriste et quelquefois aussi praticien[3] ». Irénée Du Pont, connaissant l'intérêt de Hyde pour les nouveautés scientifiques et son goût pour l'agriculture, mit Delormerie en rapport avec lui[4].

Dans la mesure où les mérinos répondaient à une mode, Hyde ne dut pas avoir beaucoup de difficultés pour en obtenir. Des publicités annonçant l'importation de mérinos apparaissent régulièrement dans le *Daily Advertiser* ou le *Trenton Federalist* de l'année 1811. Toujours est-il que chez le « berger du Raritan », ces moutons avaient fini par représenter en 1812 un cheptel assez considérable, dont bon nombre de brebis pleines et d'agneaux. Hyde écrivait alors à V. Du Pont : « Savez-vous bien que notre troupeau devient très respectable; nous sommes en ce moment environnés de mères de famille qui à chaque heure nous font espérer de nouveaux venus, nous en comptons déjà 16 depuis 7 jours, dont 10 du genre féminin[5]. » Le troupeau était si important en 1814 que Paul en vendit une partie[6] mais pas la totalité.

Hyde vendait la laine un assez bon prix, profitant de cet engouement pour la race des mérinos qui avait mis à la mode les robes en laine de cette espèce[7]. Il disposait d'un débouché tout trouvé dans la manufacture de draps de Victor Du Pont[8]. Ainsi peut-il écrire à Du Pont en 1812 : « Maintenant faites par votre utile établissement arriver les laines au prix de 2 dollars et les mérinos seront certainement une spéculation excellente[9]. »

[1] En 1813, les brebis se vendaient 135 $ à New York : Hyde de Neuville à E.I. Du Pont, 8 novembre 1813, EMHL, L3-1044.

[2] Delormerie à E.I. Du Pont, 27 septembre 1810, EMHL, Eleuthera B. Du Pont Collection, accession 146, box 7, file 81.

[3] *Ibid.*

[4] *Ibid.*

[5] Hyde de Neuville à V. Du Pont, 3 décembre 1812, EMHL, W3-2762.

[6] *The New Brunswick Daily Fredonian*, 2 juin 1814, n° 165, p. 3 : vente de mérinos demi-sang (brebis pleines) par Paul Hyde de Neuville.

[7] Mrs Cruger à Amelia Du Pont, 3 février 1811, EMHL, W5, séries A, box 3.

[8] Ainsi, en 1814, il propose à V. Du Pont 4 à 500 livres de laine« très belle et très propre ». Mme Hyde de Neuville à Mme V. Du Pont, 28 mai 1814, EMHL, W3-5432.

[9] Hyde de Neuville à V. Du Pont, 3 décembre 1812, EMHL, W3-2762.

Tout ceci, joint aux qualités de gestion et d'économie de Mme Hyde de Neuville (vantées souvent par ses amies), et à la simplicité de leur mode de vie, plus campagnard que mondain, fait que la famille semblait vivre dans une douce aisance.

CHAPITRE II

LA VIE AMÉRICAINE

1. LE MÉDECIN DU GENESEE

Les besoins de Hyde de Neuville et sa famille étaient donc modestes, de par leur genre de vie campagnard et retiré; l'élevage des mérinos paraissait prospère. Tout souci financier semble par conséquent leur avoir été épargné. Cependant Hyde de Neuville ajouta à son activité de « berger » celle de médecin, qui après tout était sa vocation première puisqu'il avait commencé des études de médecine en France.

Cette activité correspondait davantage à un intérêt personnel qu'à un besoin financier ou à une réelle capacité. Hyde en effet n'avait pas terminé ses études, et la vicomtesse de Bardonnet elle-même, d'ordinaire si dévouée à la louange de son illustre oncle, reconnaît : « Il est rare qu'on ne se fasse pas d'illusions relativement à ses talents secondaires, et M. Hyde de Neuville n'était pas exempt, à l'endroit de la médecine, de quelques prétentions qui eussent été mieux justifiées sur d'autres points »[1]. Quant à faire de cette activité un gagne-pain, c'eût été rendu plus difficile encore par les conceptions philanthropiques de Hyde de Neuville, toujours prêt à ne pas faire payer les pauvres ou les amis. On peut donc affirmer que Hyde n'exerça pas la médecine pour subsister, mais bien plutôt pour s'occuper utilement, par philanthropie et goût pour la science.

Il exerça notamment dans le Genesee, lorsqu'il quittait New York l'été pour voyager. Il rendait ainsi « d'utiles services dans ces contrées souvent privées de toute autre ressource[2] ».

Quelles que fussent ses capacités, il s'occupait aussi de soigner ses amis. Il écrivait à Victor Du Pont qui demandait des nouvelles de Mme Chottard, malade : « Je vais m'occuper très sérieusement de son traitement. » Dans la même lettre, il prescrit du sel ammoniac à Mme Du Pont[3]. Quelques mois plus tard, en mai 1809, Duplanty écrit à V. Du Pont : « Madame Chottard paraît bien rétablie; le docteur Neuville assure qu'elle l'est[4]. » Ce titre prouve du moins que Duplanty, ami et associé de V. Du Pont, ne considérait pas Hyde de Neuville comme un ami qui avait des notions de

---

[1] *Mémoires*, I, 480.
[2] *Ibid.*
[3] Hyde de Neuville à V. Du Pont, 9 novembre 1808, EMHL, W3-2704.
[4] Gabriel Duplanty à V. Du Pont, mai 1809, EMHL, W3-2708.

médecine, mais comme un praticien qui exerçait. Cette activité, ou ce dérivatif, avait sans doute fini par absorber le plus clair du temps et des préoccupations de Hyde, car Mme Hyde de Neuville, dans toutes ses lettres de 1809 à 1813, avait fini par ne plus appeler son mari que « le docteur[1] ».

En tout cas Hyde de Neuville semble avoir été moins intéressé par l'aspect pratique de la médecine que par son aspect théorique. Il examina notamment les causes de la fièvre jaune et du goître. La fièvre jaune étant endémique à New York, Hyde eut l'occasion de l'observer, tant lors de son séjour comme exilé que plus tard, devenu ministre de France. Il surveillait de près les accès épidémiques, pour prévenir les ports français de la contagion en instituant des quarantaines, et il continuait aussi d'observer le phénomène en médecin, lisant des ouvrages, comparant ses observations avec celles des médecins américains les plus éminents. Il se persuada ainsi peu à peu que la fièvre jaune n'avait rien de contagieux en soi et était une infection, non une épidémie, causée par des conditions particulières d'insalubrité et de chaleur, et non par transmission d'homme à homme. Il défendit sa thèse devant la chambre des députés en France pour condamner l'institution, inutile à son sens, des lazarets et de la quarantaine[2]. De même, en 1808, il écrivait à V. Du Pont : « J'aurai l'honneur de lui mander bientôt [à Mme V. Du Pont] le résultat de mes recherches relativement à ces maudits goîtres, j'en ai parlé déjà à trois docteurs qui ne m'ont rien répondu de satisfaisant[3]. »

Quant à ces trois docteurs, il est malaisé de savoir qui ils sont, mais Hyde de Neuville avait des contacts avec de nombreux médecins et scientifiques. Le 24 janvier 1810, il fut élu membre de la Société philomédicale de New York[4]. Cependant, il ne fit apparemment jamais partie de celle du New Jersey, créée en 1806. Peut-être est-ce dans cette société de New York qu'il noua de si nombreuses relations. Toujours est-il que, dans les diverses œuvres de charité qu'il fonda, Hyde de Neuville sut s'associer un grand nombre de médecins, français mais aussi américains. Le docteur Francis Durand collaborait au *Journal des dames* édité par Hyde, et lui servait de secrétaire pour cette entreprise. Le président de son Comité français de charité était le docteur new-yorkais Congnany[5]. Surtout, on remarque parmi les noms des administrateurs de l'École économique ceux des docteurs Cognacq, Évrard, et Mac Neven[6]. Mac Neven en particulier était une personnalité éminente à New York et enseignait la chimie et l'obstétrique au collège de la ville. Hyde conserva ces contacts même après son retour

---

[1] Mme Hyde de Neuville à Mme V. Du Pont, correspondance de janvier 1809 à novembre 1813, EMHL, W3-5395 à W3-5423.

[2] Séance de la Chambre des députés du 9 avril 1823, contre les lazarets : *Archives parlementaires*, XXXIX, 249-251.
Séance du 13 mai 1825, pour la réduction de la quarantaine dans les ports, *ibid.*, XLV, 496.

[3] Hyde de Neuville à V. Du Pont, 9 novembre 1808, EMHL, W3-2708.

[4] *Mémoires*, I, 480.

[5] *Minutes of the Common Council*, VII, 113-114.

[6] Barrett, *The Old Merchants of New York City*, I, 351.

Figure 4 - Le Cottage, 1813. Aquarelle de la Baronne Hyde de Neuville,
représentant vraisemblablement sa résidence de New Brunswick.

Aquarelle, collection of the New York Historical Society, 1953-203.

Figure 5 - Angelica, hiver 1814,
par la Baronne Hyde de Neuville.

Aquarelle, collection of the New York Historical Society, 1982-6.

Figure 6 - Le séchoir de la manufacture d'Eleuthère-Irénée Du Pont de Nemours,
par la Baronne Henriette Hyde de Neuville, septembre 1810.

Dessin au crayon, collection of the New York Historical Society, 1953-230.

en France. Il correspondait notamment avec Samuel L. Mitchill[1], qu'il avait vraisemblablement connu avant 1814, mais avec qui il eut surtout des relations pendant sont ambassade, et qu'il mit en contact avec Cuvier et le Muséum de Paris[2].

Les intérêts de Hyde ne se bornaient pas à la médecine, mais s'étendaient aussi à la physique, l'astronomie, la géologie, la minéralogie et la zoologie. Ces intérêts scientifiques percent parfois dans le *Journal des dames*, magazine féminin de divertissement édité par Hyde de Neuville, et dans lequel on rencontre, de temps à autre, un historique et une définition de la loi de Kepler[3], un rappel de l'expérience de Montgolfier[4], ou une notice sur les mœurs des éphémères[5].

Hyde de Neuville y inséra même une notice sur Antoine-François Fourcroy (1755-1809), membre de l'Institut, professeur de chimie à l'École de médecine, à l'École polytechnique, au Muséum d'Histoire naturelle, membre de la société philomathique « et de la plupart des sociétés savantes nationales et étrangères ». Hyde venait sans doute d'apprendre la mort de ce savant, ce qui prouve qu'il était toujours à l'affût des nouvelles de France, au moins de celles du monde scientifique. Il retraçait longuement la carrière du professeur, et ses principales découvertes en matière de chimie[6].

Lors de ses voyages dans l'intérieur du pays, Hyde de Neuville eut le loisir d'étudier la géographie, les roches et la faune de ce monde nouveau[7]. Mais c'est surtout lors de son second séjour, comme ministre de France aux États-Unis, que Hyde multiplia et fit multiplier les études minéralogiques et zoologiques sur les États-Unis, estimant que son rôle était non seulement de représenter la France, mais aussi d'aider à la connaissance en France des États-Unis, et d'informer son gouvernement et la science des richesses du pays où il résidait. Il profita sans doute, pour ce faire, d'anciennes relations comme Mitchill. En 1819, Mitchill louait à Cuvier la façon dont Hyde de Neuville s'engageait dans la promotion des sciences et s'attachait à faire se rencontrer les savants des deux pays, faisant ainsi « grand honneur au souverain qu'il représentait[8] ».

Dès le début de sa mission, Hyde de Neuville avait multiplié les envois de minéraux, ce dont le duc le Richelieu, ministre des Affaires étrangères, l'avait félicité. En conséquence, Richelieu autorisa Hyde à employer des

---

[1] Samuel Latham Mitchill, président de la Société littéraire et philosophique de New York, médecin de l'hôpital, professeur d'histoire naturelle à l'Université de New York, et savant éminent.

[2] BI, mss n°s 3238 à 3241.

[3] *Journal des dames*, n° V (mai 1810), p. 158-159.

[4] *Ibid.*, n° VI (juin 1810), p. 197.

[5] *Ibid.*, n° VIII (août 1810), p. 275-276.

[6] *Ibid.*, n° IX (septembre 1810), p. 343-346.

[7] *Mémoires*, I, 457, 460-461.

[8] « The minister of France, Monsieur de Neufville, is very much engaged in the promotion of Science. He wishes to make the naturalists of the two countries France and Fredonia, acquainted with each other. He does great honour to the sovereign whom he represents. » Mitchill à Cuvier, 7 août 1819, BI, ms. 3241-9.

« jeunes gens » de France pour continuer les recherches d'histoire naturelle et faire progresser la connaissance de ce continent encore mal
connu[1]. Fort de cette autorisation, Hyde fit appel aux services de Jacques
Milbert, peintre de formation, qui mania désormais le pinceau à dessiner
des plantes et des oiseaux, pendant huit années[2]. Suivant les instructions
de Hyde de Neuville, Milbert multipliait aussi les envois de roches, pois-
sons, reptiles, et oiseaux. En sept ans, il adressa 58 caisses au Muséum, aux
frais de Hyde de Neuville. Il tenta même l'envoi d'un jeune bison vivant,
qui malheureusement mourut de trop de soins avant qu'on pût l'embarquer : il périt d'une indigestion de fourrage[3]. De même, Hyde de Neuville
envoya son secrétaire, de Mun, dans le sud des États-Unis avec une mission
non seulement d'observation politique, mais aussi scientifique; pour étudier les techniques de construction et de navigation des bateaux à vapeur,
il nomma un jeune ingénieur, Marestier. En octobre 1819, il adressait au
Département une charrue « d'un modèle tout récent », et se proposait
d'employer un « agent commercial » ayant ses entrées chez les négociants
de New York, pour rechercher ce genre d'échantillons[4]. L'exemple lui en
était donné par les Anglais, qui entretenaient ce type d'agents dans toutes
les parties de l'Union, ce qui expliquait que « rien ne leur échappe, et que
leurs manufacturiers sont toujours informés, à temps, de tous les besoins
du commerce, des goûts, des modes, et des prix auxquels on peut espérer
de vendre[5] ».

C'est sans doute grâce à ces entreprises et à ces recherches, plus qu'à
sa position officielle à proprement parler, que Hyde de Neuville fut élu
en 1820 membre de la Literary and Philosophical Society of New York[6],
puis, en 1829, de l'American Philosophical Society de Philadelphie[7]. Ces
nominations firent un plaisir extrême à Hyde, dont elles flattaient les prétentions scientifiques, et il resta en relation avec certains de leurs membres,
notamment avec David Hosack, le secrétaire de la Société de New York,
James Renwick, ou Samuel L. Mitchill, même après son ambassade. En
1819, alors qu'il croyait son départ définitif, Hyde avait offert à l'American
Philosophical Society ses services en France[8]. Effectivement, Hyde de Neuville resta un correspondant de la Société et de la plupart de ces savants
et personnalités avec qui il avait gardé des contacts, et recevait de temps
en temps une recommandation pour quelque Américain éminent en
voyage en Europe[9].

[1] Richelieu à Hyde de Neuville, 17 avril 1817, AE, CP États-Unis, v. 72, fol. 225.
[2] Rafinesque à Cuvier, 15 mai 1819, BI, ms n° 3241-12.
[3] Mitchill à Cuvier, 7 août 1819, BI, ms n° 3241-8.
[4] Hyde à Dessolles, 28 octobre 1819, AE, CP États-Unis, v. 76, fol. 322.
[5] Ibid.
[6] 10 janvier 1822, certificat de membre, NYHS, Miscellaneous mss, Neuville.
[7] Franklin Kache à Hyde de Neuville, 16 janvier 1820, APS.
[8] Hyde de Neuville à John Waugham, 20 août 1819, APS.
[9] Par exemple, le professeur Brown de l'Université de Transylvania (Lexington, Kentucky) en
1824. DeWitt Clinton à Hyde de Neuville, 28 mai 1824, CU, DeWitt Clinton papers.

2. LE *JOURNAL DES DAMES*

De janvier à décembre 1810, Hyde de Neuville fit paraître tous les mois à New York une feuille d'une quarantaine de pages. C'était, là encore, moins un gagne-pain qu'un dérivatif et une entreprise philanthropique, un ouvrage « d'utilité publique » destiné à subventionner une école, qui n'était pas rentable puisqu'il cessa de paraître au bout d'un an faute d'un nombre suffisant d'abonnés. Le *Journal des dames, ou les Souvenirs d'un vieillard, dédié aux dames des États-Unis, rédigé et imprimé au bénéfice d'un établissement public* [l'École économique] *par un hermite des rives du Pasaïc*, était imprimé aux presses de l'École économique, « par des enfants ». Ce magazine féminin était le seul journal de réfugiés de cette époque à être uniquement voué au divertissement de ses lecteurs, preuve que Hyde avait vraiment renoncé à la politique et n'aspirait plus qu'à une vie champêtre parmi des amis de son goût. Aucune nouvelle politique n'entrait dans les colonnes du journal. Le « Vieillard », l'« Hermite du Pasaïc », résigné à la retraite, se vouait désormais à la philanthropie et aux jeux littéraires.

Le « Vieillard », qui avait toujours taquiné la muse dans sa jeunesse et dans les salons de ses amis sous la Révolution, avait désormais le temps de laisser libre cours à son inspiration, et il se déchaîna dans les pages de son journal, dont il était « le principal et presque l'unique rédacteur[1] ». Parfois cependant il recevait de ses lecteurs un article à insérer : c'étaient des « questions », c'est-à-dire de petites sentences philosophiques à discuter, portant le plus souvent sur l'amour, l'amitié, les femmes, les vertus; les réponses à ces questions, naturellement; des fables, des poèmes, parfois en réponse à un concours; et surtout beaucoup de logogryphes, de charades, d'énigmes : toute une littérature de salon qui permettait à des émigrés dispersés à Baltimore, Philadelphie, ou New York, de se retrouver par l'intermédiaire de cette feuille mensuelle, et de discuter des questions d'amour ou de littérature comme s'ils eussent été chacun assis dans un fauteuil dans le même salon. Certains de ses lecteurs devinrent des correspondants habituels, comme « Gertrude », ou « Mèvre », et envoyaient mensuellement trois ou quatre charades, énigmes ou fables. Hyde exigeait, pour insérer un article, que le correspondant donnât son nom, et refusait tout envoi anonyme. On peut donc dire que pour ce cercle de lecteurs habitués, qui correspondaient entre eux par la voie du journal, Hyde avait monté un véritable salon littéraire, au moins par correspondance.

Le contenu du journal se ressentait de cette vocation : c'était un journal de société, au contenu essentiellement littéraire, partagé entre les vers, les contes moraux, la rubrique de littérature (largement didactique, car elle s'adressait « à la jeunesse[2] », ou à des gens de société qui désiraient recevoir un vernis), et des jeux d'esprit (charades et assimilés).

[1] *Mémoires*, I, 481.
[2] *Journal des dames*, n° VI (juin 1810), p. 199.

Dans la mesure où Hyde en était le principal rédacteur, le journal constitue une source précieuse pour connaître ses goûts, ses connaissances littéraires, et ses idées sociales à cette époque.

En matière littéraire, Hyde avait gardé les goûts classiques qu'on lui avait enseignés. Sa doctrine étant qu'une fois qu'un maître avait parlé, il n'y avait plus rien à ajouter, il ne faut pas s'attendre à ce qu'il ait montré moins de conservatisme littéraire que de conservatisme politique. Le *Lycée* de Jean François de La Harpe inspire largement la partie « littérature » du *Journal* [1]. Hyde se référait respectueusement à cette autorité.

De même, il publia en réimpression l'*Excerpta des fables choisies de La Fontaine* commentées par La Harpe[2], dont il se servait vraisemblablement comme manuel à l'école économique. Dans le numéro de juin, Hyde, pour donner un résumé de la littérature moderne, ne trouve pas meilleur moyen que de reproduire un discours prononcé en 1797 par La Harpe au lycée de Paris[3], et il ajoute : « Que reste-t-il à dire de nouveau en littérature après un aussi grand maître ? »

Ce peu de curiosité pour les nouveautés littéraires s'explique par le fait que Hyde de Neuville considérait que la littérature a essentiellement un double but : le divertissement (l'« agréable ») et l'édification (l'« utile »). Or les classiques y suffisent, et chercher à les dépasser serait sortir du « bon goût ». Toute nouveauté littéraire présente en revanche le danger de propager des idées pernicieuses. La tâche essentielle de la littérature est donc de fournir pour ainsi dire des sortes d'*exempla* : « Beaucoup de personnes veulent du *nouveau*, car beaucoup de personnes ont la prétention de ne rien ignorer en littérature... Pour nous qui écrivons moins pour les *savants*, que pour les gens du monde qui ont le désir de s'instruire, et qui pensent que d'utiles et agréables souvenirs peuvent toujours occuper et délasser l'esprit, nous ne cesserons de puiser dans les classiques, que nous avons principalement pour but de bien faire connaître et apprécier[4]. »

Peu de nouveautés littéraires donc, dans ses colonnes : les livres nouveaux qu'il présentait étaient des traités scientifiques ou des comptes rendus de voyages, comme l'*Atlas pittoresque* de A. de Humboldt[5]. L'annonce dans le numéro de mai d'une traduction des poésies d'Ossian fait figure d'exception[6].

D'un autre côté, Hyde avait le sentiment du progrès en matière littéraire. La langue et la littérature françaises se seraient perfectionnées peu à peu,

[1] Jean François de La Harpe, *Lycée ou cours de littérature ancienne et moderne,* Paris, 1799. La Harpe (1739-1803) reprenait, dans cet ouvrage médiocre, mais qui avait le mérite d'être le premier à embrasser l'histoire de la littérature dans son ensemble, l'essentiel du cours qu'il avait professé au « lycée » de Paris depuis 1786, et que Hyde de Neuville avait vraisemblablement suivi.
[2] Annonce dans le *Journal des dames,* n° IV (avril 1810), p. 121.
[3] *Journal des dames,* n° VI (juin 1810), p. 200-205.
[4] *Journal des dames,* n° VI (juin 1810), p. 199.
[5] Alexandre de Humbolt, *Atlas pittoresque,* 1re livraison : *Vues des cordillières et monuments des peuples d'Amérique.* Analyse dans le *Journal des dames,* n° VIII (août 1810), p. 270-271.
[6] *Journal des dames,* n° V (mai 1810), p. 190-191.

seraient sorties de la barbarie, pour accéder à la maturité et à la perfection avec Racine. Le progrès malheureusement s'arrête là : Racine étant la perfection, toutes les expériences ultérieures sont vicieuses et sortent du « bon goût ». Cette notion de « bon goût » est essentielle pour Hyde : on voit apparaître, concernant le domaine littéraire, ce qui sera la clef pour comprendre ses opinions politiques et sociales, à savoir la notion de juste milieu, qui se défie de tous les excès et de tous les abus, notamment ceux que présentent toutes théories nouvelles et excitantes, qui peuvent inciter en échauffant les esprits à aller au-delà de ce qui est raisonnable, sage, bref de « bon goût ». Ce qui est vrai pour le domaine politique l'est aussi pour le domaine littéraire. Curieusement donc, alors que l'*Hémisphère* de Philadelphie présente et analyse *Les Martyrs* de Chateaubriand[1], Hyde, qui déjà connaissait l'auteur, arrête sa rubrique littéraire à l'époque de Racine.

Il serait injuste de dire que Hyde de Neuville se contente de reproduire les leçons de ses maîtres, dans cette rubrique didactique qu'il destine à l'éducation des gens du monde. Il y fait état de goûts personnels, de jugements originaux. Mais, s'il proclame aimer les beaux vers, et s'il aime s'y essayer à l'occasion, il demeure évident que Hyde est surtout sensible à l'héroïsme, à l'action et aux beaux gestes. Poète par convention sociale, parce qu'il est de bon ton de l'être, il est surtout un homme d'action qui frémit à la lecture de situations dramatiques ou exemplaires, et qui préfère Horace à Ovide.

Les nouvelles morales qui se suivent en feuilleton d'un numéro à l'autre sont une mine de renseignements sur les idées sociales ou religieuses de Hyde. Nouvelles édifiantes, évidemment destinées à l'éducation de la jeunesse, elles mettent en valeur un certain nombre de vertus, d'idéaux, de principes moraux et sociaux.

On y trouve d'abord les vertus de la religion. Hyde n'a pas hésité parfois à reproduire des sermons[2], ou des catéchismes[3]. Dans le numéro d'avril, sous le titre « Histoire sacrée », il commente brièvement la vérité des évangiles[4]. Mais, plus généralement, les vertus chrétiennes sont présentes à l'état diffus dans tous les articles. « Éliezer et Nephtaly », une petite nouvelle qui se déroule sur deux numéros, situe le décor dans l'Israël biblique, et si ce ne sont pas les vertus à proprement parler chrétiennes qui s'y dévoilent, ce sont du moins celles commandées par le Dieu d'Abraham, et celles, universelles, de l'amour fraternel, et de la fidélité aux serments[5].

Une autre nouvelle, « Darmance et Herminie », qui raconte l'amour entre un sourd-muet et une aveugle, prêche la modestie féminine (celle

---

[1] *L'Hémisphère*, 2 décembre 1809, n° 6, p. 81-82.
[2] « Sermon de Massillon sur l'Humanité, prêché devant Louis XV enfant », *Journal des dames*, n° II (février 1810), p. 70-73.
[3] « Les Commandements de Dieu », *ibid.*, p. 74.
[4] « Histoire sacrée », *ibid.*, n° IV (avril 1810), p. 122-123.
[5] « Éliezer et Nephtaly », *ibid.*, n° V, p. 172-185, et n° VI, p. 210-223.

de la belle Herminie, qui ne connaît pas ses charmes lorsqu'elle est aveugle, et reste simple et modeste lorsqu'elle recouvre la vue) et la philanthropie[1].

Hyde était d'autant plus porté à rechercher l'édification dans ces nouvelles que son journal s'adressait non seulement aux « gens du monde », mais aussi à « la jeunesse[2] », et servait vraisemblablement de livre de classe et de lecture aux enfants de l'École économique. Le but n'est donc pas voilé : en éditant dans son journal certaines anecdotes historiques prises dans *Paris, Versailles et les provinces au XVIIIe siècle,* ouvrage qu'il venait de recevoir de France, Hyde déclare que « quelques unes de ces Anecdotes me semblent un peu hasardées et plusieurs même ont le cachet de l'invraisemblance; cependant l'auteur se montre partout le panagériste [*sic*] des bons principes et de la Saine Morale, et cette seule considération doit aisément désarmer la critique[3] ».

Dans « Julie, ou les effets du préjugé[4] », Hyde va un peu plus loin que les vertus traditionnelles de l'amour filial, de l'amitié fidèle, et toutes celles qui apparaissent mises en valeur dans les nouvelles citées plus haut. Julie, qui méprise les gens de basse condition, va épouser le chevalier d'Ardoire, dont elle admire les qualités, quand elle apprend qu'il est le fils d'un paysan, échangé à sa naissance pour remplacer le fils de M. d'Ardoire qui venait de mourir. Elle l'épouse malgré tout, et apprend « que la vertu, que l'esprit, que la grandeur d'âme sont de tous les états, et que ce n'est pas la naissance qui les donne ». Ce surprenant passage qu'on croirait sorti de *Figaro* n'est pas le seul du genre, et il est intéressant de noter les idées sociales de Hyde de Neuville telles qu'elles se dévoilent dans les colonnes du *Journal des dames,* curieux mélange de conservatisme et, déjà, d'idées libérales. Une nouvelle du numéro de juillet conte l'« histoire plébéienne » de deux amants vertueux, un gondolier de Venise et une jeune fille du même état[5]. Hyde choisit donc volontiers des gens du peuple pour illustrer les vertus, preuve encore, après l'exemple de Julie, que si noblesse de naissance implique noblesse de cœur, l'inverse n'est point vrai.

« Les Cartes spiritualisées[6] » mettent en valeur l'astuce et la piété populaire en racontant comment un jeune soldat savait remplacer sa bible par un jeu de cartes. L'as lui rappelait le Dieu unique, le 4 les quatre évangélistes, le 5 les cinq vierges sages, le 6 que Dieu créa le monde en six jours, et ainsi de suite. D'après Marino, cette histoire connaissait une grande vogue parmi les soldats américains de la deuxième guerre mondiale[7].

---

[1] *Ibid.*, n° IV, p. 137-144.
[2] « Notre journal étant principalement destiné à former le goût de la jeunesse [...] » : *ibid.*, n° XI, p. 375.
[3] *Ibid.*, n° XII, p. 418.
[4] *Ibid.*, n° X, p. 367-369.
[5] *Ibid.*, n° VII, p. 247-268.
[6] *Ibid.*, n° II, p. 57-58.
[7] Samuel J. Marino, *The French Refugee Newspapers...*, p. 170.

Il peut être intéressant de savoir quelle vision de la femme avait cet éditeur de magazine féminin, qui ne cesse à chaque page de louer les vertus, les charmes et la grâce du beau sexe[1], et qui pose, comme question à débattre en vers : « Quelle est, dans une femme, la qualité qui attache le plus[2] ? »

Une nouvelle fournit une réponse sans ambages : *Sainclair, ou la victime des sciences et des arts*[3]. Elle n'est pas de Hyde, mais de Madame de Genlis. Cependant elle correspond si bien à ce que Hyde pense, qu'il dit d'elle, avant d'en donner le résumé : « Il est impossible de mieux peindre les ridicules, et de critiquer avec plus de grâce et d'esprit un travers qui devient de jour en jour plus commun en Europe, et qui, comme toutes les modes, franchira peut-être bientôt l'Atlantique[4]. » Ce travers, c'est celui que Molière critique dans les *Femmes savantes,* et si Hyde admet qu'une femme doit savoir un peu plus de choses que simplement prier Dieu et veiller sur son ménage, il n'est pas plus porté que Molière à tolérer qu'elles s'occupent trop d'art ou de littérature. « Autrefois, nous en conviendrons, l'éducation des femmes étoit, en France, un peu trop négligée; la dame de château ne savoit que lire, écrire, prier Dieu, surveiller son ménage et ses filles... Ce n'étoit point assez sans doute, et nos pères avaient tort de ne vouloir que des femmes utiles, une femme peut si aisément être bonne et aimable, la bonté, l'art de plaire lui sont naturels, il suffit pour développer en elle ces dons, de laisser agir son cœur et de cultiver un peu son esprit. » Et Hyde d'ajouter avec Fénelon : « Soignez l'éducation de votre fille, ne craignez point de lui voir posséder quelques talents, mais qu'elle les cultive sans prétention, et qu'ils soient pour elle dans la vie moins une occupation sérieuse qu'un agréable délassement, en un mot, que votre fille soit instruite, mais qu'elle ne soit jamais savante[5]. »

Or la « manie du siècle » a rejeté ces préceptes consacrés par leur ancienneté et par la sagesse de leur auteur. Oubliant ce rôle traditionnel (et c'est toujours dans la tradition que réside la sagesse), les femmes oublient modération et modestie, oublient de tenir leur place, et Hyde constate avec réprobation : « Il n'est pas une petite ville en France où l'on ne trouve aujourd'hui une femme chimiste, une femme auteur, une femme artiste, une femme enfin qui ne veuille tenir chez elle Académie des arts, ou bureau d'esprit...[6] »

Hyde de Neuville reste donc très conservateur sur ce chapitre, et son idéal féminin est celui de Sainclair, le héros de la nouvelle : « Je veux [dit Sainclair] une jeune personne douce, modeste, qui n'ait aucun talent brillant, et par conséquent aucune prétention *à la gloire*. On cherche vaine-

---

[1] « O Femmes ! Source intarissable de douceur et de bonté [...] anges tutélaires [...] le bonheur ne vient que des femmes, et le malheur ne peut être adouci que par elles [...] » : *ibid.*, n° I, p. 1.

[2] *Ibid.*, n° VIII, p. 308.

[3] *Ibid.*, n° III (mars 1810), p. 91-97.

[4] *Ibid.*, n° III, p. 92.

[5] *Ibid.*

[6] *Ibid.*

ment à lui faire sentir que c'est là une idée gothique et tout à fait passée de mode[1]. »

Cependant, si la femme ne doit pas briller, elle doit charmer. Elle est faite pour décorer, et elle doit être belle. Le laideron est donc tout autant à repousser que la femme savante : « Sainclair est quelque tems sans vouloir entendre parler de mariage, mais enfin un de ses amis propose une jeune personne riche et élevée dans la retraite par des parents vertueux; l'entrevue a lieu, Sainclair se laisse conduire chez l'oncle de la personne, et il aperçoit au coin de la cheminée une petite figure, sèche, brune, contrefaite[2] » qu'il va repousser avec dégoût. Sainclair rencontre enfin la jeune fille idéale, modeste comme Herminie, belle sans le savoir : « Albine a beaucoup de talents, mais ils sont unis à une si grande modestie qu'ils ne font qu'embellir sa jeunesse et ses grâces[3]. »

Bien que le « Vieillard » déclare, dès le premier numéro, que « son journal ne traitera pas de politique[4] », on constate donc que les tendances catholiques et conservatrices de l'éditeur perçaient à travers les colonnes du *Journal des dames*. Plus encore, Hyde de Neuville ne peut toujours résister aux allusions politiques, surtout dans les « éphémérides ». Au début de chaque numéro, il retient quelques dates historiques, quelques événements remarquables dont l'anniversaire arrivera au cours du mois. Ainsi ne peut-il manquer de relever, dans le numéro de janvier, la date de la mort de Louis XVI, suivie d'un petit commentaire sur la grandeur d'âme du monarque martyr[5].

Hyde va plus loin en commémorant le 30 janvier 1646, le jugement de Charles Ier d'Angleterre[6]. Martyr et saint, le roi s'élève à la hauteur d'un Christ au calvaire : « Comme il [Charles Ier] se retirait, un vil scélérat se coula à travers les gardes et cracha au visage du monarque infortuné; Charles sans témoigner le moindre ressentiment s'essuya la joue et dit avec douceur : le sauveur du monde a subi avant moi pareil outrage[7]. » Cromwell et Charles Ier reviennent souvent dans les éphémérides. Quand Hyde de Neuville rappelle la grandeur d'âme de Charles Ier, il songe à Louis XVI, et quand il flétrit l'ambition de Cromwell, il pense à un autre usurpateur : Bonaparte. Les allusions directes aux événements français sont rares. Hormis le 21 janvier, Hyde rappelle simplement la mort de Marie-Antoinette[8], édite le Testament de Louis XVI, « triste monument de la piété la plus vraie, de la résignation la plus touchante[9] » et commente la réunion des états généraux de 1789, passage où ressortent le plus ses convictions

---

[1] *Ibid.*, n° III, p. 96.
[2] *Ibid.*
[3] *Ibid.*, p. 97.
[4] *Ibid.*, n° I, p. 2.
[5] *Ibid.*, n° I, p. 7.
[6] *Ibid.*
[7] *Ibid.*
[8] *Ibid.*, n° X (octobre 1810), p. 357-358.
[9] *Ibid.*, n° XII (décembre 1810), p. 415.

politiques : « Les états généraux furent convoqués treize fois par les rois de France et ces assemblées furent toujours inutiles et souvent dangereuses; mais aucunes n'eurent les suites funestes des derniers états généraux ouverts le 5 mai 1789 à Versailles. Cette assemblée [...] doit être considérée comme à l'origine de tous les malheurs de la France [...][1] ». Le rappel de la mort de Marat fournit également l'occasion à Hyde de Neuville de célébrer Charlotte Corday en trois pages de louanges ininterrompues et de raconter la mort de l'héroïne, tout à fait semblable à Jeanne d'Arc sur son bûcher[2].

Le plus souvent, Hyde se réfugie donc dans les parallèles et les similitudes historiques : la révolution anglaise, autre atteinte à la légitimité, et l'usurpateur Cromwell; mais aussi les tyrans antiques, et notamment César, brillant général qui aurait pu servir utilement sa patrie, comme Bonaparte, mais qui a préféré suivre son ambition, comme Bonaparte encore, et fonder un empire qui, reposant sur l'illégitimité, ne pouvait engendrer que des tyrans sanguinaires, des Tibères ou des Nérons, de la même façon que l'empire instable de Bonaparte menace, à plus ou moins long terme, la liberté. C'est donc de Lucain et de sa *Pharsale* que Hyde déclare : « Lucain aimait ardemment son pays, et ce sentiment noble devient son excuse. Un vrai Romain pouvoit-il en effet n'être pas fortement prévenu contre l'oppresseur de la liberté, contre celui qui avoit fait tourner de brillantes qualités contre sa patrie, et qui avoit été le fondateur d'un empire dont héritèrent les Tibère, et les Néron[3]. »

Une nouvelle historique cependant traite directement d'un aspect au moins des événements révolutionnaires français : le drame de l'émigration. *Cela sera, cela doit être*[4] raconte les malheurs de M. de Montbar, émigré en Angleterre, « vrai philosophe, patriote sincère, [...] bien éloigné de croire que pour détruire quelques abus, il fallût briser le trône, et bouleverser un gouvernement paternel[5] ». Sa famille conduite à l'échafaud, son fils disparu, ses biens confisqués, Montbar ne trouve de consolation que dans les secours de la religion et dans les actes de bravoure au sein de l'armée de Condé. Cette nouvelle est toutefois la seule qui traite directement des problèmes politiques français et des drames de l'émigration.

Voilà donc un type de journal d'émigré, qui connut une relative longévité (la plupart de ces journaux mouraient au bout de six mois, principalement à cause des problèmes financiers et de la mobilité des éditeurs[6]), et qui conserve une position assez originale par rapport aux autres. Venu assez tard, après la grande vague des années 1790-1800, il est le seul à ne pas s'occuper de politique, à ne pas être anglophobe, à être nettement

---

[1] *Ibid.*, n° V (mai 1810), p. 157.
[2] *Ibid.*, n° VII (juillet 1810), p. 235-237.
[3] *Ibid.*, n° III, p. 87.
[4] « Cela sera, cela doit être, nouvelle historique » parut en version bilingue dans les numéros de novembre et décembre 1810.
[5] *Journal des dames*, n° XI (novembre 1810), 380.
[6] Samuel J. Marino, *The French Refugee Newspapers*....

catholique (avec le *Courrier politique de l'Univers*). Enfin il est l'un des rares journaux de ce type à ne pas être rédigé exclusivement en français. Deux poèmes sont édités en italien dans le *Journal des dames*, sans traduction. Il s'agit d'un sonnet et d'une ode de Lorenzo Da Ponte, « Ingratitudine dell'uomo », et « Per la morte dell'imperatore Giuseppe secondo ». Marino appelle Da Ponte « le plus illustre contributeur des périodiques français de cette période »[1]. En fait Da Ponte ne contribua qu'au *Journal des dames*.

Autre particularité, *le Journal des dames*, sans être totalement bilingue, est souvent rédigé en anglais. La nouvelle « Cela sera, cela doit être » est également éditée en anglais sous le titre « It Shall, It Must Be So ». Les deux versions figurent en regard. Cela s'explique par le fait que cette nouvelle était très certainement destinée à être lue et étudiée en classe à l'École économique, qui recevait des élèves aussi bien américains que français, et qui était elle-même bilingue. La preuve en est notamment une note explicative, dont la présence n'est justifiée que si le texte était destiné à des enfants : au mot « onc » qui figure dans le texte, Hyde a accroché la note : « Onc, vieux mot qui veut dire jamais[2]. »

Mais ces nouvelles bilingues répondaient aussi à une demande des lecteurs puisque le numéro XII annonce que les éditeurs « s'empresseront de répondre au désir manifesté par plusieurs Dames, en publiant des morceaux choisis ou de petites nouvelles, avec la traduction à côté[3] ».

Les annonces sont rédigées presque exclusivement en anglais : propositions de souscription pour des éditions des presses de l'École économique, publicités pour des blanchisseuses ou des réparateurs. Le journal s'adressait donc à des lecteurs américains autant que français. N'oublions pas que le sous-titre du journal était aussi : *Ladies' Journal*.

Il est difficile de déterminer qui étaient ces lecteurs, même avec l'aide des lettres que ceux-ci envoyaient à l'éditeur. Qu'il y ait effectivement eu des Américains pour lire ce journal d'émigrés français apparaît assez nettement. Dans le numéro de juillet, Hyde de Neuville reçoit en même temps une lettre d'un Américain de New York, sur la langue française, et une petite maxime de John Hypogastre, de New York[4]. Le premier se présente comme un amoureux de la langue française et désireux de l'étudier, le second la possède suffisamment bien pour tourner une petite maxime élégante : tous deux sont certainement des francophiles heureux

---

[1] *Op. cit.*, p. 167. Auteur des libretti pour les opéras de Mozart (*Les noces de Figaro, Don Giovanni, Cosi fan tutte*), Lorenzo Da Ponte (1749-1838) fut aussi le premier professeur de littérature italienne aux États-Unis. Né à Venise, arrivé à New York en 1805, Da Ponte commença à enseigner l'italien en décembre 1807 chez l'évêque Benjamin Moore, également président du collège de Columbia. Il avait pour élèves ses deux fils, Clement C. Moore et Nathaniel F. Moore. Il fut nommé professeur de littérature italienne au collège de Columbia en septembre 1825. Ce fut lui aussi qui construisit le premier opéra américain à New York, en 1833. Hyde le connut vraisemblablement par l'intermédiaire de C.C. Moore, avec qui il était très lié.

[2] *Journal des dames*, n° XI (novembre 1810), p. 690.

[3] *Ibid.*, n° XII (décembre 1810), p. 411.

[4] *Ibid.*, n° VII, p. 246.

de pouvoir lire un journal de littérature et « de bon goût », à peu près apolitique ou prétendant l'être, en français.

Quel était le nombre des lecteurs ? Joséphine Du Pont, la femme de Victor, apporta quarante-huit abonnés d'un coup, et eut droit à un petit couplet de remerciements en vers du « Vieillard ». Le journal était distribué partout, et des lettres ou des charades arrivaient au journal de New York, Baltimore, Boston, Philadelphie, Charleston.

Un avis des éditeurs fut publié dans le dernier numéro, en anglais et en français, annonçant que, devant les « nombreuses réclamations » des « dames », ils avaient renoncé à interrompre la publication et à ne plus se consacrer qu'à l'impression des livres classiques. Un appel aux abonnements était donc lancé. En fait, la publication fut bel et bien interrompue. Marino en déduit que le nombre de lecteurs était insuffisant[1].

En tout cas Hyde de Neuville en revint à sa décision première d'abandonner le périodique et de ne plus publier que des livres. Dès 1810, les presses de l'École économique n'avaient pas seulement publié le *Journal des Dames,* mais aussi un certain nombre d'ouvrages de genres assez divers. L'imprimeur était Joseph Desnoues, un des imprimeurs en langue française les plus actifs de New York[2].

Si l'on excepte Bernard Dornin, qui publia sept ouvrages entre 1807 et 1809, l'*Economical School* peut être considéré comme le premier éditeur catholique et français de New York[3]. Les presses de l'École économique fonctionnèrent jusqu'en 1821, et publièrent une grande quantité d'ouvrages, en français comme en anglais[4]. C'était principalement des catéchismes, des livres de classe (grammaires, florilèges), et des œuvres de littérature[5]. Un traité sur les mérinos de Tessier, traduit du français, répondait aux préoccupations particulières de Hyde de Neuville et fait figure d'exception dans cette liste d'ouvrages principalement d'usage scolaire. L'imprimerie était indissociablement liée à l'école : elle employait les élèves, travaillait par eux et pour eux. La plupart des livres étaient destinés aux élèves, et le bénéfice de la vente des autres ouvrages devait servir à financer l'école.

---

[1] Samuel J. Marino, *The French Refugee Newspapers...*, p. 171.

[2] *Ibid.*, p. 165. Né à la Guadeloupe vers 1794, mort à New York en 1837, figure extrêmement intéressante par ses activités et ses relations, il imprima aussi *Le Médiateur* et publia *L'Oracle and Daily Advertiser.*

[3] Wilfrid Parsons, *Early Catholic Americana*, p. XV-XVI. Cette école intrigua beaucoup Finotti : Rev. Joseph Finotti, *Bibliographia Catholica Americana*, p. 78-79.

[4] « A really prolific printer from 1810 to 1821 in New York was the Ecole Economique, whose imprint appears on many books. [... It] ranks as an outstanding publisher of the period. » : W. Parsons, *op. cit.*, p. XV.

[5] W. Parsons, *op. cit.*

CHAPITRE III

UN PHILANTHROPE À LA MANIÈRE AMÉRICAINE

Le *Journal des dames* était une entreprise philanthropique dans la mesure où il était édité au profit d'une école, et aussi parce qu'il était pour Hyde de Neuville le moyen de « faire du bien » pour des familles pauvres ou des institutions méritantes, notamment par la voie des annonces. Ainsi, dans le numéro VI, il propose à la souscription une réédition des *Poems and Essays* de Jane Bowler, déjà publiés à Bath, en Angleterre, au profit de l'hôpital de la ville. Cette réédition se ferait au bénéfice de l'École économique[1]. En septembre, il appelle l'intérêt du public sur une école pour jeunes gens créée par un autre émigré français, Bouchard, à Philadelphie : « This institution is particularly deserving of the public attention[2]. » De même, dans le numéro de mars, il cherche à promouvoir l'établissement, récent, de sœurs de la Charité aux États-Unis[3]. En avril, c'est d'une collecte au profit des réfugiés de Cuba qu'il s'agit[4]. En novembre, il attire l'attention sur le cas de deux sœurs méritantes, dont l'une est paralytique, qui ont besoin de secours[5].

Œuvre de bienfaisance, le *Journal des dames* se doit à la charité, avant de songer aux bénéfices. Ses annonces sont théoriquement payantes, mais, ainsi qu'il le proclame dès son premier numéro, « les avis particuliers seront publiés à peu de frais, ceux des établissements de bienfaisance ou des personnes malheureuses, GRATIS[6] ». De fait, on peut voir dans les colonnes du *Journal* des annonces du type de celle-ci, en faveur d'une réfugiée de Cuba devenue couturière pour survivre : « Madame Douau, N° 297 Broadway, makes *Gowns* and *Millenary of all kinds* [...]. I recommend her as an unfortunate refugee from Cuba, and mother of a family[7]. »

Dès cette époque, Hyde de Neuville avait ainsi pu s'attirer une réputation de philanthrope qui lui valait la sympathie des Américains. Lorsqu'on regarde de près l'action de Hyde de Neuville, on se rend compte que ces appréciations étaient pleinement justifiées. Entre 1808 et 1814, pratique-

---

[1] *Journal des dames*, n° VI (juin 1810), page de titre.
[2] *Ibid.*, n° IX (septembre 1810), page de titre.
[3] *Ibid.*, n° III (mars 1810), page de titre.
[4] *Ibid.*, n° IV (avril 1810), p. 144.
[5] *Ibid.*, n° XI (novembre 1810), p. 406-407.
[6] *Ibid.*, n° I (janvier 1810). p. 2.
[7] *Ibid.*, n° III, (mars 1810), p. 81.

ment chaque fois qu'une entreprise charitable en faveur des réfugiés français est présentée au comité du *Common Council*[1] de New York, le nom
de Hyde est cité. Dès décembre 1808, une pétition de Hyde arrive devant
cet organe de la municipalité new-yorkaise, requérant l'aide financière de
la ville pour établir un hôpital qui recueillerait « les émigrants français
âgés et infirmes[2] ». Le cas est rapporté à l'institution charitable officielle
de la ville, *l'Alms House*, que les membres du *Common Council* estiment
devoir suffire à la tâche. Mais Hyde revint à la charge en 1809 et présenta
une nouvelle pétition pour souligner la condition d'abandon et de misère
des réfugiés de La Havane[3]. En 1811, ses projets semblèrent se concrétiser
en une Société pour le Secours des réfugiés français, ou *Society for Relief
of French Refugees*, dont il était le président[4].

Il obtint alors une subvention de 200 $ par an[5], qui fut portée en 1815
à 250 $ et fut allouée régulièrement jusqu'en 1829[6].

C'était peu, et beaucoup d'organisations du même type, comme la
Female Association, recevaient 500 $ ou davantage. Ayant obtenu une sub-
vention, la Société devait présenter chaque année un bilan de son activité
financière au *Common Council*. Il en ressort qu'elle avait dépensé 1 182 $
en 1812 pour le secours des pauvres et que le montant total des donations
reçues la même année s'élevait à 1257 $[7]. 200 $ recouvraient donc seulement le sixième des besoins de la Société. Mais cette modeste allocation
représentait un soutien moral autant que financier, et donnait une aura
de respectabilité à l'entreprise. Bientôt cependant le nom seul de Hyde
de Neuville devint le gage d'honorabilité dont avaient besoin ces sociétés
pour survivre et percevoir des donations. En 1810, les rapporteurs du
comité de charité du *Common Council* pouvaient déclarer : « L'infatigable
philanthropie de M. Neufville [...] pousse à la certitude que toute subvention accordée par ce bureau sera convenablement appliquée[8]. »

L'œuvre principale de Hyde de Neuville, celle à laquelle il devait consacrer le plus clair de son temps après 1809, fut l'École économique, ou
Economical School. À l'origine, c'était, là encore, une tentative d'aide aux
réfugiés de Saint-Domingue.

---

[1] Le *Common Council*, accordé à la Nouvelle Amsterdam en 1653, remplit dès lors toutes les
fonctions administratives et judiciaires de la municipalité. Les demandes de soutien notamment,
ou de subvention, des différentes organisations charitables qui florissaient à ce moment, étaient
présentées au *Common Council* qui, sur rapport d'un comité spécialisé, en l'occurrence *Le Com-
mitee of Charity*, décidait d'accorder ou de refuser le soutien financier et moral demandé. Jusque
dans les années 1825-1830, ces subventions étaient le plus souvent accordées.

[2] Séance du *Common Council* du 12 décembre 1808. *Minutes of the Common Council*, V, 364.

[3] Séance du *Common Council* du 12 juin 1809. *Minutes of the Common Council*, V, 574.

[4] Séance du *Common Council* du 18 mars 1811. *Ibid*, VI, 525.

[5] *Ibid.*

[6] *Ibid.*, VII à XVIII. La subvention fut refusée le 1er juin 1829, *Minutes of the Common Council*,
XVIII, 99.

[7] Séance du *Common Council* du 12 juillet 1813. *Minutes of the Common Council*, VII, 515-516.

[8] « The indefatigable philanthropy of M. Neufville [...] excites a confidence that any grant made
by this Board will be properly applied. » Séance du *Common Council* du 23 juillet 1810, *Minutes
of the Common Council*, VI, 292-294.

Le Journal des dames reproduit dans son numéro de février 1810 l'extrait d'un discours prononcé par DeWitt Clinton à la *Free School Society* de New York, dont il était président : « Une école économique, dont le principal objet est l'instruction des enfants des réfugiés des Antilles, est ouverte dans la cité; en plus des parties élémentaires de l'éducation, on y enseigne la grammaire, l'histoire, la géographie, et le français. Elle est conçue selon la méthode de Lancaster, avec des modifications et des extensions [...] [1] ».

L'école fut fondée à l'automne 1809. Elle était l'aboutissement de l'œuvre de Hyde pour les émigrants de Saint-Domingue, et s'adressait plus particulièrement à leurs enfants; mais sa vocation s'élargit et elle s'inséra dans le cadre plus large d'une série de tentatives en faveur de l'éducation des pauvres. Elle accueillit alors des élèves américains comme français, d'autant plus qu'elle était patronnée par des hommes comme De Witt Clinton, également président de la *Free School Society*.

La révolte de Saint-Domingue avait chassé de l'île une foule de réfugiés pour qui l'asile le plus proche était les États-Unis. Dès 1791, et surtout autour de 1800, des familles arrivaient, notamment à New York, complètement démunies. Ces familles se heurtaient à des difficultés financières, des difficultés de langue, et au problème de l'éducation de leurs enfants. C'est pourquoi Hyde de Neuville imagina une école bilingue et « économique », c'est-à-dire gratuite ou presque pour les plus démunis. L'entreprise répondait réellement à une nécessité, car non seulement il n'y avait pas d'école française à New York, mais même les écoles américaines étaient le plus souvent fermées aux émigrés de Cuba ou Saint-Domingue. Les écoles de New York avaient subi la loi martiale pendant la révolution américaine et la plupart avaient été fermées. Jusqu'en 1805, bien que le problème fût souvent soulevé, aucune école publique ne fut ouverte et les *Charity Schools* durent prendre le relais. Ouvertes par les différentes sociétés religieuses, elles étaient principalement réservées aux enfants des membres de la secte. Ce système laissait donc de côté tous les enfants qui ne faisaient pas partie d'une société religieuse ayant sa propre école. Les tentatives pour y remédier furent tardives et peu fructueuses avant 1805. Deux lois de l'État de New York, en 1795 et 1800, furent sans réel effet pratique. Les associations philanthropiques durent se mettre à la tâche seules. En 1809, le problème intéressait beaucoup de monde, mais très peu de chose avait encore été réalisé. La première école qui ne relevât d'aucune société religieuse fut fondée en 1787 par l'une de ces associations philanthropiques, la *Manumission Society,* en faveur des enfants noirs. Ce ne fut qu'en 1801 que fut ouverte la première *free school* pour des enfants blancs. La *Female Association* d'Eliza Sadler (avec qui Hyde de Neuville fut intime-

---

[1] « An *Economical school*, whose principal object is the instruction of the Children of the Refugees from the West Indies, is opened in this city, where, in addition to the elementary parts of education, Grammar, History, Geography, and the French Language, are taught. It is conducted on the plan of Lancaster, wich modifications and extentions. » : *Journal des dames*, n° II (février 1810), page de titre.

ment lié dès 1807) mit sur pied une école pour les enfants pauvres « dont
les parents ne font partie d'aucune société religieuse, et qui, pour une
raison ou une autre, ne peuvent être admis dans aucune des écoles de
charité de cette ville »[1]. C'était la première école à s'ouvrir sans restriction
à tous les enfants pauvres. La réelle impulsion au mouvement fut donnée
en 1805 par la création de la *Free School Society*. Ses membres, DeWitt
Clinton, John Mac Vickar, Charles Wilkes, Samuel Mitchill, furent plus
tard liés avec Hyde de Neuville, et on les retrouve dans la liste des administrateurs de l'*Economical School*. La *Free School Society*, en 1809,
n'avait encore réussi à ouvrir qu'une seule école; une deuxième était en
construction et ouvrit en 1811[2]. Mais ses membres étaient des philanthropes éminents, de riches marchands de New York, remplissant souvent des
fonctions élevées dans la municipalité, et prêts à seconder une entreprise
similaire à celle qu'ils essayaient de promouvoir au sein de la *Free School
Society*. L'école de Hyde de Neuville arriva donc à un moment où le besoin
se faisait singulièrement sentir d'initiatives semblables, et commençait à
préoccuper beaucoup de personnalités influentes.

Le problème dépassait le seul cadre des enfants d'émigrés français. Hyde
le sentit et élargit rapidement la vocation de son école. Ainsi il prouvait
son utilité et attirait l'attention de la municipalité. Le *committee of charity*
du *Common Council* fit un rapport en conséquence : « Ayant assisté au
mode d'éducation de ladite école, et ayant été témoins des progrès des
élèves, ils [les membres du comité] sont d'avis que l'institution est admirablement calculée pour être d'une grande utilité; et dans la mesure où
elle enseigne une langue étrangère en même temps que la langue de ce
pays-ci, elle doit être d'un intérêt non seulement pour les enfants des
émigrants, mais aussi pour ceux de nos propres concitoyens[3]. »

Pour une telle entreprise, il fallait des fonds, des moyens, et un patro-
nage. Hyde réussit à réunir tous ces éléments, en sachant profiter de l'intérêt qu'elle pouvait susciter.

Dès janvier 1809, il chercha à réunir des donations par des moyens classiques, faisant appel à ses amis, organisant des concerts de charité grâce à
des musiciens bénévoles[4]. Il dut certainement aussi engager une partie
de ses biens personnels; mais ils ne pouvaient suffire. Pour faire la publicité
de l'entreprise, il engagea un orateur « qui fait ici beaucoup de bruit »,
Ogilvie, à prononcer un discours public[5]. Par ces petits moyens, Hyde

---

[1] « Whose parents belong to no religious society, and who, for some cause or other, cannot be
admitted into any of the charity schools of this city. » Cité par Emerson A. Palmer, *The New York
Public School*, p. 93.

[2] Emerson A. Palmer, *The New York Public School*.

[3] « That having attended to the mode of instruction in said school, and having witnessed the
improvement of the pupils, they are of opinion that the institution is admirably calculated to be
of extensive utility; and from the circumstance of teaching a foreign as well as the language of this
country must be beneficial not only to emigrants children, but also to those of our own citizens. »
Rapport du 23 juillet 1816, *Minutes of the Common Council*, VI, 292-294.

[4] Mme Hyde de Neuville à Mme V. Du Pont, 27 janvier 1809, EMHL, W3-5395.

[5] *Ibid*.

Figure 7 - École économique,
par la Baronne Henriette Hyde de Neuville, env. 1810-1814.

Dessin au crayon, collection of the New York Historical Society, 1953-274J.

réussit, dans un moment où le public était déjà sensibilisé, à réunir une somme suffisante pour lancer l'affaire[1].

En revanche, les fonds provenant des abonnements au *Journal des dames* (4 $ par an) ne durent pas constituer une somme considérable, puisque Hyde abandonna le journal au bout d'un an, ne jugeant pas suffisant le nombre d'abonnés.

L'école, sur le plan matériel, se construisit lentement, tandis que Hyde se démenait pour obtenir des terrains et des fonds. En septembre 1809, il obtint de pouvoir utiliser un vieux bâtiment de la *Free School Society*[2]. Dès octobre, il reçut de la ville un lot de terrain, situé Augustus street[3], (plus tard Chambers street). Les bâtiments d'école furent édifiés peu à peu, et ne cessaient de se développer à mesure que les élèves affluaient.

Hyde réussit à faire prospérer cette entreprise grâce à l'appui de la ville, qui encourageait tous ces types d'initiatives, et au soutien des personnages influents qu'il avait su intéresser. Dans la liste des administrateurs de l'école publiée en février 1810 dans le *Journal des dames*[4], on voit déjà apparaître les noms de Charles Wilkes ou Robert Morris. Hyde était donc parvenu à s'associer tout un cercle de philanthropes. Il est intéressant d'examiner de près qui étaient ces personnages. Dès le départ, il y avait là surtout des Américains. En 1810, Labiche de Reignefort, Vianney et J.-B. Lombard sont les seuls Français, avec Hyde, à faire partie des administrateurs. En revanche, on trouve les noms de New-Yorkais riches et honorables.

Deux hommes d'église figurent parmi les fondateurs : le révérend évêque Moore et le révérend Vianney. Benjamin Moore (1748-1816), loyaliste sous la Révolution, fut consacré second évêque de l'Église protestante épiscopale de New York en 1801, date à laquelle il devint également président du collège de Columbia. Il fut vraisemblablement entraîné dans l'entreprise par son fils, Clement Clarke Moore (1779-1863), érudit hébraïsant, et poète[5].

Le père Pierre Vianney était un carmélite français attaché à l'église Saint-Pierre, Barclay Street, à New York. Mais il s'était fait une spécialité de secourir les réfugiés de Saint-Domingue, en particulier dans l'actuel Elizabeth, un bourg du New Jersey, situé entre New York et New Brunswick. Il y assistait le père Tisserand, un autre prêtre français[6].

---

[1] *Ibid.*

[2] *Minutes of the Common Council*, V, 679, 697.

[3] *Ibid.*, V, 689-690, 754.

[4] « *The trustees of the Economical School, for the present year, are :* Rev. bishop Moore, Robert Morris, J. B. Lombard, Labiche de Reignefort, Charles Wilkes, Dr. MacNeven, John B. Murray, Clement Moore, Rev. Vianney, Wm Hyde Neuville. » : *Journal des dames*, n° II, février 1810, page de titre.

[5] *Dictionary of American Biography*, XIII, 118-119.

[6] Léo F. Ruskowski, *French Emigré Priests in the United States*, p. 19, 77.

L'évêque de Boston, Cheverus, aurait également fait partie des fondateurs. Ce n'est pas improbable : Cheverus s'était intéressé à l'éducation de ses paroissiens, et avait fondé une école à Boston[1]. D'autre part, il connaissait bien Hyde de Neuville. Mais le seul élément en faveur de cette assertion est l'ouvrage de Scoville, *The Old Merchants of New York City*. Ce New-Yorkais consigna les souvenirs laissés dans les mémoires d'une époque de cinquante ans antérieure à la sienne. Néanmoins il avait connu certains des protagonistes, des enfants de l'*Economical School* notamment, vieillards à l'époque où il écrivait. Scoville affirme que Hyde reçut le soutien de « l'évêque Chevereuse [*sic*], de Boston[2] ». Il dit aussi que Henry Cruger, riche marchand new-yorkais, participa à l'affaire[3]. C'est également très probable, car Hyde de Neuville était intimement lié avec Peter Cruger, le fils de Henry Cruger.

Cruger n'était pas le seul marchand de New York à apporter des fonds et son honorabilité. Il est difficile d'identifier John B. Murray, qui figure dans la liste de 1810. En revanche, Charles Wilkes est bien connu. C'était un très gros financier, président de la banque de New York, qui avait des rapports amicaux aussi bien que d'affaires avec Hyde de Neuville comme avec Du Pont De Nemours. Il est probable d'ailleurs que Hyde le connut par l'intermédiaire de Victor Du Pont. Riche philanthrope[4], membre de la *Free School Society*, Wilkes contribua sans doute à la mise de fonds pour construire l'école, en même temps que son nom, à côté de ceux de vénérables hommes d'Église, contribuait à la respectabilité de l'établissement.

De même, le nom de Robert Morris était une garantie. Morris était un voisin de Hyde de Neuville à New Brunswick et ils durent avoir des contacts sociaux fréquents avant que Hyde ne poussât Morris à s'associer à son entreprise philanthropique. Juge fédéral et *Chief Justice* de la cour suprême du New Jersey depuis 1777, Robert Morris (v. 1745 -1815) appartenait à une dynastie de magistrats. Il était le petit-fils de Lewis Morris (gouverneur royal de la province du New Jersey en 1738) et le fils du *Chief Justice* Robert Hunter Morris. Membre, comme Benjamin Moore, de l'Église protestante épiscopale, il accumula de larges domaines terriens à New Brunswick au cours de sa carrière[5]. Il entretenait avec Hyde de Neuville des relations amicales, et en même temps il était son homme de loi et conseiller.

Surtout, Hyde réussit à intéresser DeWitt Clinton à l'affaire. En 1814, DeWitt Clinton en était le président[6]. Maire de New York, étoile politique

---

[1] W. H. Bennett, *Catholic Footsteps in Old New York*, p. 447; Léo F. Ruskowski, *French Emigré Priests in the United States*, p. 112.

[2] W. Barrett, pseud. pour J. A. Scoville, *The Old Merchants of New York City*, New York, 1864-1870, 5 vol., v. I, p. 338.

[3] *Ibid.*, I, 338.

[4] *Ibid.*, I, 352.

[5] *Dictionary of American Biography*, XIII, 115-116.

[6] *Mémoires*, I, 507.

montante, personnage très influent[1], il est certain qu'il contribua énormément non seulement à donner à l'école une aura de respectabilité, mais surtout un soutien matériel et financier. DeWitt Clinton sentait que l'éducation était une priorité à donner. Déjà président de la *Free School Society* en 1805, il s'intéressait à ces entreprises et cherchait à les promouvoir. Nul doute que son intervention fut décisive pour que la ville, en 1815, incorporât l'*Economical School*[2] et lui allouât une allocation annuelle de 250 $.[3]

Hyde, malgré ses antécédents royalistes, s'était également assuré le soutien de J.-B. Lombard, le chancelier du consulat de France. Lombard faisait même office d'instituteur[4], avec Desnoues, l'imprimeur du *Journal des dames*.

Les autres administrateurs étaient principalement des médecins, américains et français, avec qui Hyde devait avoir des relations en tant que médecin lui-même. Il entraîna MacNeven[5] dès 1810, puis, un peu plus tard, les docteurs Cognacq et Evrard, tous deux émigrés français qui exerçaient la

---

[1] Après des études de droit à Columbia, DeWitt Clinton (1769-1828) fut admis au barreau en 1788. En 1790, il devint secrétaire privé de son oncle George Clinton, alors gouverneur de New York. Membre du Sénat de 1798 à 1802, il démissionna pour prendre l'office de maire de New York auquel son oncle, toujours gouverneur, l'avait nommé. Le maire était alors un magistrat très important, dans la mesure où il était également président du Conseil et le *Chief Judge* de la cour des *Common Pleas*. Maire jusqu'en 1815 pratiquement sans interruption, sénateur de 1805 à 1811, lieutenant-gouverneur de 1811 à 1813, il paraissait appelé à prendre la succession de son oncle dans le monde politique. Lors des élections présidentielles de 1816, il apparaissait comme un dangereux adversaire de Monroe, et Hyde de Neuville, alors ministre de France, l'annonçait dans ses dépêches comme un futur président à court terme. Élu président de la *Free School Society*, créée en 1805, il le resta jusqu'à la fin de sa vie. Il prit une part active à d'autres mouvements ayant pour but le bien de la cité, comme l'amélioration des lois contre la criminalité, l'assistance aux pauvres, l'encouragement à l'agriculture, la répression du vice. Il fut le gouverneur de l'État de New York de 1817 à sa mort, sauf de 1822 à 1825. Il fut le promoteur de la construction du canal de l'Érié.

[2] *Minutes of the Common Council*, XIV, 354-355.

[3] *Ibid.*, VIII, 260.

[4] Scoville dit posséder un exemplaire des fables de La Fontaine imprimé par l'*Economical School* et remis comme livre de prix à une élève de l'école. Il porte la signature sur la page de titre de « G. Hyde Neuville » et de « Lombard, instituteur », daté du 9 juillet 1810 : Barrett, *The Old Merchants...*, I, 339. En France, la police avait noté cette collusion du chancelier de France avec Hyde de Neuville : AN, AF IV* 1710, p. 239.

[5] William James Mac Neven (1763-1841) partageait avec Hyde le triste sort d'exilé. Après avoir étudié la médecine à Vienne, il exerça un temps à Dublin. Catholique fervent, membre des *United Irishmen*, il se compromit bientôt dans des activités politiques qui conduisirent à son emprisonnement, d'abord à Kilmainhan, puis à Fort George en Écosse. Il mit à profit son incarcération pour étudier. Libéré en 1802 sous sentence de bannissement, il se rendit en Suisse puis en France en 1803, où il chercha à rencontrer Napoléon pour lui proposer une invasion de l'Irlande, mais sans succès. Il s'expatria enfin à New York en juillet 1805, convaincu qu'il ne pouvait plus aider la cause de l'Irlande en Europe. Il entreprit à New York une carrière médicale qui lui assura une renommée rapide comme praticien et comme professeur. Il enseigna au *College of Physicians* de New York de 1808 à 1820, publia divers ouvrages de chimie, fut élu membre de l'*American Philosophical Society* en 1823. Il est possible que l'intérêt de Hyde pour la médecine les ait d'abord rapprochés, puis leur condition commune d'exilés. Mais Hyde le connut sans doute par Desnoues, l'imprimeur de l'école, qui était l'ami intime du patriote irlandais Thomas O'Connor, éditeur de *Shamrock*, le journal catholique irlandais de New York. Cf. *Dictionary of American Biography*, XII, 153-154.

médecine à New York pour gagner leur vie, et avaient réussi à trouver une large clientèle[1].

Enfin, en 1811, Hyde réussit à enrôler le général Moreau, qu'il fit vice-président de la société[2]. Moreau, ainsi que Hyde, s'intéressa de très près à l'école et à ses méthodes d'enseignement. Scoville affirme que tous deux se rendaient souvent à l'école pour remplacer momentanément les instituteurs et faire les cours eux-mêmes. C'était un passe-temps, mais qui témoigne de préoccupations pédagogiques, en plus des préoccupations philanthropiques que nous avons déjà remarquées[3].

L'école avait la double particularité de ne dépendre d'aucune société religieuse, et d'être absolument bilingue. Elle accueillait les enfants des deux sexes « sans distinction de nationalité, religion, ou fortune[4] ». Deux maîtres, Desnoues, l'imprimeur, et Lombard, le chancelier du consulat français de New York, enseignaient le français, l'histoire, la géographie, et l'anglais. Deux dames enseignaient la couture aux filles[5].

En 1810, l'école recevait 200 élèves, tant américains que français[6]; elle était gratuite pour les plus pauvres, et les autres donnaient ce qu'ils voulaient, ou ce qu'ils pouvaient. De Chapel Street, elle déménagea définitivement en 1811 pour s'installer Augustus Street[7], en face de l'hôpital. Le bâtiment construit alors était large, avec deux ailes et un clocher[8], et atteste de la prospérité de l'école. Il est dommage qu'il n'existe plus.

Les précieux dessins de Mme Hyde de Neuville permettent de déterminer qui étaient les élèves. Un carnet entier est consacré à l'École économique[9]. On est frappé du fait que les élèves étaient de tous âges, y compris adulte. On y voit beaucoup de jeunes gens et de jeunes filles. Le système laissait aux aînés le soin de l'éducation des puînés, dans une communauté organisée.

Il déborderait le cadre de notre sujet d'étudier le milieu de ces élèves aux parents français, et de voir ce qu'ils devinrent. « Ils étaient bel et bien Américains, quoique de parents français, » dit Scoville, « et certains de nos plus gros marchands portent aujourd'hui leurs noms, et sont les mêmes garçons, bien que plus âgés[10] ». La plupart de ces enfants en effet s'établirent aux États-Unis, s'y marièrent et y firent souche. On peut citer

[1] Barrett, *op. cit.*, I, 351.

[2] *Minutes of the Common Council*, VI, 610.

[3] « Every morning [when they were in the city], Hyde de Neuville and General Moreau would go to the school, and give lectures and explanations to the scholars. » Barrett, *The Old Merchants...*, I, 339.

[4] *Journal des dames*, n° II (février 1810), page de titre.

[5] *Ibid.*

[6] *Ibid.*

[7] *Minutes of the Common Council*, VI, 610.

[8] Description dans Barrett, *The Old Merchants...*, I, 351.

[9] *Folder of Economical School Sketches, Baroness Hyde de Neuville*, NYHS, 1953.274 A-S.

[10] « American they were, although of French parentage, and some of the first merchants now bear the names, and are the same boys, though older. » : Barrett, *The Old Merchants...*, I, 340.

comme exemple de cette assimilation, parmi d'autres, Jeanne Hostin, fille d'un émigré de Saint-Domingue reconverti en marchand de vin. Son père vendait, selon Scoville, le meilleur Bordeaux de New York, et son échoppe fut longtemps le point de rendez-vous de ces vieux émigrés qui étaient restés en Amérique. Elle épousa un Américain[1].

L'école continua à accueillir des élèves après le départ de Hyde des États-Unis en 1814. DeWitt Clinton était alors président, et Charles Wilkes trésorier. Hyde de Neuville n'était officiellement que le secrétaire, mais l'école perdait avec lui son fondateur et son principal moteur. En 1825, l'*Economical School* avait accumulé les dettes et, bien que le maire de New York en fût le président, la ville refusa de la décharger. Elle fut donc fermée[2], mais Victor Bancel, un autre émigré français, la reprit[3].

---

[1] *Ibid.*, I, 350-351.

[2] Séances du *Common Council* des 7 et 14 mars 1825, *Minutes of the Common Council*, XIV, 354, 372-373.

[3] Cf. Frances S. Childs, *French Refugee Life in the United States.*

CHAPITRE IV

LES RELATIONS D'EXIL

Hyde de Neuville arrivait aux États-Unis sans y connaître personne, muni seulement d'une recommandation de Mme d'Houdetot pour Thomas Jefferson. Cependant il ne tarda pas à établir autour de lui un petit cercle d'amis, centré notamment sur la famille Du Pont.

Il est malaisé de savoir comment les Du Pont et Hyde firent connaissance. Ce fut peut-être par l'intermédiaire des Church, fin 1807, mais peut-être aussi par le général Victor Moreau.

Hyde de Neuville et sa famille rencontrèrent Mme Moreau dès août 1807 à Ballston Spa, petite cité thermale déjà recherchée par l'élite new-yorkaise[1]. Hyde avait obtenu en Espagne une lettre de recommandation de Nathalie de Noailles pour Moreau, et sa première visite en arrivant aux États-Unis fut pour le général[2]. Apparemment, le désir de rencontrer un compatriote en terre étrangère fut plus fort que les préventions politiques d'un royaliste contre un général républicain. L'amitié et l'intimité ne firent alors qu'aller croissant entre les deux hommes. Cette amitié rapprocha Moreau du royalisme, et Hyde de Neuville du libéralisme.

Moreau était lié avec les Du Pont. En 1806, il avait proposé à Victor Du Pont[3] de monter en association avec lui une affaire à Pittsburgh, où il y avait des mines de fer[4]. Peut-être est-ce aussi Moreau qui fit connaître les Church à Hyde de Neuville. En tout cas, Philip Church et sa sœur, Catherine Church Cruger, furent les premiers et les plus fidèles amis américains des Hyde.   ·

Philip Church était le fils de John Baker Church, beau-frère d'Alexander Hamilton, et très lié avec Victor Du Pont. Il cherchait alors à développer un énorme lot de terrain de 100 000 acres dans l'ouest de l'État de New York, à Angelica, dans la vallée de la Genesee. Il s'y était installé lui-même,

---

[1] *Mémoires*, I, 470.

[2] *Ibid.*, I, 472.

[3] Victor-Marie Du Pont de Nemours (1767-1827) alla une première fois aux États-Unis en 1787-1789 en qualité de secrétaire du ministre de France, puis il y revint comme secrétaire d'ambassade en 1791-1793. Il épousa Gabrielle-Joséphine de la Fite de Pelleport en 1794.

Devenu citoyen des États-Unis en 1799, il renonça à la diplomatie pour s'installer définitivement, en 1800, et se lancer dans les affaires, d'abord dans la banque, puis dans l'industrie textile, sans réel succès, jusqu'à ce que son frère Éleuthère Irénée le prenne comme associé dans sa poudrerie de Wilmington. Il devint membre du Sénat du Delaware.

[4] Bessie G. Du Pont, *Lives of Victor and Joséphine Du Pont*, p. 161.

avec soixante autres familles, et s'efforçait d'y attirer Victor Du Pont[1]. Du Pont faillit s'y établir, ainsi que Hyde de Neuville, qui s'était laissé tenter en 1807-1808 au point d'acheter un petit terrain avec une ferme[2]. Victor Moreau acheta 500 acres de terre arable.

Mais Victor Du Pont rejoint son frère Irénée à Wilmington, et Hyde choisit New Brunswick, plus fertile, et qui ne présentait pas les dangers de relations personnelles tendues entre voisins qu'offre toute colonie, surtout lorsqu'elle est peu prospère, ce qui semble avoir été le cas à Angelica. Cependant il conserva des relations très étroites avec Church.

La sœur de Philip Church avait épousé un riche marchand new-yorkais, Bertram Peter Cruger, dont le père, Henry Cruger, avait été sénateur de l'État de New York en 1792. Cruger fut rapidement en relations intimes avec Hyde. Pendant l'été 1808, Hyde et lui entreprirent ensemble un voyage le long de la rivière Genesee[3]. À New York, ils se voyaient constamment. Mrs. Cruger fut, avec Eliza Sadler, la meilleure amie américaine de Mme Hyde de Neuville. Parlant français couramment[4], toutes deux étaient francophiles, quakeresses et membres de différentes sociétés charitables. Mrs. Sadler, voisine des Hyde à New York, était trésorière de la *Society For Promotion of Industry,* célèbre sous le nom de *Female Association,* société de dames quakeresses qui avait pour but d'assister les pauvres, de visiter les malades, de trouver des emplois aux « pauvres industrieux », et de veiller à l'éducation des enfants défavorisés[5].

Catherine Cruger et surtout Eliza Sadler étaient des amies de longue date[6] de Joséphine Du Pont, la femme de Victor. Sans doute recommandé par elles et par Philip Church, Hyde de Neuville se rendit chez Victor Du Pont dès l'automne 1807. Victor était heureux d'obliger un compatriote, Hyde, de trouver un Français en terre étrangère.

Mme Hyde de Neuville correspondit longtemps avec Joséphine Du Pont sans la connaître. Quand Victor s'établit à Wilmington, en territoire plus accessible, les deux familles et leurs relations formèrent un cercle d'amis intimes. L'éducation, la simplicité de manières, la gentillesse de Hyde et de sa femme les fit accepter partout chez les amis des Du Pont, Français et surtout Américains.

---

[1] *Ibid.,* p. 156-157.

[2] Hyde de Neuville à V. Du Pont, 26 décembre 1807, EMHL, W3-2696. Peut-être s'agit-il de la fermette représentée par Henriette Hyde de Neuville à plusieurs reprises, en 1808, puis de nouveau, en 1814, agrandie avec un porche et un jardin d'hiver : NYHS, *Hyde de Neuville Drawings,* 1953.208, 1953.240, 1982.6.

[3] Anthony Girard à V. Du Pont, 14 juin 1808, EMHL, L2-229.

[4] Les lettres de l'une et de l'autre, surtout de Mrs. Cruger, à Joséphine Du Pont, sont presque toutes rédigées dans un français impeccable. EMHL, Winterthur Mss, group 3, series D.

[5] Sur le rôle d'Eliza Sadler au sein de la *Female Association,* consulter *Minutes of the Common Council,* VII, 727, VIII, 319 et X, 181. Sur la *Female Association,* voir notamment James Hardie, *The Description of the City of New York,* p. 287.

[6] La première des 90 lettres adressées par E. Sadler à J. Du Pont que conserve le musée *Eleutherian Mills* à Wilmington est datée de 1805, mais le contenu porte l'évidence d'une amitié beaucoup plus longue. EMHL, Winterthur Mss, group 3, series D.

Ainsi Mme Sadler n'adressait plus une lettre à son amie Joséphine Du Pont sans mentionner « l'inestimable » Mme Hyde de Neuville. Évoquant les bals des Hyde à New York, Catherine Cruger rapporte qu'ils sont excessivement appréciés à cause de la politesse et de la simplicité des maîtres de maison[1].

À partir de 1808, les Hyde de Neuville et les Du Pont de Nemours passèrent leur temps à s'inviter réciproquement. En 1809-1810, Victor Du Pont envoya sa fille Amélie passer six mois à New York chez Hyde pour parfaire son éducation. Hyde et Mme Moreau s'occupèrent de lui faire prendre des leçons de dessin, de musique, de danse[2], et Mme Hyde de Neuville se chargea personnellement de lui trouver « un digne ecclésiastique » pour veiller à son éducation religieuse[3].

Sa position à New York permit à Hyde de Neuville de s'offrir à Victor Du Pont comme intermédiaire avec les marchands de la ville, et même comme prêteur bénévole. Très tôt, Hyde, conscient des difficultés financières de Victor, proposa à celui-ci des prêts qui ne furent pas refusés : 500 francs d'abord, en 1808[4], quand les propres possibilités financières de Hyde étaient limitées, puis 10 000 francs en 1809[5].

Hyde, qui à New York voyait tous les jours Charles Wilkes, était devenu l'homme de confiance bénévole de Victor pour certaines affaires. Il s'offrait en intermédiaire, laissait sa maison à Victor pour que celui-ci puisse venir négocier lui-même si nécessaire, et s'entremettait pour lui et son frère auprès de Louis Simond, Charles Wilkes, Anthony Girard (l'homme d'affaires de Victor Du Pont), Cruger et Rezeville[6]. En 1811, Hyde écrivait à Irénée Du Pont pour lui demander des instructions à ce sujet[7].

En mars 1812, Mme veuve Bureaux de Pusy, belle-fille de Pierre-Samuel Du Pont de Nemours, arriva à Philadelphie avec ses deux enfants, attirée par le succès de la manufacture, et désireuse de percevoir les dividendes de ses actions de la première compagnie Du Pont. Avec l'aide de Peter Bauduy, associé de la firme, ambitieux et cupide, elle dressa bientôt une

---

[1] « Their parties are excessively liked from the politeness of their masters and their easy unconstrained manner. » : Catherine C. Cruger à Amelie Du Pont, 3 février 1811, EMHL, W5, series A, box 3.

[2] Lettres de G. Duplanty à E.I. Du Pont, 21 et 28 novembre 1809, éd. par Bessie G. Du Pont, Life of E. I. Du Pont..., VIII, 225-226, 233-235.

[3] Mme Hyde de Neuville à Mme V. Du Pont, 7 mars 1810, EMHL, W3-5402.

[4] Hyde de Neuville à V. Du Pont, 26 décembre 1807, EMHL, W3-2696.

[5] E.I. Du Pont à P.S. Du Pont de Nemours, 22 juillet 1810, et Hyde de Neuville à E.I. Du Pont 10 décembre 1810, éd. par Bessie G. Du Pont, op. cit., VIII, 278-281, 285-286.
Pastoret avait alors obtenu la levée du séquestre sur les biens de Hyde en France, et Mme Hyde de Neuville venait d'hériter de son père : AN, MC, XX-827.

[6] Notamment : V. Du Pont à Hyde de Neuville, 6 janvier 1812, EMHL, W3-746, et Hyde de Neuville à V. Du Pont, 21 juin 1811, éd. par Bessie G. Du Pont, op. cit., VIII, 307-308.

[7] « Monsieur - J'ai l'honneur de vous adresser copie de la lettre de Mr. Wilkes au sujet des deux factures rejetées; que dois-je en faire? Je ne voulais pas l'envoyer à Mr. Girard sans connaître vos intentions. Soyez assez bon pour bien vouloir m'envoyer vos instructions. » Hyde de Neuville à E. I. Du Pont, 31 juillet 1811, éd. par B. G. Du Pont, op. cit., IX, 13.

liste de réclamations[1]. Éleuthère-Irénée et Victor Du Pont furent navrés d'une affaire qui arrivait juste au moment où la manufacture devenait rentable, certes, et donnait des espérances, mais restait néanmoins une entreprise fragile. Ils s'adressèrent à Hyde de Neuville pour tenter d'arranger à l'amiable cette réclamation malencontreuse, et surtout éviter un procès. Hyde de Neuville s'en fit un point d'honneur. Mme de Pusy restant intraitable, l'affaire traîna en longueur jusqu'en 1822, alors qu'Hyde était ministre de France. Il tenta tous les accommodements, à Paris comme aux États-Unis, et finit par obtenir le 7 octobre 1822 la renonciation par Mme de Pusy à ses réclamations[2]. Le « traité de Wilmington » lui fit autant de plaisir que le traité de commerce entre la France et les États-Unis, qu'il venait de signer presque en même temps avec J.-Q. Adams[3].

Les Du Pont avaient donc mis Hyde de Neuville en relation avec tous leurs amis américains de New York et aussi avec la plupart des marchands et financiers de cette ville, leurs relations d'affaires. C'est par les Du Pont encore que Hyde de Neuville et sa femme se lièrent avec Short[4], par eux peut-être aussi à Joshua Waddington, l'un des premiers directeurs de la banque de New York.

De plus, les entreprises médicales et littéraires d'Hyde, comme on l'a vu, lui avaient fait nouer des relations d'amitié avec bon nombre d'Américains. Contrastant avec la plupart de ces émigrés royalistes français de la fin du XVIIIe siècle, qui restaient confinés entre eux en cercles restreints et n'avaient finalement guère de contacts avec le monde américain, Hyde de Neuville avait su se créer tout un réseau d'amis américains.

Il est normal cependant que Hyde de Neuville ait noué des contacts intimes avec d'autres Français émigrés. Nous avons vu les Du Pont, les Moreau; les Du Pont comme les Moreau apportèrent leurs parents et leurs relations : Mme Roulet[5], amie de Mme Moreau, sa fille Mme Isselin; d'Autremont, d'Héricourt, amis des Du Pont. Il serait fastidieux de les citer tous, bien que leur nombre soit finalement restreint. Alors que les relations américaines des Hyde apparaissent nombreuses, on constaterait que ses relations françaises vraiment intimes sont réduites à un petit nombre de familles. La correspondance, les visites de Hyde de Neuville et sa femme pour des amis français sont en fin de compte réservées aux Du Pont, aux

[1] B. G. Du Pont, *Lives of Victor and Joséphine Du Pont*, 181-188.
[2] Renonciation par Mme de Pusy, 7 octobre 1822, éd. par B.G. Du Pont, *Life of E.I. Du Pont*, XI, 47-49.
[3] Hyde de Neuville à I.E. Du Pont, 6 juillet 1822, EMHL, W4-1764.
[4] Mme Hyde de Neuville à Mme Du Pont, 30 décembre 1811, EMHL, W3-5412.
[5] Jean S. Roulet avait fondé en 1800 à New York la firme Rossier et Roulet. En peu de temps, il était devenu l'un des plus gros marchands de New York : Barrett, *The Old Merchants of New York City*, I, 333. Hyde avait aussi des relations avec des hommes comme Louis La Rue, ou Francis Rivière, qui avaient suivi des carrières similaires. Sur ces émigrés qui apparemment « réussirent » dans leur patrie d'adoption, et qui contrastent étrangement avec les émigrés royalistes de la fin du XVIIIe siècle, déracinés et la plupart sans ressources, cf. Barrett, *op. cit.*, I, 333-351.

Moreau, et à Louis Simond, artiste, grand voyageur, personnalité curieuse[1].

Toutefois les entreprises charitables de Hyde de Neuville l'avaient mis en rapport avec certains réfugiés de Cuba et de Saint-Domingue. Merle d'Héricourt, émigré de la Guadeloupe, fit de lui son exécuteur testamentaire[2]. Surtout, Hyde s'intéressa à la famille d'Espinville. Ancien colonel, ayant servi toute sa vie dans les colonies, d'Espinville s'était retiré à La Havane d'où il fut bientôt chassé. Mme Moreau s'entremit pour faire épouser sa fille à Paul Hyde de Neuville[3].

Il est intéressant de noter que Hyde conserva, même après son retour en France, la plupart de ces relations américaines, sauf Moreau qui était mort devant Dresde, ce qui causa une peine immense à Hyde[4], devenu très intime avec le général républicain. Après 1816 cependant, les fonctions officielles de Hyde de Neuville l'éloignèrent quelque peu de ses anciens amis, avec qui il ne pouvait se compromettre, surtout alors qu'ils étaient suspects de sympathies républicaines[5]. Cependant il rendit de réels services aux Du Pont, en dehors de l'affaire Bureaux de Pusy que nous avons déjà évoquée. C'est sur leur intercession qu'il soutint le maréchal Grouchy et envoya à Richelieu, ministre des Affaires étrangères, des rapports favorables sur sa conduite, espérant obtenir la fin de sa sentence de bannissement[6]. Mme Victor Du Pont écrit même dans son journal que son mari, alors criblé de dettes, aurait été tenté de demander à Hyde de Neuville une place de consul[7].

Après 1822, Hyde de Neuville continua à s'occuper des intérêts de Victor Du Pont et de son épouse en France. Joséphine Du Pont l'avait chargé de gérer ses biens français, notamment après la mort de Victor en 1827[8].

Hyde et sa femme gardèrent de même des relations étroites avec un certain nombre de leurs amis américains. Quand Hyde de Neuville retourna en France en 1819, Eliza Sadler et Catherine Cruger l'accompagnèrent avec leurs enfants. L'une et l'autre restèrent à Paris jusqu'en 1825, régulièrement invitées à Compiègne, où elles pouvaient voir la cour, par

---

[1] Louis Simond, Lyonnais, émigré à New York en 1795 à cause de ses opinions royalistes, y fit fortune comme armateur. Il voyagea largement en Angleterre et en Italie entre 1811 et 1814, voyages dont il publia d'ailleurs le récit, et finit par s'établir à Genève. Note sur L. Simond, AE, M & D France, v. 603, f° 18.

[2] Procuration du 19 mai 1814. NJSA, Deeds (Middlesex), v. 16, p. 794-796.

[3] *Mémoires*, I, 482-483.

[4] Mme Hyde de Neuville, peu suspecte d'exagération lyrique, écrit : « Depuis la perte de sa mère je n'ai jamais vu mon pauvre ami si vivement affecté; quant à moi Madame ce n'est point seulement le grand homme que je regrette mais bien celui dont l'aménité, l'esprit, la bonté nous avaient rendu la société aussi agréable que nécessaire [...] » : Mme Hyde de Neuville à Joséphine Du Pont, 14 octobre 1813, EMHL, W3-5423.

[5] Hyde de Neuville à Pierre-Samuel Du Pont de Nemours, 18 novembre 1816, EMHL, W2-4320.

[6] Correspondance entre Victor Du Pont, Joséphine Du Pont et Hyde de Neuville, AN, 38 AP l, et EMHL, W3-5469 à W3-5475, W3-5505.

[7] Journal intitulé : *Notre transplantation en Amérique*, édité par Bessie G. du Pont. B.G. Du Pont, *Life of Éleuthère Irénée Du Pont*, XI, 163-164.

[8] Correspondance entre Hyde de Neuville et Joséphine Du Pont, EMHL, W3-5671 à W3-5681.

Paul Hyde de Neuville, qui était alors conservateur des forêts du roi. Hyde se chargea de leur faire connaître la vie parisienne et de les présenter aux principaux personnages de la haute société[1]. En 1822, les deux Américaines furent rejointes par John Garnett, voisin et ami de Hyde de Neuville à New Brunswick, et sa famille. Peter Cruger arriva à son tour et fut présenté à Monsieur, auprès de qui Hyde était très en faveur[2]. Ces contacts personnels, son ancienne qualité d'ambassadeur faisaient naturellement de Hyde de Neuville le pôle d'attraction de la petite société américaine de Paris et des visiteurs des États-Unis.

Jusque dans les années 1835, Hyde et sa femme gardèrent des contacts avec les Cruger, les Du Pont, avec Short et avec Eliza Sadler[3]. La fidélité à ces amitiés, les contacts, les échanges répétés jouent une part dans l'américanophilie de Hyde de Neuville.

De plus, dès l'époque de son exil, Hyde de Neuville noua des liens avec un certain nombre d'hommes politiques américains, liens qui devaient naturellement lui servir par la suite, alors qu'il représentait les intérêts de la France aux États-Unis.

Hyde était arrivé aux États-Unis muni d'une recommandation de Mme d'Houdetot (nivernaise comme lui, et amie de sa belle-sœur Adélaïde Pastoret) pour Thomas Jefferson. Jefferson, dont la politique générale était de secourir le plus possible ces émigrés français afin de s'assurer leur reconnaissance personnelle, voire celle de la France[4], s'était intéressé à Hyde de Neuville.

La bonne réputation de Hyde, ses liens avec Du Pont de Nemours, ami personnel de Jefferson, une francophilie certaine firent que si les relations de Hyde et de Jefferson ne furent jamais placées sur le pied de l'intimité, elles devinrent néanmoins suffisamment chargées de sympathie pour que le vieux sage de Monticello puisse, à l'occasion, élever la voix en faveur du ministre de France, après 1816. Son intervention auprès du Congrès, en 1818, pour faire modifier le tarif sur les vins en faveur de la France, ne changea guère le sens des débats[5]. Mais l'influence morale d'un Jefferson était cependant un atout dans la main de Hyde de Neuville, d'autant plus qu'il avait d'autres relations au Congrès et dans l'administration, notamment Rufus King, et surtout William Crawford, qu'il avait également connu antérieurement par Du Pont de Nemours[6], et qui serait ravi d'obliger Hyde de Neuville tout en s'opposant à son rival politique J.-Q. Adams.

---

[1] Mmes Hyde de Neuville, Cruger, Sadler à Joséphine Du Pont, EMHL, W3-5516 à W3-5556.

[2] « Mon mari a été présenté à Monsieur et parfaitement reçu comme *ami de Mr. Hide* dont il a parlé avec la plus grande affection. » : Catherine Cruger à Joséphine Du Pont, 1er mars 1822, EMHL, W3-5541.

[3] Correspondance entre Mme Hyde de Neuville et Joséphine Du Pont, 1823-1835, EMHL, W3-5538 à W3-5585.

[4] T. Jefferson à J. Madison, 31 octobre 1812, LC, Jefferson papers.

[5] Correspondance entre Hyde de Neuville et T. Jefferson, janvier-décembre 1818, LC, Jefferson papers, n°s 37820, 38172, 38173.

[6] E.I. Du Pont à Mme E.I. Du Pont, 22 mai 1817, éd. par B.G. Du Pont, *Life of E.I. Du Pont*, X, 199-200.

Surtout, Hyde, dès avant sa nomination, était connu de James Monroe, qui appréciait sa probité. Cet a priori favorable joua un rôle non négligeable dans le règlement de la convention de commerce de 1822, qui traînait en longueur par suite des arguties d'Adams. On peut dire que le rôle personnel de Hyde de Neuville fit beaucoup pour l'établissement de bonnes relations entre la France et les États-Unis après 1815, un peu à cause de ces amitiés américaines.

CHAPITRE V

VISION DE L'AMÉRIQUE

1. HYDE DE NEUVILLE OBSERVATEUR DES ÉTATS-UNIS

Hyde de Neuville et sa femme ont énormément voyagé, pendant tout l'automne 1807 d'abord, avant de s'installer, et même ensuite dans les années qui suivirent. Ils passent la plus grande partie de l'année 1808, ou du moins ses beaux jours, de mai à octobre, à explorer l'État de New York; en 1809, 1810, 1813, 1815, ils sont encore sur les chemins, rendant visite à leurs amis les Simond ou les Du Pont de Nemours. Pendant toutes ces pérégrinations, l'un et l'autre surent exercer une curiosité et un esprit d'observation aigus, quoique chacun eût choisi un mode d'expression différent pour noter ses découvertes, ses surprises, et ses jugements : Hyde prenait des notes et sa femme dessinait.

Les dessins de la baronne surprennent par leur précision, leur goût du détail, leur authenticité, preuves d'une grande finesse d'observation. Ils illustrent tous les sujets, mais toujours de façon très vivante : portraits d'êtres chers à la baronne, mais également types de femmes du peuple, d'enfants, de travailleurs, d'Indiens aussi, qui ont une réelle valeur ethnographique; scènes de la vie quotidienne, telle que la baronne l'observait sans relâche; paysages et monuments, toujours agrémentés de personnages vaquant à leurs occupations; enfin tout ce qui lui était sujet d'étonnement, jusqu'aux statues de cire du musée de New Haven. Mis ensemble, ces dessins hélas dispersés dans plusieurs collections se révèlent une mine de renseignements, non seulement sur la vie d'émigrée de la baronne, ses occupations, ses fréquentations, ses centres d'intérêt, mais aussi sur sa façon de percevoir l'Amérique, et sur la vie américaine en général. Leur intérêt documentaire (sinon artistique) est immense : ils sont souvent la première représentation connue de monuments américains parfois détruits aujourd'hui, comme le séchoir de la manufacture d'Irénée Du Pont[1], la première église néo-gothique de Princeton[2], ou le bateau à vapeur Le Rariton[3].

[1] « Le séchoir de la manufacture de Mr. I. Dupont / 7 octobre 1810 », crayon sur papier, NYHS, 1953.230.

[2] « Mercredi 27 8bre 1813. Princeton's church. Girardin et Mercy. » Aquarelle, Princeton University Library. Cette aquarelle est le premier témoignage du revivalisme gothique dans l'architecture de Princeton. Cf. Egbert (Virginia et Donald), « The Gothic Revival Comes to Princeton », The Princeton University Library Chronicle, vol. XXIX, n° 2, winter 1968.

[3] « Vue d'Amboy et du steam-boat. / 28 juillet 1809. » Encre, NYPL, Phelps Stokes Collection. Le bateau à vapeur Le Rariton faisait le service entre New York et New Brunswick depuis le printemps 1809. Cette encre est la plus ancienne représentation connue d'un bateau à vapeur dans les eaux de New York.

Les dessins les plus remarquables d'Henriette Hyde de Neuville sont ses représentations d'Indiens, qui étonnèrent l'anthropologue William Fenton par leur intégrité ethnographique[1]. Il est à noter que ces représentations précèdent de plus de vingt ans les tableaux de Catlin, et font preuve d'une sincérité et d'une précision d'observation étonnantes, à une époque où la plupart des artistes tendaient à représenter les Indiens de façon très stéréotypée, répondant toujours à l'archétype du « bon sauvage ». Fenton remarque par exemple que, dans une aquarelle de 1807[2], Henriette Hyde de Neuville a très précisément reproduit l'habillement exact, selon l'âge et le sexe, d'une famille Oneida au cours d'une chasse à l'automne[3]. Des exemples similaires pourraient être multipliés.

Ces aquarelles sont dénuées de tout a priori, elles sont le reflet exact d'une réalité observée avec intérêt et intelligence. Une aquarelle de 1808 dépeint une femme Seneca assise sur une chaise avec un enfant sur son dos[4]. Non seulement l'habillement et tous les traits ethnographiques sont rendus avec la précision coutumière, mais même la position maladroite des pieds de l'Indienne vient exprimer toute la gêne de sa position sur une chaise occidentale, à laquelle elle est peu habituée.

Pendant que Mme Hyde de Neuville, discrètement, dessinait, son mari prenait des notes sérieuses sur le pays qu'il découvrait.

Hyde n'avait guère, contrairement à son ami Chateaubriand, l'âme à s'émouvoir devant les spectacles de la nature. Le principal souvenir qu'il garda des chutes du Niagara fut une égratignure au nez[5]. Washington le déçoit par son exiguïté; quant à Ballston, tout ce qu'il trouve à en dire est qu'« une ville d'eaux est partout à peu près la même[6] ».

Parfois pourtant la beauté des paysages ne le laisse pas insensible : la rivière Hudson lui paraît imposante, et même il avoue que ses rives ont un aspect « aussi pittoresque que romantique[7] ». Il est charmé par les lacs de l'État de New York, mais ce sont les usines qu'il remarque surtout avec intérêt, et les établissements industriels qui font la prospérité des villages bâtis sur leurs rives[8]. Naturellement, les chutes du Niagara l'impressionnent fortement, mais plus par leur puissance que par leur beauté romantique. Ce spectacle toutefois, « déluge », « écroulement des siècles », l'induit à une méditation religieuse de la faiblesse humaine devant le Créateur : « C'est un de ces grands monuments qui s'élèvent de loin en loin dans la nature pour nous révéler notre néant et nous rappeler la puissance

---

[1] William Fenton, « The Hyde de Neuville Portraits of New York Savages in 1807-1808 », *New York Historical Society Quarterly*, XXXVIII, avril 1954, p. 118-137.

[2] Aquarelle, sans titre, NYHS, 1953.215.

[3] W. Fenton, *op. cit.*, p. 130.

[4] « Squah of Seneca tribe with his [*sic*] papow [papoose] / aoust 1808. » Aquarelle, NYHS, 1953.209.

[5] *Mémoires*, I, 452.

[6] *Ibid.*, I, 453.

[7] *Ibid.*, I, 452.

[8] *Ibid.*, I, 460.

Figure 8 - Femme de la tribu des Seneca avec son enfant, août 1808,
par la Baronne Henriette Hyde de Neuville.

Aquarelle et crayon, collection of the New York Historical Society, 1953-209.

Figure 9 - Chef indien de la tribu des Little Osage,
par la Baronne Hyde de Neuville.

Aquarelle, collection of the New York Historical Society, 1953-214.

Figure 10 - Cuisinière en costume ordinaire,
par la Baronne Hyde de Neuville.

Aquarelle, collection of the New York Historical Society, 1953-276.

Costume de Scrobeuse, d'après Jeue nièce de Martha church

Figure 11 - Costume de scrobeuse,
par la Baronne Henriette Hyde de Neuville.

Aquarelle, collection of the New York Historical Society, 1953-251.

du Créateur[1]. » Mais, le Niagara excepté, les descriptions de paysages sont peu nombreuses dans le journal de Hyde. Quand elles existent, elles font davantage état de ses préoccupations géographiques que d'une pure appréciation d'esthète. Au Niagara, Hyde note une odeur de soufre, et, observant la nature des roches, conclut que la chute se répand sur les flancs d'un ancien volcan[2].

Hyde observe son nouveau pays avec intérêt et curiosité, mais ce sont les hommes, et les institutions, qui sollicitent cet intérêt, ainsi qu'il le reconnaît lui-même dans le journal qu'il entreprit à l'époque : « Je suis très frappé de la nature grandiose qui s'offre partout à mes yeux; mais ce sont les hommes surtout qui piquent ma curiosité, dans cette société nouvelle au milieu de laquelle je me trouve tout à coup transporté[3]. »

Dans l'État de New York, sur le chemin du Niagara, Hyde de Neuville, ce gentilhomme aux goûts raffinés, aimant les beaux vers et la bonne société, se trouva rencontrer des représentants de ces peuplades sauvages qui pouvaient inspirer répugnance ou fascination aux hommes de sa culture. Il eut l'occasion, à plusieurs reprises, de voir leurs coutumes et leurs modes de vie, occasion qu'il rechercha d'ailleurs lui-même, curieux de ces Indiens comme de toutes les originalités du Nouveau Monde : « Nous visiterons des établissements d'Indiens », projette-t-il dans son journal alors qu'il est encore à Ballston[4].

Des six puissantes nations iroquoises, il faut bien dire qu'il ne restait que des peuplades repoussées vers le Nord et l'Ouest de l'État de New York, vivant à peu près en paix avec l'homme blanc, s'essayant de loin à quelques traits de civilisation comme l'alcool mais restées largement « primitives », suffisamment en tout cas pour régaler les amateurs d'exotisme. Les Mohawks s'étaient déplacés jusqu'au Canada, mais les Oneidas, qui avaient aidé les Indépendantistes lors de la révolution, furent autorisés à rester. Une réserve Cayuga fut établie auprès du lac Cayuga. Les Onondagas restèrent sur leur terre d'origine dans la Onondaga Valley, quoique la plus grande partie de la population se réfugiât à Buffalo. Les Senecas, peuple le plus important en nombre, avaient trois établissements sur la rivière Genesee, en direction du Niagara. Ce sont chacun de ces peuples que Hyde de Neuville put observer[5], soit dans un contexte de civilisation, à Buffalo, soit dans leurs campements, où le Français était allé les voir sans armes, et avec force cadeaux.

Ces Indiens étaient un objet de curiosité au même titre que les curiosités naturelles, les pierres ou les animaux, et d'autant plus pittoresques qu'ils étaient plus bariolés. « Nous avons trouvé de beaux sauvages », écrit Hyde de Neuville, enthousiaste, après avoir rencontré des tribus particulière-

---

[1] *Ibid.*, I, 461.
[2] *Ibid.*, I, 461.
[3] *Ibid.*, I, 453.
[4] *Ibid.*, I, 453.
[5] W. Fenton, « Hyde de Neuville Portraits of New York Savages », p. 118-119.

ment peinturlurées[1]. Mais Hyde professait aussi un intérêt ethnographique pour une culture qu'il reconnaissait différente, quoique cette compréhension n'allât pas bien loin. À plusieurs reprises, dans le *Journal des dames,* il professe la tolérance entre peuples, la spécificité et l'intérêt des cultures, que l'on ne doit pas condamner parce qu'elles sont différentes[2]. Il est vrai que ces cultures qu'il défend, que ce soit celle des gondoliers vénitiens, des princes orientaux ou des Anglais, ont tout de même des caractères de civilisation que n'ont pas les tribus iroquoises. Mais de telles prises de position en faveur de la connaissance mutuelle des peuples expliquent que Hyde de Neuville ait pu attacher aux Indiens un intérêt autre qu'à de simples objets de foire, et qu'il ait pu consigner des observations d'un réel intérêt ethnographique[3].

L'observation brute de Hyde de Neuville et ses jugements doivent peu à la mythologie du « bon sauvage » qui avait encore toute sa vigueur au début du XIXᵉ siècle et coloriat la plupart des récits des émigrés de la Révolution qui découvraient le Nouveau Monde, y compris Chateaubriand[4]. Avant les années 1830, les idées reçues sur l'Amérique sont encore celles du XVIIIᵉ siècle et, même parmi ceux qui viennent vivre dans le pays et l'observer, on constate une étrange permanence d'archétypes que très peu remettent en question. Avec Hyde de Neuville, seuls un Turreau (observateur privilégié par sa position de ministre de France aux États-Unis) ou un Beaujour (consul de France) proposent une vision différente, moins teintée d'idéalisme, et décrivent ce qu'ils voient et non ce qu'ils veulent voir, encore que cette observation soit elle aussi marquée par des a priori en sens contraire, et retrouve le sentiment de la supériorité de la civilisation sur l'homme sauvage, archétype moins fréquent, mais tout aussi vieux que le mythe du bon sauvage. Hyde de Neuville n'est pas exempt de cet a priori, bien qu'il aille moins loin que Beaujour[5]. Il regarde le sauvage avec l'œil désapprobateur de l'homme civilisé et le juge en

---

[1] *Mémoires,* I, 460.

[2] *Journal des dames* nᵒˢ III, p. 83, IV, p. 141-144, VIII, p. 268. Cette tolérance est cependant de mise dans la mesure où la « civilisation » forme le point commun de toutes ces sociétés : « À quelques nuances près, le bon ton est à Pékin ce qu'il est à Paris ou à Londres […]. L'homme de bien […] sait distinguer le bon grain de l'ivraie, tous les honnêtes gens répandus sur la surface du globe sont de sa famille; tous les hommes sans éducation, sans principes, voilà pour lui les étrangers. Jeunes gens, retenez bien ce dernier adage : " Les préjugés sont l'apanage des sots ". » *Journal des dames,* III, 143-144.

[3] C'est ainsi qu'il décrit l'apparence vestimentaire des Oneidas : « Ils sont à peine couverts d'une espèce de tablier et d'une petite souquenille. Ils ont aussi des couvertures de laine quand ils sont en campagne, et des morceaux d'étoffe dont ils s'enveloppent les jambes; mais les cuisses, les pieds et les bras sont nus. » *Mémoires,* I, 459.

[4] Sur cette tradition d'exotisme : R. Rémond, *les États-Unis devant l'opinion française,* p. 482-488, et les ouvrages de Bernard Faÿ et de Gilbert Chinard.

[5] « Ceux qui ont fait l'éloge des sauvages ne les avaient jamais vus, ou les connaissaient mal : ils sont fainéants, menteurs, ivrognes, cruels, implacables dans leurs haines, atroces dans leurs vengeances, et semblables dans leurs passions aux bêtes féroces. On les croirait, comme les démons, des êtres essentiellement malfaisants, si quelques rayons de vertu ne perçaient de temps en temps à travers leurs vices, et ne rappelaient en eux leur originelle bonté. La société est à l'homme ce que la culture est aux fruits de la terre : elle peut seule le rendre meilleur; l'homme des bois est le pire de tous » : Beaujour, *Aperçu des États-Unis,* p. 173-174.

fonction de ses propres critères de civilisation. Ne trouvant pas chez lui les valeurs qu'il prise : galanterie, amour des femmes, propreté, délicatesse, il échoue à y trouver les valeurs romantiques ou rousseauistes de la vie selon la nature et de la pureté des sentiments. Une approche prosaïque et réaliste, dénuée de toute connotation affective, l'amène à la déception devant la réalité brute, car il ne trouve ni ce qu'il n'a pas cherché (le bon sauvage) ni ce qui n'existe pas (le sauvage civilisé).

Qu'est-ce qui suscite donc la répulsion de l'homme civilisé chez Hyde de Neuville, et comment s'exprime-t-elle ?

Les peuplades rencontrées par Hyde, reléguées sur des terres qui n'étaient pas les leurs, rendues dépendantes de l'allocation annuelle du gouvernement américain par le traité Pickering de 1794, n'avaient guère gagné de la civilisation que la religion chrétienne, imposée par les missionnaires à une bonne minorité d'entre eux, et l'usage abusif de l'alcool. Nul doute qu'elles n'aient infligé en 1807 un spectacle plutôt désolant : « Ce sont de pauvres hères abrutis par les liqueurs fortes, croupissant dans l'oisiveté et la misère, et se refusant à tout ce qui pourrait contribuer à les en faire sortir[1]. »

Hyde de Neuville rejette donc l'image vivace du noble sauvage : « J'avoue qu'ils [les Oneidas] ne font guère aimer la belle nature dans toute sa simplicité et ne rappellent pas du tout Atala et les sauvages belliqueux que nous a peints M. de Chateaubriand[2] », et il exprime la répulsion de l'homme civilisé face à l'abrutissement, à la laideur et à la saleté d'une nation mineure, dont les caractères de barbarie sont multiples. Deux surtout frappent Hyde de Neuville : l'asservissement des femmes, et le manque (du moins apparent) de hiérarchie sociale, condition de toute société évoluée. Le chef Red Jacket n'est pas mieux logé que les autres, il fabrique ses propres mocassins, accepte l'argent qu'on lui donne. Quant aux femmes, elles sont soumises à toutes les besognes; l'Indien fait retomber sur sa compagne tous les travaux pénibles. Or, « là où la femme est esclave ou traitée en esclave, il ne peut y avoir pour l'homme qu'abrutissement ou civilisation imparfaite[3] ».

Le véritable « état de nature », c'est donc l'état de civilisation : « Plus j'ai observé de près cet homme que nous nommons l'homme de la nature, plus j'ai été porté à croire que la véritable nature, celle qui répond aux fins du Créateur, c'est la civilisation[4]. » L'œuvre des missionnaires est par conséquent une nécessité dictée par les lois divines autant que par les lois de la simple humanité, pour sortir ces peuplades de l'état de barbarie, qui

---

[1] *Mémoires*, I, 457.

[2] *Ibid.*, I, 459.

[3] « Discours d'ouverture [...] prononcé par Hyde de Neuville [...] », *Bulletin de la Société de Géographie*, n° 79, p. 7.

[4] *Ibid.*, p. 6.

n'est pas l'état voulu par Dieu. Le Christianisme seul peut faire progresser la civilisation, les sciences, l'ordre et les arts[1].

Hyde de Neuville n'exerça pas ses qualités d'« ethnographe » seulement sur les Indiens, mais aussi sur les Américains eux-mêmes, portant un œil toujours aussi critique et curieux sur ce monde qu'il découvrait. Là encore, il ne faut pas chercher les stéréotypes habituels de la société américaine, les vertus romaines traditionnellement attribuées à la jeune république. On chercherait en vain ce mythe de l'âge d'or de l'Américain cultivateur, développant les vertus agrestes de la simplicité vertueuse et de la sagesse sereine des institutions et des hommes. On est loin même d'un Barbé-Marbois. Les observations de Hyde de Neuville, si elles n'avaient pas été consignées sur des notes éparses publiées longtemps après sa mort, auraient peut-être renouvelé quelque peu les opinions des contemporains sur l'Amérique, restées, pour ainsi dire jusqu'à Tocqueville, fondées sur les récits du XVIIIᵉ siècle, qu'entretenaient même les voyageurs plus récents.

Il n'est pas étonnant toutefois que Hyde de Neuville ait échappé à ce « mirage américain », selon l'expression de Gilbert Chinard, d'une république agreste et vertueuse, qui n'était pas dans son idéologie. N'attendant rien, il arrivait avec un œil neuf, et ne fut pas déçu, alors qu'un Turreau, lui aussi ramené à une observation objective, regrettait ce mirage et rêvait d'une pastoralisation de l'Amérique, arrachée à sa décadence pour retrouver ses valeurs et ses vertus d'origine.

Ennemi des républiques, Hyde n'avait aucune illusion à perdre et, s'il devait être surpris, ce ne pouvait être qu'agréablement. Il fut frappé d'emblée par le niveau d'éducation et le niveau de vie moyen des Américains. « Vous ne trouvez pas un marmot de douze ans dans les campagnes qui ne sache déjà assez bien lire, écrire et compter[2]. » C'est que l'éducation des enfants n'est pas négligée comme en Europe, et qu'on ne rougit pas pour autant, lorsqu'on est cultivé, des occupations utiles. Une jeune fille qui sait lire et porte « robe et rubans » n'en bat pas moins son beurre. Le résultat, c'est qu'il n'existe pas de classe grossière distincte dans la société. « Ici le laboureur, le moindre habitant des campagnes serait un *Monsieur* de nos petites villes; il sait lire, écrire, reçoit la gazette, parle politique, suit nos armées d'Europe sur la carte, et n'est jamais étranger aux intérêts de l'État et aux discussions de langues. Sa femme est beaucoup mieux mise qu'une petite bourgeoise de nos provinces[3]. »

Hyde de Neuville voit donc avec une sympathie certaine les mœurs américaines. S'il reconnaît que « les Américains aiment beaucoup trop l'argent »[4], il ne se joint cependant pas au chœur des voyageurs français de la même époque, Beaujour en tête, qui condamnent leur esprit de lucre

---

[1] *Ibid.*, p. 8-10.
[2] *Mémoires*, I, 457.
[3] *Ibid.*, I, 456.
[4] *Ibid.*, I, 453.

et leur refusent toute générosité, toute noblesse dans les sentiments[1]. Il est vrai que « le gain est ici la grande préoccupation » et que « l'habitude des spéculations plus ou moins heureuses a un peu faussé les strictes notions de la probité », mais « tous les hommes ne sont pas des fripons » et Hyde avoue connaître « déjà beaucoup de gens auxquels je confierais mon argent[2] ».

Dans l'ensemble donc, « ce monde-ci vaut mieux que l'ancien[3] », les femmes y sont vertueuses mais aimables, l'hospitalité y est franche et généreuse[4].

L'appréciation n'est cependant pas sans critiques, et si Hyde ressent une forte sympathie pour le peuple américain, il lui reproche aussi, comme tant d'autres de ses compatriotes, l'uniformité (de costumes comme de traditions), le manque de poésie et d'imagination. Hyde de Neuville reconnaît les mérites de ce matérialisme qui assure peu à peu aux Américains le progrès matériel, mais il ne peut s'empêcher de regretter les grands mouvements, les passions généreuses des peuples de l'Ancien Monde[5]. En revanche, il raille les tentatives de ce peuple sans histoire pour s'agréger aux souvenirs de l'antiquité grecque ou romaine, et raconte comment, dans ses pérégrinations, il passe d'Utique à Rome, Palmyre, Pampelune et Paris, sans quitter l'État de New York[6].

Il est remarquable aussi de voir que Hyde s'intéressa non seulement aux mœurs et au caractère du peuple américain, suivant la mode de l'époque, mais aussi aux institutions, qui elles étaient beaucoup plus mal connues car on y prêtait peu d'attention, et aux promesses économiques des États-Unis, qu'à peu près personne n'avait devinées avant 1815[7]. Il est vrai que ce dernier point reçut surtout l'intérêt de Hyde alors qu'il était ministre de France, et qu'il entrait dans ses fonctions de se renseigner et de renseigner son pays sur les possibilités de développement économique des États-Unis. Cependant Hyde n'y faillit pas, et il adressa plus de renseignements de ce type à son gouvernement que la majorité des ambassadeurs alors en place[8], pressentant le prochain essor économique des États-Unis.

Quant aux institutions, quelles pouvaient être la position et les réactions d'un royaliste face aux expériences démocratiques d'une république ?

---

[1] « L'homme ici pèse tout, calcule tout et sacrifie tout à son intérêt » : Beaujour, *Aperçu des États-Unis*, 155.

[2] *Mémoires*, I, 453.

[3] *Ibid.*, I, 453.

[4] « Habitants des États-Unis, ne méritez-vous pas par votre bienveillante hospitalité que votre terre soit appelée comme la Rome d'autrefois, *la patrie de tous* ? Malheur donc à l'ingrat qui pourrait oublier que pour vous, tous les infortunés sont des Américains. » *Journal des dames*, I (janvier 1810), 34.

[5] *Mémoires*, I, 456-467.

[6] Hyde de Neuville à sa sœur Suzanne [1807], dans *Mémoires*, I, 454.

[7] R. Rémond, *Les États-Unis devant l'opinion française*, I, 454.

[8] H. Contamine, *Diplomatie et diplomates*, p. 385.

Hyde examinait le système avec intérêt, bien qu'il le considérât comme imparfait. Le républicanisme à l'américaine lui plaisait en fin de compte assez, et les efforts de la jeune république lui semblaient devoir être encouragés, à condition qu'elle donne un peu plus de force à son gouvernement, et qu'elle rectifie « quelques abus » : à savoir la licence et la démagogie. La forme fédérative lui paraissait offrir « d'incontestables avantages[1] », sans doute parce qu'elle était garante des libertés locales que le système centralisateur de la Révolution puis de Napoléon avait paru supprimer en France, et que Hyde aurait bien voulu voir rétablies comme il croyait qu'elles étaient assurées sous l'Ancien Régime. L'inconvénient d'un tel système d'indépendance des États entre eux était un fractionnement, des scissions produites par des rivalités d'État à État, que Hyde de Neuville n'était pas le seul à appréhender, notamment au moment de l'affaire du Missouri.

Ce que Hyde pressentit nettement, c'était le futur des États-Unis, auquel bien peu pensaient en Europe même dans les toutes premières décennies du XIXe siècle. « Ce peuple-ci [...] est destiné à devenir géant [...]. Nous les verrons peut-être étonner un jour l'Europe, et, sinon dicter des lois aux deux mondes, du moins en être l'exemple et balancer les plus grandes puissances. Il ne faut peut-être pas plus de trente ou quarante ans pour cela[2] ».

2. UN EXILÉ MALGRÉ TOUT

Beaucoup d'émigrés français s'installèrent définitivement aux États-Unis et ne repartirent jamais en France. Hyde de Neuville, au contraire, ne perdit jamais l'espoir d'un retour en France. Pourtant, il avait aux États-Unis des amis, des biens, et s'était attaché, quoique moins que sa femme, à sa nouvelle patrie.

Son neveu Saint-Léger, le fils de Paul Hyde de Neuville, avait pratiquement grandi aux États-Unis. Il fut certainement le plus « américain » de la famille et songea un moment à rester dans le Nouveau Monde, en y embrassant la carrière militaire. Quand Saint-Léger eut quinze ans, en 1812, Hyde n'envisageait pas de rentrer en France et il lui fallait songer pourtant à l'avenir de son neveu. Il semblait alors que cet avenir ne pût se bâtir ailleurs qu'en Amérique. Hyde chercha l'appui de Thomas Jefferson pour faire admettre Saint-Léger à West Point, en se recommandant une fois de plus de Mme d'Houdetot et en usant de l'influence de Philip Short, beau-frère d'Alexander Hamilton[3]. Jefferson était toujours prêt à favoriser les rapprochements politiques et personnels entre la France et les États-Unis, et à assurer à l'Amérique la reconnaissance de ces émigrés français. Il prévint

---

[1] *Mémoires*, I, 467.

[2] Hyde de Neuville à la princesse de La Trémoïlle, avril 1808, dans *Mémoires*, I, 467-468.

[3] Hyde de Neuville à T. Jefferson, 19 octobre 1812, LC, Jefferson papers.

Hyde de la difficulté de la chose, due au nombre de compétiteurs et à la volonté du gouvernement américain d'éviter tout favoritisme. Néanmoins, il appuya chaudement la requête de Hyde auprès du président Madison[1]. Pour une raison ou une autre, Saint-Léger n'entra pas à West Point[2]. Il quitta les États-Unis avec toute sa famille en 1814, mais, élevé à l'étranger, connaissant peu la France, c'est au service du Portugal qu'il mit ses armes, et c'est au Portugal qu'il se maria et s'établit.

Quant à Hyde de Neuville lui-même, il n'envisagea jamais un établissement définitif, encore moins une naturalisation. Lorsqu'il écrit à Jefferson pour lui faire part de son désir d'acheter des terres dans l'État de New York, il prend bien soin de préciser qu'il demeure « attaché à la France », et qu'il tient « par dessus tout » à ne pas donner lieu de croire qu'il renonce à son pays[3].

De surcroît, il est curieux de constater que ce demi-britannique d'origine connaissait mal l'anglais, alors que sa femme trouvait un certain plaisir à le pratiquer[4]. Devenu ministre, il s'excusera de ne pouvoir répondre en anglais aux discours qu'on lui adresse[5]. Dans le *Journal des dames*, il s'excuse auprès de son lecteur Théodore, qui lui a adressé un poème en anglais, de ne pouvoir le traduire. Il allègue que la muse du « Vieillard » est fatiguée, mais il devait se sentir simplement incapable de donner une bonne traduction de huit stances de vers anglais[6].

Pourtant Hyde de Neuville était apprécié par les Américains eux-mêmes. Outre leurs nombreux amis, lui et sa femme s'étaient rendus sympathiques à beaucoup, par la simplicité de leurs manières et leur philanthropie. Jefferson le considérait comme un homme honorable, aimable et doux[7].

Malgré toutes ses occupations et tout son intérêt pour sa nouvelle patrie, Hyde se sentait un exilé. Il avait choisi d'émigrer très tard, et sous l'empire de la nécessité; son émigration n'était qu'un exil déguisé. Il est donc naturel que ses regards soient restés tournés vers l'autre rive de l'Atlantique. Derrière une certaine mélancolie, derrière la résignation du vieil ermite qu'il se plaisait à jouer, Hyde de Neuville avait gardé des liens avec ses amis de France, et suivait les événements français avec intérêt, sinon avec passion, attendant le moment où l'exil prendrait fin.

---

[1] T. Jefferson au président Madison, 31 octobre 1812, LC, Jefferson papers.
[2] M. Michael J. Mac Afee, conservateur du musée de West Point, N.Y., a vérifié pour moi que jamais personne de ce nom n'a été admis à West Point.
[3] Hyde de Neuville à T. Jefferson, 22 décembre 1807, LC, Jefferson papers.
[4] La plupart des légendes de ses aquarelles sont en anglais.
[5] *National Intelligencer*, 26 mai 1819.
[6] *Journal des dames*, n° XI (novembre 1810), p. 406.
[7] « Monsieur de Neufville, a person of distinction from France [...] is established as an agricultural citizen near New Brunswick in Jersey [...]. Since his settlement in Jersey I have heard him spoken of as one of the most amiable and unoffending men on earth. » T. Jefferson au président Madison, 31 octobre 1812, LC, Jefferson papers.

Hyde ressentit l'amère mélancolie de l'exil dès son arrivée, dans un pays qui l'attirait, certes, mais où « nul parent, nul ami » ne l'attendait[1]. Fatigué par de longues années de luttes et d'échecs, coupé de ses amis, à qui il n'osait trop écrire de peur de les compromettre, pour ainsi dire coupé du monde, du moins de celui de l'aimable société dans laquelle il avait toujours vécu, même au plus fort de sa proscription, l'homme de 31 ans qui arrivait aux États-Unis n'aspirait plus qu'à une retraite paisible, un bout de jardin à cultiver. Il écrivait à la princesse de la Trémoïlle, en avril 1808 : « Cultiver votre jardin, vivre tranquille, il y a bien longtemps que je n'ai formé d'autres désirs. » Voilà donc toute l'ambition avouée de Hyde, qui compte sur ces bucoliques occupations pour « tempérer ses regrets[2] ».

La vie à New Brunswick, les nouveaux cercles d'amis, les occupations scientifiques ou littéraires de Hyde devaient être assez actifs et stimulants pour atténuer ses « regrets » et sa mélancolie première, d'autant plus que le personnage n'était guère porté aux souffrances romantiques. Cependant, ces sentiments ne disparurent jamais tout à fait et restèrent le fond de l'âme de Hyde de Neuville pendant tout son séjour américain. Aussi heureux qu'il fût dans sa nouvelle résidence et sa nouvelle, sa « deuxième patrie », Hyde, toujours très patriote, ne put jamais oublier la France.

Désabusé peut-être aussi des luttes qu'il n'avait cessé de mener en vain, et qui, psychologiquement comme physiquement, l'avaient vieilli précocement, on comprend qu'il ait choisi de se nommer « le Vieillard » ou « l'Hermite du Pasaïc » dans son journal pour dames. C'est là surtout, dans ce journal où il donnait libre cours à sa fantaisie d'écrire des vers, qu'il laisse le mieux percer ces sentiments de nostalgie qui ne sont pas seulement des exercices de style, même s'ils sont composés pour le divertissement de ses lectrices. Ces vers sont généralement d'une grande sincérité, car Hyde puisait directement son inspiration dans sa propre vie[3], et dans ses propres sentiments.

Le plus bel exemple est un poème qui parut dans le *Journal des dames* d'août 1810[4], et qui reprend les mêmes sentiments que ceux exprimés à Mᵐᵉ de la Trémoïlle dans la lettre d'avril 1808 :

> Heureux qui n'a pas vu les rives étrangères.
> Heureux qui vit et meurt sous le toit de ses pères;
> Qui, loin des factions et du bruit des méchants,
> Peut cultiver en paix et sa vigne et ses champs.
> Il n'a pas l'opulence et l'éclat en partage,
> Mais il voit prospérer son modeste héritage.
> Jamais aucun souci ne trouble son sommeil,
> Et jamais le remords ne l'assiège au réveil;
> Il ne se livre pas à de folles chimères,

[1] *Mémoires*, I, 452.

[2] Hyde de Neuville à Mᵐᵉ de La Trémoïlle, avril 1808, *ibid.*, I, 465.

[3] Ainsi, dans la fable « Le chien et le chat », Hyde met en scène Pataud et Raton. Pataud était réellement le nom de son chien : Hyde avait vraisemblablement assisté à la scène et s'en était amusé au point de vouloir la mettre en vers. *Journal des dames*, n° IV (avril 1810), p. 151.

[4] *Journal des dames*, n° VIII (août 1810), p. 312.

Étranger à l'orgueil, les hommes sont ses frères;
Chez lui les moins heureux sont les mieux accueillis,
Et ses bons serviteurs sont ses premiers amis.
Toujours le vrai bonheur suivra la paix de l'âme :
Les auteurs de ses jours, et ses fils et sa femme,
Voilà son vrai bonheur; il aime, il est aimé;
Chéri de ses voisins et de tous estimé,
Et roi sans le vouloir, et sans trouver d'obstacle,
Il est de son village et l'amour et l'oracle.
Qui lui disputera cet ascendant heureux
Que l'honnête homme obtient sur les cœurs vertueux ?

Cette petite pièce en alexandrins étant largement inspirée, pour la forme, de Du Bellay *(Heureux qui comme Ulysse),* on pourrait penser qu'elle est très peu personnelle.

Ce put être un exercice de style, composé pour un journal pour dames, d'un « vieillard » ou d'un « ermite », chantant une douce résignation et une mélancolie de bon ton. Mais les sentiments exposés, en particulier le regret de l'exil, n'en sonnent pas moins avec une sincérité particulière, et devaient correspondre à un état d'âme réel de Hyde.

Hyde a le sentiment que pour accéder au vrai bonheur, celui de la sérénité, il lui faut rejeter tout ce qui a fait sa vie jusqu'à présent et ne lui a apporté que des déceptions : les « factions », le « bruit des méchants ». Il proclame l'inanité de l'engagement politique, qui lui apparaît à présent « chimères », puisqu'il n'a abouti à rien et ne lui apporté que « soucis » et sommeil troublé. Peut-être même y avait-il de l'orgueil à croire que dans ce combat il pourrait faire vaincre sa cause. Le « vrai bonheur », c'est le retour à la terre, l'usage de la philanthropie et la vie en famille, genre de vie paisible qui gagne l'estime des voisins et donne la vraie gloire, étant entendu que cette vraie gloire n'est pas celle des combats, mais celle qu'on obtient sans la rechercher, en faisant le bien autour de soi : « roi sans le vouloir ». C'est l'idéal d'une vie simple, retirée, loin des combats surtout, idéal d'un « ermite », « vieillard » qui a reçu les leçons de l'expérience. Surtout, Hyde aspire à vivre sur la terre de ses pères : heureux qui n'est pas forcé d'aller à l'étranger !

Malgré une résignation apparente, le « berger du Rariton » restait tourné vers la France. Sans doute lisait-il avidement les gazettes : on peut supposer qu'il était régulièrement informé des nouvelles politiques, qui lui tenaient tant à cœur, car il suivait en tout cas les nouvelles littéraires. C'est à lui, dans le cercle d'amis, qu'on se référait pour connaître les « nouveautés », dont il donnait parfois des comptes rendus dans le *Journal des dames,* c'est lui aussi qui donnait de la lecture à Amélie, la fille de Victor Du Pont. Ces livres qu'il prêtait à la jeune fille n'avaient certainement pas été apportés de France en 1807 car Hyde était arrivé sans rien[1].

Tous les livres que Hyde posséda par la suite et qu'il prêtait à ses amis durent nécessairement être importés de France alors qu'il vivait aux

[1] Mrs Cruger à Amelia Du Pont, 3 février 1811, EMHL, W5, series A, box 3.

États-Unis. Il semble d'ailleurs s'être tenu au courant surtout des livres historiques, géographiques ou scientifiques, plus que littéraires proprement dits : ses goûts littéraires restant très classiques, il pouvait se contenter d'ouvrages du xviiie siècle. Mais sa curiosité scientifique le poussait à se tenir au courant des relations géographiques de Humboldt. Ses expériences en matière d'élevage étaient soutenues par toute une théorie qui l'incitait à lire la littérature du jour sur le sujet, à faire venir les livres de France, et même à les éditer pour le profit des Américains[1]. Enfin, après la mort de Moreau à Dresde, Hyde eut dans les mains très vite l'éloge funèbre édité en Allemagne, qu'il fit traduire en anglais et imprimer lui-même, avec une préface[2].

En plus des ouvrages et des magazines qu'il faisait venir de France, Hyde pouvait avoir des informations directes grâce aux contacts épistolaires réguliers qu'il avait gardés avec plusieurs de ses amis. Ces lettres reçues de France lui apportaient des nouvelles personnelles de ses amis, de leur santé, mais aussi beaucoup d'informations politiques.

Les correspondants de Hyde de Neuville étaient, avant tout, tout ce cercle de femmes qu'il avait connues pendant la Révolution : Mmes de Noailles, de Mouchy, de Damas, de Rochemore, de Montchenu, et surtout Mme de La Trémoïlle, qui lui écrivit la première aux États-Unis en lui disant : « Aucun éloignement n'affaiblira l'amitié que je vous ai vouée[3]. » Hyde ne lui répondit qu'en avril 1808, pour lui faire part surtout de l'enthousiasme que lui inspirait la jeune nation américaine. L'observation de sa toute nouvelle patrie, et des germes prometteurs qu'elle recélait, semblait alors suffire à occuper entièrement son esprit. Hyde alors était assez détaché de la situation française, qu'il jugeait désespérée. Ce fut surtout après 1811 qu'il se remit à suivre de près les événements français, à songer à son départ des États-Unis, à avoir avec le général Moreau des discussions passionnées sur la situation politique française, et à échafauder des projets avec lui.

En 1812, Hyde de Neuville adressa une lettre au roi. Il ignorait la mort d'Avaray, et ce fut d'abord par l'entremise de celui-ci qu'il chercha à l'envoyer; la lettre fut remise à Blacas, qu'il ne connaissait pas. Hyde cherchait sans doute à se rappeler au souvenir du Prétendant, en lui présentant Moreau comme un appui potentiel et un homme à utiliser. En même temps il composa un mémoire qui résumait ses diverses conversations avec Moreau. Le moment lui paraissait propice : les premières défaites de Napoléon, l'affaire Malet faisaient renaître en lui un espoir longtemps refoulé,

---

[1] *Journal des dames*, n° XII, p. 451, annonce de la publication prochaine d'un traité sur les mérinos « récemment publié à Paris », et complété par des notes inédites : « To be published, and in the press, a complete treatise on merinos and all other kinds of sheep, recently published at Paris, compiled by Mr. Tessier [...], followed by documents, extracts, and short explanatory notes, not contained in the original, which were deemed necessary to make this important work complete, and to render it more instructive to the Agriculturists of the United States. Translated from the French, and dedicated to the Agricultural Societies of the United States ».

[2] *Funeral Oration [...] in honour of Moreau*, New York, 1814.

[3] *Mémoires*, I, 464.

et, du jour au lendemain, Hyde oubliait la résignation tranquille du « Vieil-lard du Pasaïc » pour revenir à ses vieux démons. Pour lui, la royalisation du régime jouait en faveur de la légitimité. Bonaparte avait fait le travail des Bourbons en mettant fin à la république : « La république est pour jamais anéantie en France, tout est royalisé. Il ne s'agit plus de relever un trône, mais d'empêcher que sur ce trône ne siège le despotisme et qu'il ne s'y maintienne[1]. » La lutte, se faisant non contre un régime mais contre un homme, et un homme dont le pouvoir donnait des signes de faiblesse et d'instabilité que l'affaire Malet avait prouvées, devait être facile. Bona-parte avait miné sa propre puissance en se transformant en despote, en supprimant la légitimité qu'il avait gagnée comme premier magistrat de la France. Il est intéressant de noter que Hyde reconnaissait à Bonaparte consul une certaine légitimité, déléguée par le peuple : il n'y avait plus de roi, Bonaparte « n'usurpait aucun pouvoir[2]. » En voulant se faire l'égal des Bourbons, Bonaparte perdit cet avantage : sa puissance ne reposait plus que sur ses succès militaires; or, en 1813, ces succès étaient remis en question.

Il est probable que Hyde serait allé jusqu'à préférer une république à un roi illégitime. Contrairement à Chateaubriand, Fiévée et tant d'autres, le problème pour lui n'était pas institutionnel, mais dynastique.

En tout cas, il s'agissait pour lui de lutter plus encore contre le despo-tisme que pour la monarchie : « Il ne s'agit pas seulement de ramener aux idées monarchiques, mais d'empêcher que la monarchie ne tende par une force invincible au despotisme[3]. »

Mais il était bien entendu que le seul moyen d'éviter le despotisme, c'était de ramener la légitimité.

Toutefois l'idéal de Hyde de Neuville à cette époque était non plus seulement une monarchie légitime, mais une « monarchie tempérée[4] ». En fait, Hyde ne considérait plus la légitimité comme un but en soi, mais comme le moyen le plus sûr d'assurer cette monarchie tempérée. Il allait jusqu'à reconnaître que le principe de la légitimité pouvait apparaître comme un préjugé, et ne tirait sa justification que de son utilité : « Dans le système monarchique, ce qu'on nomme légitimité peut, dit la raison, n'être qu'un préjugé, mais il est si utile qu'il doit être regardé comme le palladium de la monarchie[5]. »

Ceci représente un changement si radical dans la pensée de Hyde qu'il est nécessaire de s'y appesantir pour en percevoir les causes. Notons cepen-dant que la phrase ci-dessus est extraite d'un *Mémoire* adressé à Moreau. Hyde paraît y faire des concessions à l'esprit républicain de son ami, mais ce peuvent être plus des concessions de forme, avancées en vue

---

[1] *Mémoires*, I, 495-496.
[2] *Ibid.*, I, 496.
[3] *Ibid.*, I, 496.
[4] *Ibid.*, I, 496.
[5] *Ibid.*, I, 497.

d'objections possibles, que des concessions de fond réellement admises par lui. Il faut faire la part du discours rhétorique et se rappeler à quel interlocuteur Hyde s'adressait.

Cependant, il est de fait que Hyde prêchait sincèrement et avant tout pour un « gouvernement libéral », désirable par opposition au gouvernement despotique de Bonaparte. Même en tenant compte du fait qu'il cherchait à convaincre Moreau de la nécessité de la monarchie par des arguments auxquels ce dernier serait sensible, il n'en demeure pas moins que Hyde écrivit nettement et sans ambages ceci :

« Ce qu'on nomme ancien régime ne peut revenir. La monarchie réclame le Roi légitime, mais le temps prescrit de grands changements dans l'organisation de la monarchie. Il est des monuments que les révolutions brisent et qu'il n'est plus au pouvoir des hommes de réédifier.[...] Je pense que la conspiration la plus imposante, la plus sûre du succès, serait celle qui reposerait essentiellement sur les principes qui vont suivre :

1° La République et l'ancien régime ne peuvent revenir;

2° La Monarchie est le gouvernement qui convient à la France; mais cette monarchie, pour faire le bonheur des peuples doit être tempérée;

3° Un usurpateur, quel qu'il fût, ne pourrait conserver son pouvoir que par le despotisme;

4° La Monarchie tempérée étant la seule désirable et digne d'être soutenue par la loyauté, le courage et l'honneur, Louis XVIII doit et peut seul être appelé au trône[1]. »

Il allait jusqu'à prôner que les acquéreurs de biens nationaux devaient être rassurés[2].

Moreau aurait commandé une armée libératrice; sa réputation l'aurait posé en égal de Bonaparte, surtout d'un Bonaparte militairement défaillant. Tels étaient les grands projets de Hyde en mars 1813, date du *Mémoire*. En juin, alors que « les événements grossissaient en Europe », Moreau s'embarqua. Hyde songea à partir avec lui. Dans ses *Mémoires*[3], il affirme qu'il différa à cause de la maladie de sa femme, dans l'*Eloge* il donne une autre version.

Hyde en rendit compte à Avaray. Moreau avait été pressenti depuis longtemps par le ministre de Russie[4]. Hyde aurait désiré que Moreau n'y répondît pas, et, plutôt que se mettre au service d'une puissance étrangère, qu'il se fût mis au service du roi, par l'entremise bien sûr de Hyde, qui aurait joué là un rôle de premier plan. Mais l'ambassadeur de Russie « souffla » en quelque sorte Moreau à Hyde, et le mérite de l'avoir gagné. Le patriotisme, comme l'ambition (renaissante) de Hyde de Neuville, en

[1] *Mémoires*, I, 497-498.
[2] *Ibid.*, I, 498.
[3] *Ibid.*, I, 500-501.
[4] *Ibid.*, I, 501.

furent blessés. De plus, Hyde pouvait penser sincèrement qu'un Moreau au service de la Russie n'aurait pas l'indépendance, le pouvoir et le prestige d'un Moreau directement au service du roi et appelant à lui les armées. L'affaire, surtout, jetait le doute sur le patriotisme de Moreau : Hyde consacra de longues pages, dans ses *Mémoires* comme dans sa préface à l'*Éloge* de Moreau, à défendre ce patriotisme, arguant que l'intention de Moreau n'était pas de combattre contre la France, mais contre un homme qui asservissait son pays. Il défendait ainsi tout ensemble la mémoire posthume du général, et sa propre position; sans doute craignait-il par-dessus tout qu'on pût l'accuser d'avoir poussé Moreau à se mettre au service de la Russie. Après l'affaire de l'agence anglaise, Hyde aurait passé pour un agent des Alliés. À la suite de la mort de Moreau, il envoya une lettre au roi où il défendait encore le général, en même temps qu'il insinuait n'avoir pas entièrement approuvé sa décision[1].

Au moment où Hyde guettait l'occasion de rentrer en France, il professait donc des idéaux qu'on ne lui connaissait guère jusqu'alors. D'où venaient-ils ?

3. L'INFLUENCE DU SPECTACLE AMÉRICAIN

En 1807, l'homme qui fut forcé d'émigrer par Napoléon, dont la tête avait été mise à prix tant d'années, pouvait être considéré comme un royaliste dangereux, un extrémiste qui peut-être n'avait pas reculé devant l'assassinat pour arriver à ses fins, un fanatique enfin des Bourbons, qui n'avait que dégoût pour la révolution et pour tout ce qui était république et souveraineté du peuple.

Cependant il faut reconnaître que Hyde avait toujours reconnu une valeur à l'opinion publique. Sans faire du peuple le souverain, il lui accordait un rôle à jouer. Peut-être avait-il été influencé lui-même, plus qu'il ne voulait le reconnaître, par ces infâmes idées du « philosophisme ». C'est peut-être le désir de ne pas succomber à la tentation de ces brillantes théories qui avait poussé Hyde à l'extrême opposé, au rejet total de ces démoniaques théories. Théories qui faisaient peut-être vibrer plus qu'il n'aurait fallu dans son cœur une corde libérale. Toute son éducation opposait Hyde à ces spéculations libérales, et il mit à les rejeter une ardeur qu'il n'aurait pas poussée aussi loin si, dans le fond, elles ne l'avaient tenté. Lui-même dut en être conscient, car il l'avoue en plusieurs endroits, notamment dans ses *Mémoires*.

Hyde en 1807 était un royaliste irréductible, mais une fibre libérale, étouffée par l'éducation, l'honneur (la nécessité d'être fidèle au roi et aux institutions des pères), et le spectacle des excès de la révolution, pouvait être réveillée par la vision d'un monde où, après tout, la souveraineté du

[1] *Mémoires*, I, 503.

peuple s'alliait à la liberté et à l'ordre. Il convint lui-même de l'influence de l'Amérique sur ses idées libérales[1].

Hyde avait été frappé par le niveau général d'éducation des Américains, et par la valeur de leur gouvernement. Surtout, il sentait qu'un « vent nouveau » avait, avec les deux révolutions, soufflé sur le monde, et rendu caduc l'Ancien Régime, du moins tel qu'il se présentait en 1788. Il pressentait des changements, des adaptations nécessaires; loin de refuser tout l'héritage de la révolution, il jugeait qu'elle avait apporté quelque chose qu'on ne pouvait plus rejeter; et, dans ces transformations, dans cette décantation du bien et du mal de la révolution, les États-Unis pouvaient jouer un rôle d'exemple pour l'Europe[2]. Dans la révolution, ce monstre à deux têtes qui avait embrasé les deux mondes, on pouvait reconnaître deux entités : une « mauvaise » révolution, qui avait soumis l'Europe au despotisme, et une « bonne » révolution, celle qui s'était développée en Amérique, et qui y avait élaboré un état de choses prometteur, qui pourrait servir de modèle un jour : « En voyant de près l'Amérique, on sent quelque chose d'inconnu s'agiter dans l'avenir, on sent que l'autorité tyrannique qui pèse sur notre malheureux pays n'est pas le dernier mot du siècle qui commence, et qu'un vent nouveau a soufflé sur le monde, à la fois cause et produit de notre révolution. Celle-ci ne peut avoir une influence isolée, et il est probable qu'elle apportera des modifications dans toutes les sociétés futures. Les conséquences définitives sont difficiles à prévoir et seront lentes à se développer, mais parfois on se prend à croire que l'Amérique en a surpris le secret et devancé l'heure », déclare-t-il à Mme de La Trémoïlle en 1808[3]. Aussitôt après ces mots, conscient de ce qu'ils peuvent avoir d'hétérodoxe par rapport à l'opinion qu'il a toujours partagée avec Mme de La Trémoïlle, il ajoute : « j'aurai choqué peut-être, ou ébranlé quelques unes de vos opinions ». Une évolution s'était bien faite dans son esprit, dont il était conscient; le spectacle de la révolution américaine et de ce qu'elle avait bâti était en train de faire accepter à Hyde certains acquis de la révolution française, qu'auparavant il rejetait sans appel.

Or, après qu'il l'eut longuement observée, la forme du gouvernement américain ne déplaisait pas à Hyde, surtout si elle poussait un peu dans la voie fédéraliste : « Qu'ils donnent, sans secousse et sans révolution, un peu

---

[1] « Je n'ai pu vivre plusieurs mois au milieu d'eux [les Américains] sans que l'ensemble de mes idées ait reçu une forte impression du spectacle auquel j'assiste, et notamment mes notions sur la liberté et sur la somme de biens et de maux qu'elle est propre à répandre. » : Hyde de Neuville à Mme de La Trémoïlle, avril 1808, dans *Mémoires*, I, 466.

[2] Il est curieux de constater que Hyde de Neuville n'était pas le seul royaliste intransigeant à condamner la révolution française et à éprouver une certaine sympathie pour la révolution américaine. Des hommes comme Fernagus de Gelone ou le comte de Moré font état de sentiments analogues. René Rémond l'explique par le fait que la révolution américaine s'était abstenue des excès de la Terreur française, et surtout par le fait que le gouvernement américain restait symbole de liberté et que la liberté était chère à beaucoup de royalistes, même ultra, adversaires du despotisme impérial : R. Rémond, *Les États-Unis devant l'opinion française*, II, 644. Ce goût pour la liberté, que Hyde n'avait jamais exprimé jusqu'alors, était-il préexistant, ou fut-il éveillé par le spectacle du fonctionnement harmonieux d'institutions qui lui laissaient une grande place ?

[3] *Mémoires*, I, 467-468.

de force à leur gouvernement ; qu'ils rectifient quelques choses, et nous les verrons peut-être un jour étonner l'Europe[1]. »

Sans doute Hyde subissait-il non seulement l'influence de ses propres observations, mais aussi l'influence des amis qu'il se fit alors. Ses meilleurs amis, Du Pont de Nemours, Moreau, étaient loin d'être de vertueux royalistes. Moreau surtout avait servi le parti opposé, et les amis de Hyde l'avaient prévenu contre lui[2]. Pourtant, surtout après 1812, leur condition commune d'exilés avait uni les deux hommes et fait naître entre eux une amitié qui amena un réel rapprochement d'idées. « Il est impossible que l'échange habituel de raisonnements basés sur une forte conviction n'obtienne pas à la longue quelques modifications mutuelles. Le général m'avait peut-être rendu plus libéral que je n'eusse été sans lui, et j'avais beaucoup dissipé ses préventions contre la famille des Bourbons[3]. »

Que ce fût à la suite de ses propres observations, dénuées de partialité (dans un pays qui n'était pas le sien, où il ne cherchait à jouer aucun rôle politique, et où, simple observateur, il n'avait aucun intérêt), ou à la suite de ses conversations et de ses échanges avec des amis libéraux que l'exil et des conditions extraordinaires l'avaient amené à fréquenter, Hyde de Neuville en vint donc indubitablement à considérer le modèle américain, quoique républicain et imparfait, comme un exemple à suivre en bien des domaines. Dans la carrière de député qu'il remplit de 1815 à 1830 presque sans discontinuer, c'est souvent qu'il devait citer l'exemple américain. Ainsi, s'élevant contre une trop grande immixtion de l'Église dans les affaires politiques, il rappelle : « J'ai vécu longtemps aux États-Unis, pays où le clergé ne s'occupe en aucune manière des lois de l'État; [...] Je puis dire que je n'ai vu nulle part le christianisme aussi puissant, aussi respecté[4]. » L'exemple américain lui sert pour justifier des thèse libérales, naturellement, mais aussi, plus rarement, conservatrices. Lors de l'expulsion du député Manuel en 1823, il cite les deux chambres des États-Unis, qui ont un pouvoir illimité sur leurs membres, peuvent déterminer les règles de leurs opérations, punir leurs membres pour une conduite désordonnée, et même les expulser avec le concours de deux tiers des voix[5]. Hyde de Neuville pouvait citer en exemple ce qu'il avait longtemps observé. Cependant, cette pratique était inhabituelle pour un ultra. Une telle propension à citer les États-Unis était plutôt l'apanage des libéraux, naturellement sensibles aux idéaux démocratiques mis en pratique aux États-Unis, sorte de vitrine, ou de laboratoire expérimental, du libéralisme. En revanche, les ultras reprochaient aux États-Unis sa jeunesse et son manque de traditions et d'institutions fermement établies, qui rendaient intenable la comparaison avec la France. Certes, l'américanophilie de Hyde de Neuville

---

[1] *Mémoires*, I, 466.
[2] *Ibid.*, I, 470-471.
[3] *Ibid.*, I, 488.
[4] Hyde de Neuville, *Des inconséquences ministérielles* [...], p. 7.
[5] *Compte rendu des séances de la Chambre des députés des 28 février, 1ᵉʳ, 3 et 4 mars 1823* [...].

se fit jour surtout après 1824, notamment pour défendre la liberté de la presse, dans la mesure où son opposition au ministère de Villèle le faisait recourir à tous les arguments. C'est ainsi qu'on peut constater une véritable volte-face pro-américaine du *Journal des débats* de Bertin, affilié à Hyde de Neuville, dans les années 1824-1825. L'exemple est plus frappant dans le cas d'un journal auparavant peu américanophile, qui tout d'un coup se prit d'une profonde admiration pour l'administration frugale et progressiste des États-Unis, histoire de discréditer un peu plus, en comparaison, le ministère de Villèle.

Il serait injuste cependant de dire que l'américanophilie de Hyde de Neuville ne naquit que du désir d'embarrasser le ministère Villèle par tous les moyens. On peut renverser le problème, et affirmer que l'opposition de Hyde de Neuville à Villèle naquit plutôt d'authentiques tendances libérales de Hyde, et non d'un désir d'ambition. Dès 1815, Hyde de Neuville professait qu'il y avait du bon à tirer de l'exemple américain, à un moment où il ne pouvait pas être suspecté d'être autre chose qu'ultra, ni de faire de l'opposition à tout prix au ministère. Il est frappant de voir que dès cette époque, ses jugements sur les États-Unis et sur l'exemple qu'ils pouvaient fournir à l'Europe coïncidaient tout à fait avec ceux du libéral Antoine Jay, réfugié politique à New York, comme Hyde, entre 1795 et 1802, et éditeur par la suite du *Journal de Paris*. Admiration pour le système scolaire américain, pour la tolérance de l'Église protestante, pour les entreprises philanthropiques de la Nouvelle-Angleterre, tous ces éléments se retrouvent dans l'admiration personnelle de Hyde de Neuville pour les États-Unis, très voisine, pour très souvent les mêmes raisons, de celle d'Antoine Jay. Jay était un libéral et un anticlérical, mais il était hostile toutefois au despotisme des masses, et attaché aux mêmes principes de la propriété et de l'ordre[1]. Jay en arrive à défendre les mêmes causes que Hyde de Neuville, avec les mêmes arguments : ainsi, la situation des prisonniers pour dettes en France. Tous deux citent en regard l'état de ces prisonniers en France et aux États-Unis, en proposant pour modèle, au moins sur certains points d'humanité, la législation américaine[2]. Même aboutissement pour deux hommes aux idéaux de départ parfaitement opposés : on trouve chez l'idéologue Jay une phrase qui aurait pu être prononcée par Hyde de Neuville, qui arbore comme devise favorite « la monarchie sans despotisme, la liberté sans licence, la religion sans abus ». Jay qualifie en effet les États-Unis de « pays où l'homme est compté pour quelque chose, où règne une liberté sans licence, et où nul ne peut se soustraire au pouvoir des lois[3] ».

---

[1] J.D. Mac Bride, *America in the French mind*, p. 199-211.

[2] A. Jay, *Les hermites en prison, ou Consolations de Sainte-Pélagie*, Paris, 1823.
Hyde de Neuville, *Discours [...] relativement à la contrainte par corps et à la situation des prisonniers pour dette [...]* ; discours de Hyde de Neuville sur le même sujet, séance de la Chambre des députés du 22 mai 1826, *Archives parlementaires*, XLVIII, 204-206.

[3] A. Jay, *Le Glaneur, ou les essais de Nicolas Freeman*, p. 328.

Sans dire bien sûr que tous les exilés français observateurs des États-Unis en arrivèrent aux mêmes conclusions et à la même maturation, ces deux évolutions frappantes de deux hommes bien différents, mais soumis à la même expérience et au même spectacle, aident à comprendre comment le contre-révolutionnaire Hyde de Neuville a pu développer des idées libérales et apprécier certaines qualités de la république qu'il voyait fonctionner sous ses yeux, au point d'aboutir aux mêmes conclusions qu'un idéologue comme Jay.

Sans conteste donc, Hyde de Neuville appréciait l'Amérique, mais pas au point de vouloir y rester et s'y établir, comme Victor Du Pont de Nemours. « L'Amérique est notre seconde patrie »[1], écrivait bien Henriette Hyde de Neuville au moment de quitter « cette terre si hospitalière »[2]; plus tard même, après la Révolution de Juillet, elle se souvenait encore avec émotion et même regret de sa terre d'asile : « Nous regrettons bien souvent la douce tranquillité de votre heureux pays[3]. » Il n'empêche que lorsque les événements d'Europe commencèrent à faire renaître chez Hyde l'espoir d'un retour, il se mit à épier les nouvelles avec passion, au point que son amie Mme Sadler pouvait écrire à son sujet : « Il me paroit avoir l'esprit furieusement occupé et je soupçonne *entre nous* que les événements qui se passent en Europe actuellement lui sont d'un grand intérêt[4]. » Hyde avait hésité à suivre Moreau, dès 1813[5]. Il ne le fit pas, mais, en mai 1814, après la mort de Moreau devant Dresde, l'éloge funèbre qu'il publia contenait une introduction qui était un appel à l'union pour le retour des Bourbons, et un appel à suivre l'exemple de Moreau pour aller combattre pour Louis XVIII[6]. En janvier 1814, il écrivit des États-Unis une lettre curieuse à Bernadotte, où il pressait ce dernier de remplacer Moreau comme libérateur de la France et restaurateur des Bourbons. Hyde comptait surtout sur un Français pour modérer la fureur des Alliés, qui peut-être allaient se venger sur la France de ce qui n'était que les crimes de Bonaparte : « Devenez un rempart entre les Alliés et votre patrie. » Mais il comptait aussi sur un ancien général pour rallier l'armée française à Louis XVIII : « Élevez la voix, excitez vos anciens compagnons d'armes à secouer le joug, à rendre au fils de Saint Louis et de Henri IV, au frère de Louis XVI, un trône qu'il ne désire occuper que pour faire le bonheur de son peuple; sous lui les chefs de l'armée seront honorés, la nation libre et l'Europe tranquille[7]. »

En même temps, il suppliait d'assurer au fils du dernier roi de Suède sa couronne héréditaire, car le retour de Louis XVIII n'était pas suffisant : la légitimité devait être assurée partout, par moralité autant que pour pré-

---

[1] Mme Hyde de Neuville à Joséphine Du Pont, 26 juin 1814, EMHL, W3-5465.
[2] Mme Hyde de Neuville à Joséphine Du Pont, 23 mai 1814, EMHL, W3-5436.
[3] Mme Hyde De Neuville à Joséphine Du Pont, 13 avril 1832, EMHL, W3-5573.
[4] Eliza Sadler à Joséphine Du Pont, 15 octobre 1813, EMHL, W3-542.
[5] *Funeral Oration*, p. 12.
[6] *Ibid.*
[7] Hyde de Neuville à Bernadotte, 12 janvier 1814, AE, CP États-Unis, v. 74, fol. 41-46.

server l'équilibre européen et mondial, et faire disparaître « l'esprit de vertige et de destruction »[1] de la Révolution. « Le plus grand bonheur pour l'Europe est que tous les trônes soient occupés par les souverains légitimes. Tant que ce principe salutaire aura [...] des exceptions, les idées fausses et criminelles circuleront et l'usurpation trouvera, dans les deux mondes, de nombreux et dangereux sectaires[2]. » Voilà qui allait faire de Hyde un ardent défenseur de la légitimité dans l'Europe et dans le monde, de l'Espagne au Brésil.

Hyde de Neuville n'attendit donc pas longtemps avant de partir des États-Unis, à la suite de Moreau. Dès la nouvelle de l'arrivée du duc d'Angoulême sur les frontières françaises, il s'embarqua à New Haven, où il se tenait prêt depuis plusieurs mois déjà. Le 8 juillet 1814, il débarquait à Liverpool. Le 10, il était à Londres, quelques jours après à Paris où était rentré Louis XVIII.

---

[1] Hyde de Neuville au duc de Richelieu, 14 mai 1817, AE, CP États-Unis, v. 74, fol. 11.
[2] Hyde de Neuville au duc de Richelieu, 18 avril 1817, AE, CP États-Unis, v. 73, fol. 288-291.

TROISIÈME PARTIE

LES AMBASSADES

CHAPITRE I

INITIATION À LA CARRIÈRE DIPLOMATIQUE

Hyde de Neuville rentra à Paris le 20 juillet 1814, après être passé par Londres. Il avait pour lui une réputation de royaliste fervent et le souvenir d'avoir été un agent dévoué de Monsieur. Il arrivait avec la volonté de jouer un rôle politique, dès lors que le trône légitime était de retour, et d'« arriver à l'oreille du roi[1]. » Lié avec le marquis de La Maisonfort, il chercha à voir Blacas, Beugnot et Montesquiou, qui jouaient un rôle de premier plan, pour les convaincre du danger que représentait toujours Bonaparte à l'île d'Elbe. De mémoire en mémoire, il parvint à se faire entendre, et on lui confia le soin d'enquêter sur les agissements de l'Empereur. Hyde de Neuville retrouvait là le rôle de serviteur de la monarchie qu'il brûlait de jouer, en obtenant cette mission de confiance.

Les craintes de Hyde n'étaient pas sans fondement, et la mission qu'il était parvenu à se faire donner par Blacas n'était pas le fruit de l'intrigue d'un ambitieux, mais bien le désir authentique d'un royaliste de servir son souverain légitime contre les menées éventuelles de l'usurpateur déchu. Même si son entreprise n'était pas exempte de toute ambition, Hyde s'était mis en avant parce que peu de gens croyaient à la possibilité d'un retour de Napoléon et que ce rôle de Cassandre : avertir les princes, avertir les ministres, avertir les gouvernements, lui apparaissait comme un devoir.

L'amiral Sydney Smith, à Londres, pressentait le danger et fut le premier à le faire remarquer à Hyde. Depuis son évasion du Temple grâce à Hyde, l'amiral, homme de réputation et de crédit, avait gardé des relations d'amitié avec son sauveur, pour qui il était un soutien politique éventuel, et à qui il n'hésitait pas à parler à cœur ouvert. C'est ainsi qu'il lui exprima ce qui frappait un certain nombre d'hommes politiques anglais, naturellement méfiants à l'égard de l'état et de la stabilité de la France : ils voyaient d'un œil inquiet la proximité de l'île d'Elbe, l'importance de la légende napoléonienne qui était en train de se forger et qui faisait encore rêver la France de gloire, les problèmes politiques et le mécontentement nés en France de la question des biens nationaux et de la réintroduction des émigrés dans les cadres de l'armée. Sydney Smith conseilla directement à Hyde : « Si vous êtes écouté à Paris, conseillez qu'on surveille les côtes. L'Italie est prête à se soulever sous l'influence de Murat[2]. »

---

[1] *Mémoires*, II, 17.
[2] *Mémoires*, II, 16.

Sur le coup de ces recommandations, Hyde tâcha de se faire écouter, et d'obtenir qu'on s'intéressât de plus près à Elbe et l'Italie.

La mission qu'il obtint, après avoir frappé à toutes les portes pour se faire entendre, portait officiellement sur les moyens de réprimer les pirateries barbaresques dans la Méditerranée, mais son motif secret était d'empêcher une évasion de Bonaparte. Le 31 août 1814, Hyde de Neuville rédigea à Londres un *Mémoire* présenté à l'approbation des souverains, et adopté en septembre 1814 à Paris.

Hyde insistait sur le danger que présentait moins l'homme lui-même et ses menées que sa légende et la fascination qu'il exerçait, suffisantes pour inciter les « factieux » et alimenter « l'esprit de parti ». « Mort, il serait encore à craindre[1] », sa légende travaillant pour lui et contre la royauté légitime. Hyde concluait par une invitation solennelle à resserrer la garde, ou à éloigner l'Empereur de façon réellement draconienne, en mettant « les mers entre l'Europe et lui ».

L'abbé de Montesquiou était à peu près le seul en France qui prît au sérieux les avertissements de Hyde. Hyde cependant obtint la mission qu'il recherchait et fut envoyé par les Affaires étrangères auprès des cours de Turin et de Florence. Pour cette mission que personne, à cause du danger que représentait encore Napoléon, n'osait lui refuser, mais que peu de personnes considéraient comme importante, on lui laissait une grande liberté d'initiative. Blacas lui transmit seulement comme instructions : « Sa Majesté approuve le projet que vous avez formé et y a reconnu les sentiments d'honneur et de dévouement qui vous ont toujours distingué. Vous êtes donc autorisé à vous rendre en Italie et à y prendre toutes les mesures propres à faire réussir les démarches que vous allez tenter[2]. »

Hyde de Neuville partit donc pour Turin le 8 octobre 1814 avec sa femme. Il accomplissait parfaitement le but officiel de sa mission : l'accord sur la nécessité de la répression des pirateries, à Turin, Modène, et à Florence auprès de l'archiduc Ferdinand d'Autriche. Mais dès qu'il se hasardait sur le terrain de la politique particulière de l'Italie, il ne trouvait plus qu'une « froide réserve[3] », et cependant les bruits qui couraient en Italie sur l'activité de Napoléon à l'île d'Elbe l'effaraient. Ce royaliste pointilleux, qui pendant vingt ans avait échoué à voir le trône rendu au roi, et qui à présent avait une conscience aiguë de la fragilité de la récente restauration, voyait partout des espions et des intrigues. Il s'adjoignit le baron Mariotti, consul de France à Livourne, homme fin, affable et madré, qui le renseignait. Il fit part le plus tôt qu'il put de ses inquiétudes à son gouvernement, avertissant d'un débarquement prochain en Italie ou plus vraisemblablement en Provence, adjurant de surveiller les côtes aux endroits qu'il indiquait, prônant l'envoi de deux frégates et d'un aviso de Toulon, et décrivant les préparatifs de Napoléon à l'île d'Elbe tels que ses

[1] *Mémoires*, II, 19.
[2] *Mémoires*, II, 25.
[3] *Ibid.*, II, 28.

espions avaient pu les lui rapporter. Il finissait par des considérations sur la politique générale de l'Italie et des prévisions sur les conséquences dans cette péninsule de l'exécution du traité de Fontainebleau, qui témoignaient de ses vues politiques et de ses qualités d'observation, et étaient sans nul doute destinées à appeler l'attention sur leur auteur autant qu'à prévenir de l'explosion éventuelle de l'Italie.

Par Mariotti, Hyde avait cherché à se mettre en contact avec le général Bertrand, qui avait accompagné Napoléon à Elbe, pour tenter de convaincre l'Empereur de s'exiler aux États-Unis. Sa lettre au général étant restée sans réponse, Hyde en avait conclu que ce silence témoignait de la crainte d'éveiller des soupçons. Le 6 novembre, il quittait Livourne précipitamment pour aller avertir Paris. Mais là, la situation française inquiétait beaucoup plus que la situation italienne et que les prétendues menées d'un Napoléon captif.

Cette mission en Italie n'avait pas été la seule expérience de diplomatie de Hyde. Il affirme dans ses *Mémoires* avoir joué un rôle dans la conclusion du traité de Gand de 1812 entre les États-Unis et la Grande Bretagne[1]. John Quincy Adams, négociateur américain du traité, qui ensuite fut l'interlocuteur de Hyde aux États-Unis de 1818 à 1822, n'évoque pas cette circonstance[2]. Il est cependant exact que Hyde était lié avec sir Sydney Smith, du côté anglais, et surtout avec Madison, le président américain. À Londres, on avait pu faire appel à ses lumières, en tant qu'homme qui connaissait bien les États-Unis.

Les Cent-Jours apportèrent à Hyde l'occasion de prouver encore son zèle à la monarchie. Dès les premières nouvelles du débarquement de Napoléon, il fit part à Vitrolles d'un projet qu'il avait formé de réveiller l'ardeur royaliste de la capitale et d'organiser une manifestation en faveur de la monarchie des Bourbons, qui aurait galvanisé les enthousiasmes. La manifestation eut lieu, grâce à trois ou quatre cents étudiants, et Monsieur s'y montra « avec sa grâce habituelle », mais il aurait fallu des mouvements d'une plus grande ampleur. Il est à noter en tout cas que Hyde n'hésitait pas à faire usage des procédés révolutionnaires de l'émeute et des manifestations de foules, se fiait au soutien populaire, et ne partageait pas la méfiance instinctive de beaucoup de monarchistes pour la populace. Hyde aurait voulu qu'on s'appuyât sur le peuple, et surtout qu'on ne recourût pas à une nouvelle émigration, confiant que l'esprit public était avec les royalistes.

Devant la retraite générale, Hyde de Neuville résolut cependant de suivre le roi, pour le servir là où il serait. Arrivé à Abbeville, il resta sous les ordres du prince de Condé, espérant une action; de plus, il retrouvait à Abbeville la duchesse de Bourbon, qu'il avait connue en Espagne, et dont il pouvait espérer qu'elle l'introduirait dans l'intimité de Condé. L'inaction lui pesant, il suivit les conseils de Condé et partit pour l'Angleterre

---

[1] *Mémoires*, II, 22-23.
[2] Adams reste silencieux dans ses *Memoirs* pourtant fort détaillés.

se mettre à la disposition du comte d'Artois[1]. Il fut reçu par le comte de La Châtre, ambassadeur de France à Londres et vice-président de l'Association paternelle des chevaliers de Saint-Louis, que Hyde connaissait en tant que secrétaire de la même œuvre. Ce dernier séjour à Londres, passé à observer la politique anglaise, à un moment où Castlereagh à Vienne refusait de se joindre aux puissances pour signer la déclaration formelle du rétablissement des Bourbons, n'encourageait pas Hyde de Neuville à être anglophile et il reprocha toujours à la Grande-Bretagne de favoriser secrètement les menées révolutionnaires dans le monde. La Châtre, lui-même très embarrassé par la politique hésitante de l'Angleterre, envoya Hyde à Gand auprès de Louis XVIII pour demander des instructions. Hyde effectua ainsi plusieurs passages de Londres à Gand, en service officieux, tout en recommençant à échafauder des plans d'insurrection en France pour le rétablissement des Bourbons, avec le maréchal Macdonald et la duchesse d'Angoulême. Un corps de volontaires aurait été formé en Angleterre. La duchesse d'Angoulême avait réussi à convaincre Louis XVIII de l'intérêt du plan de Hyde. Le 20 mai, le roi nommait Hyde de Neuville chevalier de la légion d'honneur, et le 13 juin lui envoyait des pouvoirs assez vagues pour agir sous les ordres de la duchesse, et exécuter son plan[2]. Hyde, déjà nommé chevalier de Saint-Louis par le roi à Hartwell, prenait figure de fidèle toujours prêt à servir la cause du roi, d'un fidèle dont on pourrait se souvenir lorsqu'on aurait besoin d'un homme dévoué, et qui ne refusait aucun service. Dès le 16 juin, Louis XVIII nommait Hyde commissaire du roi dans la 14e division militaire et l'envoyait en Belgique[3]. Hyde reçut alors de nouveaux pouvoirs, plus précis et plus vastes. Il avait pour mandat de former une commission provisoire avec un petit nombre de membres, chargée de préparer le rétablissement du roi à Paris[4].

Les pouvoirs confiés à Hyde de Neuville, pour qu'il les remît aux membres de la commission, avaient été laissés en blanc, ce qui revenait à laisser Hyde maître du choix des commissaires, privilège dont il profita certainement notamment pour choisir le nom de Vitrolles[5]. La présidence de la commission fut donnée au maréchal Macdonald. Elle regroupait aussi, outre Vitrolles, Oudinot, Du Bouchage, Pasquier, Chabrol, au total neuf personnes. Le but de la commission était de faire proclamer Louis XVIII par le sénat et la chambre. Mais Hyde de Neuville se brouilla bientôt avec

[1] Hyde de Neuville au comte d'Artois, 29 mars 1815, cité dans *Mémoires*, II, 63.

[2] Pouvoirs de Louis XVIII à Hyde de Neuville, 13 juin 1815, *ibid.*, 89.

[3] Le secrétaire d'État de la guerre à Hyde de Neuville, 16 juin 1815, *ibid.*, 92-93.

[4] « Dès que M. Hyde de Neuville, commissaire du Roi, apercevra la possibilité de rétablir et de faire reconnaître dans Paris l'autorité du Roi [...], il se concertera avec les personnes qui lui seront incessamment indiquées, et qui, munies comme lui de pouvoirs à cet effet, formeront à l'instant même une commission extraordinaire de gouvernement de cinq, sept ou neuf membres. [...]

Elle [la commission] annoncera par des proclamations que l'intention du Roi est de remettre le plus tôt possible la Constitution en activité. [...]

Elle fera publier à Paris la proclamation du Roi en date du 6 mars dernier. [...]

Elle prendra tous les moyens nécessaires pour dissoudre l'armée actuelle » : instructions à Hyde de Neuville, 13 juin 1815, *ibid.*, 94-96.

[5] Duc d'Audiffret-Pasquier, *Mémoires du chancelier Pasquier*, III, 266-268.

Vitrolles, car il ne pouvait supporter l'idée qu'on fît appel à Fouché, l'homme qui l'avait poursuivi, l'homme de toutes les bassesses, qui avait suivi tous les partis, et qui à présent se posait en soutien nécessaire. De plus, les pouvoirs confiés étaient trop vagues et les instructions trop imprécises, et les événements avançaient si vite que les commissaires désignés préféraient attendre de voir ce qu'il en sortirait, avant de prendre aucune initiative[1].

Le roi rentra d'ailleurs bientôt en France, rendant désormais inutile une commission provisoire. Hyde partit avec Macdonald pour Gonesse. La nouvelle de Waterloo lui inspira des sentiments mitigés. C'était la victoire du parti royaliste, mais aussi la défaite des armées françaises, la perspective de voir la France aux pieds de l'Europe, et le parti du roi déconsidéré par ce recours à l'étranger contre la France. Hyde avait gagné en exil un patriotisme certain, dont la joie de voir le roi de retour ne compensait pas la blessure.

La situation paraissait sombre, puisqu'une première restauration avait échoué, à cause de maladresses que Hyde de Neuville analysait avec lucidité[2], et que la deuxième n'avait été ramenée que par les armes de l'étranger. Mais Hyde, une fois de plus, n'hésitait pas à s'appuyer sur une confiance dans la véritable volonté populaire, celle que le peuple peut exprimer lorsqu'il n'est plus sous le joug d'une oppression : « Il y a parfois, dans les crises que les nations subissent, de ces moments où le réveil inattendu du peuple est plus salutaire que les combinaisons élaborées par les cerveaux les plus supérieurs. Une clairvoyance instinctive guide alors les masses et renverse tous les obstacles combinés par une malveillance maladroite pour faire triompher le vrai et le juste[3]. »

Cette certitude amenait Hyde à faire confiance à la représentation du peuple et aux institutions démocratiques héritées de la Révolution elle-même, qu'il n'était pas question pour lui de renier, bien qu'il fît figure d'ultra. En cela, il ne croyait pas sortir de son rôle de fidèle du roi, car il proclamait que ces idées constitutionnelles étaient partagées par le roi, et ceci dès 1814, niant que la Charte fût une quelconque concession royale à la nécessité du temps et des événements : « Louis XVIII, je le répète, était inébranlable dans sa volonté de conserver à la France le régime constitutionnel. J'étais trop partisan pour mon pays des bienfaits d'une sage liberté, pour ne pas espérer le triomphe de cette politique[4]. »

Hyde de Neuville se présenta donc comme candidat aux élections des députés, mû autant par une ambition politique certaine que par une foi sincère dans le système parlementaire[5], et une certaine idée du devoir

---

[1] *Ibid.*, 268.

[2] *Mémoires*, II, ch. II.

[3] *Ibid.*, II, 132.

[4] *Ibid.*, II, 68.

[5] et un goût personnel pour les luttes parlementaires et le jeu des partis et des opinions : « Le gouvernement représentatif, que j'aimais plus que tout autre, était un champ ouvert aux combats de la parole. » : *Mémoires*, II, 134.

des députés vis-à-vis de leurs suffrageants et de la nation. Dans l'éventail politique, il se présentait toutefois comme un ultra, un royaliste enragé, un de ces « Jacobins blancs » dont parle Rémusat.

Hyde avait été élu, en août 1815, par son département de la Nièvre, à une bonne majorité. Au milieu de beaucoup d'inconnus, il faisait partie de ces hommes « qu'une éclatante persécution sous l'Empire avaient mis en évidence[1] », et d'emblée se passionna pour son rôle qu'il jugeait très haut, comme étant celui de représentant du peuple et de conseiller du roi, au sein d'une chambre exceptionnellement royaliste, la « Chambre introuvable », dont le rôle était de défendre la monarchie. Ce dévouement au roi, ce désir de rétablir et d'assurer la monarchie en se débarrassant des théories funestes de la Révolution, expliquent les positions extrêmes des députés de la Chambre introuvable en général et de Hyde de Neuville en particulier. Hyde reconnut lui-même, plus tard, les dangers d'une telle position, à un moment où l'enthousiasme du retour du roi était tombé, où l'expérience des faits l'avait mûri, et où son orientation personnelle le tournait vers le libéralisme[2].

Dans le salon de la marquise de Montcalm, sœur du duc de Richelieu, Hyde de Neuville rencontrait des hommes relativement modérés, comme Laîné, président de la Chambre, avec qui il entretenait des rapports privilégiés. Mais il apparaissait surtout comme l'un des chefs du parti ultra et des orateurs de Monsieur, parlant aux côtés des plus extrémistes, comme ses amis La Maisonfort et la Bourdonnaye. Nommé secrétaire de la Chambre, il intervenait souvent dans les débats, au pupitre ou, tout aussi souvent, de sa place, malgré le règlement, emporté qu'il était par son ardeur d'orateur passionné. Il appuya les lois d'exception qui établissaient la deuxième « terreur blanche », persuadé qu'il fallait « voter avec fermeté des lois répressives devenues nécessaires[3] ». Poursuivi encore par le spectre bonapartiste et révolutionnaire, convaincu que seules des lois exceptionnelles pourraient assurer une royauté fragile, persuadé que le rôle de la Chambre était de sauver la monarchie, au besoin en oubliant les promesses de la Charte (oubli seulement momentané, et justifié par des circonstances exceptionnelles), il défendit et proposa avec passion une série de lois qui devaient lui établir durablement une réputation d'ultra fanatique, alors que ces prises de position étaient déterminées non pas par une idéologie politique dont il aurait été convaincu, mais par les circonstances et la peur viscérale d'un retour de la Révolution.

C'est ainsi qu'il appuya les lois d'exception votées successivement entre octobre 1815 et janvier 1816, surtout la loi de sûreté générale, et la loi qui rétablissait les cours prévôtales[4].

---

[1] Villèle, *Mémoires*, I, 339.

[2] « Il nous a manqué, en 1815, un ministère qui eût réprimé dans nos rangs l'effervescence de nos sentiments, et réglé des aspirations qui devinrent des passions et nous jetèrent dans des fautes dont cette Assemblée porte encore la responsabilité » : *Mémoires*, II, 134.

[3] *Mémoires*, II, 147.

[4] Séances des 23, 28, 30, 31 octobre 1815, *Moniteur Universel*, 24, 30 et 31 octobre 1815.

Il proposa même la suspension, pour un an, de l'institution des juges, le temps d'en révoquer quelques-uns et de réduire les tribunaux, afin de se rapprocher du système judiciaire tel qu'il existait sous l'Ancien Régime[1]. Cette atteinte à l'inamovibilité des juges paraissait une violation de la Charte et attira les foudres des libéraux comme Royer-Collard, rangeant définitivement Hyde de Neuville dans le parti de l'« Homme Armé[2] ». La proposition fut adoptée par la Chambre des députés, mais refusée par la Chambre des Pairs, moins d'ailleurs par esprit libéral que parce qu'une telle loi paraissait empiéter sur la prérogative royale.

Cependant, même les libéraux adversaires de Hyde lui reconnaissaient une certaine sincérité, voire certaines tendances libérales, discrètes et encore étouffées par la violence de ses opinions, mais qui n'en existaient pas moins, décelables dès cette époque, en contradiction avec son ultracisme exacerbé. C'est ainsi que Barante rapporte : « Lorsque [...] je retrouvai M. de Neuville à la Chambre de 1815, où nous siégions sur des bancs opposés, il était le plus violent du parti royaliste, le plus impitoyable promoteur des réactions. Enivré de ses propres déclamations, ridicule de prétentions à la fidélité, à la loyauté, il professait toutefois un certain libéralisme d'opinions, et montrait plus de désintéressement, de véritable élévation de sentiments que la plupart des énergumènes du côté droit[3]. »

Hyde, en effet, avait dans certains débats pris des positions qui n'étaient plus celles de l'ultra absolument pur qu'on se plaît le plus souvent à décrire. La loi contre les discours et écrits séditieux lui paraissait nécessaire mais il s'élevait contre des pénalités trop fortes : amendes considérables, travaux forcés, ou peine de mort. De la même façon, il combattit la loi d'amnistie, qui en fait concernait la recherche et la punition des « traîtres » des Cent-Jours, non compris dans l'amnistie. Sentant l'impopularité de ces délibérations de la Chambre, qui cherchait, dans le secret de surcroît, ce qui inquiétait d'autant plus et laissait libre cours aux rumeurs les plus excessives, à établir une liste de coupables, le ministère modéré de Richelieu cherchait à freiner l'ardeur des députés. Ce débat mit en évidence la scission de sentiments qui existait entre le ministère et la Chambre, en même temps que l'existence d'un parti ministériel minoritaire, face à la majorité ultra. Hyde de Neuville, proche de Mme de Montcalm et de son frère le duc de Richelieu, profita de l'occasion pour se rapprocher du ministère et se démarquer légèrement de l'étiquette « ultra » que lui avaient infligée son passé de conspirateur actif et de serviteur de Monsieur, et ses premières violences verbales à la Chambre. Malgré sa crainte du bonapartisme et de l'esprit révolutionnaire, et bien qu'il fût convaincu de la nécessité de surveiller les « factieux », il était porté à l'indulgence envers ses adversaires par tempérament et par politique, persuadé que l'esprit de vengeance ne ferait que fausser l'opinion et différer la participation natio-

[1] Séances des 3, 15, 25 novembre, *ibid.*, 5, 18 et 27 novembre 1815.
[2] « M. Hyde me représente un orateur de la section de l'Homme-Armé. » : Charles de Rémusat à sa femme, 26 novembre 1815, dans Rémusat, *Correspondance,* I, 129.
[3] Barante, *Souvenirs,* II, 220.

nale. Membre du comité secret de la Chambre chargé d'examiner les cas particuliers, il y défendit les Bonapartistes, s'opposa à ce que l'on retirât la citoyenneté française aux membres de la famille de Bonaparte, demanda la formation d'une commission d'équité. Le duc de Richelieu convoqua un conseil spécial composé des ministres et de quelques députés où Hyde combattit, contre Chateaubriand avec qui il était déjà lié, des mesures trop sévères. De plus en plus, Hyde s'éloignait du parti de Monsieur et se rapprochait de Richelieu et de son gouvernement.

CHAPITRE II

LA MISSION AUX ÉTATS-UNIS

1. LA SITUATION À L'ARRIVÉE DE HYDE DE NEUVILLE

Le 21 janvier 1816, Hyde de Neuville reçut l'avis de sa nomination comme ministre de France aux États-Unis. Hyde profitait du large renouvellement du personnel aux Affaires étrangères. Nommé en 1816, il était l'un des derniers de cette vague de promotion de nouveaux venus qui avait touché le tiers des postes de ministre ou ambassadeur.

Politiquement, qui était Hyde de Neuville en 1816 ? Il avait 39 ans, il était fort des services qu'il avait rendus à la royauté en exil, mais c'était un « homme nouveau », connu seulement pour ses positions de royaliste ultra à la Chambre introuvable de 1815, et (ce qui ne parlait pas nécessairement en sa faveur), comme le commanditaire présumé de l'attentat du 3 Nivôse, présomption dont Hyde de Neuville n'arriva jamais à se laver complètement et qui prévenait en sa défaveur beaucoup d'hommes attachés aux idées libérales ou du moins modérées.

Pourtant Richelieu se détermina à utiliser les services de Hyde. Malgré son activité en Italie, il était à peu près complètement inexpérimenté dans le domaine de la diplomatie. Mais un certain nombre des émigrés rentrés réemployés dans la diplomatie en 1815 ne l'étaient pas moins.

En revanche, Hyde avait trouvé ses entrées au salon de Mme de Montcalm. Mais il est difficile d'affirmer qu'une intimité avec la sœur aurait pu peser sur le choix du frère. Le duc de Richelieu n'était pas homme à se laisser influencer par des recommandations; celles qui venaient de ses sœurs, qu'il voyait d'ailleurs peu, n'avaient pas plus de crédit. De son côté, Mme de Montcalm, bien que son salon fût une réunion d'hommes de tendances variées et qu'elle adorât y parler politique, n'aimait guère pousser des favoris ou jouer le rôle d'entremetteuse. Si Hyde avait pu se faire quelques illusions à cet égard, il avait vite été remis à sa place. Mme de Moncalm nota dans son journal, à la date du 11 mars, que Hyde avait pris occasion d'une « ancienne et fugitive relation » pour revenir chez elle. « Ne voulant pas croire à l'assurance que je lui donnais de mon peu d'influence sur mon frère, il m'endoctrina pendant des heures entières dans l'espoir que ses discours lui seraient répétés et feraient impression sur son esprit; il y joignit des manières et des protestations qui me forcèrent enfin à l'engager à interrompre ses visites[1]. » Toutefois, si Hyde avait pu

---

[1] Marquise de Moncalm, *Mon journal*, p. 139.

un moment rechercher un appui auprès de la marquise de Montcalm, c'était moins pour briguer des honneurs et des postes que pour chercher à imprimer ses propres vues politiques et influencer Richelieu à travers sa sœur. Ce qui motiva surtout la nomination de Hyde aux États-Unis, ce fut sa réelle connaissance du pays. Cette appréciation apparaît nettement dans les instructions remises à Hyde avant son départ[1].

Un grand esprit d'initiative était nécessaire pour ce poste qui attirait peu, mais qui en fait était un poste à haute responsabilité à cause de l'importance des événements qui se produisaient en Amérique du Nord et surtout en Amérique latine[2], et étant donné son éloignement, qui retardait la transmission des instructions et laissait le ministre plus libre de ses actes : Hyde de Neuville attendit plus de six mois avant de recevoir la réponse du Département à ses premières dépêches. De façon générale, les dépêches de France lui parvenaient au bout de deux mois, alors que la plupart du temps les événements avaient évolué de façon à rendre caduques ses instructions.

Quel était l'état des relations franco-américaines à l'arrivée de Hyde de Neuville ?

Depuis 1763, la France n'avait plus aucun intérêt territorial dans le Nouveau Monde, mises à part les Antilles. À l'inverse de la Grande-Bretagne et de l'Espagne, elle ne représentait pour les États-Unis ni un danger potentiel, ou une menace aux frontières, ni un concurrent pour des territoires convoités. Au contraire, elle s'était alliée avec les États-Unis contre la Grande-Bretagne et avait soutenu la révolution américaine. Elle avait sans cesse représenté, depuis, la seule puissance en Europe en mesure de s'allier avec les États-Unis contre leur ancienne métropole. Le souvenir ému de l'aide apportée à la jeune république, perpétué par des personnages comme Gouverneur Morris ou La Fayette, était vite devenu une cause mineure de rapprochement; les intérêts communs, et surtout la méfiance, voire l'hostilité commune contre la Grande-Bretagne, étaient prétextes à une entente mitigée. Les principes de la Révolution, d'abord salués, avaient inquiété à partir de 1793 une opinion américaine assez largement anti-jacobine, quoique républicaine. Le ministre Genêt, nommé en 1793, avait par son zèle à représenter la France révolutionnaire suscité plus d'irritation que de sympathie, surtout parmi les Fédéralistes, dont la francomanie de plus en plus cédait le pas à la défiance envers les désordres populaires. Le Traité Jay avec la Grande-Bretagne, en 1794, faisait perdre tout espoir à la France d'amener les États-Unis à combattre la Grande-Bretagne avec elle, et donnait le coup de pouce supplémentaire à la détérioration rapide des

---

[1] « M. Hyde de Neuville retourne en Amérique avec les connaissances qu'il y a acquises pendant une longue résidence. Cette première expérience lui donne de nombreux avantages dans sa mission. » : instructions à Hyde de Neuville, 26 janvier 1816, AE, CP États-Unis, v. 72, fol. 263.

[2] Les colonies insurgées n'ayant pas été reconnues, le ministre de France aux États-Unis était le seul agent du roi à pouvoir observer la situation localement, en dehors des consuls français en Amérique du Sud, qui n'avaient pas de caractère politique officiel.

relations entre la France et les États-Unis. L'activité commerciale fut peu à peu suspendue. La malencontreuse affaire XYZ acheva la rupture.

Le changement de régime en France au profit de Napoléon aurait pu modifier la situation, mais les nécessités du blocus, qui amenèrent la série de décrets napoléoniens à partir de 1806, entraînèrent une nouvelle rupture commerciale et diplomatique. De plus, les saisies, en conséquence de ces décrets, de navires et de marchandises américains devaient faire naître un grief durable et des demandes d'indemnités qui seraient la pierre d'achoppement de toutes les négociations diplomatiques pendant près de trente ans. La déclaration de guerre des États-Unis à la Grande-Bretagne, en 1812, n'amena pas le rapprochement qu'aurait pu susciter l'existence d'un ennemi commun. Les États-Unis et la France ne coordonnaient pas leurs plans de guerre et la France ne cessait de harasser les navires américains. De leur côté, les États-Unis ne voulaient pas, en s'alliant positivement avec la France, être impliqués dans la guerre entre la France et la Russie, alors qu'ils entretenaient de bons rapports avec cette dernière.

L'écroulement du Premier Empire changeait les conditions politiques, mais il était difficile de dire en 1814, et tout autant en 1815, si ce serait en bien ou en mal. La paix signée entre la Grande-Bretagne et les États-Unis, la Grande-Bretagne n'était plus une ennemie en guerre, mais elle restait une ancienne métropole qui usait de son pouvoir économique et naval supérieur de façon désagréablement dominatrice. En tant que puissances navales plus faibles, un intérêt commun poussait la France et les États-Unis dans la défense des principes de la libre navigation, mais ne les incitait pas à combiner leurs forces navales pour contrebalancer éventuellement celles de la Grande-Bretagne, d'autant plus que vingt-cinq ans de troubles en France et de développement économique et maritime aux États-Unis avaient engendré un malentendu sur l'appréciation de leur puissance respective. La France, vieille puissance, gardait une attitude dominatrice face à la jeune république qu'elle avait contribué à faire naître. En revanche les États-Unis avaient, depuis la guerre de 1812, pris conscience du sentiment national. Réalisant leur faiblesse mais aussi leurs potentialités, ils entendaient prouver leur force pour s'insérer dans le concert des nations et prendre une part égale au dialogue.

À ceci s'ajoutait l'incompatibilité naturelle d'humeur entre une république aux idéaux démocratiques et une monarchie, même constitutionnelle et représentative. Qu'allait être la politique des Bourbons, despotes restaurés ? Et que penser, en France, d'une république qui accueillait les réfugiés bonapartistes à bras ouverts, et multipliait, dans les jugements et les discours de ses hommes politiques, les déclarations de méfiance envers le système politique français ?

On ne peut naturellement s'imaginer deux opinions homogènes, en France comme en Amérique. Les motifs de rapprochement ou de mésentente s'équilibraient et donnaient naissance, chez les dirigeants, à un attentisme prudent quoique plutôt favorable, et dans l'opinion des deux pays (surtout en Amérique, la France étant plus indifférente à une petite nation) à deux partis largement divisés.

Rares cependant étaient ceux qui prenaient franchement parti pour les Bourbons restaurés. L'attitude d'un Gouverneur Morris, qui saluait avec enthousiasme la Restauration en France[1], n'était guère suivie que de quelques rares Fédéralistes. La plupart, comme le journaliste Niles dans son éditorial du 30 juillet sur le discours de Morris (qui avait fait sensation), tout en rejetant le despotisme de Napoléon, condamnaient les idées monarchistes et anti-républicaines qui risquaient d'être celles de Bourbons[2], surtout après l'épisode des Cent-Jours, qui avait provoqué un net revirement en faveur de Napoléon : la France l'avait réclamé, accueilli de nouveau, c'était donc lui qu'elle voulait, et non les Bourbons. La presse américaine fourmillait d'allusions à l'étroitesse d'esprit, à la stupidité des « Bourbons imbéciles » (« imbecile Bourbons », épithète qui fit fureur), raillait les manifestations de leur bigoterie superstitieuse et les appelait régulièrement « fool and bigot ». Quant aux hommes d'État, ils partageaient pour la plupart le dégoût de l'opinion américaine pour le système monarchique et légitimiste des Bourbons et de l'Europe. Madison ne craignait pas d'écrire, alors qu'il n'était plus président : « Les principes proclamés par la France devraient susciter l'exécration universelle et les alarmes de tous les peuples libres [...]. Elle [...] fait revivre la doctrine dépassée et impie du droit divin des rois[3]. »

À cela s'ajoutait le très mauvais effet produit en Amérique par la Terreur blanche, dont on avait naturellement plutôt amplifié l'étendue, et qui jetait le doute à la fois sur la valeur et la stabilité du régime. Le *Niles' Weekly Register* annonçait, le 11 mai 1816, des arrestations toujours nombreuses, et qu'on avait recours aux mesures les plus arbitraires et les plus injustes sous prétexte de préserver la tranquillité publique. Or ces mesures étaient, disait-il, insuffisantes, et n'empêchaient pas le mécontentement populaire de se manifester[4].

Jusqu'en juin 1816, les journaux américains ne cessèrent d'annoncer des troubles et des débuts d'insurrection en France. Il apparaissait de ce

---

[1] « It is done! The long agony is over. The Bourbons are restored. France reposes in the arms of her legitimate prince. [...] The Bourbons are restored. Rejoice, France ! Spain ! Portugal ! You are governed by your legitimate kings. Europe ! Rejoice ».
(C'en est fait ! La longue agonie est terminée. Les Bourbons sont restaurés. La France repose dans les bras de son prince légitime. [...] les Bourbons sont restaurés. Réjouissez-vous, France ! Espagne ! Portugal ! Vous êtes gouvernés par vos rois légitimes. Europe ! Réjouis-toi) : discours de Gouverneur Morris à New York le 29 juin 1814, dans le *Niles' Weekly Register*, 9 juillet 1814.

[2] *Ibid*, 30 juillet 1814.

[3] « The principles proclaimed by France ought to excite universal execration, and the alarm of every free people [...]. She [...] revives the obsolete and impious doctrine of the divine right of Kings. » : Madison à Richard Rush, 22 juillet 1823, cité par H.M. Jones, *America and French Culture*, p. 560-561.

[4] « Arrests and imprisonments are still numerous in France, and the most arbitrary measures are resorted to under pretense of preserving the public tranquility. [...] The people are oppressed and discontent, and will shew it » : *Niles' Weekly Register*, 11 mai 1816.

sombre tableau que Louis n'était pas « le désiré » du peuple français [1]. La Restauration n'inspirait donc que méfiance, d'une part parce que le régime semblait hostile aux idées de liberté, chères aux Américains, d'autre part parce que l'absence de soutien populaire rendait le régime instable et dépendant des puissances étrangères qui l'avaient rétabli grâce à l'action de leurs troupes[2]. Surtout, la France de Louis XVIII semblait être à la botte de l'Angleterre, pour laquelle les États-Unis n'avaient toujours, malgré le traité de Gand, que méfiance et hostilité. Cette crainte faisait l'unanimité des journaux, du *Niles' Register* bien sûr, de tendance toujours plus ou moins ouvertement pro-bonapartiste, mais aussi de l'*Aurora* de Philadelphie, qui prévoyait que la France ne serait plus désormais qu'une province de l'Angleterre, ou du *Boston Patriot*, qui proclamait : « Louis, élevé en Angleterre, au milieu de tous les préjugés des Britanniques, devant à ce pays sa fortune, sa prospérité, non point, son trône même, [...] ne peut naturellement devenir ingrat envers elle. L'Angleterre va dévier chaque action de la cour de France; elle dirigera ses conseils, gouvernera son roi, et mènera la nation selon sa propre carte et sa propre boussole. Louis ne sera que l'ombre du gouvernement français, l'Angleterre en sera la substance[3]. »

Cette méfiance était partagée par les hommes d'État américains qui allaient devoir dialoguer avec la France. En avril 1816, Adams, qui n'était encore qu'ambassadeur à Londres, écrivait à Monroe, secrétaire d'État aux Affaires étrangères, qu'aucune confiance ne pourrait être placée dans la tranquillité de l'Europe avant au moins trois ou cinq ans, c'est-à-dire jusqu'à ce que le territoire français cesse d'être occupé et que la France cesse de subir la domination étrangère[4]. L'instabilité de cette situation, exagérée sans doute en Amérique, empêchait que l'on pût compter sur la France comme un ami ou allié éventuel, et bloquait même toutes avances et toutes prises de position amicales envers le nouveau régime, dans la mesure où l'on ne pouvait savoir si le régime que l'on accueillait aujourd'hui, reposant sur la force des armées étrangères et non sur le consensus national, serait le même demain.

---

[1] « What a picture ! How clearly does it show that Louis is not the *desired* of the people of France » : *Ibid.*

[2] Niles rapportait en octobre 1815 combien tout montrait que Louis XVIII était autant le prisonnier des Alliés que Bonaparte, et comment les Alliés régentaient tout, faisaient tout et traitaient le peuple français, sous divers rapports, comme un peuple conquis : « Everything shews that Louis is as much a prisoner of the allies as Bonaparte. They regulate every thing – they do every thing – and treat the french people in every respect as a conquered people » : *Niles' Weekly Register*, 28 octobre 1815.

[3] « France [...] must from necessity as well as policy, be for some time nothing more than a province of England » : *Philadelphia Aurora*, 27 juin 1814.
« Louis, bred up in England, amid all the prejudices of the Britons, and owing to that country his fortune, his prosperity, nay, his very throne, [...] cannot of course become ungrateful to her. England will sway every action of the court of France; she will rule her councils, govern her king, and steer the nation by her own chart and compass. Louis will be but the shadow of the French government, England the substance » : *Boston Patriot*, 4 juin 1814.

[4] J.Q. Adams à James Monroe, 9 avril 1816, dans W.F. Ford, *Writings of J.Q Adams*, VI, 17.

Dans de telles conditions, le choix de Hyde de Neuville comme représentant de la France était excellent. Certes, face aux Démocrates sympathisant plus ou moins ouvertement avec les Bonapartistes, la situation pouvait être difficile pour un ministre farouchement royaliste, à l'épiderme personnellement sensible, défendant une dynastie faible et récemment restaurée. Mais la position personnelle de Hyde était particulièrement forte, du fait de ses anciennes relations et de la bonne réputation dont il jouissait toujours aux États-Unis. Si un homme pouvait le mieux inspirer confiance et bien représenter son gouvernement, c'était celui-là. De plus, il se trouva que Hyde était entouré de collaborateurs compétents et efficaces.

Son collaborateur le plus précieux fut sans doute son premier secrétaire, Charles Roth, qui l'avait précédé aux États-Unis puisqu'il fut nommé dès le 11 septembre 1814. Responsable en fait de la légation jusqu'à l'arrivée d'Hyde en juin 1816, il adressa au département jusqu'à cette date des dépêches sèches et précises, toujours bien informées. De même, de mai 1820 à février 1821, il assura le remplacement de son chef, reparti en France. Dans cette position, il ne sut pas prouver des qualités éminentes de décision ni d'initiative. Mais, parlant bien l'anglais, connaissant bien le pays, c'était un second utile, aux analyses judicieuses, que Hyde s'attacha et qu'il emmena par la suite dans son second poste, au Portugal. C'était sans nul doute Roth qui fit prendre à la légation d'excellentes habitudes de travail, faisant envoyer régulièrement à Paris mémoires, journaux, discours du président, et résumés des séances du Congrès, informations prisées par le duc de Richelieu et ses successeurs.

Un autre collaborateur connaissait bien les États-Unis : Jules de Menou avait été élevé dans ce pays par sa mère, qui y avait émigré pendant la Révolution. Sa nomination en 1819 comme second secrétaire allait pratiquement de soi du fait de ses compétences. Il resta aux États-Unis jusqu'en 1830 comme secrétaire d'Ambassade.

Entre ces trois hommes, le travail semble s'être effectué dans une parfaite harmonie. Nul bruit de friction, nulle trace de rivalité ou de désaccord entre ces collaborateurs et leur chef, qui reconnaissait leur compétence et ne perdait aucune occasion de la faire valoir auprès du Département. En revanche, l'accord ne s'était pas aussi bien établi avec le personnel consulaire. Hyde de Neuville avait commencé par faire écarter un certain nombre de consuls soupçonnés de sympathies républicaines ou bonapartistes, qu'il avait fait remplacer par des royalistes intègres, dont le comte d'Espinville, beau-père de son frère[1], et Jean-Baptiste Angelucci, également de sa famille, ce qui ne manqua pas d'attirer les rancœurs et

---

[1] AE, CCC New York, v. 4, fol. 319 à 471. Espinville remplaçait à New York le bonapartiste Cazeaux. En fait, le choix n'était pas mauvais : Espinville était établi depuis longtemps aux États-Unis et parlait également bien l'anglais et l'espagnol. Royaliste éprouvé (il avait participé au débarquement de Quiberon en 1795), il inspirait confiance à Hyde, « surtout à une époque où les États-Unis vont devenir la retraite des plus grands ennemis de la France » : Hyde de Neuville à Richelieu, 6 janvier 1816, CCC New York, v. 4, fol. 319.

les bruits de népotisme. Même après cette épuration, Hyde reprochait à un certain nombre de consuls leur incompétence et leur tendance à outre-passer leurs pouvoirs aux dépens de ceux du ministre. Il n'était pas le seul de cette opinion : dès le 18 juin 1816, juste avant l'arrivée de Hyde, Roth se plaignait de la « timidité » et de l'incompétence des consuls, exception faite de Guillemin, seul à vraiment connaître le pays. Déjà, il réclamait une « organisation définitive et stable », c'est-à-dire une convention consulaire qui fixât les devoirs et les droits des consuls, alors dans le flou le plus complet, et qui mît un terme à leurs incessants empiètements sur la res-ponsabilité du ministre[1].

Hyde allait reprendre ces récriminations. D'une part, il demandait ins-tamment qu'on n'envoyât désormais que des agents qui sachent parler la langue du pays, et de l'autre, que ces agents ne se mêlassent de politique que pour transmettre au ministre les renseignements dont il pouvait avoir besoin[2]. Dès août 1816, il commence déjà à se plaindre de ce que les consuls se mêlent de politique et ne mettent pas « assez de discrétion et de retenue dans leur conduite[3] ». Il ressentait notamment fort mal les déclarations imprudentes de Framery au sujet des colonies espagnoles, alors que lui-même, par prudence, s'était abstenu de prendre parti. Le point culminant de la crise avec les consuls fut l'affaire Pétry. Pétry était en 1818 consul général lorsqu'éclata son désaccord avec Hyde de Neuville, mais il connaissait les États-Unis depuis 1783 et y avait été premier secré-taire en 1803. L'affaire naquit de sa volonté de jouer un rôle politique en dehors de la légation à Washington. Profitant de ce que les consuls pou-vaient disposer d'une communication directe avec le Département sans avoir à passer par le ministre, il envoya à Richelieu une série de dépêches à caractère politique dont, contrairement à l'usage, il n'informa pas Hyde, et qui avaient trait à des informations importantes sur l'Amérique du Sud. Surtout, il se mit de lui-même en relation avec un « général » bonapartiste, Roul, qui cherchait à se faire payer des renseignements, et il manda les nouvelles d'une conspiration de Lallemand pour se mettre au service de l'Espagne, ce dont Hyde n'avait pas parlé au Département pour la raison qu'il l'ignorait. Ces initiatives gênaient Hyde et de surcroît le mettaient dans une mauvaise position vis-à-vis du Département. Furieux de cet empiè-tement, il se plaignit vivement à Richelieu[4], qui lui donna raison.

La nécessité de freiner ces initiatives fâcheuses, et en même temps de donner des directives précises à des agents qui en manquaient cruellement

---

[1] Roth à Richelieu, AE, CP États-Unis, v. 73, fol. 51.
[2] Hyde de Neuville à Richelieu, 17 janvier 1818, AE, CP États-Unis, v. 75, fol. 18-21.
[3] Hyde de Neuville à Richelieu, 28 août 1816, AE, CP États-Unis, v. 73, fol. 108.
[4] « Le reproche assez grave que je suis fondé à adresser à l'un des agents consulaires [...] m'autorise plus que jamais à penser que la politique du roi ne peut bien marcher, au moins à 1800 lieues de son cabinet, qu'autant qu'elle ne recevra d'action que du centre, c'est-à-dire du ministre de Sa Majesté. Si les consuls ne se bornent pas, en fait de politique, à être des donneurs d'avis; s'ils ont leur diplomatie, leur système, leur doctrine particulière; s'ils croyent pouvoir écrire en France ce qu'ils cachent au ministre du roi, alors la responsabilité de ce ministre cesse et son poste, déjà très difficile, devient, pour ainsi dire, impossible. » : Hyde de Neuville à Richelieu, 4 juin 1818, AE, CP États-Unis, v. 75, fol. 209.

et restaient dans l'embarras quant à l'étendue de leurs propres fonctions, poussa Hyde à adresser dès juillet 1816 une circulaire aux consuls. Il leur prescrivait la conduite à tenir pour promouvoir l'image de la France, l'attitude à avoir à l'égard des émigrés bonapartistes. Surtout, il les mettait en demeure de ne lui laisser ignorer aucun renseignement, et il leur confiait, en dehors des fonctions proprement consulaires, une charge d'observateurs, leur demandant de lui transmettre tous renseignements qui pourraient se révéler utile à l'agriculture, aux arts, à la science, et à l'intérêt français en général[1]. Surtout, il insistait sur la dépendance des consuls envers le ministre de France, aux dépens du consul général.

En même temps, Hyde commençait à faire des premières avances à Monroe au sujet de la nécessité d'une convention consulaire[2]. L'affaire Daschkoff venait à point nommé et toutes les puissances entretenant des consuls aux États-Unis auraient pu en profiter. En août 1816, le consul général de Russie Daschkoff fut arrêté et traduit devant les tribunaux américains pour une obscure histoire de viol. Le ministre de Russie réagit immédiatement en demandant sa libération.

Mais aucun des ministres étrangers ne voulut soutenir ouvertement le consul russe, bien qu'une immunité des consuls eût été utile à tous. Cette politique prudente empêcha qu'on profitât de ce cas d'espèce pour en faire un cas exemplaire. Aucune revendication unie des puissances ne vint soutenir la position civile des consuls en général.

Hyde de Neuville, pas plus que les autres, n'avait voulu se distinguer en venant défendre un consul à la réputation douteuse et qui aurait fait, en fin de compte, un mauvais cas d'exemple. Ceci ne l'empêcha pas de revenir à la charge, secrètement et oralement, auprès de Monroe, pour obtenir que soient précisés le statut et les fonctions des consuls français[3]. En même temps, il faisait valoir auprès de son gouvernement la nécessité de définir dans une disposition générale, une ordonnance du roi, la juridiction des consuls sur les sujets français[4], et s'occupait aux États-Unis de faire respecter un peu mieux les règlements consulaires existants[5].

Quant Hyde de Neuville entreprit d'entamer une négociation pour la conclusion d'un nouveau traité de commerce, en 1817, il tenta d'y rattacher une négociation pour une convention consulaire. Le gouvernement fédéral se montrait favorable à rétablir les bases convenues en 1788, et même à élargir la juridiction des consuls sur certains points[6]. À la veille

---

[1] Circulaire de Hyde de Neuville aux consuls, 18 juillet 1816, AE, CP États-Unis, v. 73, fol. 76-79.

[2] Hyde de Neuville à Richelieu, 25 juillet 1816, AE, CP États-Unis, vol. 73, fol. 85-90.

[3] Hyde de Neuville à Richelieu, 28 août 1816, AE, CP États-Unis, v. 73, fol. 108.

[4] Hyde de Neuville à Richelieu, 10 janvier 1817, AE, CP États-Unis, v. 73, fol. 189-212.

[5] Par exemple, le 30 mai 1817, il adresse la liste de trois bateaux qui n'ont pas fait viser leurs papiers au consulat avant de partir des États-Unis, pour qu'on les arrête au Havre. Il faisait cette démarche moins dans un but de sécurité que par principe, pour faire respecter un peu mieux à l'avenir les règlements consulaires, « autrement l'autorité consulaire serait à peu près nulle aux États-Unis » : Hyde de Neuville à Richelieu, 30 mai 1817, AE, CP États-Unis, v. 74, fol. 57-58.

[6] Hyde de Neuville à Richelieu, 24 mai 1817, AE, CP États-Unis, vol. 74, fol. 47-48.

de conclure le traité de commerce, en mai 1822, Hyde rappela ce point à Adams, en demandant en particulier qu'on élargisse les pouvoirs des consuls des deux pays de manière à ce qu'ils puissent faire arrêter les matelots nationaux déserteurs et les faire renvoyer dans leur pays[1]. Une telle mesure était rendue nécessaire par le taux élevé de désertion de matelots français aux États-Unis, attirés soit par les armateurs américains, soit par les expéditions d'Amérique du Sud, soit par les opérations de piratage, devenues endémiques, notamment autour de la base de l'île Amélia.

En conséquence, l'accord demandé ne fit pas l'objet d'une convention séparée, mais simplement d'un article particulier de la convention de commerce de 1822. Les pouvoirs requis par Hyde pour les consuls, pour lutter contre la désertion, étaient précisés[2].

2. UNE ENTENTE D'ABORD DIFFICILE
ENTRE LA RÉPUBLIQUE ET LA MONARCHIE

Malgré la bonne volonté de Monroe et de Hyde de Neuville, la tendance de l'opinion publique américaine était telle qu'une série d'incidents ne pouvait manquer de compromettre d'emblée les premières relations entre la France de la Restauration et les États-Unis, à un moment justement où ces relations pouvaient repartir sur un nouveau pied. La liberté d'expression laissée à cette opinion était difficilement comprise par Hyde de Neuville et plus encore par son gouvernement. Le malentendu risquait de s'instaurer et pouvait aboutir à une rupture, d'autant plus que les deux gouvernements, conscients chacun d'une certaine faiblesse, allaient être amenés à des positions dures. Les « excès » anti-Bourboniens de la presse américaine allaient provoquer une crise que l'affaire du toast Skinner manqua de faire aboutir à une rupture.

Il était aussi difficile au gouvernement américain de réfréner les excès de la presse, dont la liberté était par principe et par politique intouchable, qu'à la cour française de comprendre qu'un gouvernement pût laisser vilipender à ce point le régime d'un pays avec lequel il proclamait vouloir établir des relations d'amitié. Hyde de Neuville, froissé dans sa propre sensibilité de royaliste, n'attendait qu'une occasion trop criante pour adresser des protestations et demander au gouvernement américain de prendre position publiquement contre les attaques des journaux. Monroe se réfugiait derrière le principe de la liberté de la presse, à laquelle il ne pouvait toucher, pour se refuser à une telle prise de position. Hyde, conscient que le gouvernement fédéral ne pouvait intervenir officiellement contre des déclarations privées, s'empara de l'affaire du toast Skinner avec empressement, et s'occupa de la monter en épingle afin de contraindre Monroe

---

[1] Hyde de Neuville à J.Q. Adams, 15 mai 1822, AE, CP États-Unis, v. 79, fol. 169-172.
[2] Convention de navigation et de commerce entre les États-Unis et la France, 24 juin 1822, article VII. AE, CP États-Unis, v. 79, fol. 151-154.

à une déclaration en faveur des Bourbons. Skinner était en effet un fonctionnaire du gouvernement fédéral. Maître de poste à Baltimore, il avait,
lors d'un toast porté à la fête du 4 juillet, insulté gravement les Bourbons,
« tyrans imbéciles » (« imbecile tyrants »). La circonstance était semi-
officielle. Hyde considéra que cette déclaration, étant celle d'un agent du
gouvernement, engageait les États-Unis, et demanda le renvoi du maître
de poste comme réparation officielle et éclatante : une réparation qui
pouvait montrer que le gouvernement fédéral, bien qu'il ne pût rien faire
contre la « licence » de la presse, condamnait cependant ces attaques répétées contre les Bourbons, dynastie régnant sur un pays ami. Hyde adressa
une protestation le 21 juillet[1], à laquelle Monroe, fort embarrassé, ne
répondit que le 15 août en ramenant le problème à celui, plus général,
de la presse, et en se retranchant toujours derrière le même principe de
la liberté de la presse. Désireux de ne pas insister sur un incident désagréable qui pouvait compromettre les bonnes relations naissantes, mais
décidé à ne pas céder à un ultimatum qui semblait dicter sa conduite au
gouvernement américain, il préférait étouffer l'affaire, en niant implicitement toute responsabilité du gouvernement américain dans la position
qu'un de ses agents n'avait prise qu'à titre personnel[2].

Hyde, poussé par les instructions du duc de Richelieu, insista, et n'aboutit qu'à mécontenter sérieusement un gouvernement qui lui était au départ
favorablement disposé. Le Président Madison envisagea un moment de
demander le rappel de Hyde de Neuville mais, sans doute sous l'influence
de James Monroe, préféra éviter cet éclat[3]. Monroe, excédé, échangea
avec Hyde pendant tout le mois de septembre une série de notes au ton
de plus en plus sec. À Paris, Richelieu exigeait des réparations de Gallatin,
l'envoyé américain, tandis que Hyde annonçait le rappel du consul de
Baltimore, étant donné qu'un agent du roi ne pouvait plus résider décem-
ment dans une ville où son souverain avait été si cruellement insulté. Un
agent secondaire resta sur place pour que les relations commerciales ne
souffrissent pas trop de la mesure. L'affaire, qui commençait à s'enveni-
mer, fut renvoyée à Paris, où Richelieu, loin de l'enterrer, entreprit de
s'en servir pour différer les négociations au sujet des indemnités dues par
la France aux États-Unis, que Gallatin était impatient d'entreprendre. On
la régla cependant discrètement, au bout de quelques mois, en échange
du rappel du consul américain à Bordeaux, William Lee, qui avait eu une
attitude et des paroles pro-bonapartistes incompatibles avec ses fonctions
officielles auprès de la monarchie : autre pierre d'achoppement des relations franco-américaines.

Aux États-Unis, Hyde arriva à reconquérir sa réputation d'homme
ouvert, loyal et compréhensif, en faisant valoir auprès de Monroe l'étendue
de sa modération par rapport aux exigences de son gouvernement ulcéré

---

[1] Hyde de Neuville à Monroe, 21 juillet 1816, AE, CP États-Unis, v. 73, fol. 134-135.
[2] Monroe à Hyde de Neuville, 15 août 1816, AE, CP États-Unis, v. 73, fol. 136.
[3] Madison à Monroe, 6 septembre 1816, dans Hunt, *Writings of Madison*, p. 365-366.

Hyde demanda à Richelieu l'envoi d'une dépêche où celui-ci, tout en ne désapprouvant pas l'esprit de conciliation de son ministre, exprimerait sa volonté de ne pas voir une telle insulte sans réponse, et annoncerait que le gouvernement français n'approuvait la conduite modérée de Hyde que parce que celui-ci avait assuré des sentiments du gouvernement américain, et donné des espérances quant au bon déroulement des relations futures[1]. Hyde s'arrangea pour que la dépêche parvînt sous les yeux de Monroe, par une voie détournée. En même temps, il multipliait les expressions de sa modération, de sa volonté d'établir des relations amicales et franches avec les États-Unis, minimisait le mauvais effet de la Terreur blanche en fournissant les chiffres officiels des arrestations[2], mettait l'accent sur les facteurs de rapprochement et d'amitié[3], et proclamait sa volonté de dialoguer avec les États-Unis sur le pied de la sincérité et de la loyauté. Le caractère personnel de Hyde de Neuville, ouvert, franc et expansif, ajoutait à la crédibilité de sa politique. Très vite on cessa de l'appeler, comme le faisait encore Merle d'Aubigné, réfugié bonapartiste à l'humour féroce, « Hideux Neuville[4] ». Le personnage avait réussi à faire l'unanimité sur son honnêteté et sur sa franchise, qualités qu'il érigeait en principe politique[5], au point qu'en 1819 même Adams notait que malgré les difficultés et les petites crises qu'avait subies la mission de Hyde, jamais il n'avait rencontré d'homme d'État européen aux sentiments d'honneur plus élevés, aux sentiments plus aimables et plus généreux, à l'esprit plus franc et plus sincère. Le jugement était d'autant plus objectif que Adams reconnaissait avoir eu au départ un préjugé défavorable contre Hyde, et lui reprochait toujours ses opinions ultra[6].

En conséquence, malgré les froids jetés par une série d'incidents, toasts, articles outrageants, manifestations anti-Bourbons ou anti-françaises (comme l'affaire du navire américain le *Hamilton*, dont l'équipage avait

[1] Hyde de Neuville à Richelieu, 5 juin 1817, AE, CP États-Unis, v. 74, fol. 60-65.

[2] Dans son journal, en date du 5 septembre 1816, Merle d'Aubigné rapporte que lors de la fête de la Saint-Louis donnée par Hyde, « après quelques toasts d'usage, l'évêque de ***, une ville de New Jersey, a porté : "To my fellow-protestants suffering in the South and other parts of France". Là-dessus Hydeux s'est monté, a fait un grand discours qui ne signifiait rien, a crié à la calomnie, l'horreur, l'infamie, a parlé de la *douceur du gouvernement français,* de l'empressement que l'on met à les admettre partout. » : G. Chinard, éd., *Vie de G. Merle d'Aubigné.*

[3] Le *National Intelligencer* du 26 mai 1819 rapporte un bal donné par la ville de Washington en l'honneur d'Hyde de Neuville, à l'occasion de son départ. Les salles étaient ornées d'emblèmes rappelant la première union et l'amitié des deux peuples, notamment de pavillons entrelacés d'Amérique et de France, surmontés de l'inscription : « Nos premiers alliés pour la cause de la liberté ». Les airs joués par l'orchestre, les décorations étaient là pour rappeler le temps où les guerriers français, combattant avec les Américains, luttèrent pour leur indépendance.

[4] G. Chinard, éd., *Vie de G. Merle d'Aubigné.*

[5] Il préconise, à plusieurs reprises, un « système de franchise et de loyauté, politique facile, et je crois la plus sûre » : Hyde de Neuville à Richelieu, 14 mai 1817, AE, CP États-Unis, v. 74, fol. 11-26.

[6] « His diplomatic service here has had its difficulties and its asperities. But in all the intercourse that I have had with European statesmen, I have never met with a man of higher sentiments of honor, of kinder and more generous feelings, or of a fairer and more candid mind. I say this with the more pleasure because I came to be acquainted with him with an unfavourable prejudice against his character, and because I believe his opinions with regard to the internal policy of his own country as erroneous. » : J. Q. Adams à R. Rush, 2 mai 1819, dans W.C. Ford, ed., *Writings of J.Q. Adams,* VI, 543.

insulté le drapeau tricolore français), Hyde de Neuville notait dès février 1817 un réchauffement des relations. Les « plus ardents démocrates » se rapprochaient de lui, on commençait à apprécier son souverain, et il avait le sentiment d'avoir réussi à démontrer « qu'un ardent royaliste n'est ni un ogre ni un esclave[1] ». Hyde était peut-être ardent à faire valoir les résultats de sa politique à son Département, mais il est de fait qu'à partir du printemps et surtout de l'été 1817, les articles virulents contre les Bourbons se firent plus rares, à mesure qu'on constatait la normalisation de la situation française. Quant à Monroe, soucieux d'effacer le mauvais effet laissé par l'affaire Skinner, mais ne voulant pas céder sur ce point, il multipliait les manifestations d'amitié, tandis que Hyde, d'accord avec lui, s'abstenait d'inviter officiellement les membres de l'administration fédérale à la cérémonie funèbre commémorative du 21 janvier, pour ne pas les embarrasser. Début 1818, Hyde de Neuville satisfait pouvait constater : « Quelle différence entre l'opinion du jour et les absurdes préventions d'il y a deux ans ![2] »

Un problème cependant n'était pas réglé pour le ministre royaliste : celui des Bonapartistes. Les États-Unis étaient un refuge privilégié pour tous les exilés, volontaires ou non, que la Restauration avait rejetés : une république connue pour sa réputation d'hospitalité, où la liberté était érigée en principe sacré, où Napoléon lui-même avait hésité à se réfugier et que son frère, Joseph, avait choisie, un continent enfin où il était possible de faire servir ses armes et de se refaire une carrière, soit au service de l'Espagne, soit au service de ses colonies insurgées : ce pays avait de quoi attirer. L'Amérique accueillit donc très vite un nombre considérable de ces émigrés, dont certains étaient des personnages importants et à surveiller de près : Joseph, le frère de l'Empereur, et les généraux Clausel, Grouchy, Lefebvre-Desnouettes, Lallemand. La tentation serait grande, pour ces hommes dévoués à l'Empereur, de profiter d'une liberté relative, sur ce continent où ils étaient moins surveillés qu'en Europe et où ils bénéficiaient de la sympathie, voire de la connivence de l'opinion, pour conspirer et tenter de faire évader l'Empereur. Le spectre de la conspiration devait hanter Hyde de Neuville et la plupart des consuls, soucieux de prouver leur royalisme et leur vigilance, jusqu'à l'automne 1821, c'est-à-dire le moment où la mort de Napoléon fut connue avec certitude aux États-Unis. À Paris, Richelieu partageait ces inquiétudes et prescrivait l'attention la plus vive au ministre comme aux consuls, seuls agents du roi à pouvoir observer et déjouer les complots sur place[3].

De fait, beaucoup de fidèles de Napoléon avaient espéré pouvoir monter une expédition depuis les États-Unis, assistés par l'argent de Joseph. Persat, qui avait gagné le grade de commandant au cours des campagnes napoléoniennes, raconte comment, en 1815, avec « des officiers aussi mécon-

---

[1] Hyde de Neuville à Richelieu, 1er février 1817, AE, CP États-Unis, v. 73, fol. 219-220.
[2] Hyde de Neuville à Richelieu, 29 mars 1818, AE, CP États-Unis, v. 75, fol. 94.
[3] Instructions à Hyde de Neuville, 26 janvier 1816, AE, CP États-Unis, v. 72, fol. 253-266.

tents et doués d'une imagination aussi ardente que la mienne », il avait décidé de partir aux États-Unis, où il avait « la certitude de trouver le prince Joseph Napoléon qui, m'avait-on assuré à Paris, y préparait une expédition afin d'aller enlever l'Empereur de Sainte-Hélène[1] ».

Mais Joseph, s'il n'était pas ladre de son argent pour aider ses compatriotes en difficulté et subvenir à leurs besoins, n'entendait pas se compromettre dans une expédition sans espoir. Il semble s'être fait sans difficultés à l'existence douce mais malgré tout brillante qu'il s'était aménagée sous le nom de comte de Survilliers[2]. En tout cas, en 1817, il refusa aimablement la proposition de Persat, ainsi que beaucoup d'autres.

La tranquillité apparente de Joseph ne rassurait pas Hyde pour autant, et cette inquiétude était partagée par Richelieu. Les États-Unis représentaient une base idéale pour une expédition de secours à Sainte-Hélène. Outre la supériorité reconnue aux voiliers de construction américaine, un grand avantage pouvait décider l'un ou plusieurs de cette foule de fidèles de l'Empereur rassemblés dans le Nouveau Monde : la possibilité, vu le manque de surveillance des armements dans les ports, d'affréter n'importe quel navire pour une expédition secrète. Ce genre d'armements suspects était monnaie courante en direction de l'Amérique du Sud. Il pouvait fort bien s'y glisser un armement pour Sainte-Hélène. Début juin 1816, Hyde remarqua ainsi le départ de quatre goélettes de Baltimore pour une destination mystérieuse, avec trois cents hommes et des pièces d'artillerie. Le but était-il de rejoindre Bolivar, ou était-ce Sainte-Hélène[3] ? Hyde profita de l'alerte pour réitérer sa demande qu'on mît à sa disposition un bâtiment léger pour surveiller les côtes. Étant donné le pitoyable état de la marine française, il était hors de question de mettre aucun bâtiment à la disposition exclusive d'un quelconque ambassadeur, et le ministère de la Marine répondit par une fin de non-recevoir sans équivoque. Cela n'empêcha pas Hyde de Neuville de renouveler sa demande à plusieurs reprises dans les mois qui suivirent, en se plaignant amèrement de la faiblesse des moyens mis à sa disposition pour surveiller tant de complots. En même temps, il tentait d'obtenir la collaboration du gouvernement fédéral pour surveiller les armements, sans succès, l'administration refusant de s'ingérer dans les affaires des ports.

Pendant toute l'année 1817, les dépêches de Hyde de Neuville sont obsédées par la crainte des complots bonapartistes. Toutes en parlent, et elles ne parlent pratiquement que de cela, aux dépens de tout le reste. Hyde alarmé transmet toutes les rumeurs, tous les bruits, faux ou vérifiés. Cet ancien conspirateur voit des complots partout, multiplie les informateurs et, malgré la faiblesse de ses moyens pécuniaires, envoie des espions, achète des informations. En juillet 1817, le consul Guillemin lui adresse un nommé Roul ou Raoul, ex-général, que Hyde de Neuville prend pour

---

[1] M. Persat, *Mémoires*.
[2] G. Girod de l'Ain, *J. Bonaparte*.
[3] Hyde de Neuville à Richelieu, 22 juin 1816, AE, CP États-Unis, v. 73, fol. 55-57.

un aventurier sans informations de réelle valeur mais dont il signale malgré tout les révélations au Département. Mieux vaut être alerté pour rien par un faux bruit que laisser se développer un complot. Merle d'Aubigné écrit, en date du 11 septembre 1816 : « Mr. Hydeux Neuville [fait] ici le métier de garde police et d'espion[1]. »

Outre les tentatives vers Sainte-Hélène, Hyde s'inquiétait de l'agitation de certains Bonapartistes. Dans un hémisphère instable, secoué au sud par les révolutions, où les possibilités de se tailler un royaume au sabre ne manquaient pas pour les esprits aventureux las d'une inaction forcée, Hyde craignait les menées des « factieux », tentés de déstabiliser un peu plus ce continent en ébullition et de faire triompher dans le Nouveau Monde « l'esprit jacobin », en attendant de le réimplanter, par contagion (pourquoi pas ?), dans l'Ancien. Deux affaires surtout mirent en alerte le ministre de Sa Majesté : celle du Champ d'Asile, et celle de la Confédération napoléonienne.

La société pour la Culture de la Vigne et de l'Olivier fut organisée à la fin de l'année 1816, à Philadelphie. La colonie, composée en majorité d'anciens militaires bonapartistes qui avaient décidé de troquer le sabre contre la charrue, devait s'établir sur un lot acheté au gouvernement fédéral, au bord de la rivière Tombigbee. La plupart des généraux exilés, Clausel, Lefebvre-Desnouettes, les frères Lallemand, Grouchy et ses fils, participèrent à l'affaire. Les premiers colons partirent en décembre 1817 pour fonder Démopolis. Hyde de Neuville, au début, avait plutôt considéré l'entreprise d'un bon œil. Il y voyait le moyen d'occuper sainement des exilés embarrassants. Mais ces soldats se révélèrent bientôt de médiocres cultivateurs. Charles Lallemand, qui avait été nommé président de la société, s'en désintéressa rapidement et chercha à convaincre ses colons de le suivre dans un autre établissement, au Texas : le Champ d'Asile. L'affaire devenait autrement inquiétante : le territoire relevait théoriquement de l'Espagne. De plus, Lallemand établit un fort où les colons, plus soldats qu'agriculteurs, subissaient une discipline militaire et passaient plus de temps à s'entraîner aux armes qu'à cultiver la terre. Certains, déçus et rebutés par cette discipline rigoureuse qui ne semblait justifiée que par d'aléatoires incursions d'Indiens, partirent assez vite. Pourtant Lallemand, sans apparemment développer quelque culture que ce fût, attirait sans cesse de nouveaux colons. De là à voir dans cette entreprise le point de départ d'une expédition contre le Mexique, il n'y avait qu'un pas, que le ministre d'Espagne aux États-Unis, Luis de Onis, franchit aisément. Il n'était pas le seul : Guillemin, le consul français à la Nouvelle-Orléans, qui par la situation de son poste était le mieux à même de surveiller les événements, annonçait que le projet de Lallemand était « une attaque directe contre le Mexique au nom de Joseph », dont les progrès rapides de Mina au Mexique lui auraient donné l'idée[2]. Il est vrai que Javier Mina, le neveu

---

[1] G. Chinard, *Vie de G. Merle d'Aubigné*.
[2] Guillemin à Richelieu, 16 février 1818, CP États-Unis, v. 75, fol. 59-63.

du chef insurgé, avait fait demander à Joseph pendant l'été 1817 de se mettre à la tête des indépendants du Mexique. Joseph, peu soucieux d'une telle aventure, avait refusé[1]. Mais ce genre de bruit perçait et inquiétait. Onis était persuadé que le gouvernement des États-Unis était secrètement derrière l'affaire, dans l'espoir de profiter des troubles pour saisir un morceau du Texas. Le soupçon était peut-être fondé, car la position du gouvernement fédéral face à l'entreprise de Lallemand était fort ambiguë (il avait pris sur lui d'autoriser un établissement sur une terre qui, tout de même, relevait de l'Espagne). D'ailleurs Adams avait eu l'imprudence de confier à Hyde, un jour de bonne humeur : « It's a trick to the Don », c'est un tour joué au Don, se référant à Don Luis de Onis. Dans quelle mesure cette phrase mystérieuse était-elle un aveu ? Ce n'était un secret pour personne que les États-Unis convoitaient les territoires espagnols.

Si les États-Unis pouvaient avoir intérêt à fermer les yeux sur l'entreprise, ce n'était pas le cas de la France, quoique Hyde, au début, ait été tenté de voir favorablement une entreprise de colonisation française à proximité de la Louisiane, qui réveillait de vieux rêves. L'Espagne des Bourbons nouait avec la France des liens privilégiés qu'il n'était pas question de compromettre par une affaire aussi douteuse, montée par d'anciens Bonapartistes. De plus, Hyde et surtout Richelieu craignaient la reconstitution dans l'une des anciennes colonies espagnoles d'un Empire bonapartiste.

L'affaire effraya beaucoup en France. La discipline paramilitaire du camp fit croire à une entreprise armée pour se constituer un territoire indépendant et souverain. Le *Moniteur universel* du 5 septembre 1818 annonçait : « Les étrangers réfugiés en Amérique, et qui sont désignés par le terme poli d'exilés, ont jeté le masque, et se sont emparés d'un territoire situé sur les rives de la Trinité, province du Texas, et ont continué l'œuvre de la Révolution. Ils ont publié un manifeste dans lequel ils déclarent qu'ils agiront en souverains, et qu'ils sont une puissance indépendante. Le nouveau gouvernement est entièrement militaire. Ils étaient divisés par cohortes, chaque cohorte devait avoir un chef; un code colonial devait être publié sur le champ. Ce nouvel état républicain est appelé le *Camp d'Asile*. »

Joseph couronné dans son ancien Empire espagnol pouvait y appeler son frère, et l'on pouvait voir renaître dans le Nouveau Monde la fureur qui avait mis à feu et à sang l'Ancien Monde.

L'affaire fut réglée en septembre 1818, quand le vice-roi du Mexique envoya une expédition détruire le fort des Lallemand. Hyde fut soulagé de l'élimination de ce foyer qu'il avait fini par considérer comme un « grand danger[2] ».

Plus inquiétante cependant lui parut la Confédération napoléonienne, qui tentait plus ouvertement encore d'assurer à Joseph un trône en

---

[1] G. Girod de L'Ain, *Joseph Bonaparte*, p. 347.
[2] Hyde de Neuville à Richelieu, 19 septembre 1818, AE, CP États-Unis, v. 76, fol. 71-72.

Amérique du Sud, affaire à laquelle Hyde donna d'autant plus d'importance que c'était lui qui en avait découvert tous les fils. D'ailleurs, pour
Onis, le Champ d'Asile avait peut-être été une première étape dans la
création de la Confédération napoléonienne[1]. C'était sans doute donner
trop d'ampleur et trop de vues à des mouvements qui répondaient moins
à un complot unique, une gigantesque conspiration dirigée par Joseph ou
montée de Sainte-Hélène, qu'à une série d'initiatives individuelles.

Le 27 août, Hyde intercepta, de façon mystérieuse, un ensemble de documents qui prouvaient l'existence d'une conspiration appelée « Confédération napoléonienne ». Il demanda aussitôt un rendez-vous à Rush, le
secrétaire d'état des Affaires étrangères, et établit avec lui l'authenticité de
ces papiers. Ainsi, la découverte bénéficiait de la reconnaissance officielle
du gouvernement des États-Unis. Les pièces étaient signées de Lakanal. Il
est curieux que Joseph Lakanal, homme estimable, scientifique de renom,
se soit compromis à ce point dans une affaire somme toute plutôt ridicule,
une conspiration sans chances d'aboutir, et en faveur d'un homme, Joseph
Bonaparte, qui ne désirait pas la soutenir. Au milieu de projets grandioses,
Lakanal sollicitait du futur Empereur Joseph (Empereur de la Confédération napoléonienne) des titres et des décorations qui auraient récompensé
son dévouement. L'authenticité des pièces, et la conformité d'écriture avec
celle de Lakanal, furent pourtant reconnues sans doute aucun par Richard
Rush.

La pièce principale était un *Rapport adressé à S.M. le roi des Espagnes
et des Indes par ses fidèles sujets les citoyens composant la confédération
napoléonienne*[2]. Il s'agissait, nettement cette fois, de faire de Napoléon
le roi du Mexique. Après avoir prévenu l'administration américaine, Hyde
envoya une expédition en direction de Santa Fe pour intercepter tout
mouvement éventuel, et prévint Onis. Parallèlement, il exhortait Richelieu
pour qu'on surveillât étroitement Napoléon à Sainte-Hélène : « Où en
serait-on si cet homme audacieux arrivait au Mexique déjà conquis ?[3] »

Les craintes de Hyde n'étaient pas si vives qu'il voulait bien le faire
croire. Il avait gonflé l'affaire, que, en son for intérieur, il ne croyait pas
si menaçante, pour deux raisons : d'abord, il était toujours intéressant de
magnifier une conspiration de la découverte de laquelle il était entièrement responsable; ensuite, il lui importait avant tout de faire sentir à
l'Europe de la Sainte-Alliance que la France avait la volonté et la capacité
de surveiller ses propres factieux, et qu'elle venait de sauver l'Espagne
d'un grand danger. Ceci explique qu'une fois que Hyde eût sonné le tocsin
et averti bruyamment les États-Unis et l'Espagne, il se désintéressa de
l'affaire.

En réalité, Hyde de Neuville commençait à revenir de ses frayeurs premières du bonapartisme, et il cherchait déjà à intervenir en faveur de

---

[1] M. Dunan, *Sainte-Hélène,* p. 250.
[2] Copies des pièces interceptées. AE, CP États-Unis, v. 74, fol. 163-174.
[3] Hyde de Neuville à Richelieu, 31 août 1817, AE, CP États-Unis, v. 74, fol. 175-181.

certains exilés dont le « bon comportement » lui paraissait suffisamment établi. En décembre 1818, il crut la situation française devenue assez favorable pour plaider la cause de « cent cinquante à deux cents jeunes hommes, poussés sur cette rive par l'intrigue de quelques hommes », qui n'étaient qu'égarés et qu'il saurait ramener. Il suppliait Richelieu non seulement de leur faciliter le retour, mais surtout de leur accorder en France la demi-solde à laquelle ils pourraient prétendre, car que feraient-ils en France s'ils devaient s'y trouver, comme en Amérique, sans ressources ? Cette indulgence ferait « bon effet », ajoutait Hyde[1].

De même, il n'hésitait pas à recommander Lefebvre-Desnouettes, pourtant porté sur la liste d'exception à l'amnistie de 1815 et qui devait être banni à vie. Lefebvre s'était présenté personnellement chez Hyde « avec une candeur qui fait crier à l'amnistie », et Hyde lui avait parlé « en consolateur », n'osant trop cependant lui promettre la clémence du roi, père de son peuple, pour l'un de ses enfants égarés. Lefebvre « était jeune, il a été séide, il a été entraîné...[2] ». Il défendait encore le maréchal Grouchy et ses fils, d'autant plus chaudement que Grouchy s'était gagné l'estime des Du Pont de Nemours et que Victor et Joséphine Du Pont le recommandèrent à Hyde avec un enthousiasme et une opiniâtreté sans relâche[3].

Ce royaliste fanatique n'hésitait donc pas à prêcher l'indulgence pour les Bonapartistes, plus par commisération naturelle que par politique, car s'il pensait sincèrement que la réconciliation des Français, le retour à l'unité et la pacification des esprits étaient nécessaires à la stabilité du trône et passaient par le pardon aux Bonapartistes, l'argument qu'il avançait le plus souvent dans ses dépêches n'était pas celui-là, mais plutôt un appel à la pitié chrétienne, et la défense des intentions de ces hommes plus égarés par d'autres que factieux dans l'âme. Bref, il présentait les cas un par un et préférait raisonner en termes de cas individuels que de politique générale. C'était aussi une façon de mieux faire passer son plaidoyer.

Cette intervention n'avait rien d'admirable. Elle était justifiée par une bonne situation en France et la fin des grandes alertes de menées bonapartistes en Amérique. Cependant, poussée à ce point (car Hyde ne craignit pas d'insister très fortement auprès de Richelieu), elle était assez inattendue de la part d'un ultra aussi extrémiste que Hyde de Neuville avait la réputation de l'être. Elle était même si peu royaliste, et témoignait d'un goût si certain pour la liberté et la justice, que Hyde put la rappeler à Napoléon III, sous le second Empire, dans l'espoir sans doute qu'une bonne action n'est jamais perdue[4].

---

[1] Hyde de Neuville à Richelieu, 3 décembre 1818, AE, CP États-Unis, v. 76, fol. 143-144.
[2] Hyde de Neuville à Richelieu, 12 décembre 1818, AE, CP États-Unis, v. 76, fol. 158-160.
[3] Correspondance entre Hyde de Neuville et V. et J. Du Pont, septembre 1816 - avril 1819 et 10 juin 1822, EMHL, W3-5505 à 5544, et AN, 38 AP 1 d. IV.
[4] Hyde de Neuville à Napoléon III, 5 avril 1851, AN, AB XIX 3490 d.3.

3. LES DIFFICULTÉS DE L'ESPAGNE

Hyde de Neuville était le champion de la légitimité non seulement contre les Bonapartistes mais aussi en faveur de l'Espagne. Pour le représentant d'un gouvernement Bourbon, le soutien à la monarchie espagnole relevait de la « loyauté » et du pacte de famille. Cela n'empêchait cependant pas Hyde de transmettre au Département ses vues personnelles sur le réel intérêt de l'Espagne, qui selon lui ne correspondait pas à la politique qu'elle poursuivait. Mais il était tenu d'adhérer à cette politique, bien qu'elle lui parût mauvaise.

Allié loyal de l'Espagne, Hyde de Neuville était à Washington son soutien naturel face au gouvernement américain. D'un autre côté, le caractère de Hyde, qui avait fini par inspirer une certaine confiance à ses interlocuteurs, ses positions relativement neutres (il n'osait ni se déclarer franchement contre la politique espagnole, par loyauté, ni l'approuver pleinement), ses idées bien connues sur la ligne que devrait suivre l'Espagne, qui se rapprochaient somme toute de celles du gouvernement fédéral, tous ces éléments pouvaient se conjuguer pour conférer à Hyde une position privilégiée auprès du gouvernement américain. Hyde de Neuville, en qui l'on pouvait avoir confiance au su de ses idées personnelles, paraissait à Washington le seul homme qui pût peut-être faire entendre raison à l'Espagne. Plutôt que Bagot, le ministre de la Grande-Bretagne, une puissance dont les deux parties se méfiaient, Hyde apparaissait comme le seul intermédiaire possible entre les deux nations qui en étaient pratiquement arrivées à la rupture faute de pouvoir parler le même langage.

Dans ces conditions, on peut comprendre que l'Espagne et les États-Unis se soient trouvés d'accord, en 1817, pour faire appel aux services de Hyde de Neuville en vue d'un règlement définitif des questions en suspens entre les deux pays. Cette médiation restait cependant purement officieuse. La France se proclamait l'amie autant de l'Espagne que des États-Unis, mais n'entendait pas, en se chargeant officiellement du règlement de leurs conflits, risquer de se compromettre. On ne voulait pas s'aliéner les États-Unis, avec lesquels on venait tout juste de reprendre des relations sur un pied satisfaisant, et avec qui on espérait une entente politique et surtout commerciale fructueuse. Il n'était pas question de sembler abandonner l'Espagne en adoptant la neutralité d'un arbitre : officiellement, pour la cour de Madrid, le ministre de Sa Majesté Très Chrétienne à Washington serait censé défendre les intérêts de Sa Majesté Catholique en Amérique. Enfin, face à l'Europe, la France de Richelieu hésitait à reprendre un rôle qu'elle semblait encore peu apte à jouer, affaiblie, surveillée par la Sainte-Alliance d'un œil soupçonneux. Surtout, elle voulait éviter de froisser l'Angleterre, qui avait déjà proposé ses services dans une médiation sans que ceux-ci fussent acceptés[1].

---

[1] Adams, *Memoirs*, IV, 27 janvier-3 février 1818. Adams repoussa cette offre car l'opinion américaine était trop irritée contre la Grande-Bretagne.

Une médiation était pourtant nécessaire dans la mesure où les litiges entre l'Espagne et les États-Unis duraient depuis près de quinze ans sans que leur règlement eût avancé en rien. Dans la mesure où ce contentieux reposait, en partie, sur les conditions de la cession de la Louisiane par la France, il paraissait normal à l'Espagne comme aux États-Unis que la France donnât son avis et précisât ce qu'au juste elle avait cédé. Richelieu, comme ses prédécesseurs, se refusait à donner cette précision dont il n'avait pas les éléments. En revanche, il se montra d'accord pour que son ministre à Washington tentât un accommodement, à condition donc que ce fût officieux et qu'on ne pût plus par la suite rendre la France responsable d'un tel contentieux.

Les États-Unis reprochaient à l'Espagne des saisies de bateaux marchands américains, du temps où celle-ci était sous la domination française. Surtout, ils lui disputaient des territoires en Floride et contestaient la frontière du Texas et de la Louisiane. Il s'agissait donc de déterminer les limites exactes de la Louisiane, aussi bien à l'est qu'à l'ouest, telle qu'elle avait été vendue par Napoléon aux États-Unis en 1803.

Les négociateurs du traité de 1803 n'avaient pas songé à préciser ces limites par rapport à aucun repère géographique. La Louisiane était vendue telle qu'elle avait été rétrocédée par l'Espagne. Or l'acte de rétrocession, le traité de Saint-Ildefonse, se contentait de stipuler que la Louisiane était restituée « avec la même étendue qu'elle a actuellement entre les mains de l'Espagne et qu'elle avait lorsque la France la possédait et telle qu'elle doit être d'après les traités conclus subséquemment entre l'Espagne et les autres états ». Ceci laissait le champ large à toutes les interprétations. Quinze jours à peine après la signature du traité, les négociateurs américains, James Monroe et Robert R. Livingston, commençaient à soulever le problème. À l'ouest, la Louisiane n'avait jamais été vraiment explorée. Quelques avant-postes espagnols à l'est du Texas suffisaient à déterminer une frontière imprécise, entre la Sabine et la Rivière Rouge. Quant à la frontière est de la Louisiane, elle était théoriquement constituée par le Mississippi (selon l'état de la Louisiane telle qu'elle avait été cédée en 1783 et rétrocédée par l'Espagne en 1800). Mais en 1763, elle comprenait une portion de la Floride, jusqu'au Rio Perdido. De 1763 à 1783, cette portion de Floride était anglaise, avant d'échoir à nouveau à l'Espagne. Quand l'Espagne récupéra ce territoire, devait-on le considérer comme faisant toujours partie des Florides, ou comme faisant à nouveau partie de la Louisiane ? En conséquence, avait-il été cédé en 1800 avec la Louisiane ? Et Napoléon l'avait-il vendu comme partie intégrante de la Louisiane, « telle que l'Espagne la possédait » ? La question pour les États-Unis était du plus grand intérêt, à la fois économique et stratégique. Les Florides, « pistolet pointé au cœur de la nation » (par analogie avec la forme géographique du territoire), avaient été un but pour les expansionnistes américains depuis l'indépendance. La faiblesse de l'Espagne, incapable de réprimer les désordres en Floride et surtout les incursions d'Indiens qui se réfugiaient sur son territoire, était un prétexte pour les États-Unis à se faire justice eux-mêmes et poursuivre les Séminoles jusqu'à l'intérieur de ce domaine convoité. En attendant d'acquérir la totalité des Florides de façon régulière, cela donnait le prétexte au général Jackson de prendre Pensacola et, début 1819, de commencer pratiquement à conquérir le territoire, déjà grignoté à l'ouest entre 1810 et 1813. Surtout, le débouché sur le golfe du Mexique excitait la convoitise des États-Unis, puissance navale marchande en pleine expansion.

Napoléon avait refusé de se prononcer sur l'étendue exacte de sa concession. Richelieu et la France des Bourbons conservèrent la même politique, avec d'autant moins de goût à se mêler du litige que la vente n'avait pas été faite par le gouvernement de Sa Majesté, et qu'il ne s'en sentait donc pas responsable, du moins pour essuyer ses inconvénients. En mars 1816, Richelieu écrivait à Roth : « Toutes ces contestations sur les limites de la Louisiane ne nous concernent plus[1]. » En juillet 1817, le cours des événements l'avait obligé à prendre position un peu plus nettement; il contestait alors que les États-Unis aient aucun droit à l'est du Mississippi, et prescrivait à Hyde de Neuville de ne pas appuyer les revendications du gouvernement fédéral[2].

Onis proposa en décembre 1817 seulement de reprendre les négociations sur ce point délicat. Il avait, prétendait-il, reçu de nouvelles instructions de son gouvernement[3]. Adams s'empressa d'acquiescer. L'Espagne en réalité était poussée par la politique expansionniste de plus en plus menaçante des États-Unis, et forcée de sortir d'un *statu quo* qui l'arrangeait par la menace de perdre, à terme, la totalité des Florides. L'occupation de l'île Amelia, sous couvert d'y réprimer le piratage, était le dernier pas du gouvernement américain vers une conquête éventuelle. Acquise à l'idée qu'il valait mieux vendre, ou échanger, que perdre sans compensations, la cour d'Espagne rappelait ses droits imprescriptibles sur la totalité des Florides, et proposait un échange contre « un territoire équivalent à l'ouest du Mississippi[4] ».

Adams espérait plus qu'une simple vente pour un territoire sur lequel les États-Unis élevaient des prétentions, justifiées ou non. Il refusa de reprendre la discussion sur le même pied qu'en 1805, lors de la mission de Don Pedro Cevallos, sans propositions vraiment nouvelles de la part de l'Espagne[5]. L'Espagne devait céder toutes prétentions sur les territoires à l'est du Mississippi, et admettre le Colorado, de son embouchure à sa source, comme frontière occidentale de la Louisiane[6].

Une telle exigence, inacceptable pour l'Espagne, équivalait pratiquement à un refus d'entamer aucune négociation, alors que les États-Unis,

---

[1] Richelieu à Ch. Roth, 29 mars 1816, AE, CP États-Unis, v. 72, fol 300.
[2] Richelieu à Hyde de Neuville, 31 juillet 1817, AE, CP États-Unis, v. 8 supplément, fol. 284-286.
[3] Onis à Adams, 10 décembre 1817, dans *Official Correspondance between D. Luis de Onis and J.Q. Adams.*
[4] Onis à Adams, 29 décembre 1817, *ibid.*
[5] Adams à Gallatin, 19 mai 1818, NYHS, Gallatin papers, 1818, n° 35.
[6] Adams à Onis, 16 janvier 1818, *ibid.*

en position de force, avaient pourtant intérêt à voir des négociations s'engager et aboutir. En février, Adams repoussa la proposition espagnole d'une médiation de la Grande-Bretagne. La situation était bloquée et finissait par inquiéter non plus seulement la Grande-Bretagne mais l'Europe entière, qui aspirait à la paix. Richelieu prescrivait à Hyde de Neuville, dès le mois de janvier, de tout faire pour que les États-Unis évitent la rupture avec l'Espagne[1]. Il s'agissait de sauvegarder l'équilibre général et aussi de mettre un frein à la politique belliqueuse des États-Unis. En septembre, Richelieu eut avec Wellington une conversation qui acheva de le convaincre que la Grande-Bretagne et l'Europe craignaient « tout événement pouvant entraîner une conflagration générale[2] ».

L'invasion des Florides par le général Jackson, sous prétexte d'y poursuivre des hordes d'Indiens rebelles, acheva d'inquiéter, d'autant plus qu'en juillet 1818 Jackson n'hésita pas à s'emparer de la ville espagnole de Pensacola, dont le gouverneur lui aurait refusé sa collaboration. Le gouvernement américain n'osa ni désavouer Jackson, ni admettre qu'il avait agi sur ordres. Onis protesta vivement, mais il craignait la rupture. Dès le mois de mai, Hyde de Neuville, fort de ses instructions, s'était entremis auprès d'Adams pour le pousser à la modération[3]. Après la prise de Pensacola, il lui demanda une nouvelle entrevue, qui fut suivie d'une série de conférences officieuses où Hyde développait le point de vue de l'Espagne. Tandis qu'Adams lui montrait la note « injurieuse » d'Onis (« Onis' note of invective ») sur la prise de Pensacola, Hyde demandait au secrétaire d'État de différer d'y répondre, et parlait d'arrangement[4].

Le 16 juillet, Hyde de Neuville eut une nouvelle entrevue avec Adams. Celui-ci avait eu le temps de conférer avec le président Monroe, et il montra à Hyde, sur la carte, les limites qu'il pouvait proposer pour la Louisiane, et qui allaient être le point de départ d'une nouvelle négociation. La frontière prenait pour point de départ la rivière Trinité, de son embouchure à sa source, rejoignait droit au nord la Rivière Rouge jusqu'à sa source, puis le Rio del Norte, et enfin continuait droit à l'ouest jusqu'au Pacifique. Hyde annonça qu'il transmettrait la proposition au chevalier d'Onis et demanda une note en conséquence. Monroe accepta l'offre, espérant que l'influence de Hyde de Neuville auprès d'Onis amènerait enfin l'Espagne à accepter les termes du gouvernement américain[5]. Quant à Adams, il préférait traiter avec Hyde que continuer un dialogue de sourds avec Onis, et déclara d'emblée au ministre français : « Vous connaissez notre terrain, vous vous rendez mieux que tout autre compte des difficultés de l'administration; ainsi nous ne vous cacherons rien[6]. »

---

[1] Richelieu à Hyde de Neuville, 19 janvier 1818, AE, CP États-Unis, v. 75, fol. 22-25.
[2] Richelieu à Hyde de Neuville, 1er septembre 1818, AE, CP États-Unis, v. 76, fol. 45-49.
[3] Adams, *Memoirs*, IV, 5 mai 1818.
[4] *Ibid.*, 10 juillet 1818.
[5] *Ibid.*, 16 juillet 1818.
[6] Hyde de Neuville à Richelieu, 17 juillet 1818, AE, CP États-Unis, v. 75, fol. 333.

Onis n'attendait que ce geste de la part de Hyde de Neuville. Dès 1817, l'Espagne, cherchant des appuis partout en Europe contre les États-Unis, avait demandé à la France une médiation que celle-ci avait refusé de four-nir[1]. D'un autre côté, Richelieu approuva cette initiative de Hyde de Neu-ville, en précisant bien toutefois que Hyde ne devait pas prendre le rôle d'un médiateur, encore moins d'un arbitre, mais celui d'un simple conci-liateur demandé par les deux parties. Le duc de Laval, ambassadeur de France à Madrid, fut instruit d'agir dans le même sens que Hyde de Neu-ville, dont il reçut d'ailleurs copie des observations. Cependant, Hyde rece-vait l'ordre « d'appuyer les justes droits de l'Espagne » et de « tâcher de les faire reconnaître[2] ».

En fait, durant toutes les conférences qui suivirent, Hyde de Neuville passa plus de temps à essayer de convaincre Onis et l'Espagne de faire des concessions, qu'à prêcher furieusement une cause perdue auprès de John Quincy Adams. Pour lui, l'Espagne ne pouvait trouver conditions plus favo-rables : « Si l'Espagne ne termine pas de suite, elle n'obtiendra pas dans six mois de semblables conditions. » Le « parti brusque et sage de l'admi-nistration », soudain décidée à traiter, était aussi dû à l'opposition politi-que d'Adams et de Monroe contre les députés de l'Ouest et les promoteurs de la guerre, Henry Clay en tête, voire contre les opérations un peu trop fracassantes d'Andrew Jackson en Floride. Il n'était pas dit que ces condi-tions puissent durer.

Pendant toute l'année 1818, Hyde tempêta dans ses dépêches contre Onis qui faisait des arguties pour des portions de territoires qui n'intéres-saient pas vraiment l'Espagne – pour des « déserts » – et contre la cour de Madrid qui paralysait son ministre faute d'instructions suffisamment pré-cises, sans lui laisser aucune liberté d'initiative[3], mais continua ses bons offices sans désemparer, empêchant les ruptures, tentant de nouvelles pro-positions lorsque les négociations arrivaient à un point mort, et lénifiant toujours les positions. À la fin de l'année, J.Q. Adams ne traitait plus qu'avec lui et se passait de voir Onis[4], avec qui il ne pouvait plus avoir une conversation sans qu'elle dégénérât en dispute. Par un mouvement de balancier bien compréhensible, les journaux, qui se déchaînaient contre le chevalier d'Onis, n'écrivaient plus que louanges sur le ministre

---

[1] Correspondance entre le comte de Fernan-Nunez et le duc de Richelieu, 12 août - 11 septem-bre 1817, AE, CP États-Unis, v. 8 supplément, fol. 287 à 304.

[2] Richelieu à Hyde de Neuville, 1er septembre 1819, AE, CP États-Unis, v. 76, fol. 45-49.

[3] L'instabilité ministérielle en Espagne, ajoutée à l'imprécision des instructions d'un gouverne-ment embarrassé, et à l'éloignement du poste qui retardait la transmission des dépêches, privait effectivement Luis de Onis de toutes instructions sûres et positives. En décembre 1818, Onis était convaincu de la nécessité de traiter, mais il n'avait pour transiger de manière définitive « que les lettres particulières d'un ministre disgrâcié » (Pizzaro), et craignait qu'une initiative de sa part ne fût sanctionnée par la disgrâce ou l'exil : Hyde de Neuville à Richelieu, 3 décembre 1818, AE, CP États-Unis, v. 76, fol. 145-146.
Après la signature du traité, Onis dut en effet se justifier devant son gouvernement et fut un moment en passe d'être désavoué : Dessolles à Hyde de Neuville, 8 septembre 1819, AE, CP États-Unis, v. 10 supplément, fol. 108-112.

[4] J.Q. Adams à Albert Gallatin, 14 avril 1819, NYHS, Gallatin papers, 1819, n° 20.

de France. Outre la satisfaction d'avoir réussi à rapprocher deux pays avec lesquels elle entretenait des liens d'amitié et en faveur ou contre lesquels, en cas de conflit, elle eût été bien en peine de prendre position, la France gagnait en popularité à cette médiation officieuse, et pouvait espérer voir la récompense de ses bons offices en une attitude moins rigoureuse des États-Unis sur des points litigieux tels que les droits de tonnage sur les navires marchands, les privilèges dus aux navires français dans les ports de la Louisiane, ou un règlement à l'amiable de la délicate question des indemnités réclamées par les États-Unis à la France depuis le blocus napoléonien. Monroe chargea Adams d'exprimer sa satisfaction au gouvernement français, aussitôt après la signature du traité, en lui faisant écrire à Gallatin, le ministre américain à Paris : « Les bons offices du ministre de France, Mr. Hyde de Neuville, ont été actifs et infatigables, et ont éminemment contribué à l'issue favorable de cette négociation. Le président souhaite que vous exprimiez au duc de Richelieu la haute opinion qu'il a [...] du zèle et de l'efficacité avec lesquels Mr. de Neuville a exécuté les intentions de son souverain, en promouvant la conclusion amicale de nos différends avec l'Espagne[1]. »

La signature du traité avec l'Espagne, le 22 février 1819, correspondait dont au moment du plus beau fixe des relations entre les États-Unis et la France. C'est que les États-Unis devaient à ses bons offices d'avoir réussi, par la voie diplomatique et sans recours à une occupation militaire forcée, à acquérir un territoire convoité depuis longtemps et à l'importance quasiment vitale pour le futur développement des États-Unis. La question des indemnités dues de part et d'autre était réglée par une renonciation mutuelle. Les limites occidentales de la Louisiane étaient définitivement précisées, de la manière la moins équivoque possible. La Floride orientale était acquise aux États-Unis. L'Espagne ne faisait que céder ce qu'elle aurait perdu de toute façon; en ce sens, Hyde de Neuville avait respecté ses instructions d'agir dans l'intérêt de la cour de Madrid. Les États-Unis gagnaient le débouché du golfe du Mexique, assurant leur puissance et surtout évitant qu'une puissance plus forte que l'Espagne ne les prenne de vitesse pour s'emparer de ce débouché stratégique : là reparaissait le vieux spectre de l'Angleterre.

L'affaire n'était pourtant pas close et allait connaître un désagréable rebondissement qui devait obliger les États-Unis et surtout l'Espagne à avoir une fois de plus recours aux bons offices de Hyde de Neuville. Le traité, envoyé à Madrid sous promesse de ratification, n'avait pas encore été signé lorsque la cour espagnole, sans doute peu désireuse d'accepter un traité impopulaire et qui lui semblait léser si outrancièrement ses intérêts, releva un détail qui avait échappé aux négociateurs. L'article 8

---

[1] « The friendly offices of the french Minister, Mr. Hyde de Neuville, have been earnest and unwearied; and have eminently contributed to the favorable issue of this negotiation. The President wishes you to express to the Duke de Richelieu the high sense that he entertains [...] of the zeal and ability with which Mr. de Neuville has carried into effect the intentions of his sovereign, by promoting the amicable settlement of our differences with Spain. » : J.Q. Adams à A. Gallatin, 27 février 1819, NYHS, Gallatin papers, 1819, n° 12.

stipulait que toutes les concessions faites par le roi d'Espagne, dans le territoire cédé aux États-Unis, avant le 24 janvier 1818, étaient confirmées, celles qui étaient postérieures à cette date étant annulées. Or trois concessions, que les négociateurs avaient cru de bonne foi postérieures et considéraient comme annulées, étaient en réalité antérieures à la date du 24 janvier. L'Espagne saisit ce prétexte pour différer la signature promise. Après la révolution de 1820 en Espagne, les Cortès refusèrent à leur tour de ratifier sans examen plus attentif. Exaspérés par ce manque de foi, les États-Unis étaient prêts à la rupture et à l'occupation immédiate des Florides, que le traité fût ratifié ou non. Les partisans de la guerre étaient près d'avoir gain de cause lorsque l'Espagne promit l'envoi d'un nouveau ministre, le général Vivès. De décembre 1819 à avril 1820, Hyde de Neuville s'employa à faire patienter le gouvernement fédéral et le Congrès, dans l'attente de l'envoyé espagnol, suppliant dans ses dépêches que l'on presse l'Espagne. Une fois Vivès arrivé, début avril, Hyde devait encore fournir ses bons offices, voire son témoignage en tant que négociateur officieux sur l'interprétation à donner à l'article 8, jusqu'au 22 février 1821, date de l'échange final des ratifications.

La principale raison qui avait poussé l'Espagne à cette politique temporisatrice, et le seul argument qui l'avait finalement convaincue de ratifier le traité, était le problème de la reconnaissance par les États-Unis de l'indépendance des colonies espagnoles révoltées. En retardant la ratification, l'Espagne cherchait à entraîner les États-Unis dans de nouvelles négociations et à les pousser à une déclaration de neutralité en bonne et due forme, dans laquelle les États-Unis s'engageraient à ne pas reconnaître ni soutenir les républiques rebelles. Hyde de Neuville avait assuré que la ratification serait le plus sûr moyen d'obtenir cette neutralité, à laquelle les États-Unis, pensait-il, avaient tout intérêt.

Quelle était la situation, en 1819, de ces colonies insurgées, et quelles étaient les vues de Hyde de Neuville à leur sujet ?

Les soulèvements apparus en 1810 dans les colonies avaient profité du fait que l'Espagne, accaparée par les problèmes continentaux, employait toutes ses forces à lutter contre Napoléon. Lorsque Ferdinand VII fut restauré en 1814, l'Europe de la Sainte-Alliance était disposée, sur le plan des principes, à rétablir l'autorité légitime de l'Espagne sur ses colonies. Toutefois il apparut bientôt, au cours des congrès qui suivirent, qu'aucun des alliés ne souhaitait une intervention militaire. La Grande-Bretagne en particulier avait, au même degré que les États-Unis d'ailleurs, trop d'intérêts commerciaux dans la région et trop de désavantages à voir l'Espagne rétablir son ancien monopole. Sans l'avouer, la France espérait naturellement sa part du marché qui s'ouvrait, même si sa faiblesse navale relative limitait ses intérêts face à la concurrence de puissances comme la Grande-Bretagne et les États-Unis.

Seul correspondant politique en Amérique, Hyde de Neuville était dans une position privilégiée pour transmettre ses observations et ses jugements à son gouvernement. Or, contre ce qu'aurait pu être l'avis du duc de

Richelieu, il n'était pas en faveur d'un soutien inconditionnel à la politique de l'Espagne. Partant de l'idée que les colonies étaient de toute façon perdues pour l'Espagne, trop faible pour pouvoir les soumettre, et que l'indépendance de l'Amérique du Sud faisait partie de cette notion vague, mais à la puissance inéluctable, de « marche du temps », il jugeait que la seule marche à suivre pour limiter les troubles était de veiller à ce que ces nations indépendantes ne choisissent pas le mode de gouvernement de la république, comme elles en avaient l'exemple dans le Nord, mais celui de la monarchie.

Il ne s'agissait donc pas de conserver coûte que coûte les colonies à l'Espagne, mais de veiller à ce qu'elles se développent en monarchies indépendantes. Ce souci d'éviter que les nouvelles nations américaines ne prissent modèle sur leur sœur aînée, les États-Unis, pour se donner un régime politique, était normal chez un royaliste ardent, mais ne relevait pas d'une condamnation du système américain en tant que tel. Le système républicain était bon pour les États-Unis, et il est remarquable de voir que Hyde de Neuville lui reconnaissait des avantages. Simplement, il pensait honnêtement que ce système, applicable à une nation « sage » et qui a atteint une certaine maturité, ne l'était pas à des nations instables, à peine formées, et menacées par des troubles de toutes sortes.

L'idée de monarchies indépendantes s'imposait à tous les observateurs politiques en Amérique du Nord. Sérurier, qui avait été le prédécesseur de Hyde de Neuville au poste de ministre plénipotentiaire, tirait les mêmes conclusions[1]. Graham, l'un des trois observateurs américains envoyés en Amérique du Sud en 1818, confiait à Hyde à son retour que si l'indépendance n'était plus douteuse, il n'en était pas de même de la forme du gouvernement, et qu'une monarchie serait « facile à fonder » : c'était pour l'Espagne la seule chose à tenter[2].

Richelieu, acquis à l'idée, écrivait à Hyde de Neuville dans une lettre particulière : « Vous avez bien parfaitement raison; si l'on pouvait faire entendre aux cours d'Espagne que la seule manière certaine de conserver une union et des avantages réciproques à leurs possessions européennes et américaines, serait de partager entre elles leurs familles royales, on rendrait au monde un bien important service[3]. » À condition d'agir vite, on pouvait peut-être préserver ainsi les intérêts de l'Espagne, et surtout éviter la républicanisation de l'Amérique du Sud, avec tout le danger éventuel de contagion pour l'Europe qu'impliquerait une telle situation. Mais le temps ne jouait pas en faveur de l'Espagne ni du système monarchique[4].

---

[1] Sérurier à Richelieu, notamment 20 janvier 1818, AE, M & D Amérique, v. 34.

[2] Hyde de Neuville à Richelieu, 3 décembre 1818, AE, CP États-Unis, v. 76, fol. 145-146.

[3] Richelieu à Hyde de Neuville, 11 août 1817, dans *Mémoires*, II, 308.

[4] Dès 1818, Richelieu inquiet écrivait à Hyde de Neuville : « Votre idée d'établir de grandes monarchies en Amérique qui il y a un an étoit admirable, ne seroit peut-être plus acceptée aujourd'hui à Buenos Aires dont le gouvernement se flatte d'être reçu par le Brésil et les États-Unis. » : Richelieu à Hyde de Neuville, 19 février 1818, M & D Portugal, v. 26, fol. 43-45.

Le successeur de Richelieu, Dessolles, tenta cependant une négociation en ce sens auprès de la cour de Madrid[1].

À Buenos Aires, la plus stable des nouvelles nations, le général Puyrredon se montrait disposé à accueillir un prince Bourbon. Un infant, le duc d'Orléans, ou le duc de Lucques, pouvait être sollicité. Mais il fallait compter avec la Grande-Bretagne, peu décidée à laisser faire, et d'ailleurs Puyrredon fut renversé début 1820[2]. Hyde transféra ses espoirs sur le Mexique. Il écrivait en 1822, alors que Monroe dans son message du 13 mars (dont Hyde avait eu la communication anticipée) venait de recommander au Congrès la reconnaissance du gouvernement de Buenos Aires, et que la situation semblait de plus en plus échapper à l'Espagne : « Une personne bien informée et qui arrive de Louisiane m'assure que le parti monarchique est tellement fort au Mexique que si un prince espagnol s'y présente, il gouvernera sans difficulté ce peuple qui n'a aucune des idées révolutionnaires qui agitent les autres colonies espagnoles[3]. » Le général Iturbide avait en effet pensé courant 1821 à faire du Mexique une monarchie indépendante sous un prince de la dynastie espagnole. Le ministère français était disposé à appuyer un tel mouvement[4], d'autant plus que le Mexique, plus encore que Buenos Aires, trop éloignée des Antilles, offrait un marché intéressant, capable à terme de compenser les pertes de la Louisiane et de Haïti. En 1823-1824, la cour de Paris insista vivement auprès de Ferdinand VII pour l'amener à créer soit une monarchie indépendante, soit un apanage[5]. Chateaubriand devenu ministre des Affaires étrangères reprit l'idée, mais elle n'avait aucun avenir. Elle se heurtait autant à l'opposition de l'Espagne de Ferdinand que de l'Angleterre de Canning[6].

La solution de royaumes vassaux eût considérablement simplifié les problèmes diplomatiques. La France et l'Europe n'avaient plus à hésiter pour reconnaître les nouvelles nations, comme le leur dictait leur intérêt commercial. Leloir, le représentant français que la cour de Paris avait installé à Buenos Aires sans oser l'appeler autrement que « agent du commerce », laissait la place à un consul, voire à un ministre. L'échec de cette solution, dû à l'absence de candidat réellement intéressé autant qu'à l'obstination de l'Espagne qui espérait toujours reconquérir ses colonies, plaçait les cours d'Europe et même le gouvernement des États-Unis dans un embarras assez grand.

Hyde de Neuville n'avait pas hésité à promettre à l'Espagne la neutralité des États-Unis pour obtenir la signature du traité des Florides. Il avait en cela pris beaucoup sur lui . Il est vrai que jusqu'à la fin de l'année 1818, le gouvernement fédéral n'envisageait pas la reconnaissance. Le gouver-

---

[1] Dessolles à Hyde de Neuville, 22 février 1819, AE, CP États-Unis, v. 10 supplément, fol. 72-77.

[2] Cf M. Belgrano, *La Francia y la monarquia en el Plata*.

[3] Hyde de Neuville à Montmorency, 11 mars 1822, AE, CP États-Unis, v. 79, fol. 78-79.

[4] Pasquier à Augustin Lagarde, 6 novembre 1821, AE, CP Espagne, v. 714.

[5] Villèle projetait des apanages au Mexique, au Pérou et en Argentine. Villèle, *Mémoires*, IV, 188-201.

[6] N.N. Barker, *The French Experience in Mexico*.

nement de Buenos Aires, le seul véritablement constitué, n'apparaissait pas suffisamment stable; surtout, les États-Unis appréhendaient d'agir seuls, avant de connaître les résultats du congrès d'Aix-la-Chapelle. À peu près sûr que les Alliés échoueraient à se mettre d'accord pour une intervention armée, Adams ne voulait pas les offenser par une reconnaissance prématurée[1]. En conséquence, dès le mois de décembre 1818, Adams proposa en même temps à la France et à la Grande Bretagne de s'unir pour reconnaître le gouvernement de Buenos Aires[2]. Cette proposition alarma Hyde de Neuville. Ses instructions portaient nettement qu'il était hors de question de reconnaître les gouvernements rebelles. Une reconnaissance de la part des États-Unis était gênante; de la part de la Grande-Bretagne, qui en faisant les premiers pas s'adjugerait tous les avantages politiques et commerciaux à prendre en Amérique latine, elle était tout à fait indésirable. Hyde chercha aussitôt à convaincre Adams de l'intérêt qu'auraient la France et les États-Unis à unir leur politique pour ne pas laisser la Grande-Bretagne instaurer un « despotisme commercial » en Amérique du Sud[3].

Hyde de Neuville avait donc tous les motifs à chercher à convaincre le gouvernement fédéral de différer la reconnaissance. Adams lui-même lui faisait apparaître comme un espoir en ce sens la conclusion du traité avec l'Espagne : « Quant à l'Amérique du Sud, si l'Espagne avait pris la peine de régler ses différends avec nous, il y aurait probablement beaucoup moins d'ardeur dans ce pays contre l'Espagne, et moins en conséquence en faveur des Américains du Sud[4]. » Tout en cherchant à convaincre Adams, Hyde sentait la situation évoluer de moins en moins favorablement. Ecœuré de la politique de l'Espagne, il finissait par s'exclamer qu'il s'abstiendrait désormais de tout avis sur les colonies espagnoles : « À quoi bon crier dans le désert ?[5] »

La signature du traité lui parut changer la situation. Il ne craignit pas d'écrire alors à Richelieu : « Le traité que l'Espagne vient de faire ne lui assure pas seulement la paix et des frontières, il lui aura donné des amis si elle le veut. Il n'est plus question ici, comme Votre Excellence doit bien le penser, de reconnaître Buenos Aires. L'Espagne a donc au moins devant elle une année[6]. »

C'était compter sans les pressions de la politique intérieure des États-Unis. L'opinion américaine observait avec une sympathie croissante les efforts des nouveaux états du Sud. Malgré les lois de neutralité, renforcées par l'administration Adams au moins tant que le traité avec l'Espagne

---

[1] Adams, *Memoirs*, IV, 7 novembre 1818.

[2] *Ibid.*, IV, 12 décembre 1818.

[3] *Ibid.*, IV, 28 décembre 1818.

[4] « As to South America, if Spain had taken the pains to adjust her differences with us, there would probably be much less ardor in this country against Spain, and consequently less in favor of the South Americans. » : *Ibid*, IV, 28 décembre 1818.

[5] Hyde de Neuville à Richelieu, 20 décembre 1818, AE, CP États-Unis, v. 76, fol. 180-187.

[6] Hyde de Neuville à Richelieu, 25 janvier 1819, AE, CP États-Unis v. 76, fol. 215-216.

n'était pas signé, les armements en direction des colonies insurgées se faisaient pratiquement au grand jour dans les ports des États-Unis. La totalité des journaux, le *Weekly Register* de Niles, le semi-officiel *National Intelligencer* même, prenaient chaudement parti pour la cause de l'indépendance. Henry Clay attaquait au Congrès Monroe et Adams pour leur politique hésitante. Son discours du 25 mars 1818, trop prématuré alors que la paix avec l'Espagne n'était pas encore signée, ne parvint pas à toucher la majorité du Congrès. Mais l'Espagne ne devait pas bénéficier de plus que l'année de sursis prévue par Hyde de Neuville. En mai 1820, une résolution de la Chambre des Représentants commença à forcer la main à l'administration Monroe. Il serait hors de propos de rappeler le lent cheminement qui conduisit James Monroe à la reconnaissance de Buenos Aires en 1822, puis à l'énoncé de sa fameuse « doctrine » en 1823. Cette dernière a suscité suffisamment de commentaires et d'études historiques pour qu'il soit inutile d'y revenir. Il est à noter cependant que le repliement, en quelque sorte, des États-Unis sur le continent américain, et la phase d'isolement face à l'Europe dans laquelle l'application de cette doctrine les faisait entrer durablement, colorent d'un relief particulier la petite période de relations amicales, entre 1816 et 1823, qu'ils entretinrent avec la France.

4. LE TRAITÉ DE COMMERCE DE 1822

Depuis le traité de 1800, conclu pour huit ans seulement, les relations entre la France et les États-Unis n'étaient réglées par aucune convention. Lorsque des relations commerciales normales reprirent, avec la paix, en 1814, la nécessité d'une convention apparut, d'autant plus que certains points étaient en litige au sujet des relations des deux pays. Lorsque Hyde de Neuville bénéficia d'un congé de six mois, en 1819, il apparaissait donc que sa mission n'était pas terminée : l'affaire d'Espagne n'était pas tout à fait réglée, une convention commerciale n'avait fait l'objet d'aucune discussion. On renvoya donc le même homme pour terminer ces deux affaires. Elles paraissaient devoir être traitées si rapidement que Hyde de Neuville fut nommé ambassadeur auprès de la cour du Brésil (où Jean VI, ancien prince régent du Brésil, était resté une fois devenu roi du Portugal), et ne devait faire que passer à Washington sur le chemin de Rio de Janeiro.

Le moment paraissait effectivement favorable pour conclure une convention. Les relations entre la France et les États-Unis étaient au plus beau fixe et Hyde de Neuville, de par les relations qu'il avait fini par se forger dans l'administration et au Congrès, était l'homme idéal pour traiter.

Pour peu que ses exigences fussent acceptables, Hyde pouvait bénéficier d'un large soutien au Congrès, surtout parmi les adversaires d'Adams. Le secrétaire de la Trésorerie, William H. Crawford, ancien ministre des États-Unis en France, avait déjà été utile à Hyde pour la négociation des

Florides[1]. Il allait l'être encore dans la négociation du traité de commerce, en soutenant la position du ministre français[2]. Le soutien de Jefferson, « le sage de Monticello », était surtout moral. Mais Jefferson usa de son influence pour que des membres du Congrès, notamment Crawford, défendent un nouveau tarif sur les vins, plus favorable à l'importation de vin français[3].

Ne négligeant pas l'importance de la presse aux États-Unis, Hyde s'était acquis Samuel Harrison Smith, éditeur du *National Intelligencer*. Henriette Hyde de Neuville était très proche de Margaret Bayard Smith (la femme de Samuel Smith), amie intime des Madison, Clay, Calhoun, et de Jefferson. Dans des soupers qu'il donnait tous les soirs, Hyde invitait les membres les plus influents du Congrès, leur parlait en particulier, cultivait le genre de la sincérité et de la franchise, et obtenait beaucoup[4]. Sa femme l'aidait dans ce genre de tâches sociales et contribuait puissamment à la bonne réputation du ménage par sa simplicité de manières, très prisée à Washington, et son amabilité. Crawford constatait dès 1817 cette politique du ministre français et ses bons effets : « Monsieur de Neuville s'est très largement concilié les gens de cette ville [Washington] et les membres du Congrès pendant cet hiver, grâce à une ligne de conduite prudente. Les journaux ont laissé de côté leur hostilité [...][5]. Sa femme est très aimable, et hautement respectée pour ses excellentes qualités[6]. »

Hyde de Neuville était de cette façon devenu extrêmement populaire[7], d'autant plus que lui et sa femme multipliaient les petits gestes capables de les faire apprécier de l'opinion, notamment dans le domaine de la philanthropie. Ainsi, pour célébrer le baptême du fils du duc de Berry, fit-il acheter et libérer une petite esclave noire, ce qui émut même les plus fermes partisans de l'esclavage[8]. Crawford pouvait écrire à Gallatin, le ministre américain en France, que Hyde était très en faveur auprès de l'administration aussi bien qu'auprès des citoyens américains, et qu'il méritait leur estime[9]. Il le jugeait un « honnête homme, dévoué aux intérêts de la France, et en même temps disposé à unir les deux pays par des actes

---

[1] Hyde de Neuville à Dessolles, 20 février 1819, CP États-Unis, v. 10 supplément, fol. 82-94 ; W.H. Crawford à Hyde de Neuville, 7 août 1819, CU, Crawford papers.

[2] Adams, *Memoirs*, VI, 21 juin 1822.

[3] Correspondance entre Hyde de Neuville et T. Jefferson, janvier-décembre 1818, notamment 22 janvier et 3 décembre 1818, LC, Jefferson papers, n° 37820 et 38172.

[4] M.B. Smith, *Forty Years...*, p. 140 ; W.W. Seaton, *Biographical Sketch*, p. 136.

[5] La mode était plutôt aux compliments pour « the benevolent, the charitable, the respected and esteemed Mr. and Mrs. de Neuville » : *Daily National Intelligencer*, 6 juillet 1822.

[6] « Mr de Neuville has conciliated the people of this place and the members of Congress very much during the winter by a prudent course of conduct. The newspapers have laid aside their asperity [...]. His wife is very amiable, and is highly respected for her excellent qualities. » : W. Crawford à A. Gallatin, 12 mars 1817, dans Adams, *Writings of Gallatin*, II, 28.

[7] A.C. Clark, ed., *Life of Dolly Madison*, p. 435.

[8] W.W. Seaton, *op. cit.*, p. 267-268.

[9] « [Hyde de Neuville is] quite a favorite with the administration, and no less so with the citizens. He deserves the esteem of both. » : W. Crawford to A. Gallatin, 24 juillet 1819, Adams, *Writings of Gallatin*, II, 112.

de bienveillance réciproque[1] ». On peut dire que Hyde de Neuville jouissait de la confiance de l'administration américaine, y compris de celle du président Monroe.

La position de Hyde de Neuville était donc favorable pour entreprendre, après les négociations en faveur de l'Espagne, des négociations en faveur de la France, où celle-ci chercherait en quelque sorte, implicitement, à recevoir le prix de ses services désintéressés.

Ce prix pourrait se trouver dans la conclusion d'une convention commerciale favorisant les intérêts français, commerciaux et surtout de navigation. Après le traité d'amitié et de commerce en 1800, et jusqu'en 1806, les échanges s'étaient intensifiés entre les deux pays. Mais la navigation était déjà pratiquement monopolisée par les armateurs américains, à cause d'un système américain plus protectionniste qu'auparavant, établi dans la dernière décennie du XVIIIᵉ siècle, et à cause de la supériorité reconnue des navires américains, surtout en rapidité[2]. Un rééquilibrage était donc déjà nécessaire pour soutenir la navigation française face à la navigation américaine. En 1815, la France avait perdu sa place comme puissance commerciale et devait donc chercher à relever non plus seulement les intérêts de sa navigation, mais ceux de son commerce. Le réflexe de la France avait été protectionniste, alors que les États-Unis n'entendaient traiter qu'en termes de réciprocité et d'ouverture égale des marchés. En 1820, la volonté de Paris de traiter « en admettant pour base une parfaite égalité d'avantages[3] », représentait donc un grand pas en avant.

Cependant la tâche n'était pas facile. Quatre problèmes délicats devaient être abordés : les privilèges commerciaux réclamés par la France dans les ports de la Louisiane; la police de navigation en général; les tarifs douaniers et les droits de tonnage imposés dans les ports sur les navires marchands des deux nations; et la question des indemnités réclamées par les États-Unis à la France.

Plusieurs incidents désagréables, aboutissant à des saisies de navires, s'étaient produits à la suite de divers prétextes, et posaient la question de savoir jusqu'où pouvait aller l'indépendance du pavillon, surtout du pavillon français. Les États-Unis venaient de saisir des navires français lors de deux affaires exemplaires : celle de l'*Alligator*, pour réprimer la traite, et celle de l'*Apollon*, pour réprimer la contrebande.

Le 26 octobre 1820, le navire marchand français *Apollon* fut saisi en eaux espagnoles pour « violation de la loi du revenu des États-Unis[4] ». Hyde de Neuville était encore en congé en France et ce fut son premier

---

[1] « He is an honest man, devoted to the interests of France, and disposed at the same time to unite the two countries by acts of reciprocal kindness. » : W. Crawford à A. Gallatin, 27 mai 1820, *ibid*, II, 143.

[2] W. E. Walker, *Franco-American Commercial Relations*, p. 14-16.

[3] Instructions pour Hyde de Neuville allant aux États-Unis, 18 octobre 1820, AE, CP États-Unis, v. 77, fol. 243-245.

[4] Roth à Pasquier, 26 octobre 1820, AE, CP États-Unis, v. 77, fol. 257-267.

secrétaire, Charles Roth, assurant l'intérim, qui se chargea des plus vives protestations auprès d'Adams.

Cette contrebande, dont l'*Apollon* était un exemple, était d'autant plus irritante pour le gouvernement américain qu'elle se faisait sous les apparences de la légalité, avec la complicité des autorités espagnoles de Floride (non encore rattachée), ce qui d'ailleurs constituait un motif de plus pour les États-Unis de faire main basse sur ce territoire. Un port fictif, Saint-Joseph, avait été établi à l'embouchure de la rivière Sainte-Marie, à la frontière entre la Géorgie et la Floride orientale. De ce point, il était facile de faire débarquer des marchandises et de les introduire frauduleusement dans le sud de la Géorgie. Ce type de contrebande représentait cependant plus un danger potentiel qu'une réalité déjà présente. Le capitaine Edou de l'*Apollon* était parti de France sans avoir eu connaissance de l'acte du Congrès du 15 mai 1820, dont la nouvelle n'était pas encore parvenue officiellement en France, et c'était devant des droits inattendus qu'il avait dû chercher une échappatoire. Hyde de Neuville argua de ce fait pour le défendre. La véritable entrave au commerce et la véritable contrebande n'allaient apparaître que dans les mois qui viendraient, à moins qu'on n'ait trouvé une solution d'ici là. Adams, en faisant de ce cas un cas exemplaire, voulait éviter que ne se développât la fraude et que, pour tourner les droits prohibitifs américains, on ne fît désormais passer les marchandises dans des ports espagnols fictifs, à proximité de la frontière. Mais il ne faisait en cela que mettre davantage en lumière les inconvénients graves, les entraves posées aux échanges commerciaux par les droits différentiels américains, dont Hyde de Neuville demandait révision. Contre Adams, Crawford prêchait pour un accommodement[1], de façon à surtout éviter la rupture avec la France. Monroe, décidé à négocier une entente commerciale pour supprimer une législation plus entravante qu'utile, partageait son opinion[2].

Les droits prohibitifs américains découlaient en particulier de l'acte du Congrès du 15 mai 1820[3], mesure si rigoureuse qu'elle avait indigné en France et conduit à une mesure semblable, la loi du 26 juillet 1820[4]. L'intention des États-Unis avait été de pousser la France à la négociation en imposant un tarif insupportable : 18 dollars par tonneau sur tous les navires français à l'entrée des ports américains. Parallèlement, ils offraient la possibilité d'une négociation pour une réciprocité absolue, à l'image du traité avec la Grande-Bretagne de 1815 : les Américains entendaient par « réciprocité » un prélèvement égal de droits sur les navires français et américains dans les ports français et américains, autrement dit la suppression des droits différentiels, seule barrière, pour le gouvernement français, contre la mainmise totale de la navigation américaine sur le commerce franco-américain. Ainsi, la mesure américaine eut dans un premier temps

---

[1] Crawford à Monroe, 20 juillet 1821, LC, Monroe papers.
[2] Monroe à Crawford, 24 juillet 1821, LC, Crawford papers.
[3] *Annals of Congress*, 16e congrès, dernière session, p. 2619.
[4] *Moniteur universel*, 29 juillet 1820.

un effet inverse à celui qui avait été escompté, en poussant la France à une politique encore plus défensive.

La deuxième affaire était également une atteinte à l'indépendance du pavillon français, et pour un motif beaucoup plus discutable et qui froissait davantage encore la susceptibilité française. La frégate américaine *Alligator* avait capturé, en mai 1821, quatre bâtiments français au large des côtes d'Afrique, qu'elle soupçonnait de se livrer à la traite des Noirs. Le capitaine de l'*Alligator* aurait pris ces vaisseaux pour des navires américains. Mais Richelieu fut vexé du principe même de cette fouille que s'était autorisé à faire le bâtiment américain, et du fait que les États-Unis, rejoignant en cela les Anglais, semblaient douter de la volonté autant que de la capacité de la France à réprimer ce trafic elle-même. En effet, même si le cas de l'*Alligator* était douteux (quels étaient la nationalité et le but véritable des navires saisis ?), il remettait sur le tapis la question de la traite et de sa répression, internationale ou non.

La constitution des États-Unis, puis un acte du Parlement britannique de septembre 1807 avaient été les premiers pas contre le trafic des esclaves. Dès 1787, des ouvertures avaient été faites à la France par la Grande-Bretagne en vue d'une coopération internationale pour supprimer la traite. De nouvelles ouvertures avaient été faites en 1802 lors du traité d'Amiens. Mais c'est en 1814 seulement que la France, sortie de ses propres crises, accepta au Congrès de Vienne l'abolition totale de la traite[1]. D'accord en théorie sur le principe, la France refusait cependant l'idée de toute collaboration internationale pour la répression du trafic, et montrait elle-même peu d'empressement pour le réprimer, malgré les admonestations répétées de la Grande-Bretagne, par incapacité autant que par manque d'enthousiasme. L'idée que les colonies étaient indispensables au maintien d'une forte position française en Europe, et que les esclaves étaient nécessaires à l'exploitation des colonies, rencontrait toujours un succès certain, notamment dans une frange royaliste de l'opinion. En 1817 et en 1818, la législation fut cependant renforcée, ainsi que les moyens de contrôle de son application : une ordonnance du 24 juin 1818 établissait une croisière française de surveillance sur les côtes d'Afrique. Ce geste avait été rendu indispensable pour répondre à la Grande-Bretagne, qui insistait sur la nécessité du droit de visite mutuel. Pour Richelieu, il n'était pas question d'accéder à un droit de visite dont la réciprocité lui paraissait illusoire, et qui engendrerait plus d'incidents qu'il n'en résoudrait. Son successeur Montmorency suivit la même politique[2].

Des quatre bateaux capturés par l'*Alligator*, l'un au moins, *La jeune Eugénie*, était de construction américaine, appartenait à des Américains, et de toute évidence n'arborait le drapeau français, grâce à des papiers

---

[1] M.S. Putney, *The Slave-Trade in French Diplomacy.*

[2] « La France a reconnu que l'exercice du droit de visite entraînerait souvent des contestations et des animosités qui pourraient acquérir un caractère plus général et avoir de plus graves résultats. » Montmorency à Hyde de Neuville, 3 janvier 1822, AE, CP États-Unis, v. 79, fol. 9-10.

obtenus sans grande peine à la Guadeloupe, que pour pouvoir se livrer plus facilement à la traite en échappant au contrôle américain, plus efficace. Craignant le développement de cette pratique de pavillon de complaisance, le gouvernement fédéral se joignit à la Grande-Bretagne pour faire pression sur la France de façon qu'elle renforçât son contrôle.

Mais la France et les États-Unis se rejoignaient sur le principe de l'indépendance du pavillon et de la nécessité d'interdire le droit de fouille à tout navire non national. Les États-Unis avaient déjà, tout comme la France, refusé une proposition d'accord international en ce sens de la part de la Grande-Bretagne, en 1818[1]. Les États-Unis avaient les mêmes raisons que la France pour craindre un accord de ce type, qui eût risqué en pratique de rendre la Grande-Bretagne complètement maîtresse de la police maritime internationale. La politique d'Adams rejoignait donc, pour une fois, celle de Montmorency : « Le droit du pavillon ne peut être protégé et maintenu avec trop de soin; et l'importance que le gouvernement attache à la traite des Noirs ne doit pas lui faire perdre de vue d'autres intérêts également dignes de toute sa sollicitude. Nous avons eu récemment la preuve qu'il serait très difficile de circonscrire le droit de visite dans de justes bornes [...]. Des croisières habituelles pourraient multiplier ce genre de méprises, et s'il survenait des circonstances où l'on eût intérêt à gêner les communications dans les parages de l'Afrique, quelques étrangères qu'elles pussent être au commerce de la traite, la visite pourrait entraîner des abus et des difficultés encore plus grandes[2]. »

En conséquence le capitaine de l'*Alligator*, Stockton, fut désavoué, *La jeune Eugénie* fut restituée, et des instructions spécifiques furent données à tous les commandants américains pour interdire toute action contre un navire qui n'arborerait pas le drapeau américain, quelles que fussent les suspicions qui porteraient sur ses activités. Hyde de Neuville se déclara satisfait, tandis que la France, après ce coup de semonce, augmentait effectivement la croisière du Sénégal[3].

L'opinion de Hyde de Neuville qu'un certain type de droit de fouille était nécessaire était une idée personnelle qui n'était donc pas appuyée par son gouvernement. En refusant la proposition britannique de collaboration en 1818, les États-Unis avaient proposé une croisière de bâtiments de quatre nations voguant toujours de conserve pour surveiller la traite. Cette idée paraissait impraticable à Hyde, qui préférait encore le plan britannique. En fait, le principal défaut de ce dernier, à ses yeux, était d'avoir été proposé par la Grande-Bretagne. Il fallait un plan qui parût celui de Sa Majesté Très Chrétienne. En conséquence, Hyde, qui proclamait abhorrer la traite, ainsi que son gouvernement, proposa un nouveau plan en même temps à Adams[4] et au ministre des Affaires étrangères de

[1] M.S. Putney, *op. cit.*, p. 95.
[2] Montmorency à Hyde de Neuville, 3 janvier 1822, AE, CP États-Unis, v. 79, fol. 9-10.
[3] *Moniteur universel*, 2 septembre 1822.
[4] Adams, *Memoirs*, V, 399.

l'époque, Montmorency. Un nombre convenu de bâtiments français, anglais, américains et autres, serait employé à surveiller les côtes d'Afrique. Chaque bâtiment aurait à son bord un commissaire civil de chaque nation. Les bâtiments faisant ou soupçonnés de faire le commerce des esclaves seraient visités. Le procès-verbal de visite serait signé par les divers commissaires, et le bâtiment, en cas de délit, envoyé dans son propre pays pour y être jugé selon toute la rigueur des lois. Ces lois devraient être alors à peu près semblables chez toutes les nations. « Pour moi, je les voudrois terribles en France », ajoutait Hyde, « car je ne vois rien à comparer au crime de l'infâme qui spécule sur la chair et le sang de ses semblables. Or, je me plais à le répéter, un nègre est un homme[1] ».

Montmorency répondit à la proposition de Hyde de Neuville qu'il n'était pas question que le gouvernement changeât quoi que ce soit à sa politique, et qu'il ne supposait pas que le gouvernement américain désirât, de son côté, concerter avec la France la visite des bâtiments fréquentant les côtes d'Afrique[2]. Hyde de Neuville insista, timidement toutefois. Il communiqua officieusement son projet à certains membres du Congrès, et obtint la certitude qu'un projet franco-américain contre la traite ne serait pas rejeté, à la différence de celui proposé par la Grande-Bretagne[3]. Il n'eut pas le temps de faire prévaloir ses vues. Une convention internationale reconnaissant le droit de fouille mutuel ne devait intervenir qu'en novembre 1831, entre la France et la Grande-Bretagne[4].

Les deux incidents avaient donc conduit à un accord, d'une part sur le principe de l'indépendance du pavillon et de la restriction du droit de fouille, et d'autre part sur la nécessité qu'il y avait de revoir les droits pesant sur les marchandises importées. On souhaitait des deux côtés un arrangement commercial, au moins provisoire, pour expérimenter de nouvelles relations et développer les échanges. Cependant, à cette convention, chacune des parties voulait rattacher un problème dont l'autre refusait la discussion, et tentait par là d'en obtenir plus sûrement la négociation par une espèce de chantage mutuel : si vous voulez parler de ceci, alors parlons de cela. La France représentait encore la question de ses privilèges commerciaux en Louisiane; les États-Unis cherchaient à obtenir enfin l'évaluation et le règlement des indemnités qui leur étaient dues. Les deux problèmes avaient souffert pendant des années des atermoiements de la partie débitrice. Avec une convention commerciale se présentait enfin l'occasion de préciser ces points et d'en discuter.

La question des privilèges français en Louisiane était issue de l'article VIII du traité de cession de 1803, qui garantissait à la France le traitement de la nation la plus favorisée dans les ports du territoire cédé. Cet article, en contradiction avec la constitution américaine, qui précisait

---

[1] Hyde de Neuville à Pasquier, 11 octobre 1821, AE, CP, États-Unis, v. 78, fol. 196-206.
[2] Montmorency à Hyde de Neuville, 3 janvier 1822, AE, CP États-Unis, v. 79, fol. 8-11.
[3] Hyde de Neuville à Montmorency, 13 avril 1822, AE, CP États-Unis, v. 79, fol. 107-108.
[4] M.S. Putney, *The Slave-Trade in French Diplomacy*.

qu'aucun port d'aucun État ne devait bénéficier d'un traitement privilégié par rapport aux ports des autres États, ne fut pas relevé lorsqu'il s'agit d'admettre la Louisiane comme État de l'Union. Il était pourtant inconcevable que les membres du Congrès n'en eussent pas envisagé tous les aboutissants.

Dès septembre 1817, Richelieu rappela le problème à Hyde de Neuville, en lui demandant de vérifier dans quelle mesure l'article était bien respecté[1]. Les privilèges accordés à la Grande-Bretagne dans l'ensemble des ports américains, en vertu du traité de commerce de 1815, auraient dû l'être automatiquement à la France dans les ports de la Louisiane. Or tel n'était pas le cas. Hyde envoya aussitôt une note à Adams, réclamant l'exécution de l'article VIII[2]. Il entamait une interminable question.

Accorder à la France en Louisiane des droits dont elle ne bénéficiait pas ailleurs était contraire aux institutions des États-Unis. De plus, Adams arguait que la France ne bénéficiait dans les ports de la Louisiane que des avantages gratuitement cédés à une autre nation. Or, la convention avec la Grande-Bretagne avait été un échange d'avantages réciproques. De ce point de vue, la France, qui n'avait cédé aucun avantage en retour aux États-Unis, continuait à être la nation la plus favorisée en Louisiane[3]. En revanche, la France pouvait obtenir les mêmes avantages que la Grande-Bretagne dans tous les ports de l'Union, à condition de conclure une convention commerciale sur le pied de la réciprocité[4]. L'argument d'Adams ne paraissait pas recevable à Hyde, qui considérait que les privilèges cédés à la France en Louisiane étaient bel et bien le résultat d'un échange d'avantages, et qu'ils avaient été achetés par la cession de la Louisiane. Les privilèges réclamés par la France n'avaient donc pas été cédés à titre gratuit, mais par contrat, en échange d'un territoire[5].

Un dialogue de sourds s'engagea, qui avait d'autant moins de chances d'aboutir qu'aucune des deux parties n'avait intérêt à sa conclusion rapide. L'intérêt des États-Unis était naturellement de différer le plus possible de donner satisfaction à la France sur ce point. Quant à Hyde, approuvé en cela par Richelieu, il préférait éviter d'insister sur ce point délicat alors que les États-Unis étaient disposés à des concessions commerciales sur des points particuliers, qui intéressaient davantage la France. Le nouveau tarif des vins, destiné à favoriser l'importation des vins français, était sur le point de passer au Congrès, appuyé par Jefferson et Crawford. Hyde gardait l'affaire de la Louisiane en réserve. C'était surtout un bon prétexte, après

---

[1] Richelieu à Hyde de Neuville, 13 septembre 1817, AE, CP États-Unis, v. 8 supplément, fol. 305.
[2] Hyde de Neuville à J.Q. Adams, 15 décembre 1817, AE, CP États-Unis, v. 8 supplément, fol. 306.
[3] « France can't claim as a gratuitous favour to her that which has been granted for valuable consideration to Great-Britain. The claim to which we admit that France is entitled under that Article is to the same privilege enjoyed by England, upon her allowing the same equivalent. That is completely and exclusively our treatment of the most favoured nation. » : NYHS, Gallatin papers, 1820, n° 44. Pour Adams, le traitement de la nation la plus favorisée n'était que le droit pour la France de réclamer qu'on passât avec elle les mêmes conventions qu'avec la Grande-Bretagne.
[4] Adams à Hyde de Neuville, 23 décembre 1817, AE, CP États-Unis, v. 8 supplément, fol. 310-311.
[5] Hyde de Neuville à Adams, 16 juin 1818, AE, CP États-Unis, v. 75, fol. 254-265.

l'affaire Skinner, pour retarder la question des indemnités, qui gênait autrement la France que le non-respect de l'article VIII du traité de la Louisiane. Dans la mesure où Adams voulait lier la question des indemnités à la négociation de la convention de commerce, Richelieu insistait pour qu'on y liât aussi la question des privilèges français en Louisiane. Lorsqu'on se mit d'accord pour conclure la convention de commerce indépendamment de la question des indemnités, qu'on laissait en suspens, le gouvernement français accepta de renoncer aux privilèges de la Louisiane, du moins provisoirement, en échange d'avantages commerciaux[1].

L'épineuse question des indemnités restait le point le plus délicat. Sans opposer de refus net, Richelieu cherchait à l'éluder le plus possible, tandis que John Quincy Adams et surtout Albert Gallatin, le ministre américain à Paris, revenaient à la charge avec opiniâtreté. La politique du blocus napoléonien avait amené à des confiscations ou des destructions de cargaisons de navires marchands américains, alors que les États-Unis étaient neutres. Dans le cas des confiscations, le prix de vente des prises était tombé dans le trésor public. La paix revenue, il semblait juste pour le gouvernement fédéral que la France dédommageât les armateurs américains en leur restituant l'équivalent de la valeur de leur cargaison. Entre 1807 et 1812, 558 navires auraient souffert de ces saisies, et avaient donc des droits à réclamer[2].

Gallatin présenta à Richelieu, dès son arrivée à Paris, une demande d'indemnités exorbitante de quarante millions, que la France, exsangue et déjà grevée par une lourde indemnité de guerre à verser aux Alliés, n'avait aucune envie de payer. Richelieu eut la maladresse de déclarer le gouvernement des Bourbons irresponsable des actes de Napoléon, sans toutefois oser refuser positivement de prendre en considération la réclamation américaine[3]. Aux demandes réitérées de Gallatin, il opposa d'abord la force d'inertie, demandant le règlement préalable d'affaires mineures : l'affaire Skinner, puis celle de la Louisiane, en particulier. Sans discuter le montant ni même la question de droit, il cherchait avant tout à temporiser, attendant que la France, une fois ses dettes payées et son territoire libéré, fût davantage en position d'envisager la question.

Jusqu'en 1820, cette question fut sans cesse rappelée par Gallatin, et sans cesse différée par tous les ministres qui se succédèrent aux Affaires étrangères : Richelieu, puis Dessolles, Pasquier, et Montmorency. On refusait de l'envisager tant que la question de l'article VIII du traité de cession de la Louisiane restait pendante. Lorsque Gallatin repartit, en 1823, elle

---

[1] Hyde de Neuville à J.Q. Adams, 4 janvier 1822, AE, CP États-Unis, v. 78, fol. 30-42.

[2] Thomas A. Bailey, *A Diplomatic History*, p. 136.

[3] Richelieu écrivait à Hyde : « Quant aux indemnités pour des pertes qui appartiennent à une époque où S.M. était elle-même la première victime des événements, écartez, autant que possible, les diverses prétentions de cette nature. » : Richelieu à Hyde de Neuville, 24 octobre 1816, AE, CP États-Unis, v. 73, fol. 161.

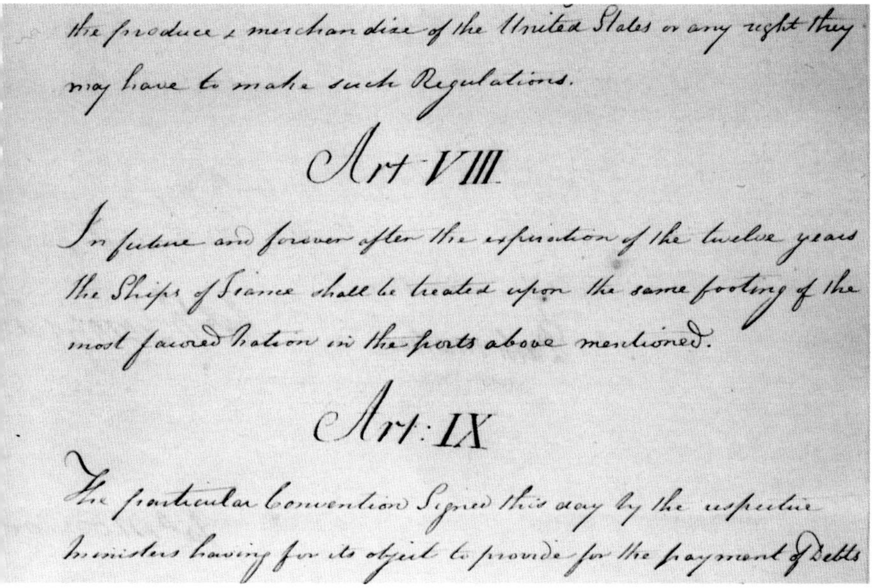

the produce & merchandize of the United States or any right they
may have to make such Regulations.

Art VIII.

In future and forever after the expiration of the twelve years
the Ships of France shall be treated upon the same footing of the
most favored Nation in the ports above mentioned.

Art. IX

The particular Convention Signed this day by the respective
Ministers having for its object to provide for the payment of Debts

Figure 12 - Article VIII du traité de session de la Louisiane de 1803.

Ministère des Affaires étrangères, Traités.

TRAITÉ DE 1819 ENTRE LES ÉTATS-UNIS ET L'ESPAGNE

Carte 1 - Limites de la Lousiane et des Florides

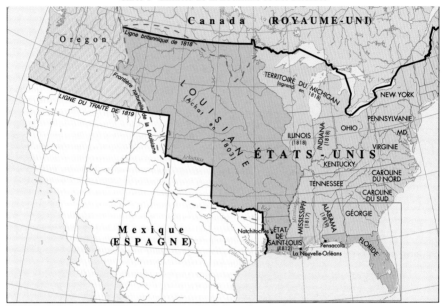

Carte 2 - Limites des Florides (agrandissement)

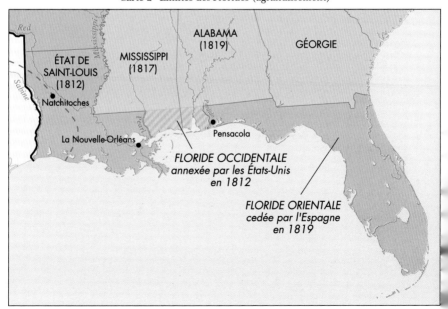

Ministère des Affaires étrangères, Service géographique.

Figure 13 - Convention de navigation et de commerce entre la France et les États-Unis, le 24 juin 1822.

Ministère des Affaires étrangères, Traités.

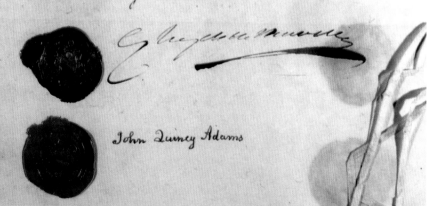

Article séparé.

Il est convenu que les Droits extraordinaires, spécifiés dans les 1ᵉʳ et 2ᵉ Articles de cette Convention, ne seront levés que sur l'excédant de la valeur de la marchandise importée, sur la valeur de la marchandise exportée par le même Bâtiment dans le même voyage. En sorte que si la valeur des Articles exportés égale ou surpasse celle des Articles importés par le même Bâtiment (exceptant toutefois les Articles importés pour transit ou ré-exportation), aucun Droit extraordinaire ne sera levé ; or, si les Articles exportés sont inférieurs en valeur à ceux importés, les Droits-extraordinaires ne seront levés que sur le montant de la différence de leur valeur. Cet Article toutefois n'aura d'effet que dans le cas de ratification de part et d'autre ; et seulement douze mois après l'échange des ratifications. Mais le refus de ratifier cet Article, d'une ou d'autre part, n'affectera et n'affaiblira en rien la ratification ou la validité des Articles précédens de cette Convention.

Signé et scellé comme ci-dessus, le 24ᵐᵉ jour de Juin 1822.

John Quincy Adams

Figure 14 - Article séparé de la Convention de navigation et de commerce entre la France et les États-Unis du 24 juin 1822.

Ministère des Affaires étrangères, Traités.

n'était toujours pas réglée et ne le fut pas avant 1835. Entre-temps, elle avait empoisonné les relations franco-américaines pendant vingt ans[1].

Autant que la France, les États-Unis souhaitaient un arrangement commercial[2]. Cependant, tant que les deux gouvernements se refusaient à détacher ces deux différends de la négociation d'une convention de commerce, un traité n'avait aucune chance d'aboutir. Or, la situation après les deux lois (du 15 mai 1820 aux Etats-Unis, et du 26 juillet en France) était devenue intolérable. La loi du Congrès du 15 mai n'était pas particulièrement dirigée contre la France[3]. Elle avait été sollicitée par les négociants américains et par l'ancien secrétaire de la Trésorerie, Albert Gallatin[4], dans le contexte fortement protectionniste qui avait suivi les lois de 1789, 1790, et surtout la paix de Gand de 1815. En 1820 cependant, il ne s'agissait plus de protéger une navigation naissante, comme en 1789, mais de développer une navigation en forte position partout dans le monde. Augmenter encore les droits différentiels, comme le préconisait Gallatin, devenait une politique discutable. Les droits différentiels consistaient en une surtaxe forfaitaire au tonneau, quelle que fût la marchandise, payée par les armateurs français et étrangers à l'entrée des ports américains. Dans la mesure où la grande majorité des navires entrant dans les ports des États-Unis étaient américains, ces droits avaient peu d'intérêt. En revanche, les droits différentiels imposés par les autres pays à l'encontre des navires américains gênaient énormément les armateurs. Les nouveaux tarifs douaniers adoptés par la France en 1816 et 1817 établissaient une différence très forte entre les droits payés par les navires français et ceux payés par les navires étrangers. Ces tarifs s'étaient révélés efficaces : en 1819, la navigation française avait regagné le terrain perdu au point que la navigation américaine pouvait s'en inquiéter sérieusement, même si elle dominait toujours les échanges[5]. L'intérêt des États-Unis était non pas tant d'augmenter les droits différentiels chez eux, mais de chercher à en obtenir la diminution, voire la suppression, chez les pays partenaires. C'est dans ce sens qu'Adams cherchait à imposer sa politique de « réciprocité » au sens d'abaissement ou suppression réciproque des droits différentiels. C'était

---

[1] Cf R.A. Mac Lemore, *The French Spoliation Claims.*

[2] Monroe à Gallatin, 7 mai 1816, NYHS, Gallatin papers, 1816, n° 65.

[3] « [it] was done on our part rather by accident, without unfriendly intention » (Ce fut fait de notre part plutôt par accident, et sans intention hostile) : Adams à Gallatin, 13 septembre 1820, NYHS, Gallatin papers, 1820, n° 48.

[4] Gallatin à Adams, 27 avril 1820, Gallatin, *Writings,* II, 140.

[5] Gallatin s'inquiétait alors : « The great inequality in favor of French vessels produced no effect so long as the French navigation remained in that state of nullity in which it was left at the close of the war. But everything has recovered here with unexampled rapidity; and although we still preserve a great superiority in maritime affairs, it is not such as to counterbalance the difference in the rate of duties. » (« La grande inégalité en faveur des navires français ne produisit aucun effet tant que la navigation française demeura dans l'état de nullité dans lequel elle avait été réduite à la fin de la guerre. Mais tout s'est rétabli ici avec une rapidité sans précédent; et quoique nous conservions toujours une large supériorité dans les affaires maritimes, elle n'est pas telle qu'elle puisse contrebalancer la différence dans les droits à payer. ») : Gallatin à Adams, 25 octobre 1819, dans Gallatin, *Writings,* II, 122. Cf aussi V. G. Setser, *The Commercial Reciprocity Policy of the United States,* p. 195-197.

chose faite avec l'Angleterre, puissance navale suffisamment forte pour ne pas avoir à craindre la concurrence américaine dans ses propres ports, depuis 1815. En revanche la France se refusait, depuis 1816, à une telle concession qui eût définitivement ruiné sa navigation.

Pourtant, en 1818, Hyde de Neuville préconisait une véritable politique de libéralisme économique sans entraves, du moins dans le sens « laissez passer » . Il écrivait alors à Richelieu : « Quel bien ne résulterait pas d'un accord libéral entre tous les peuples ! En effet, il est établi sur l'ensemble des phénomènes de production et sur l'expérience du commerce le plus relevé que les communications libres entre les nations sont mutuellement avantageuses. Pourquoi la prospérité des nations n'auroit-elle pas, désormais, pour base une vérité aussi frappante ?[1] » Mais ce qui eût peut-être été avantageux pour le commerce eût été désastreux pour la navigation française, et pour qu'une partie des échanges au moins restât entre les mains des armateurs français, le gouvernement de Sa Majesté n'était pas disposé à diminuer, encore moins supprimer, les droits différentiels.

Dans les faits, la loi du 15 mai, qui augmentait les droits différentiels américains (18 $ par tonneau), toucha essentiellement la France, puisque, des puissances commerçant le plus avec les États-Unis, elle était la seule à n'avoir passé encore aucune convention pour l'abaissement de ces droits. La mesure était d'autant plus brutale qu'elle était inattendue, et qu'elle prenait effet très tôt, à partir du 1er juillet, laissant à peine à la nouvelle le temps de parvenir en France pour avertir les amateurs français. Était-elle destinée à forcer la main à la France, en plaçant son commerce dans une situation intolérable ? Adams s'en défendit. En tout cas, la mesure eut un effet inverse de celui qui avait pu être souhaité. Si le gouvernement fédéral proclama toujours que la mesure du 15 mai n'était pas une attaque directe contre la France, l'ordonnance du 26 juillet apparut, à juste titre, comme une mesure de rétorsion. Elle augmentait les droits différentiels français dans la même proportion que les droits différentiels américains (90 francs par tonneau).

En l'absence d'un ministre français à Washington (Hyde de Neuville avait pris son congé), Gallatin fut chargé d'obtenir à Paris l'ouverture des négociations. Dessolles refusait la suppression pure et simple des droits différentiels, qui eût enlevé toutes ses chances à la navigation française renaissante. Gallatin proposa une simple réduction. Il estimait personnellement qu'une surtaxe de 2,30 $ par tonneau serait suffisante pour laisser à la navigation américaine toutes ses chances dans la compétition. Toutefois, Dessolles continuait à vouloir lier à la négociation le problème des privilèges français en Louisiane, espérant ainsi faire pression sur les États-Unis et obtenir de plus grandes concessions. De plus, Gallatin demandait trop, et Dessolles contestait ses calculs. Hyde de Neuville, qui donnait à Paris son avis sur les affaires américaines, combattait violemment les réclamations de Gallatin. Devant l'impossibilité d'arriver à un accord avec

---

[1] Hyde de Neuville à Richelieu, 4 juin 1818, AE, CP États-Unis, v. 75, fol. 242.

l'ancien secrétaire de la Trésorerie, la négociation fut transportée à Washington et Hyde de Neuville renvoyé à son ancien poste, en mission extraordinaire. Monroe fit aussitôt un geste d'ouverture en faisant adopter par le Congrès un amendement à la loi du 15 mai pour que soient remboursés les armateurs français qui n'avaient pas eu le temps d'être prévenus des nouveaux tarifs américains avant le 1er juillet 1820[1]. Cette mesure apaisante passa d'autant mieux que Hyde avait prêché sa cause au Sénat, notamment auprès de King, qui soutint l'amendement[2]. Pourtant farouche partisan de la stricte réciprocité, King, comme les négociants américains, se voyait amené à un moyen terme. La France accorda l'équivalent de l'amendement King en supprimant l'effet rétroactif de la loi du 26 juillet. Hyde de Neuville accepta de laisser de côté les prétentions françaises en Louisiane et accéléra les débats de la négociation en demandant l'adoption d'une convention non pas de longue durée, mais provisoire. Pour couper court aux ergotages et aux discussions sans fin auxquelles avaient donné lieu les calculs de Gallatin contestés par le gouvernement français[3], il proposait une réduction arbitraire et expérimentale des droits de chaque côté, sur une période d'essai suffisamment longue (deux ans) pour que l'on puisse en juger les effets, mais avec la possibilité pour les deux parties de dénoncer la convention au bout de ce laps de temps minimum, et de demander le cas échéant une révision des tarifs adoptés[4]. Adams aurait voulu obtenir davantage, et son attitude intransigeante faisait traîner en longueur la négociation. Pendant ce temps, la guerre des tarifs entre les États-Unis et la France continuait, avec la conséquence désastreuse que les trois quarts des échanges entre les deux pays commençaient à tomber aux mains de la navigation britannique, tandis que les navires français allaient chercher de nouvelles sources d'importation du coton en Inde ou au Brésil. La politique d'Adams était de plus en plus mise en cause au sein du cabinet américain, en particulier par Crawford, et au sein du Congrès[5]. Hyde de Neuville s'élevait contre une réduction trop draconienne des droits français, mais les instructions qu'il recevait de Pasquier,

---

[1] Amendement du 1er mars 1821, *Daily National Intelligencer,* 2 mars 1821.

[2] Hyde de Neuville à Pasquier, 6 mars 1821, AE, CP États-Unis, v. 78, fol. 38-42.

[3] Les discussions étaient d'autant plus stériles qu'on ne savait à quels calculs se fier pour déterminer les droits différentiels et les droits de tonnage en fonction des diverses marchandises, de manière à ce que des chances égales fussent laissées à la navigaton des deux pays. Même aux États-Unis, les calculs de Gallatin étaient en contradiction avec ceux sur lesquels se fondait la Chambre des Représentants. Hyde fit valoir à J.Q. Adams l'impossibilité d'arriver à des calculs certains pour le presser à conclure un acommodement rapide, fût-il expérimental : Hyde de Neuville à Adams, 28 avril 1822, AE, CP États-Unis, v. 79, fol. 160-162.

[4] Hyde de Neuville à J.Q. Adams, 5 avril 1822, AE, CP États-Unis, v. 79, fol. 83-84.

[5] En janvier 1822, Adams commençait à être très critiqué. Les négociants de New York désiraient ardement qu'on en finisse, ainsi que les membres du Congrès : « M. Lowndes dîna chez moi mercredi, et me dit qu'au lieu de disputer sur un principe, M. Adams aurait dû de suite aller au fait et accepter l'arrangement provisoire proposé. M. Russel, président du Comité des Affaires étrangères, m'a demandé des notes et des calculs. M. Crawford m'a engagé à les donner aux membres dont l'opinion est de quelque poids; il parle, de son côté, dans notre sens. Le Président lui-même est, dit-on, fatigué de la ténacité d'Adams; il a lui-même corrigé de sa main certains passages de la dernière note afin d'en adoucir le ton. » : Hyde de Neuville à Pasquier, 5 janvier 1822, AE, CP États-Unis, v. 79, fol. 13-20.

confirmées par Montmorency, lui prescrivaient d'aller jusqu'à proposer 20 francs par tonneau, si nécessaire[1]. Monroe, pour mettre un terme aux négociations, exigea au cours d'une séance de cabinet orageuse qu'Adams acceptât des droits réduits à 4 dollars par tonneau du côté américain et 20 francs du côté français. Le traité, signé le 24 juin 1822, fut accueilli avec satisfaction dans les deux pays. On n'avait pas espéré de si bonnes conditions en France. La convention provisoire régla les relations commerciales entre les deux pays jusqu'en 1827.

[1] Pasquier à Hyde de Neuville, 13 décembre 1821, AE, CP États-Unis, v. 78, fol. 262-268.

CHAPITRE III

L'AMBASSADE AU PORTUGAL

1. LA SITUATION DU PORTUGAL

Après ce premier poste dans une capitale éloignée et peu recherchée par le corps diplomatique, il était normal que Hyde de Neuville fût nommé à un poste plus avantageux et plus rapproché, comme ambassadeur et non plus comme ministre plénipotentiaire. On lui proposa Constantinople. Au prestige de la Porte, Hyde préféra un poste plus discret, mais plus rapproché[1], et obtint sa nomination à Lisbonne, auprès de Jean VI, qui était revenu au Portugal. Dans ce pays où l'influence française était presque nulle et les intérêts de la France peu importants, Hyde espérait obtenir un congé qui lui permît de revenir en France et de remplir la fonction de député à laquelle il tenait par-dessus tout, tout en conservant le statut et la rémunération d'un ambassadeur[2]. Lisbonne était le poste le plus rapproché et a priori le moins prenant. Pour la circonstance, Chateaubriand, ministre des Affaires étrangères depuis décembre 1822, érigea en ambassade ce qui était une simple légation.

Le choix d'un tel homme pour un tel poste n'était pas complètement innocent de la part de Chateaubriand. C'était une pierre dans le jardin du ministre britannique Canning. Les positions notoirement anglophobes de Hyde de Neuville, que son séjour aux États-Unis, puis sa courte apparition à la session parlementaire de 1823[3], n'avaient fait que souligner, étaient bien connues. En France, l'opposition libérale y vit un pas de plus vers le retour de l'absolutisme en Europe[4]. Villèle, inquiet d'une politique

---

[1] Mme de Montcalm lui conseillait de refuser le poste, trop éloigné, de Constantinople : « Vous êtes de ces amis que les ministres aiment mieux voir de loin que de près. Constantinople ne vous va pas; il faut y fumer et s'y tenir tranquille, deux choses que vous ne savez pas faire. Ne restez pas à Paris, vous voici sur la pente de la rébellion vis-à-vis de vos amis du ministère; il vous faut une ambassade active. » : *Mémoires*, III, 76.

[2] Il demanda ce congé dès octobre 1823 : Hyde à Chateaubriand, 21 octobre 1823, AE, CP Portugal, v. 137, fol. 401. Mais les circonstances imprévues des troubles au Portugal et de l'importance prise par Hyde au sein même des affaires intérieures de ce pays devaient l'empêcher d'en profiter.

[3] Hyde venait de prononcer en avril un discours assez belliqueux à l'encontre de l'Angleterre, en réponse à un discours « injurieux » de Brougham aux Communes. Il y exprimait sa « réprobation de la politique cauteleuse de l'Angleterre » : *Mémoires*, III, 69-72.

[4] « Hyde de Neuville part pour Lisbonne au lieu de Constantinople; il est chargé d'aller troubler là l'œuvre anglaise et se faire, contre les chartes octroyées, le champion du pouvoir absolu. Il est fort possible qu'il arrive à temps. On n'est pas pressé de donner les chartes et le ministère de Londres pourra bien se trouver déjoué. » : Guizot à Barante, 10 juillet 1823, dans Barante, éd., *Souvenirs du baron de Barante,* III, 97.

qui était celle de Chateaubriand, rappela oralement à Hyde de Neuville, avant son départ, que la France n'avait rien à gagner à se brouiller avec l'Angleterre[1]. Mais, dans l'opinion de tous, Hyde partait en défenseur de l'absolutisme. Madame du Cayla, la favorite du Roi, lui dit à la cour, « assez haut pour être entendue » : « J'ai entendu Sa Majesté dire qu'elle aimait vous placer là où la légitimité a besoin d'un soutien[2]. » Quant à Chateaubriand, il écrivait avec une certaine satisfaction au comte de Marcellus à Londres : « Cette nomination de Hyde, si anti-anglais, donnera un nouvel accès d'humeur à M. Canning[3]. »

Supprimer ou même balancer l'influence anglaise au profit de l'influence française, dans ce pays, relevait d'une complète utopie. Mais essayer de s'insinuer malgré tout, en profitant des bonnes dispositions de Jean VI, en utilisant un homme tel que Hyde de Neuville, voilà qui devait faire rêver secrètement Chateaubriand. Il s'agissait toutefois de ne pas s'opposer trop vivement à la Grande-Bretagne, déjà inquiète de la présence française en Espagne.

Hyde arrivait dans un pays troublé et affaibli, pratiquement asservi à l'Angleterre; en une année, il allait parvenir à instaurer au Portugal une influence française éphémère, mais bien réelle.

Le prince régent Dom Joâo s'était fixé à Rio de Janeiro en 1808 et, lorsqu'il succéda à sa mère, en 1816, il resta au Brésil, effrayé de devoir rentrer au Portugal. C'est que depuis 1808 la colonie et la métropole avaient connu deux évolutions bien différentes, voire opposées. Le Brésil s'était développé commercialement et politiquement, du fait qu'il était la résidence de la cour, et grâce à la série de traités de paix et de commerce passés notamment avec la Grande-Bretagne, qui faisaient sortir le Brésil du système du monopole colonial antérieur pour l'ouvrir au commerce étranger. En regard, le Portugal avait souffert de trois invasions françaises et de la dictature de Junot. La paix de 1814 lui rendait son indépendance, mais le faisait passer de la dépendance française à la dépendance anglaise, en vertu de l'aide apportée par la Grande-Bretagne dans la guerre qui s'achevait, d'une alliance qui remontait à Jean 1er, et surtout de l'importance des intérêts commerciaux que la Grande-Bretagne avait développés au Portugal et au Brésil.

De 1811 à 1820, la deuxième décennie du siècle vit croître les problèmes politiques et sociaux du Portugal, accentués par la conjonction du vide politique (la cour était réfugiée au Brésil) et des difficultés économiques. Le progrès des idées libérales, que l'exemple français avait contribué à développer, allait précipiter la crise. Junot n'avait pas eu le temps d'implanter une constitution. Malgré la haine pour la dictature française, moins violente qu'ailleurs en Europe mais malgré tout présente, l'idée d'une constitution avait séduit les libéraux au point de les rallier à Junot.

[1] *Mémoires*, III, 78.
[2] *Ibid.*
[3] *Ibid.*, III, 80.

Après 1815, les espoirs avaient été transférés sur le prince Dom Joâo dont on connaissait la politique libérale au Brésil. Cependant le prince ne rentrait pas, préférant la sécurité de Rio. La crise du libéralisme naissant, loin de trouver une solution, ne faisait donc que s'intensifier. De plus, on en venait à la situation bizarre que le Brésil, siège du gouvernement et pays prospère commercialement, faisait de plus en plus figure de métropole, tandis que le Portugal prenait des allures de colonie du Brésil et de l'Angleterre. En effet, le pouvoir réel appartenait moins à la régence censée représenter Jean VI qu'au maréchal anglais Beresford, commandant l'armée, aussi dictatorial qu'impopulaire. Une mauvaise situation économique : effondrement des prix (continu de 1807 à 1840), mauvaises récoltes, paupérisation générale, accentuait les mécontentements. Lorsqu'en 1820, Ferdinand VII dut accepter la constitution des Cortès, l'exemple espagnol précipita la révolution au Portugal. L'armée s'insurgea à Porto le 24 août 1820, permettant la création d'une junte. Les Cortès furent convoqués, décidèrent du renvoi de Beresford et de la constitution d'une charte. Jean VI décida alors de regagner l'Europe, en avril 1821, et jura fidélité aux bases de la constitution de 1822 : liberté de la presse, abolition de l'Inquisition, chambre unique. Le roi forma un ministère libéral. Jean VI semblait sincèrement acquis à l'idée de la nécessité des réformes, et aussi décidé à mettre un frein à l'influence anglaise. Dès 1823 cependant, il commença à rencontrer une opposition absolutiste très forte, en particulier dans les milieux du palais, autour de sa femme, l'Espagnole Carlota-Joaquina, et de son second fils, l'infant Dom Miguel. Cette opposition trouvait un appui dans le clergé (qui avait fait l'objet de réformes sévères), la majorité de la noblesse, les paysans des régions écartées, en particulier du Trás-os-Montes, près de la frontière de la Galice, et les officiers de l'armée. 1823 vit la remontée de l'absolutisme dans la péninsule entière. Tandis que l'armée française intervenait en Espagne pour aider Ferdinand VII, Jean VI devait faire face à ses propres révoltes, sans obtenir véritablement le soutien de l'Angleterre. Obligé d'abandonner la charte de 1822 à la suite de la révolte de mai 1823 (la « Vilafrancada »), Jean VI voyait s'élever les deux oppositions, libérale et absolutiste, sans pouvoir contrôler l'une ou l'autre. Alors que la France intervenait en Espagne, il échouait à convaincre la Grande-Bretagne de l'aider de son côté. Le 10 juillet 1823, la création d'une ambassade au Portugal et la nomination d'un ambassadeur notoirement légitimiste et anti-anglais pouvait changer les conditions et susciter en tous cas les espoirs de Jean VI en une nouvelle politique de la France à l'égard du Portugal, surtout au vu de son engagement en Espagne, et ce malgré la traditionnelle mainmise de l'Angleterre sur les affaires lusitaniennes.

2. LES PREMIERS JALONS D'UNE INFLUENCE FRANÇAISE

Lorsque Hyde de Neuville arriva au Portugal, le comte de Palmella venait d'être nommé ministre des Affaires étrangères. Le comte de Subserra, aux départements de la Guerre et de la Marine, jouait le rôle de Premier ministre. Palmella était tenant de la fidélité à l'alliance britannique. En revanche, Subserra, dont la politique avait le cœur de Jean VI, rêvait d'une politique nationaliste où le Portugal aurait été moins dépendant, politiquement et surtout économiquement, de l'allié britannique. Dans ces conditions, un dialogue pouvait s'engager avec la France, mais discrètement, en sous-main, pour éviter surtout de froisser la Grande-Bretagne. Il n'était pas question de lâcher aucun des avantages assurés par la Grande-Bretagne avant d'être sûr de pouvoir recevoir les mêmes de la France, surtout dans les conditions d'instabilité politique que connaissait le Portugal depuis ses révolutions successives[1].

Les instructions d'Hyde de Neuville n'allaient pas aussi loin. Il n'était pas question de s'opposer à l'Angleterre dans une question où les intérêts français étaient si limités. Les échanges commerciaux, très favorables à l'Angleterre, étaient peu actifs avec la France. Une ouverture éventuelle du marché intéressait peu le commerce français. Hyde reçut néanmoins mission d'éviter, autant que faire se pourrait, le renouvellement du traité de commerce anglo-portugais de 1810 (qui expirait en 1825), au moins dans les termes où il avait été conclu.

Dans l'immédiat, le principal intérêt que pouvait offrir le Portugal était celui d'une base stratégique et éventuellement d'un point de ravitaillement pour les troupes françaises d'Espagne. La flotte française devant Cadix avait besoin d'appoint pour continuer un blocus efficace. On pouvait espérer cet appoint du Portugal, à condition qu'il veuille se départir de la stricte neutralité qu'il avait suivie, jusqu'alors, de crainte de froisser la Grande-Bretagne[2].

---

[1] Hyde de Neuville tenta de proposer un nouveau système d'alliance, mais sans oser le faire officiellement, si bien qu'il ne rencontra au début que la méfiance de Palmella : « Parece que a linha de proceder mas natural para o nosso gabinete será a de conservar relaçôes de intima amizade com os de Madrid e Paris, sem comtudo contrair com elles novos enlaces de aliança, que possam affectar as nossas relaçôes com a Grâ-Bretanha. O embaixador de França n'esta Côrte [...] nâo avança proposiçoes positivas, nem tem até agora feito nemhuma por escrito, e que pareça ter um caracter oficial. » (« Il semble que la marche à suivre la plus naturelle pour notre cabinet sera de conserver des relations d'intime amitié avec les cabinets de Madrid et de Paris, sans toutefois contracter avec eux de nouvelles alliances qui pourraient affecter nos relations avec la Grande-Bretagne. L'ambassadeur de France auprès de notre Cour [...] n'avance aucune proposition positive, et n'a jusqu'à présent rien présenté qui soit écrit et qui paraisse avoir un caractère officiel. ») : Palmella à Porto-Santo, 1er novembre 1823, TT, Cx 76, maço 3.

[2] Chateaubriand considérait cette aide éventuelle, en munitions et approvisionnements (aide directe du gouvernement portugais ou liberté accordée par lui à la France de pouvoir passer des contrats en ce sens dans le pays) comme le point le plus important, « la première affaire » à négocier avec le Portugal, l'intérêt de la France étant concentré sur la partie espagnole de la péninsule et sur la nécessité de terminer le blocus de Cadix au plus vite. Il recommandait donc l'affaire à Hyde « d'une manière spéciale » : Chateaubriand à Hyde de Neuville, 7 août 1823, AE, CP Portugal, v. 137, fol. 264-265.

En conséquence, Hyde aborda le sujet dès son arrivée[1]. Il reçut un accueil réservé, mais moins qu'on n'aurait pu le craindre[2]. Jean VI était visiblement disposé à un rapprochement avec la France et à un geste de bonne volonté, malgré le médiocre état de sa propre marine. Le principal obstacle restait la volonté de ne pas briser la neutralité imposée par la Grande-Bretagne. Il s'agissait de reconquérir une certaine indépendance, de trouver d'autres alliances, sans pour autant abandonner ni compromettre l'alliance anglaise.

Palmella mettait en avant l'état de dénuement des arsenaux portugais, après les expéditions au Brésil, pour ne pas faire espérer une aide bien importante du Portugal. Cependant, et c'était un grand pas en avant pour sortir d'une neutralité jusque là absolue, il proposait à Hyde que celui-ci envoie deux officiers français se mettre en contact avec l'inspecteur de l'Arsenal de la marine portugaise, afin qu'ils voient eux-mêmes « quels sont les objets et les munitions disponibles qui leur conviendroient, assuré qu'ils leur seront immédiatement délivrés[3] ».

L'aide portugaise fut des plus modiques. Après quatre jours de recherches infructueuses dans l'arsenal de Lisbonne, qu'il visita lui-même « dans ses plus petits détails », et dans les principaux ateliers du pays, Matterer, l'officier français désigné pour la tâche, repartit avec un maigre butin de cinquante pièces de cordage. Il n'avait pu trouver aucune rame : elles étaient trop petites et trop chères. En revanche, il emportait un certain nombre de mortiers, obusiers et munitions[4].

Une telle offre de la part du Portugal était donc pour la France moins d'utilité pratique que d'intérêt diplomatique. Ce geste de bonne volonté était une ouverture nouvelle vers la France et pouvait dénoter une volonté de s'émanciper, du moins jusqu'à un certain degré, de l'Angleterre. Hyde de Neuville ne s'y trompa pas, et dès ce moment commença à envisager pour la France des perspectives nouvelles au Portugal. Dès août 1823, le geste portugais lui faisait constater avec une satisfaction évidente : « L'Angleterre ne peut donc plus empêcher que le Portugal ne marche avec l'Europe, et qu'il ne sorte [...] de cette neutralité dangereuse[5]. »

En septembre, le gouvernement portugais alla plus loin en offrant, pour concourir au blocus, deux bâtiments qui revenaient juste du Brésil[6]. Cette proposition était faite à la condition que les deux bâtiments aient un rôle purement passif et ne contribuent à tirer aucun coup de canon. Cependant, Hyde espérait que le gouvernement portugais s'engageât plus loin encore, pourvu qu'il reçût de la France toutes les assurances nécessaires. Pour Hyde, accepter l'offre portugaise et l'engager à une plus grande

---

[1] Note de Hyde de Neuville à Palmella, 16 août 1823, AE, CP Portugal, v. 137, fol. 289.
[2] Palmella à Hyde de Neuville, 18 août 1823, AE, CP Portugal, v. 137, fol. 290-291.
[3] Ibid.
[4] Matterer à Hyde de Neuville, s.d., AE, CP Portugal, v. 137, fol. 304.
[5] Hyde de Neuville à Chateaubriand, AE, CP Portugal, v. 137, fol. 299.
[6] Hyde à Bordesoulle, 12 septembre 1823, AE, CP Portugal, v. 137, fol. 344-345.

implication était l'occasion ou jamais de « franciser » ce pays. « Le Portugal est encore anglais. Moins par sentiment que par habitude et aussi par incertitude du sort qui l'attend s'il se livre inconsidérément à de nouvelles affections, mais qu'on prenne un peu la peine de le rassurer (et l'occasion il faut en convenir est belle) car il n'est point ici question d'intérêts commerciaux à défendre mais de trônes légitimes à conserver[1]. » Le Portugal avait le motif, pour une action de ce type, de préserver ses frontières et sa propre stabilité. La Grande-Bretagne ne pourrait donc exprimer aucune plainte officielle contre une action qui, pourtant, pourrait la priver à terme d'une bonne partie de son influence.

Face à la Grande-Bretagne, qui n'avait pas beaucoup apprécié la révolution absolutiste de 1823 (la *Vilafrancada*) au Portugal, la France représentée par Hyde de Neuville pouvait apparaître comme le soutien de la légitimité dans la péninsule. La force qui appuyait les Bourbons d'Espagne pouvait appuyer les Bragance du Portugal. La collation par Sa Majesté Très Chrétienne à Sa Majesté Très Fidèle et à son fils, en septembre 1823, des ordres de Saint-Michel et du Saint-Esprit, juste après l'érection du poste de Lisbonne en ambassade, pouvait être une ouverture vers une union des trônes légitimes en Europe, voire un pacte de famille. Hyde rappela, en cette occasion, à l'infant Dom Miguel, que le sang des Bourbons coulait dans ses veines à côté du sang Bragance, et que sa mère (la reine Carlota-Joaquina, sœur de Ferdinand VII d'Espagne) était la petite-fille de Louis XIV[2]. Jean VI saisit la main tendue, et parla de l'amitié qu'il désirait consolider avec la France « surtout dans les circonstances actuelles, où il est nécessaire qu'il s'établisse entre les souverains une union cordiale et tutélaire, afin de prévenir la ruine des peuples et la désorganisation des États[3] ».

Parallèlement à l'ouverture pour un rapprochement avec la France, le gouvernement de Jean VI et Subserra posait les premiers jalons de la proclamation de l'indépendance diplomatique du Portugal. Plusieurs bâtiments de guerre britanniques étaient entrés dans le port de Lisbonne en septembre sans se soumettre aux formalités usitées en pareil cas. Palmella reçut l'ordre d'adresser une note à tout le corps diplomatique où il rappelait les usages à observer[4]. La circulaire s'adressait à toutes les nations maritimes, mais la Grande-Bretagne était la première concernée, et cette mesure était un premier pas vers la tentative de redressement nationaliste du Portugal qui se dessinait de plus en plus comme étant la politique de Subserra, approuvée par Jean VI.

---

[1] Hyde de Neuville à Chateaubriand, 13 septembre 1823, lettre très particulière. AE, CP Portugal, v. 137, fol. 348-351.

[2] Discours de Hyde de Neuville lors de l'audience publique accordée par S.M.T.F. pour la remise des ordres, 3 septembre 1823, AE, CP Portugal, v. 137, fol. 315.

[3] Réponse de Jean VI, 3 septembre 1823, AE, CP Portugal, v. 137, fol. 318-319.

[4] Note de Palmella transmise par Hyde de Neuville à Chateaubriand, 21 septembre 1823, AE, CP Portugal, v. 137, fol. 369.

Hyde de Neuville pouvait donc proposer à Chateaubriand une politique de défense de la légitimité, et d'opposition à l'Angleterre qui ne tâchait dans toute la péninsule que de « sauver le plus de débris possible de l'édifice révolutionnaire[1] ». Dans toutes ses dépêches de septembre à octobre, il presse Chateaubriand d'accepter l'offre portugaise de participation au blocus. La fin du blocus ne permit pas d'en profiter. Mais la situation désormais prépondérante dans la péninsule de la France, victorieuse en Espagne, incita Jean VI à continuer les ouvertures par de multiples manifestations d'intérêt pour la France, dans le protocole[2] et par ses paroles.

Chateaubriand se montra prêt à encourager cette politique qu'il n'attendait pas. Cependant, plutôt qu'imposer une influence politique rivale de celle de l'Angleterre, il entendait profiter des bonnes dispositions d'alors de la cour portugaise pour régler au mieux des intérêts de la France certaines affaires pendantes depuis longtemps, et chercher à encourager les relations commerciales de la France avec le Portugal et surtout avec le Brésil[3].

Pendant la mésintelligence entre le Portugal et la France, le séquestre avait été mis au Portugal sur les propriétés des Français, ainsi qu'en Guyane, pendant l'occupation par les Portugais. De même le séquestre avait été posé en France sur les propriétés portugaises. La convention du 25 avril 1818 prévoyait la levée bilatérale de ces séquestres. La cour portugaise, qui réclamait parallèlement le règlement d'un certain nombre de créances de la même époque, différait son application[4].

Le moment était surtout propice pour une négociation commerciale. Il était souhaitable de profiter de la bonne grâce du gouvernement portugais et de l'arrivée à expiration du traité de 1810 avec la Grande-Bretagne. Jean VI désirait des modifications à ce traité qui mettait le Portugal dans une trop grande dépendance commerciale à l'égard de la Grande-Bretagne, à un moment où les problèmes économiques du Portugal, conjugués avec la perte éventuelle du débouché brésilien (au moins en partie), devenaient cruciaux. Le principal recours du Portugal aurait été de s'ouvrir à d'autres marchés que ceux qu'il avait traditionnellement entretenus, celui de la Grande-Bretagne, devenu trop désavantageux, et celui du Brésil, en passe d'être perdu. Ces conditions particulières expliquent que Pal-

---

[1] Hyde de Neuville à Chateaubriand, 13 septembre 1823, lettre très particulière : AE, CP Portugal, v. 137, fol. 348-351.

[2] Port par Jean VI, pour une audience publique à Hyde, des ordres portugais et français, mais pas de la Jarretière, qui venait de lui être conférée; première place réservée à Hyde, sous le roi et l'infant, lors du *Te Deum* chanté pour célébrer la libération de Ferdinand VII; présence exceptionnelle de l'infant au bal donné par Hyde pour cette circonstance; collation de l'ordre de la Tour et de l'Epée à Hyde; place réservée à Hyde à côté du roi lors du souper en l'honneur de la fête de l'infant; bienveillance verbale de S.M.T.F. envers Hyde : ce type de signes de bonnes dispositions de Jean VI à l'égard de la France se multiplia alors. Dépêches de Hyde à Chateaubriand, septembre-octobre 1823, AE, CP Portugal, v. 137, fol. 275-397.

[3] Chateaubriand à Hyde de Neuville, 18 octobre 1823, AE, CP Portugal, v. 137, fol. 398-400.

[4] Affaire de la liquidation des créances et de la levée des séquestres : AE, CP Portugal, v. 12 supplément, fol. 45-120. Malgré ses instructions, Hyde ne s'occupa pas de la négociation de cette affaire dans son ensemble. Il régla seulement un certain nombre de cas particuliers.

mella ait accepté l'idée de faire de Lisbonne un port franc dès que Hyde la proposa[1].

L'affaire du port franc prit nettement tournure après la révolution d'avril, l'*Abrilada*. Hyde avait alors pris une influence sans précédent dans les affaires portugaises. Il s'était aussi gagné le dévouement du directeur des douanes, Mousinho da Silveira, qu'il avait sauvé lors de l'*Abrilada*. Le 2 juin 1824, il annonçait à Chateaubriand : « Le port franc est arrêté[2]. » Le projet d'ordonnance pour la constitution du port franc devait être soumis à Hyde le soir même. En fait, l'opposition vigoureuse de Povoa au Conseil empêcha l'affaire de se faire. L'opinion de Povoa prévalut sur celle de Subserra. Povoa, notoirement dévoué à la Grande-Bretagne, défendait ainsi les intérêts anglais, favorisés par la situation telle qu'elle était et le traité de 1810 toujours en vigueur. Le projet commença à traîner en longueur, mais Hyde continua à le défendre tout au long de l'automne 1824. En attendant le renouvellement du traité de 1810, modifiable seulement en 1825, un port franc aurait été un grand pas de fait pour le commerce. Malgré les promesses solennelles de Jean VI à Hyde[3], la réunion de commissions pour élaborer le projet, l'appui de Subserra et du directeur des douanes, le projet de port franc avorta. Cependant, les efforts de Hyde aboutirent en quelque sorte dans la loi de douane du 5 juin 1825, qui autorisait l'entrepôt et le transit de toutes les marchandises non prohibées moyennant un droit qui ne serait plus que de 2 % de la valeur de la marchandise. Le chargé d'affaires Merona le présenta ainsi au ministre des Affaires étrangères Damas[4].

Mais le principal intérêt commercial de la France résidait moins dans ses relations avec le Portugal que dans ses relations avec le Brésil. La position de la France à l'égard de la métropole était de ce fait très délicate. Il n'était pas question de favoriser l'indépendance brésilienne ni même de pousser en ce sens, par des conseils officieux, auprès de la cour de Lisbonne. Chateaubriand prêchait à Hyde une stricte neutralité, en proclamant le désir de la France de voir la colonie se réconcilier avec la métropole. L'issue la plus souhaitable était de voir un Brésil indépendant, conservant à sa tête un prince de la maison de Bragance[5]. Le Brésil aurait désormais été relié à l'ancienne métropole par de simples « liens d'affection[6] », qui auraient laissé le champ libre aux autres puissances.

[1] Hyde de Neuville à Chateaubriand, 11 janvier 1824, AE, CP Portugal, v. 138, fol. 29-32.
[2] Hyde de Neuville à Chateaubriand, 2 juin 1824, AE, CP Portugal, v. 138, fol. 308-310.
[3] Hyde avait suscité secrètement une supplique au roi, signée d'une centaine de négociants portugais. A la suite de cette affaire, Jean VI avait oralement, mais solennellement, annoncé à Hyde que le port franc était décidé et se ferait bientôt. Hyde de Neuville à Chateaubriand, 29 septembre 1824, AE, CP Portugal, v. 139, fol. 242.
[4] Merona à Damas, 4 juin 1825, AE, CP Portugal, v. 140, fol. 135.
[5] Chateaubriand à Hyde de Neuville, 24 novembre 1823, AE, CP Portugal, v. 137, fol. 420-423.
[6] Chateaubriand à Hyde de Neuville, 29 octobre 1823, AE, CP Portugal, v. 138, fol. 404.

Le consul de France Gestas commença à se présenter à Rio comme un véritable chargé d'affaires officieux[1], ce qui ne manqua pas d'irriter la cour de Lisbonne, ainsi que l'envoi de l'ordre du Saint-Esprit à Dom Pedro, fils rebelle pour Lisbonne, empereur d'un Brésil en passe de devenir complètement indépendant pour Paris. Dans une certaine mesure, la France avait moins intérêt à un rapprochement avec le Portugal qu'avec le Brésil. La politique de Chateaubriand et surtout d'Hyde de Neuville, profitant il est vrai d'événements exceptionnels, fut pourtant de tenter d'implanter l'influence française au Portugal.

3. POINT CULMINANT DE L'INFLUENCE FRANÇAISE : L'*ABRILADA*

La révolution de mai 1823, la *Vilafrancada*, avait momentanément apporté un point d'arrêt aux tentatives de rédaction d'une charte constitutionnelle en forçant les Cortès à se séparer. Les poussées libérales continuèrent cependant. En s'opposant aux poussées absolutistes, elles prenaient le pouvoir dans un étau. La crise économique, la peur de tout changement social, les hésitations du pouvoir étaient pour Hyde un spectacle affligeant. Après avoir goûté aux États-Unis les mérites d'un certain libéralisme, il ressentait au Portugal les méfaits de l'absolutisme et des résistances à des évolutions nécessaires[2]. Il s'abstenait toutefois en 1823 de toute ingérence dans les affaires portugaises, nullement convaincu d'ailleurs que la Charte française, si bonne qu'elle fût pour le peuple français, fût également applicable sans discernement aux autres peuples, en particulier au peuple portugais.

Jean VI devait s'assurer de l'approbation de l'Europe en cas de tentative de réforme libérale. Le roi n'avait pas suffisamment l'unanimité de la nation derrière lui pour se passer du soutien des puissances. La caution de la France, dont on voyait l'action en Espagne, était surtout nécessaire. Tout en nommant une junte pour essayer de terminer discrètement le travail des Cortès, Jean VI sollicita officieusement l'avis des représentants des diverses puissances. La Russie, l'Autriche œuvraient en faveur de l'absolutisme. Pour une fois, la politique de Hyde de Neuville se trouva rejoindre celle de la Grande-Bretagne. D'abord très discret, d'autant plus que Chateaubriand ne lui avait jamais envoyé d'instructions sur ce point, Hyde, convaincu des méfaits de l'absolutisme, se mit à sortir de plus en plus de sa réserve première, à partir du début de l'année 1824, pour prêcher en faveur d'une charte. Cette prise de position, qui restait officieuse, mais pouvait amener Jean VI à se croire soutenu par la France, n'était justifiée que par le sentiment de Hyde de prendre une influence croissante auprès

---

[1] Gestas à Carvalho de Mello (secrétaire d'État aux Affaires étrangères à Rio), 22 février 1824, AE, CP Portugal, v. 138, fol. 103-104.

[2] « Je crois que l'absolutisme est, après la démagogie, la plus détestable base de l'art de gouverner les hommes. » : Hyde de Neuville à Chateaubriand, AE, CP Portugal, v. 137, fol. 467.

du roi. « A la confiance », il répondait « par de la confiance[1] », et exprimait à cœur ouvert un avis personnel.

Les tentatives libérales avaient à faire face non seulement à l'inertie du régime mais surtout à la sourde opposition d'une large partie de la noblesse, d'une fraction de la bourgeoisie et de la paysannerie, et de la totalité de l'armée et du clergé. Quelques mesures timides avaient été prises pour réduire l'influence et la richesse du clergé. Quant à l'armée, trop nombreuse et indisciplinée, Subserra nourrissait depuis longtemps le projet de la réduire fortement. Cette opposition perçait par des coteries de palais, des conspirations endémiques comme celle du marquis de Chavès, des tentatives de soulèvement comme dans le Trás-os-Montes. Le 1er mars 1824, les absolutistes frappèrent à l'intérieur même du palais en assassinant le marquis de Loulé, favori de Jean VI, connu pour être un ancien agent carbonariste. Palmella mit aussitôt le crime qui avait profondément affecté Jean VI (il craignait à présent pour sa propre sécurité) sur le compte des anciens amis de Loulé[2].

En fait, l'assassinat était un premier pas des absolutistes pour faire pression sur le roi et revenir à l'état antérieur. L'affaire eut des conséquences opposées, en achevant de convaincre le roi que des réformes étaient nécessaires pour réduire l'opposition, et en rapprochant les deux principaux ministres, Palmella et Subserra. Palmella, jusqu'alors assez irrésolu, partisan de laisser faire les choses et de se fier à la Grande-Bretagne, se rallia subitement à la politique de réformes libérales et d'indépendance nationale de Subserra. Un remaniement ministériel à la mi-mars renforça la position de Subserra. Subserra avait déjà obtenu le renvoi du maréchal anglais Beresford, commandant l'armée portugaise. C'était, pour rejeter la tutelle britannique, prendre ouvertement le parti français. Le 18 mars, Subserra eut avec Hyde de Neuville une longue conférence sur les problèmes du Portugal et les mesures à prendre. Le 22, il en eut une autre; Hyde de Neuville devenait le conseiller officieux du gouvernement portugais dans ses affaires intérieures, avant même l'affaire de l'*Abrilada* qui, en précipitant les événements, acheva de consacrer la prépondérance de l'influence française. La politique pro-française de Subserra triompha définitivement au conseil le 23 mars 1824, lors d'une véritable « journée des dupes ». Le roi, dans un sursaut d'énergie, cautionna la politique de son ministre en déclarant au parti qui voulait son renvoi qu'il ne s'en séparerait pas. Opter pour la politique de Subserra impliquait la confiance dans le soutien de la France. Hyde, dans ses conversations privées, s'était sans doute largement avancé à cet égard. Au lendemain de l'assassinat de Loulé, le roi craignait non seulement pour sa politique mais pour sa personne. Hyde, en l'encourageant à conserver Subserra et la politique que celui-ci préconisait, se crut autorisé à donner des assurances à Jean VI. Hyde était poussé à ce geste par son royalisme viscéral et son amour pour la légitimité

---

[1] Hyde de Neuville à Chateaubriand, 17 février 1824, AE, CP Portugal, v. 138, fol. 89.
[2] Hyde de Neuville à Chateaubriand, 3 mars 1824, AE, CP Portugal, v. 138, fol. 107.

souffrante. Jean VI lui rappelait Louis XVI, et il faut croire que le conspirateur de l'Empire avait gardé une vocation de sauveur de rois. Il s'avança donc jusqu'à déclarer oralement à Jean VI que « la France et l'Europe ne permettraient pas que la légitimité soit outragée dans la personne d'un souverain aussi digne d'attachement que de respect ». Et Hyde d'ajouter : « Le bon roi avait presque les larmes aux yeux, je n'étais pas moins ému, et je sais que je lui dis, pour achever de le rassurer et dans un mouvement d'âme que Votre Excellence concevra aisément... Oui, Sire, la France, le Roi mon maître, ne souffriraient jamais que des factieux osassent toucher à un seul de vos cheveux [...]. Je ne sais, monsieur le vicomte, si j'ai bien parlé la langue de la politique; mais j'ai parlé celle des Bourbons, la vôtre, la mienne, et j'ai consolé une âme royale bien profondément malheureuse[1]. »

C'est vraisemblablement sur ces assurances[2] que Jean VI choisit de façon aussi déterminée la politique de Subserra, qui ne bénéficiait pratiquement d'aucun soutien national.

Si la politique de Subserra et l'influence française avaient donc triomphé dès avant l'*Abrilada*, cette révolution absolutiste, déclenchée en avril (d'où son nom), et son échec final consacrèrent ce triomphe. La nuit du 29 au 30 avril 1824, l'infant Dom Miguel, sous l'impulsion de la reine, fit procéder à un certain nombre d'incarcérations, lança au matin une proclamation dans Lisbonne et souleva les troupes cantonnées dans la capitale, qui se rassemblèrent sur la place du Rossio. Le roi était retenu prisonnier dans son palais de Bemposta. Le mouvement fut présenté comme une action du prince pour sauver son père, menacé par une conspiration des francs-maçons. Le cardinal-patriarche de Lisbonne, dans une proclamation affichée aux portes de toutes les églises de la ville, approuvait et expliquait le mouvement. Palmella fut arrêté, Subserra parvint à s'enfuir et trouva refuge chez Hyde de Neuville. Hyde n'hésita pas sur le parti à prendre. Sans s'embarrasser de questions d'intérêts politiques, sans jamais envisager de se cantonner à un rôle neutre d'observation, il engagea sa personne, qui représentait celle de son souverain, au côté de la légitimité. Dans la mesure où la personne d'un roi légitime était manifestement violée, cet ultra se dressa contre les absolutistes du Portugal. La personne sacrée du roi devait être défendue avant tout : le vieux serviteur de la royauté, l'homme qui avait tenté de sauver Louis XVI et Marie-Antoinette, reparaissait et se jetait d'instinct comme rempart entre la royauté menacée et ses persécuteurs. La prise de position ferme de Hyde de Neuville dans les troubles portugais ne fut donc pas le résultat d'une politique réfléchie, mais d'un sentiment de devoir irrépressible, de la nécessité de défendre

---

[1] « Hyde de Neuville à Chateaubriand, 23 mars 1824, AE, CP Portugal v. 138, fol. 138-139.

[2] Hyde écrivait le 24 mars : « L'âme abattue du monarque paraît s'être relevée [...] Il a dit au comte de Subserra : le roi de France ne permettrait pas que l'on touchât à un de mes cheveux - ce mot l'a frappé [...] au reste ce n'est qu'au comte de Subs qu'il confie ses secrètes pensées; c'est à lui qu'il m'a prié de tout dire [...] » : Hyde de Neuville à Chateaubriand, 24 mars 1824, AE, CP Portugal, v. 138, fol. 142.

la personne d'un roi, quel qu'il fût et quelles que soient les circonstances. Dans la chaleur de l'action, Hyde envoya une dépêche significative : « Nous ferons notre *va-tout*; et le Portugal et son roi seront sauvés, ou je serai assassiné. Dieu et le prince légitime est et sera toujours ma devise[1]. »

Dès la nouvelle du soulèvement, Hyde de Neuville rassembla tout le corps diplomatique chez le nonce, puis, à la tête de tous les ambassadeurs réunis, se dirigea vers le palais, où il demanda à voir le roi, forçant le passage que lui barrait le commandant des troupes disposées pour garder Jean VI. L'Europe toute entière, par la personne de ses représentants, reconnaissait l'autorité du seul Jean VI et désavouait l'action de son fils Miguel. Le corps diplomatique rassemblé autour du roi ne quitta le palais qu'au soir, après que les soldats furent dispersés et que Miguel eut assuré publiquement de son respect pour la volonté de son père. Palmella fut relâché. L'action du corps diplomatique avait probablement empêché une abdication forcée de Jean VI. Pendant les quelques jours qui suivirent, le roi terrorisé n'osa prendre aucune décision, sentant son autorité affaiblie. Hyde voyait Jean VI tous les jours et paraissait alors la seule personne en laquelle le roi eût confiance. Il prêchait la fermeté, d'autant plus que l'armée, hésitante, ne savait si elle devait reprendre le mouvement avorté ou se rallier au roi. Cinq jours après le soulèvement, un colonel pria secrètement Hyde d'offrir son régiment au roi, et l'assura qu'on pouvait compter sur toute sa troupe[2]. Regrettant amèrement qu'on ne pût faire entrer des troupes françaises au Portugal comme on l'avait fait en Espagne, pour protéger la légitimité, Hyde fit néanmoins mander le vaisseau français *Sancti Petri* pour assurer la présence dans le Tage d'une force française[3].

Le Sancti Petri arriva trop tard et c'est à bord du *Windsor-Castle* anglais que le roi chercha refuge, le 9 mai, pour assurer sa sécurité sous la protection d'une puissance étrangère. Le chargé d'affaires d'Angleterre, Thornton, qui avait suivi l'action Hyde de Neuville, désapprouva publiquement Beresford, le commandant anglais des troupes portugaises. Hyde se présentait comme l'arbitre de la situation, et au fur et à mesure que celle-ci s'éclaircissait, c'était toujours lui qui dictait les mesures à prendre. Il se prononça contre l'incarcération de la reine. Dom Miguel serait envoyé en voyage en France, exil provisoire déguisé. Le roi renouvelait totalement la composition de son ministère[4].

Le service que Hyde avait rendu à la monarchie portugaise lui valut le titre de comte de Bemposta (nom du palais où résidait Jean VI) et de pair du royaume. Ce titre fut dès lors porté avec orgueil par Hyde, comme le symbole de son dévouement reconnu.

---

[1] Hyde de Neuville à Chateaubriand, 1er mai 1824, AE, CP Portugal, v. 138, fol. 218-219.
[2] Hyde de Neuville à Chateaubriand, 5 mai 1824, AE, CP Portugal, v. 138, fol. 226-229.
[3] *Ibid.*
[4] Hyde de Neuville à Chateaubriand, 10 mai 1824, AE, CP Portugal, v. 138, fol. 230-233.

4. LE DÉSAVEU DE LA POLITIQUE DE HYDE DE NEUVILLE

Chateaubriand approuva la politique menée à Lisbonne[1]. On ne pouvait que louer une attitude qui avait eu pour but de protéger la légitimité et la personne d'un roi. De plus, l'épisode consacrait l'influence française au Portugal. Il apparut cependant bientôt que Hyde commençait à aller trop loin dans cette voie. Il était devenu le conseiller universel de Jean VI. Son ingérence manifeste dans les affaires portugaises pouvait froisser la susceptibilité d'autres puissances et inquiéter en particulier la Grande-Bretagne, alliée traditionnelle du Portugal, qui voyait déjà la France en Espagne. Or il était hors de question que la France compromît ses relations avec la Grande-Bretagne pour un intérêt aussi maigre que celui que représentait le Portugal.

Palmella et Subserra ne faisaient plus un pas, plus un projet d'ordonnance sans le présenter auparavant à Hyde de Neuville. Le 29 mai, Subserra lui soumit ainsi le projet des réformes constitutionnelles que le roi envisageait. Ce projet laissait intactes beaucoup d'institutions qui eussent été à transformer. Hyde poussait dans un sens libéral : « Il n'appartient qu'au souverain de remettre à flot le vaisseau de l'Etat, quand il a été brisé par la tempête ou que, par vétusté, il a besoin de réparation[2]. » Il encourageait à la convocation d'états généraux dont le roi nommerait les représentants de la noblesse et du clergé, et les corps municipaux ceux du tiers état. Le 4 juin 1824, le roi ordonna donc la convocation des Cortès, après avoir consulté Hyde le 2 juin. Hyde écrivait à sa cour sans sourciller : « Je soutiendrai toutes ces mesures, parce que si ce n'est pas le *parfait*, c'est au moins le *mieux*[3]. » En même temps, Lord Beresford recevait l'ordre de quitter le Portugal. Subserra était d'ailleurs déterminé à licencier l'armée, trop nombreuse, inutile, indisciplinée, et danger potentiel en cas d'insurrection, comme l'avait montré l'*Abrilada*.

Chateaubriand avait déjà incité Hyde à la prudence, mais il était tenté par sa politique, à condition qu'elle n'aille pas en opposition trop forte

---

[1] « Sa Majesté a été très contente de votre conduite et de votre fermeté dans des circonstances si difficiles. Elle approuve entièrement les principes qui vous ont dirigé; et vous avez pensé avec raison que vous ne deviez reconnaître que le roi, et qu'aucun acte n'avait un caractère légal qu'autant qu'il était ordonné et avoué par lui. Cette ligne est toujours celle que vous devez suivre, au milieu des mouvements auxquels Lisbonne est exposé. » : Chateaubriand à Hyde de Neuville, 17 mai 1824, AE, CP Portugal, v. 138, fol. 251-252.

[2] Hyde de Neuville à Subserra, 30 mai 1824, AE, CP Portugal, v. 138, fol. 292-295.

[3] Hyde de Neuville à Chateaubriand, 5 juin 1824, CP Portugal, v. 138, fol. 328.

contre l'Angleterre[1]. Lorsqu'il quitta le ministère, le 4 juin 1824, Villèle qui assurait l'intérim tenta d'imprimer un coup d'arrêt à la politique menée à Lisbonne en envoyant des instructions nettes[2].

La convocation des Cortès au Portugal plaçait la cour de Madrid dans une position embarrassante. Madrid s'inquiéta et exprima son mécontentement par l'intermédiaire du marquis de Talaru, ambassadeur français en Espagne.

Là où les initiatives de Hyde commencèrent vraiment à inquiéter et le gouvernement de Londres et celui de Paris, ce fut lorsqu'il s'engagea jusqu'à promettre au roi du Portugal une assistance militaire française du type de celle qui avait eu lieu en Espagne. Hyde avait parlé d'une telle intervention dès novembre 1823 à Chateaubriand. Des troupes françaises venaient alors d'arriver à Badajoz, à la frontière portugaise. Il y avait là pour Hyde l'occasion de mettre le Portugal sous notre égide[3]. Au moindre appel du roi du Portugal, des troupes françaises pourraient entrer dans ce pays et dominer toute la péninsule.

Chateaubriand se montra d'abord favorable à l'établissement d'un corps de troupes, à proximité de la frontière, prêt à répondre à l'éventualité d'un tel appel[4]. Mais les dangers de cette manœuvre apparurent bientôt. La guerre d'Espagne se terminait. Elle avait représenté un problème suffisamment délicat vis-à-vis de l'Europe et surtout de la Grande-Bretagne pour qu'on se dispensât d'y ajouter un problème portugais. Envoyer des troupes au Portugal revenait pratiquement à heurter de front l'Angleterre. Si Chateaubriand avait pu un moment être tenté par les projets de Hyde, il en revint bien vite à une politique plus prudente, qui était déjà suffisamment hardie pour inquiéter Villèle. En décembre 1823, Chateaubriand manda donc à Hyde que l'intervention éventuelle de troupes de Badajoz

---

[1] « Nous n'espérons pas sans doute détruire l'influence anglaise à Lisbonne; trop de liens unissent les deux pays, trop d'habitudes ont été dès longtemps contractées dans toutes les administrations portugaises. Nous n'avons pas d'ailleurs assez d'avantages à offrir au Portugal en compensation des embarras qui naîtraient pour lui d'un grand changement introduit brusquement dans ses rapports avec l'Angleterre; mais nous pouvons, en mettant à profit la juste considération que votre conduite vous a méritée à Lisbonne, faire regarder la France comme un appui politique nécessaire pour S.M.T.F. tant par elle-même que par l'assistance des puissances du continent qu'elle peut lui assurer, nous faire admettre à partager dans une proportion plus ou moins grande l'influence jusqu'ici exclusive de l'Angleterre, faire cesser l'espèce d'opposition qu'elle a l'habitude d'exercer contre les sujets du roi dans tous les ports du S.M.T.F. Ainsi le poids de l'influence de l'alliance, en général peu intéressée dans les affaires du Portugal, peut nous servir à prendre dans ce pays une consistance réelle sans fournir à l'Angleterre l'occasion de travailler ouvertement à s'y opposer. » : Chateaubriand à Hyde de Neuville, 26 mai 1824, AE, CP Portugal, v. 138, fol. 282-284.

[2] Villèle à Hyde de Neuville, 23 juin 1824, AE, CP Portugal, v. 138, fol. 367-368.

Villèle craignait une ingérence trop manifeste. Il écrivait à Hyde : « Je pense que tous les actes de ce gouvernement [i.e, le gouvernement portugais] doivent paraître émaner de lui seul, que le corps diplomatique doit éviter d'y participer trop ostensiblement, et qu'il serait peut-être dangereux de vous engager trop avant dans les discussions domestiques de la cour de Lisbonne. » : Villèle à Hyde de Neuville, 8 juillet 1824, AE, CP Portugal, v. 139, fol. 18.

[3] Hyde de Neuville à Chateaubriand, 7 novembre 1823, AE, CP Portugal, v. 137, fol. 408-409.

[4] Chateaubriand à Hyde de Neuville, 14 novembre 1823, AE, CP Portugal, v. 137, fol. 416-417.

Chateaubriand fit entrevoir au marquis de Marialva, ambassadeur portugais à Paris, que la garnison de Badajoz et même celle de Cadix étaient suffisamment près du Portugal pour pouvoir rassurer ce pays : Marialva à Palmella, 19 novembre 1823, TT, Cx 32, n° 49.

n'avait paru au gouvernement que « capable de le compromettre sans lui présenter un grand résultat[1] ». La seule présence de cette garnison devait suffire à rassurer le gouvernement portugais. Il était hors de question d'envisager une quelconque intervention active. La garnison de Badajoz devait se cantonner dans un rôle de dissuasion.

Cependant la présence des vaisseaux anglais qui mouillaient dans le Tage agaçait Hyde de Neuville. Régulièrement, malgré les réticences de Chateaubriand, Hyde continua à présenter dans ses dépêches l'intérêt, la nécessité, d'autoriser les troupes françaises de Badajoz à pénétrer au Portugal en cas d'urgence. Ce ne serait qu'en cas exceptionnel; ce ne serait que l'intervention de troupes naturellement appelées à intervenir par leur proximité, l'aide d'un souverain légitime à un autre pour mater une révolte, et enfin la France devait-elle craindre à ce point l'Angleterre ? « Il faut aussi ne pas trop craindre de donner un peu d'humeur à ses rivaux », finissait par écrire Hyde, exaspéré[2].

Privé d'instructions, Hyde se hasarda cependant, après l'*Abrilada*, à faire entrevoir verbalement le soutien militaire français à Jean VI en cas d'une nouvelle insurrection. Cette demi-promesse eut l'effet désastreux que Jean VI, n'osant compter pleinement sur le soutien français, demanda le soutien britannique en affirmant que la France avait proposé le sien. Les ouvertures faites par Hyde de sa propre initiative autorisaient le gouvernement portugais à user de ce moyen de pression sur la Grande-Bretagne. Surtout en cas de licenciement de l'armée, une aide étrangère était indispensable au Portugal. Palmella avait demandé au gouvernement britannique une aide militaire que Canning se montra dès l'abord hésitant à accorder[3]. Lorsqu'il fit renouveler la demande, après l'*Abrilada*, par l'ambassadeur portugais à Londres, Villa Real, Canning émit les mêmes réserves[4]. Cependant la perspective d'une intervention française au Portugal, en cas de refus de la Grande-Bretagne d'intervenir elle-même, avait de quoi l'inquiéter. Il avait manifesté cette inquiétude dès l'intervention française en Espa-

---

[1] Chateaubriand à Hyde de Neuville, 16 décembre 1823, AE, CP Portugal, v. 137, fol. 436.

[2] Hyde de Neuville à Chateaubriand, 27 mars 1824, AE, CP Portugal, v. 138, fol. 143.

[3] Palmella à Canning, 15 juillet 1823, PRO, FO 63/271, fol. 192.
Canning refusa alors de laisser compromettre la Grande-Bretagne dans une expédition douteuse, qui pourrait jeter un malentendu sur les intentions de Londres, surtout étant donnée la présence française en Espagne : « Votre Excellence ne peut pas être insensible aux notions erronées qui pourraient naître de l'apparition d'une armée anglaise dans la Péninsule, et qui seraient propagées par les mal intentionnés de tous les pays. Elle n'attribuera donc pas à un manque d'intérêt dans ce qui concerne le Portugal, l'hésitation que nous éprouvons sur une mesure qui pourrait être envisagée sous des points de vue si délicats, et dont les conséquences ne peuvent pas être calculées. [...] Je n'ai rien à ajouter, si ce n'est pour vous exprimer les vœux que nous faisons que les affaires du Portugal puissent s'arranger sans l'intervention d'aucune puissance étrangère; redoutant, comme nous ne pouvons que faire, la complication fâcheuse de ces affaires avec celles d'Espagne. » : Canning à Palmella, 6 août 1823, PRO, FO 63/271, fol. 196.

[4] Villa Real à Palmella, 4 juillet 1824, TT, Cx 58.

gne[1]. A la veille de l'*Abrilada*, que tout le monde pressentait, y compris
l'ambassadeur britannique Thornton, elle ne fit qu'augmenter, mais
Canning refusait de s'engager davantage[2]. Il aurait désiré que Jean VI se
contentât d'être rassuré par la présence d'une force navale accrue dans le
port de Lisbonne, sur le Tage. L'occupation par les Anglais des quelques
fortins qui bordaient le Tage aurait eu le mérite d'assurer à la Grande-
Bretagne le débouché stratégique du fleuve, sans qu'elle se compromette
aux yeux de l'Europe par une quelconque expédition de troupes[3].

Thornton, qui sur place voyait les « intrigues » de Hyde de Neuville, et
la nécessité dans laquelle se trouvait le gouvernement portugais de faire
de toute façon appel à des troupes étrangères, insista auprès de Canning
pour l'envoi d'un corps de cinq ou six mille hommes[4]. William A' Court,
l'ambassadeur britannique à Madrid, était persuadé de la collusion des
contre-révolutionnaires portugais, menés par l'épouse espagnole de Jean
VI, Carlota-Joaquina, avec les contre-révolutionnaires espagnols et les troupes françaises en Espagne, prêtes à entrer au Portugal au moindre mouvement, mouvement qu'elles auraient pu favoriser elles-mêmes[5]. Dans ces
conditions, les promesses de Hyde de Neuville prenaient un tout autre
relief.

Fin juin, Villa Real présenta à Canning une note officielle demandant
l'envoi de troupes anglaises au Portugal, mettant Canning dans un embarras extrême[6]. Obligé d'accéder à cette demande par la crainte d'une intervention française, suscitée par les promesses imprudentes de Hyde, et par
la maladresse de Thornton, Canning ne décolérait pas contre son ambassadeur : « Est-il possible que vous n'ayez pas vu le dilemme dans lequel
nous placerait une demande comme celle qui nous a été faite, une
demande également embarrassante, que nous l'acceptions ou que nous la
refusions ? Si nous la refusons, nous ne pourrons que paraître condamner

---

[1] Il proclamait solennellement, dans une dépêche à l'ambassadeur anglais à Paris, que « aggres-
sion against Portugal would impose upon Great Britain the duty of protecting her ally » (qu'une
agression contre le Portugal imposerait à la Grande-Bretagne le devoir de protéger son allié, e
que cette agression pourrait justifier une guerre, « would justify war » : Canning à Charles Stuart
PRO, FO 27/284, n° 9.

[2] « The intrigues of the French Ambassador, the growing ascendancy of M. de Subserra, hi
avowed devotion to French interests, and the apparent nullity of the Marquis de Palmella, rende
almost hopeless any effort to save the King from the dangers which appear so evidently to be
gathering around him. I do not exactly understand what sort of assurances you mean to suggest a
desirable to be given in His Majesty's name to the king of Portugal. It is impossible for the British
government to engage to interfere in any struggle. » (Les intrigues de l'ambassadeur de France
l'influence croissante de M. de Subserra, sa dévotion avouée aux intérêts français, et la nullité
apparente du marquis de Palmella rendent presque sans espoir tout effort pour sauver le roi des
dangers qui semblent, de façon si évidente, se rassembler autour de lui. Je ne saisis pas exactement
quelle sorte d'assurances vous voulez suggérer comme étant désirables de donner, au nom de Sa
Majesté, au roi de Portugal. Il est impossible pour le gouvernement britannique de s'engager
s'ingérer dans aucune lutte.) : Canning à Thornton, 17 avril 1824, PRO, FO 63/284, fol. 56.

[3] Canning à Thornton, 2 juillet 1824, PRO, FO 63/284, fol. 108.

[4] Thorton à Canning, 5 mai 1824, PRO, FO 63/268, fol. 39.

[5] « Bourmont was certainly in correspondence with the queen of Portugal » (Bourmont entretenait certainement une correspondance avec la reine du Portugal), écrivait A' Court. A' Court
Thornton, 29 mai 1824, PRO, FO 933/91, fol. 80.

[6] Canning à Thornton, 2 juillet 1824, PRO, FO 63/284, fol. 108.

à la ruine un ancien et fidèle allié, ou consentir à une occupation du Portugal par la France. [...] Si nous l'acceptons, il nous faut ou bien le faire de concert avec la France et les puissances continentales; et alors, paraître associés aux plans de la Sainte-Alliance et convertis à ses principes; ou bien, le faire (si tant est que nous devions le faire) sans leur aval, et alors qui peut dire vers quoi ce premier pas peut mener ?[1] »

Le 15 juillet 1824 George IV prit la décision d'envoyer au Portugal, non pas des troupes anglaises, mais des troupes du Hanovre[2]. Une force de 6000 hommes devait être acheminée vers la péninsule. Alors que Hyde de Neuville, sur la foi des déclarations de Palmella et de Jean VI, s'obstinait à nier que le Portugal ait jamais demandé un secours militaire à la Grande-Bretagne, Villèle fit immédiatement protester Polignac à Londres. L'armée d'occupation française en Espagne devait se retirer au 1er janvier 1825 : les troupes hanovriennes seraient donc arrivées au moment du départ des troupes françaises. Une autre influence serait substituée à l'influence française, et « tandis que nous aurions travaillé à affirmer l'indépendance de l'Espagne, on ne chercherait qu'à refaire du Portugal une province anglaise[3] ».

Les vives protestations de Polignac eurent l'effet désiré : la Grande-Bretagne contremanda immédiatement ses dispositions pour envoyer un corps de troupes hanovriennes. En même temps, Polignac avait été chargé de démentir officiellement et fermement toute intention de la France de faire intervenir les troupes de Badajoz au Portugal. La garnison fut d'ailleurs rappelée. Cependant, Canning estimait le rappel de Hyde de Neuville nécessaire, après qu'il eut outrepassé ses instructions de manière si évidente[4].

Chateaubriand n'était plus là pour soutenir Hyde de Neuville, alors que la politique de Villèle était celle de l'entente avec la Grande-Bretagne. Le personnage Hyde de Neuville au Portugal devenait plus encombrant et plus compromettant qu'utile[5]. De cette mini-crise franco-anglaise au Portugal, deux personnages payèrent les frais : le chevalier Thornton et Hyde

---

[1] « It is possible, that you did not see the dilemna in which we were to placed by such a demand as has been made to us, a demand equally embarassing-whether we granted, or refused it? If we refused it, we must appear to consign an old and faithfully ally to ruin, or consent to an occupation of Portugal by France. [...] If we granted it, we must either do so, in concurrence with France, and the powers of the Continent; and then behold as associated with schemes and converts to the principles of the Holy Alliance or we must do it (as if at all we should do it) without the leave, and then who shall say to what this first step may lead ? » : Thornton à Canning, 10 juillet 1824, PRO, FO 179/26, part 2.

[2] A. Aspinall, *The letters of King George IV, 1812-1830,* Cambridge, 1938, III, 81.

[3] Villèle à Hyde de Neuville, 14 juillet 1824, AE, CP Portugal, v. 139, fol. 40.

[4] Canning à Charles Stuart (ambassadeur britannique en France), 16 juillet 1824, PRO, FO 27/304, fol. 48.

[5] « M. Hyde de Neuville avait par son énergie rendu de véritables services au roi du Portugal et son influence avait été un moment plus forte que celle de l'ambassadeur anglais. Mais cette énergie peu mesurée, très utile dans les moments de grands dangers, n'était qu'un embarras quand il fallait l'appliquer à rétablir un ordre régulier. Hyde n'obéissait d'ailleurs qu'à ses idées personnelles, se méfiait de tout et de tous. Notre correspondance serait curieuse à suivre. On y verrait qu'avec des principes semblables, nous ne pouvions aller ensemble » : Damas, *Mémoires*, II, 87-88.

de Neuville. Le chargé d'affaires britannique, à qui on reprochait de s'être laissé mystifier par Hyde, fut rappelé en août 1824. Hyde de Neuville resta un peu plus longtemps, mais semoncé par Villèle au point qu'il envisagea de donner sa démission à la même époque[1].

Même après que Damas eut remplacé Villèle, les rapports de Hyde de Neuville avec le ministère demeurèrent tendus. Les dépêches d'Hyde de Neuville, d'août à octobre, sont une succession de tentatives de justification. En octobre, Hyde demanda à profiter de son congé pour assister à la session parlementaire et remplir son devoir de député. Le congé fut accordé et Hyde s'embarqua en janvier 1825. Une fois la session parlementaire terminée, Hyde s'attendait, en juin, à rejoindre son poste. Renvoi déguisé, l'ambassade fut supprimée. Un ministre plénipotentiaire prit la succession de Hyde, qui restait ambassadeur avec un traitement de disponibilité[2].

Le rappel de Hyde de Neuville était le coup d'arrêt à une influence française au Portugal, politique un moment soutenue par Chateaubriand, qui avait abouti à un épisode aberrant de deux années pendant lesquelles cette influence avait été anormalement forte sur la cour de Lisbonne.

Aberrant certes, et éphémère, cet épisode dominé par la personnalité de l'ambassadeur de France n'en demeure pas moins une tentative intéressante pour affirmer l'influence française dans toute la péninsule ibérique et combattre l'Angleterre sur son propre terrain, en cherchant à lui arracher, en même temps que l'influence politique sur son allié traditionnel, les débouchés commerciaux du Portugal et surtout du Brésil. On peut y voir également une tentative pour assurer l'alliance des trônes légitimes entre eux contre la menace des révolutions et des contre-révolutions. Contre une alliance Bourbons (Bourbons d'Espagne et Bourbons de France) - Bragance, une autre politique devait prévaloir. C'était un premier pas de Hyde de Neuville vers une opposition au ministère et à la politique de Sa Majesté, opposition qu'il devait développer et mener plus loin en tant que député.

---

[1] Hyde de Neuville à Villèle, 6 août 1824, AE, CP Portugal, v. 139, fol. 114-117.
[2] Damas à Hyde de Neuville, 29 juin 1825, AE, CP Portugal, v. 140, fol. 152.

QUATRIÈME PARTIE

LE DÉPUTÉ

CHAPITRE I

LES IDÉES POLITIQUES

1. UN DÉPUTÉ ULTRA ?

D'un bout à l'autre de sa carrière, qu'elle soit celle du conspirateur, du député, ou de l'ambassadeur, ce qui frappe, ce qui fait l'unité d'action et de pensée du personnage, c'est son royalisme intransigeant. Défenseur de la monarchie, et de la monarchie légitime, sous l'Empire en faveur de Louis XVIII, aux États-Unis pour les colonies espagnoles, au Portugal en faveur de Jean VI, il se retrouve défenseur de la monarchie en France dans son rôle de député. Le devoir de la Chambre est de soutenir le roi, affirme-t-il à la séance du 23 octobre 1815[1].

Mais quelle est cette monarchie que Hyde défend ? Quelle est son idée de la royauté ?

C'est une monarchie paternaliste, où le roi est « le père de ses enfants[2] », le père de tous ses sujets, un peu à la façon dont Dieu le père est celui de tous les Chrétiens. C'est en effet un véritable culte que Hyde de Neuville voue à la monarchie légitime. Ne s'écrie-t-il pas, dans les transports de la douleur la plus vive, après l'assassinat du duc de Berry : « Que ne puis-je par le sacrifice de ma vie, rendre au Roi son neveu; à Monsieur, son fils; à la France, sa religion et ses mœurs ![3] » De la même façon, Hyde propose en décembre 1815 de remplacer les statues des orateurs et législateurs de l'Antiquité qui décorent les bas-côtés de la Chambre des députés par les statues de Henri IV, Louis XIV, Louis XV, Louis XVI, Louis XVII et Louis XVIII[4]. De Louis XVI, il fait un roi-martyr comparable au Christ supplicié, un Sauveur qui rachète par sa mort les péchés de son peuple qui a succombé au veau d'or du philosophisme. « Un grand sacrifice devait seul expier un déluge d'iniquités; et le sang le plus pur pouvait seul s'unir à celui de l'Agneau sans tache pour racheter un peuple tout entier[5]. » Hyde non seulement appuie la proposition du vicomte de La Rochefoucault pour ériger une statue à Louis XVI, « en expiation du crime », mais propose d'inscrire sur le piédestal la déclaration suivante, signée de tous les députés : « En présence de Dieu et des hommes, Nous les députés de

---

[1] *Moniteur universel,* 24 octobre 1815.
[2] Hyde de Neuville à Richelieu, 19 août 1817, AE, CP États-Unis, v. 74, fol. 149-150.
[3] Hyde de Neuville à Pasquier, 20 mars 1820, AE, CP États-Unis, v. 77, fol. 100.
[4] *Moniteur universel,* 21 décembre 1815.
[5] Comité secret de la Chambre des députés, 28 décembre 1815. *Moniteur universel,* 29 décembre 1815.

la nation française, déclarons, affirmons, que cette Nation, si longtemps malheureuse et captive, n'a point été complice de l'exécrable parricide commis le 21 janvier 1793 (jour à jamais de deuil, de douleur et d'effroi). C'est par le sang de la plus auguste victime que, devant Dieu et devant les hommes, nous jurons par nous, par nos enfants, par nos neveux, par la France que nous représentons, fidélité inébranlable à nos Rois légitimes.[...] Que celui de nous qui trahirait ou parlerait de trahir ce serment soit déclaré infâme et maudit de Dieu et des hommes[1]. »

La monarchie légitime est inattaquable et imprescriptible. Le roi ne peut mal faire et ne peut être critiqué[2]. On ne doit pas s'élever contre lui, même s'il est un mauvais roi : les mauvais rois passent, les bons principes restent. De toutes façons un roi légitime ne peut pas être un mauvais roi.

La raison en est que la monarchie de Hyde est celle de droit divin. Les rois, comme les prêtres, sont sacrés[3]. « La légitimité est l'œuvre de Dieu et du temps[4]. » Par conséquent, elle ne peut pas être conditionnelle et ne peut être l'œuvre des hommes : Hyde rejette toute idée de souveraineté des peuples ou de contrat social avec les nations.

Une telle optique n'implique pas l'absence de toutes idées libérales : mais les réformes nécessaires doivent être accordées par le roi (tel fut l'exemple de la Charte en France) et non réclamées par le peuple, auquel elles ne sont pas dues. Rien n'oblige le roi à les accorder. L'initiative des lois revient au roi, et au roi seul[5]; les Chambres ne jouent que le vieux rôle traditionnel de conseil, et doivent adopter les lois si le roi le veut. L'amour de la légitimité s'accompagne chez Hyde d'une haine caractérisée pour la démocratie. « Dieu sait où mènent les choix d'une multitude égarée[6] » : le sort des peuples ne peut être mis aux mains de la foule, facilement trompée par la démagogie, instable et capricieuse, et prête à succomber de nouveau, comme sous la Révolution, au « génie du mal » : car « il existe en Europe une conspiration vaste, contre l'ordre social, contre tous les gouvernements établis[7] ». C'est en effet d'une conspiration qu'est née la Révolution, et c'est cette conspiration qui continue d'agir. Hyde de Neuville l'appelle aussi le « philosophisme ». Ce sont toutes les « funestes théories » nées de la philosophie des Lumières. Ce sont les idées novatrices, qui poussent à détruire l'édifice politique et social de nos pères. Hyde rejette les « nouveautés » car seule la tradition est capable d'assurer la conservation de l'ordre, condition nécessaire au bonheur des peuples. Au contraire, « l'esprit novateur et révolutionnaire du siècle » ignore le « cri de l'expérience », « par un de ces calculs criminels de la politique des

---

[1] *Ibid.*

[2] « Le Roi ne peut errer, le Roi ne peut mal faire » : Hyde de Neuville, *Discours [...] sur l'indemnité à accorder aux colons de Saint-Domingue*, p. 3.

[3] Hyde de Neuville à Pierre-Samuel Du Pont de Nemours, 18 novembre 1816, EMHL, W2-4320.

[4] Hyde de Neuville, *De la question portugaise*, p. 6.

[5] Séance de la Chambre des députés du 8 avril 1829, *Archives parlementaires*, LVIII, 240.

[6] Hyde de Neuville, *De la question portugaise*, p. 18.

[7] Hyde à Pasquier, 6 avril 1820, AE, CP États-Unis, v. 77, fol. 121-128.

despotes », détruit des institutions vieilles de plusieurs siècles pour mettre à leur place ce qui n'est que source d'« abus » et de « maux »[1]. Aux « novateurs », il faut donc opposer « les vieilles leçons de la fidélité et de l'expérience[2] ».

Est-ce à dire que Hyde de Neuville prône le retour complet à l'Ancien Régime ? Dans ses institutions au moins, il semble bien, à première vue, que oui. En 1815, alors qu'il faut décider des institutions futures de la France, il prêche le rejet des innovations révolutionnaires et impériales, notamment la centralisation. « Paris n'a plus à tout régenter » : « Empressons-nous de rétablir nos administrations provinciales, et faisons cesser, le plus tôt possible, et le despotisme des grandes villes et la dépendance des campagnes[3]. »

Une institution est bonne si elle a reçu le cachet du temps et de l'expérience; toute nouveauté est suspecte, même si elle paraît séduisante, comme le sont les « sophismes » du « philosophisme ». Voltaire et Rousseau représentent tout ce qui inspire de l'horreur à Hyde : le déisme, rejet du Christianisme de l'Église, et l'égalitarisme, rejet de la société d'Ancien Régime. Il fait le portrait de ces esprits destructeurs :

« Deux surtout dont le nom, les talents, l'éloquence,
Faisant aimer l'erreur, ont fondé sa puissance
Préparèrent de loin des maux inattendus
Dont ils auroient frémi, s'ils les avoient prévus. [...]
Leurs voix montoient aux cieux pour y porter la guerre,
Leur parole hardie a parcouru la terre.
Tous deux ont entrepris d'ôter au genre humain
Ce joug sacré qu'un dieu n'imposa pas en vain[4]. [...]
Courtisan de l'envie, il [Rousseau] la sert, la caresse,
Va dans les derniers rangs en flatter la bassesse,
Et jusqu'au fondement de la société,
Il a porté la faux de son égalité.
Il sema, fit germer chez un peuple volage,
Cet esprit novateur le monstre de notre âge,
Qui couvrira l'Europe et de sang et de deuil. [...]
Sa parole est un feu, mais un feu qui ravage
Dont les sombres lueurs brillent sur des débris,
Tout, jusqu'aux vérités trompe dans ses écrits,
Et du faux, et du vrai le mélange adultère,
Est d'un sophiste adroit le premier caractère[5]. »

---

[1] Proposition de Hyde de Neuville pour réduire le nombre des tribunaux et revenir à l'état d'Ancien Régime. Séance de la Chambre des députés du 3 novembre 1815. *Moniteur universel*, 5 novembre 1815.

[2] Hyde de Neuville, *Opinion sur le premier rapport de M. de Villèle...*, p. 1.

[3] Hyde de Neuville, *Opinion sur le premier rapport de M. de Villèle...*, p. 15.

[4] C'est-à-dire la monarchie de droit divin.

[5] « Portraits de J.-J. Rousseau et de Voltaire », *Journal des dames*, IV (avril 1810), 147-149.

La haine de l'anarchie est à la base de toutes les idées politiques de Hyde de Neuville. L'anarchie est haïssable, l'ordre est nécessaire aux sociétés. Le respect de la tradition étant la seule garantie de l'ordre, Hyde est traditionaliste, et c'est en fait par traditionalisme qu'il est monarchiste : il lui faut une monarchie couronnée par les siècles. De la même façon, la religion est nécessaire parce qu'elle est un élément de la tradition et qu'elle concourt au maintien de l'ordre dans les sociétés. Ainsi qu'il le proclame : « Oui, messieurs, nous voulons épurer les mœurs, sans lesquelles il n'y a que désordre dans la société; nous voulons faire refleurir la religion, sans laquelle il n'y a que désordre dans les mœurs[1]. » Ainsi il se proclame toujours prêt à défendre, quand il le faudra, « les doctrines conservatrices de l'ordre et de la morale[2] ».

De ce fait, la position de Hyde de Neuville à l'égard de la religion est curieuse. Personnellement, il n'est ni un mystique, ni un illuminé à la manière de Polignac, ni-même un dévot. On pourrait même le soupçonner d'un brin d'irréligiosité s'il ne se faisait pas si souvent le défenseur de la religion[3] – mais ne défend-il pas la religion avant tout comme un élément de la civilisation et de l'ordre ? Henriette Hyde de Neuville écrit en 1810 à la femme de Victor Du Pont de Nemours : « Nous avons ici un bon évêque qui parle avec tant d'onction que mon mari malgré son grain de philosophie a presque pleuré en l'entendant, il faut absolument que nous remettions entre ses mains nos maris pour les rendre un peu plus religieux[4]. » Madame Hyde de Neuville était une bonne personne, plus dévote sans doute que son mari et d'une religion sincère, quoique fort peu mystique.

Hyde de Neuville n'était cependant pas religieux uniquement par convenance sociale et amour de l'ordre. Sa religion était sincère et même un peu naïve dans sa foi en la Providence. Son Christianisme était une croyance, une morale et une consolation. « Que la religion a d'empire sur les cœurs abattus ! Elle seule peut verser quelque baume sur les blessures ! » s'exclamait-il en 1810, au moment de son exil[5].

En revanche, il considérait l'Église comme un élément de la société nécessaire, mais non pas dominant. L'Église devait jouer un rôle discret, ne pas sortir du domaine du spirituel. C'est par la sainteté de ses prêtres qu'elle pouvait jouer un rôle d'exemple et de modèle dans la société. On est loin de l'alliance du trône et de l'autel telle qu'elle devait se développer

---

[1] Hyde de Neuville, *Opinion sur le premier rapport de M. de Villèle [...]*, p. 1.

[2] Hyde de Neuville, *Pétition [...] pour l'abolition du serment politique*, p. 4.

[3] Ministre de la Marine, il défendit les missions. Déjà, quand il était ministre de France aux États-Unis, il entretenait des rapports privilégiés avec l'évêque de Baltimore, Maréchal, et celui de Boston, Cheverus, et chercha à encourager l'Église catholique des États-Unis. Dans de nombreuses dépêches il décrit ses progrès et se plaint des problèmes qu'elle rencontre, en demandant qu'on la secoure : notamment Hyde de Neuville à Pasquier, 6 janvier 1822, AE, CP États-Unis, v. 50, et « Letters of Archbishop Maréchal », *Maryland Historical Magazine*, p. 344-348.

[4] Henriette Hyde de Neuville à Joséphine Du Pont, 11 décembre 1810, EMHL, W3-5408.

[5] *Journal des dames*, XI (novembre 1810), 382.

sous la Restauration, loin aussi de la toute-puissance dans les affaires politiques de la Congrégation et des Jésuites.

Pour Hyde de Neuville, le rôle de l'Église est essentiel dans l'éducation. Le système éducatif de la Révolution, qui écartait les ecclésiastiques, avait mené « à la barbarie et au vice[1] ». Hyde insistait, en 1816, pour qu'on instituât un nouveau mode d'éducation basé sur la religion, en mettant les collèges et les pensions sous la surveillance des évêques en même temps que des autorités locales. Les évêques réformeraient les abus possibles, nommeraient le principal de chaque collège[2].

Le but était une moralisation du corps enseignant, et une christianisation du contenu de l'enseignement. « Que nos enfants soient élevés dans les principes, dans la religion de Saint-Louis[3]. »

Les ordres religieux, notamment les ordres charitables, étaient, avec l'éducation, le deuxième grand domaine de la religion. Tous les ordres devaient être encouragés, mais surtout les ordres « utiles », missionnaires, enseignants, et charitables. Hyde de Neuville avait une affection particulière pour les sœurs de la charité, qu'il encouragea personnellement, par des donations, aussi bien que publiquement, à la tribune de la Chambre, lorsqu'il s'agissait de défendre les congrégations féminines, en 1825[4].

À ces deux domaines cependant s'arrêtait le rôle de la religion. Au-delà, l'ingérence de l'Autel dans les affaires de l'État n'était pas souhaitable, ni pour la nation, ni pour l'Église elle-même. Hyde souhaitait une Église discrètement sainte, indépendante de Rome, et cantonnée au domaine spirituel.

Hyde en effet ne se cache pas d'être gallican. Il réclame même hautement l'exécution de l'édit du 23 mars 1682. L'Église doit être nationale, et ne dépendre de Rome que par des liens spirituels, les plus faibles qui soient. L'indépendance de l'Église de France est l'une des conditions de l'indépendance de la France tout entière. Depuis Clovis, proclame Hyde, « toujours notre Église de France prouva que si elle tient en effet par le fond de ses entrailles à l'Église de Rome, des liens non moins puissants l'unissent, l'attachent à l'indépendance de la couronne de nos rois[5] ». En fait, l'Église doit être soumise au roi, et non l'inverse. Hyde n'hésite pas à attaquer la Congrégation et les Jésuites[6].

Cette Église indépendante de Rome doit aussi être indépendante de la politique. « Où en serions-nous, si les lois civiles devoient être ratifiées, sanctionnées par le clergé, et si le sort de nos institutions dépendoit de quelques mandements ou d'un bref ? [...] Plus la religion restera en dehors

---

[1] Comité secret de la Chambre des députés du 31 janvier 1816 : *Moniteur universel*, 3 février 1816.
[2] *Ibid.*
[3] Hyde de Neuville, *Opinion sur le premier rapport de M. de Villèle...*, p. 3.
[4] Hyde de Neuville, *Opinion sur le projet de loi relatif aux congrégations religieuses de femmes.*
[5] Hyde de Neuville, *Discours dans la discussion du projet de loi sur la police de la presse*, p. 11.
[6] *Ibid.*, p. 12.

du monde, plus elle aura d'influence sur les cœurs et sur les esprits[1]. »
Mais elle ne doit pas chercher à étendre cette influence au-delà du
domaine proprement spirituel. Hyde s'exclame à la tribune de la Chambre : « Quant à moi, je me soumettrai toujours à l'Église en matière de
foi; mais hors de là, je ne puis voir que le prince et la loi fondamentale
du pays[2]. » Hyde rejoint là les positions d'un Louis de Bonald, contre
celles de Jules de Maistre.

2. LES IDÉES LIBÉRALES

Tout ce qui précède pourrait faire croire à un ultra de la plus belle
espèce. Royalisme exacerbé, culte de la légitimité, rêve d'un retour aux
institutions d'Ancien Régime, affirmation de la religion comme soutien
de l'ordre et de la société, tous les ingrédients n'y sont-ils pas ? Le personnage n'est pourtant pas aussi simple. Cet ultra, surtout après 1824, parlera
souvent avec la gauche à la tribune de la Chambre. C'est que la devise
qu'il a adoptée, et qui orne son papier à lettres, est à trois pans : « Tout
pour Dieu, la Charte, et le Roi légitime. » Il est frappant que Hyde n'ait
pas oublié l'institution qui garantit les libertés nationales, et qu'il la mette
sur le même plan que la religion et son amour pour la royauté. « J'aime
de cœur et d'âme la liberté », proclame-t-il[3], et même ses ennemis politiques reconnaissent sa sincérité sur ce point. Tout ceci ne va pas sans nombre de contradictions, qu'ils sont en revanche prompts à relever : « M. Hyde
de Neuville nous a paru être un homme de bonne foi; mais il est impossible
de deviner comment est construite sa cervelle. Chaleureux défenseur de
l'arbitraire, chaleureux défenseur de la liberté, il y a dans ses discours, où
ces deux enthousiasmes se trouvent réunis, une espèce de solution de
continuité dans les idées qui produit un effet comique. M. Hyde de Neuville est tellement plein de certaines idées, ou plutôt de certains mots, que
l'on est sûr, pour quelque sujet qu'il aborde à la tribune, de les lui entendre prononcer. Tels sont ces mots : "Excès révolutionnaires, monarchie
souffrante, légitimité en péril." [...] Il faut diviser les discours de M. Hyde
de Neuville en deux parties. La première a rapport au sujet qui l'occupe;
elle est quelquefois forte de logique et de raison, partant constitutionnelle
et même libérale. La seconde est un hors-d'œuvre qu'il n'abandonne
jamais; elle consiste en vagues déclamations contre les révolutionnaires et
pour la légitimité[4]. »

La contradiction n'est qu'apparente. Le farouche légitimisme de Hyde
de Neuville naît de la conviction que la légitimité seule peut fonder des
institutions stables et garantir la vraie liberté, celle de l'ordre. « Si la légitimité ne marche pas toujours avec la liberté, elle tend par la force des

---

[1] Hyde de Neuville, *Des Inconséquences ministérielles*, p. 5-6.
[2] *Ibid.*, p. 9.
[3] Hyde de Neuville, *Pétition aux chambres...*, p. 14.
[4] *Biographie des députés, session de 1828*, p. 220-221.

choses à se rapprocher d'elle, et devient tôt ou tard son plus sûr, son plus ferme appui, tandis que l'usurpation, alors même qu'elle s'unit à la gloire, ne marche, ne peut marcher qu'avec le despotisme et l'arbitraire[1]. » Hyde de Neuville, comme Bonald, est persuadé qu'il y avait plus de libertés (libertés locales, privilèges des villes, des individus, des classes, des corporations) sous l'Ancien Régime qu'à son époque. Mais il va plus loin que Bonald dans sa définition des libertés.

Au Portugal, Hyde de Neuville a combattu pour la légitimité, mais aussi contre l'absolutisme; sa monarchie est constitutionnelle. Il a donc bien sacrifié, lui aussi, à ce qu'il nomme, pas toujours péjorativement, « l'esprit du temps ». Tout ne serait-il donc pas à rejeter dans la Révolution ? Certains changements étaient-ils nécessaires ? Du moins, ils sont reconnus irréversibles par Hyde de Neuville, qui n'hésite pas à écrire en 1817, devant le spectacle des révolutions d'Amérique du Sud : « Mon opinion politique est assez connue pour qu'on ne puisse pas m'accuser de céder un peu trop à l'esprit novateur. [...] Il faut marcher avec la raison », et céder « je ne dirai pas seulement à l'esprit du temps, mais à sa marche naturelle et irrésistible[2] ». Par conséquent, on voit ce royaliste proposer d'encourager dans l'hémisphère sud du Nouveau Monde « une juste balance entre le système monarchique tempéré et le système républicain sans démagogie », entre les idées « ni trop arriérées ni trop extravagantes[3] ».

Ces idées libérales applaudies par la gauche qui y reconnaît certains de ses thèmes, fruits sans doute d'une certaine maturation car on les voit apparaître surtout à partir du second séjour aux États-Unis de Hyde, juraient avec les positions du député ultra de 1815. Ses anciens amis, qui étaient peu nombreux à le traiter de « jacobin » en 1815 (mais l'épithète apparaissait déjà cependant[4]), l'accusaient dix ans plus tard de « sacrifier aux faux dieux », et dénonçaient ses « nouvelles et déplorables liaisons[5] », en attaquant un discours qui, il est vrai, aurait pu être celui d'un orateur du côté gauche : « Aujourd'hui, messieurs, disons-le, les peuples ne veulent plus être esclaves; les rois sont assez sages pour le sentir[6]. » La maxime favorite de Hyde de Neuville était sans équivoque et résumait bien cette

---

[1] Comité secret du 15 mars 1830 à la Chambre des députés, dans Hyde de Neuville, *Pétition aux chambres...*, p. 15.

[2] Hyde de Neuville à Richelieu, 11 décembre 1817, AE, CP États-Unis, v. 74, fol. 291.

[3] Hyde de Neuville à Richelieu, 24 juin 1818, AE, CP États-Unis, v. 75, fol. 207-244.

[4] À la différence de certains ultras, Hyde, malgré ses violences oratoires impressionnantes à la Chambre, tenait au respect de la Charte et des institutions libérales. Madame de Chateaubriand rapporte les querelles sans fin dans les salons de l'époque : « Un ultra ne pouvait pas se trouver avec ce qu'il appelait un libéral. Ce nom était donné à tout ce qui voulait qu'on tînt ce qu'on avait promis : M. de Chateaubriand, par exemple, et Fitz-James, et Hyde de Neuville étaient des jacobins » : J. Ladreit de Lacarrière, éd., *Les cahiers de Madame de Chateaubriand*, p. 65.
Dès 1815, on voyait Hyde de Neuville parler contre l'arbitraire et pour la nécessité de respecter les principes de la législation, en votant contre la rétroactivité de la loi sur le rétablissement des juridictions prévôtales : séance de la Chambre du 4 décembre 1815, dans le *Moniteur universel* du 8 décembre 1815.

[5] *Gazette universelle de Lyon*, 23 mai 1827.

[6] Discours du 17 mai 1827 : Hyde de Neuville, *Discours dans la discussion de la loi de finances de 1828...*, p. 25.

double aspiration à la liberté et à l'ordre moral apporté par une monarchie
légitime : « La monarchie sans despotisme, la liberté sans licence, la religion sans abus. » Hyde rêvait d'une politique intermédiaire entre les aspirations absolutistes des ultras et les méditations révolutionnaires des libéraux : « Les uns, dans leur aveuglement insensé, se persuadent qu'ils
pourront arrêter le temps et faire reculer la nécessité; les autres, poursui-
vant leurs vœux téméraires, et Machiavel à la main, appellent partout de
nouvelles révolutions : là on ne veut que des esclaves; là on n'encourage
que les factieux; là on médite l'insurrection des peuples, l'affaiblissement
des trônes; là on ne rêve que l'absolutisme des souverains et la dégradation
des sujets[1]. » Persuadé que la légitimité n'est indestructible que si elle est
fondée sur les libertés, le royalisme même d'Hyde le fait se démarquer
complètement des ultras auxquels on avait voulu l'assimiler d'abord : « Les
plus grands ennemis de la royauté sont les fous, les insensés qui veulent,
au dix-neuvième siècle, étouffer les libertés des peuples[2]. »

Quelles sont les libertés que Hyde de Neuville réclame ? C'est essentiellement la liberté politique et la liberté d'expression. Fervent partisan de
la Charte, Hyde l'avait réclamée avant même 1814[3]. Après la Restauration,
il désire sincèrement son application pleine et entière, et le respect loyal
des institutions et de leur fonctionnement. En 1814-1815, la plupart des
ultras, Villèle, Damas, Viomesnil, et La Bourdonnaye (pourtant ami personnel de Hyde) en tête, se montraient contre la Charte. C'est ceux-ci que
Hyde adjure dès 1815 de respecter les institutions données par le roi. Tout
au long de sa carrière politique, il défendra la légalité avant tout : « Restons
dans la Charte, restons dans l'ordre légal; c'est le port de salut; nous y
avons jeté l'ancre : n'en sortons plus[4]. » Bref, il croit à la légitimité des
institutions, aussi inattaquable que la légitimité du monarque. C'est sincèrement aussi qu'il croit au système représentatif : le vote accordé aux électeurs n'est pas une concession accordée sous la pression des événements,
et sur laquelle on doit s'efforcer de revenir, en jouant sur le cens ou en
invalidant certaines élections[5]. Le vote est un devoir de la nation : « l'élec-
teur est comme un citoyen qui prend les armes[6] », et Hyde fait confiance
au vote libre des citoyens, qui ne peut aller que dans le bon sens si nulle
« conspiration » n'est venue interférer avec lui pour le détourner. De la
sorte, il faut laisser les votes s'exprimer librement : « Ce que nous devons
désirer, c'est que les choix soient toujours l'expression de la volonté de la
France. Messieurs, ce que la France veut, et ce qu'elle voudra toujours,
c'est d'avoir pour députés des hommes sincèrement attachés à la religion
de leurs pères, à leur Roi, et aux libertés de leur pays; des hommes toujours

---

[1] *Ibid.*, p. 31.
[2] Hyde de Neuville, *Discours dans la discussion du projet de loi sur la police de la presse*, p. 12
[3] Séance du 6 mai 1828, *Moniteur universel*, 8 mai 1828.
[4] Séance du 19 juin 1826, *Archives parlementaires*, XLVIII, 509.
[5] Séance du 23 avril 1823, *Archives parlementaires*, XXXIX, 473-474.
[6] Séance du 6 mai 1828, *Moniteur universel*, 8 mai 1828.

prêts à défendre dans la sincérité de leur cœur, et ces mêmes libertés, et le trône, sans lequel il ne peut pas y avoir de liberté en France[1]. »

Voilà donc un ultra qui prône le respect de l'expression des volontés de la nation, et le respect du fonctionnement des institutions. Dès 1816, époque où il apparaît à tous comme peu suspect de libéralisme et où il n'a pas encore ouvertement « sacrifié aux faux dieux » dans ce qu'on allait nommer la Défection, il insiste, au cours du débat autour de la loi sur les élections, pour qu'on remplisse toutes les « formalités voulues par la Charte » : il faut « non seulement faire le bien, mais ne le faire que d'une manière légale et constitutionnelle[2] ». Ainsi le respect des institutions ne peut souffrir aucune exception, pas même celle de la bonne cause. De la même façon, Hyde s'oppose en mars 1816 à l'amendement qui tendrait à exempter les électeurs nommés par le roi des conditions requises[3]. Même au roi, l'arbitraire est refusé. C'est une question de bon sens : l'arbitraire, comme tout ce qui est illégitime, est fauteur de désordre. Le respect des institutions existantes est seul apte à assurer le maintien de la monarchie.

La liberté d'expression, en particulier la liberté de la presse, est nécessaire pour les mêmes raisons. « La Charte tombe si la liberté de parler et d'écrire est détruite[4]. » Il est curieux de constater que même pour défendre ces positions libérales, Hyde retrouve des réflexes et des arguments d'ultra : il justifie la liberté de la presse avec une citation de Louis XIV et se réfère non pas à « l'opinion des hommes d'aujourd'hui », mais à celles des « hommes d'autrefois[5] ». Voilà comment il peut défendre ce qui pourrait apparaître comme une de ces « nouveautés » qu'il exècre car elles ne sont pas scellées du sceau de la tradition.

Hyde de Neuville ne va pas jusqu'à réclamer une liberté totale. La limite est d'ailleurs difficile à définir entre ce qu'il appelle « liberté » et ce qu'il appelle « licence », et cette restriction fait toute la distance qui le sépare d'un vrai libéral. Reconnaissant l'utilité de la liberté de la presse telle qu'il la contemple aux États-Unis, il précise cependant : « Telle qu'elle est ici, elle ne pourroit convenir à nos mœurs, il nous la faut sous beaucoup de rapport aussi libre, mais jamais aussi ordurière[6]. » Hyde en arrive à réclamer en même temps la liberté de la presse et des lois de censure, sans que cette contradiction paraisse le gêner : « Ayons la liberté de la presse, avec la loi la plus terrible contre les calomniateurs[7]. » On peut se demander cependant où il situe la limite entre l'expression libre d'une opinion politique, et l'article injurieux. L'opinion est toute-puissante, mais elle ne doit pas errer, et on peut se demander dans quelle mesure il faut l'orienter, ou même lutter contre elle. Il est facile de réclamer la liberté de l'opinion

---

[1] *Ibid.*
[2] Séance du 10 février 1816, *Moniteur universel,* 18 février 1816.
[3] Séance du 6 mars, *Moniteur universel,* 7 mars 1816.
[4] Hyde de Neuville, *Des inconséquences ministérielles...,* p. 3.
[5] *Ibid.,* p. 8.
[6] Hyde de Neuville à Richelieu, 27 novembre 1818, AE, CP États-Unis, v. 76, fol. 131.
[7] Hyde de Neuville à Richelieu, 13 décembre 1818, AE, CP États-Unis, v. 76, fol. 169.

quand elle va dans le bon sens. Que doit-on penser du libéralisme de Hyde de Neuville, lorsqu'il déclare : « J'oserai rappeler aux agens du pouvoir qui ne paraissent que trop l'oublier que l'opinion est la reine du Monde. On doit sans doute dédaigner ses caprices, combattre avec persévérance ses erreurs; mais quand elle se montre appuyée sur la vérité, quand elle ne fait que porter au trône les vœux, les besoins et les espérances des sujets, [...] il y aurait folie, il y aurait démence à vouloir lutter constamment contre ses décrets[1]. »

Hyde va cependant plus loin que la plupart de ses amis politiques (si l'on excepte Chateaubriand et Fiévée) en demandant que l'opinion puisse s'exprimer non seulement à travers la voie, canalisée, policée et contrôlable, de la représentation par les députés des départements, mais aussi à travers la voie de la presse.

La plupart des ultras redoutaient les effets d'une libéralisation de la presse par méfiance envers les excès possibles d'une opinion débridée. Hyde de Neuville veut la liberté de la presse car il a confiance dans le bon sens de l'opinion. Tout ceci relève d'un optimisme foncier, d'une confiance sereine dans le jugement vrai du peuple, de l'assurance qu'une politique de loyauté ne peut rencontrer que l'adhésion de ce peuple dont on veut le bien, et de la persuasion que, la Providence aidant, les civilisations s'améliorent et que nous valons mieux que nos pères. Hyde a du progrès une idée tout à fait providentialiste, il croit à un plan de Dieu sur le Monde; mais il croit au Progrès. En 1827, il s'élève contre ceux qui craignent encore des « débordements d'injures et de diffamations » si on laisse circuler librement tous les écrits, et les débats de la Chambre sont ainsi transcrits : « Ce qu'on n'avait pas vu, c'était une tendance aussi généralement prononcée vers le bien; c'était trente millions d'hommes fatigués de révolutions et ne demandant que "repos, libertés sages, industrie et confiance". Ce qui nous était réservé, c'était d'arriver après trente années de pénibles tourmentes et de douloureuses épreuves, à valoir mieux que nos devanciers. [...] La France d'aujourd'hui, égarée par le philosophisme, abîmée par la terreur, humiliée par la servitude, rachetée par la gloire, régénérée par la Restauration, vaut mieux que la France d'autrefois. (*Vive adhésion à gauche : mouvements en sens divers.*)[2] »

---

[1] Hyde de Neuville, *Discours dans la discussion du projet de loi sur la police de la presse*, p. 7.
[2] Hyde de Neuville, *Discours dans la discussion du projet de loi sur la police de la presse*, p. 4.

3. LES IDÉES SOCIALES

Hyde de Neuville avait des idées libérales. Avait-il des idées sociales ? « Oui, messieurs, nous voulons épurer les mœurs[1] », proclamait-il à la Chambre au lendemain du retour du roi. Il fallait donc retrouver une société morale, fondée sur la religion, la famille, l'amour des rois, et la propriété[2]. Cet effort de rénovation, de régénération, commençait par l'éducation des enfants, sous l'égide du clergé. L'éducation des filles notamment devait les porter « désormais à s'occuper principalement du soin si doux de faire le bonheur de sa famille et le charme de la société[3] ».

De même, il fallait réformer les abus de la société. En février 1816, Hyde dépose une proposition pour la prohibition des jeux de hasard[4]. En 1826, il exige à la Chambre des mesures répressives contre l'agiotage, ruine et déshonneur des familles, et dépose en mai une demande de projet de loi pour moraliser, voire interdire, le syndicat des receveurs généraux[5]. La France chrétienne et royaliste, régénérée après les crimes de la Révolution par le retour de son roi, ne peut supporter l'existence d'une institution « illégale, surtout immorale », « créée pour favoriser, alimenter l'agiotage ». Le syndicat, en accordant des facilités aux joueurs qui n'auraient pu engager d'argent sans lui, « concourt puissamment à la ruine, au désespoir, au déshonneur même de ces hommes imprudents, passionnés, audacieux, que dévore la soif de l'or, et qui sacrifient tout à l'espérance cupide de s'enrichir, non par le travail et l'industrie, mais par quelques opérations de coulisse[6] ». À l'immoralité de l'agiotage, spéculation de l'argent sur l'argent, et non travail productif qui enrichit la nation, s'ajoute l'immoralité de l'usure, que le syndicat pratique en prêtant de fait à un taux plus élevé que l'intérêt légal. Partant du vieux principe que « l'argent ne fait pas de petits » et que la seule source de richesse réelle se trouve dans la terre, ou le commerce, Hyde crie à la « perte de la morale publique » et prédit : « Encore quelques années et, si nous continuons à marcher comme nous marchons, il n'y aura plus en France qu'une seule passion, celle de l'or; et cependant où mène l'or ? Au luxe, à la mollesse, à la corruption, à l'esclavage. Soyons moins riches, mais gardons nos mœurs. Il ne faut à

---

[1] Hyde de Neuville, *Opinion sur le premier rapport de M. de Villèle...*, p. 3.

[2] La propriété en particulier était un « principe fondamental de la société » qui avait été violé sous la Révolution et qu'il fallait faire respecter. Ce principe incita Hyde de Neuville à voter la loi de l'indemnisation des émigrés, sous la condition que l'indemnisation ne dépassât pas un total de trente millions. Comme cette loi était en contradiction avec les principes de pardon, de réconciliation générale et d'oubli du passé que professait Hyde, il précisait qu'il ne votait pas « pour les hommes », mais « pour les choses » : non pour les émigrés, mais pour la propriété. Séance du 23 avril 1825, *Archives parlementaires,* LXV, 77-78.

[3] Hyde de Neuville, *Opinion sur le premier rapport de M. de Villèle...*, p. 17.

[4] Comité secret de la Chambre des députés du 21 février 1816, *Archives parlementaires,* XVI.

[5] Séance du 27 février 1826 : Hyde de Neuville, *Observations d'un membre de la Chambre des députés...*; Séance du 7 juin 1826, *Archives parlementaires,* XLVIII, 491-492. Hyde avait déjà condamné l'agiotage dans la séance du 25 mars 1825 : *Archives parlementaires,* XLIV, 273-274.

[6] Hyde de Neuville, *Observations d'un membre de la Chambre des députés...*, p. 5-6.

la France pour être forte et puissante que sa religion, son roi, son vieil honneur et du fer[1]. »

Ces idées de régénération morale nécessaire de la société sont communes à beaucoup d'ultras. Là où Hyde de Neuville va plus loin, c'est dans ses préoccupations en faveur des couches ou des individus les plus démunis de la société, notamment dans le milieu des campagnes. Le milieu urbain ne l'intéresse guère : il le connaît mal, et ne perçoit pas les problèmes de la société ouvrière en train de se former; ces problèmes sont d'ailleurs peu apparents avant 1830. En revanche, il s'inquiète de la paupérisation de certaines campagnes et surtout du manque de protection ou d'aide sociale qu'offre l'État aux milieux ruraux, alors qu'il commence à faire des efforts certains dans les villes. Il s'intéresse aussi au sort des prisonniers, qui commence à inquiéter nombre de philanthropes à partir des années 1820.

En 1816, au moment où il fallait décider du mode de répartition de l'impôt pour rembourser la contribution de guerre de cent millions, Hyde n'hésite pas à déclarer : « Après les malheurs que nous avons éprouvés, c'est à la classe riche à supporter une contribution de guerre[2] », s'attirant les murmures de ceux qui veulent une égalité devant l'impôt, autrement dit que les pauvres paient autant que les riches.

Hyde de Neuville professait une sympathie pour le peuple qui n'était aucunement teintée de condescendance. Pour le peuple, auquel il s'est mêlé sans embarras pendant toute la Révolution, il n'est pas un aristocrate, il ne « boude » pas. La populace ne lui fait pas peur : les mouvements populaires qui suivent la disette de 1795 lui semblent « plus attristants qu'effrayants[3] » : Hyde ne voit pas de « classes dangereuses », mais plutôt une misère dont le spectacle l'émeut toujours. L'inégalité de fortune est normale dans toute société; c'est simplement aux plus riches d'y remédier autant qu'ils le peuvent, quand la misère des pauvres devient trop criante. Les riches ont un devoir à remplir envers les pauvres, mais il n'est pas question de changer les fondements de la société, et les pauvres n'ont rien à demander : ils n'ont qu'à recevoir.

En revanche, l'inégalité sociale, l'inégalité de considération, choque Hyde. Un événement l'a particulièrement marqué pendant son enfance alors qu'il était tombé dans un étang avec le fils d'un domestique, des ouvriers sauvèrent en priorité le fils du maître, et lorsqu'ils vinrent au secours de l'autre, il était trop tard. « Le pauvre oublia le pauvre, et le fils du riche fixa d'abord seul leur attention. » Cette « préférence cruelle et barbare » fit une impression très forte et durable sur Hyde. « Cette idée me révolte encore, et je ne puis m'y arrêter sans indignation », confie Hyde alors que, des années plus tard, il écrit ses *Mémoires*[4].

---

[1] *Ibid.*, p. 13.
[2] Séance de la Chambre du 25 mars 1816, *Moniteur universel*, 27 mars 1816.
[3] *Mémoires*, I, ch. IV.
[4] *Mémoires*, I, 8.

Que peut faire, que doit faire le riche, le privilégié ? C'est à lui, autant qu'à l'État, de secourir la misère. Les lois ne suffisent pas, et l'on ne peut changer la société. En revanche, « secourir celui que l'infortune accable et qui ne possède rien [...], de la part de celui qui possède, ce n'est pas générosité, c'est devoir[1] ».

Secourir le pauvre est une nécessité sociale, le moyen de conserver l'ordre au sein de la société en évitant que le pauvre, devenu trop intolérablement pauvre, ne soit poussé par la misère à la révolte ou au crime. « Si l'oisiveté est mère de tous les vices, la faim mène souvent au crime[2]. » Elle en est même le principal moteur, si bien que Hyde croit à l'amendement possible des malheureux qui n'ont volé que poussés par la faim et l'indigence. Ministre de la Marine, il s'occupe de la situation des bagnes et se préoccupe du « repentir » des prévenus et de leur réinsertion éventuelle dans la société. Pour éviter que le remède du bagne ne soit pire que le mal du crime qu'il veut éviter, il décide de répartir les forçats dans les différents bagnes (Toulon, Rochefort, Brest) par catégories de peines, de façon à isoler les peines légères, les « rachetables », des peines plus lourdes, les criminels endurcis[3]. Cette réforme, dispendieuse, car elle nécessitait des déplacements de forçats, voulait éviter que les criminels accidentels, poussés au crime « un seul jour » par l'indigence, ne soient définitivement perdus pour la société au contact du vrai crime. « L'erreur, l'égarement, le vice que l'on peut encore ramener, ne seront plus confondus avec la corruption incurable; le misérable qu'aucun remords ne peut atteindre n'aura plus occasion de professer le crime et de pervertir jusqu'au criminel; les grands scélérats seront mis à part; dès lors la religion pourra plus aisément parler à ces jeunes gens qui peut-être n'eussent jamais été coupables, si leur enfance eût été soignée par des parents chrétiens, si la société eût eu la sage prévoyance de leur faire donner cette première éducation qui inspire l'ordre et l'amour du travail : elle parlera aussi à ces pères de famille que la seule indigence peut-être écarta un jour, un seul jour de la voie de la probité[4]. »

La même ordonnance prévoyait des libérations anticipées en cas de ce que nous pourrions appeler les « circonstances atténuantes ». Le régime des bagnes était amélioré. Enfin, Hyde prévoyait la possibilité, notamment pour les peines courtes, d'ateliers où les condamnés apprendraient un métier qui favoriserait leur réinsertion sociale[5].

---

[1] Hyde de Neuville, *Pétition aux Chambres en faveur des indigents de la classe agricole,* p. 7.

[2] *Ibid.*

[3] Soumission au roi de l'ordonnance du 20 août 1828. AN, Marine AA¹ 48.

[4] Discours de Hyde, *Archives parlementaires,* LVI, séance du 23 juillet 1828.

[5] « Le port de Toulon est celui dont le climat et les localités se prêtent le mieux à ce que les forçats soient employés à des travaux d'art, de telle sorte qu'ils peuvent y acquérir la pratique d'un métier, au moyen duquel ils ne sont pas sans ressources, au moment de leur libération. Il importerait donc d'y placer les condamnés qui doivent être le plus tôt libérés. » : Ordonnance du 20 août 1828. AN, Marine AA¹ 48.

Mais ce souci de préserver l'ordre dans la société n'est pas la seule moti-
vation de Hyde. Il s'y joint une réelle mauvaise conscience du privilégié
en face du spectacle de la misère qu'il ne partage pas : « Peut-on jouir de
sa richesse, ou de son aisance, quand on vit entouré de misères qui pourraient être soulagées ?[1] »

Force est de constater que Hyde se fait, très souvent, le porte-parole des
misérables et des indigents. En 1843, alors qu'il s'est retiré depuis longtemps, il envoie une pétition aux Chambres « en faveur des indigents de
la classe agricole », qu'il fait éditer, et une lettre au ministre de l'Intérieur.
Il y décrit le désarroi des habitants des campagnes, et leur droit à profiter
des hospices des villes. En même temps, il réclame la nomination, pour
chaque canton, d'un « médecin des pauvres », qui donnerait un jour par
semaine des consultations gratuites au chef-lieu de canton, et se transpor-
terait chez tous les indigents de chaque village, quand cela serait nécessaire; enfin, il demande la création, dans chaque canton, d'une « pharma-
cie des pauvres[2] ».

À la tribune, pendant toute sa carrière de député, il défend souvent les
pétitions de personnages privés, dont le cas de détresse, personnel ou
exemplaire, l'a ému. C'est ainsi qu'il part en croisade, après une pétition
des prisonniers de Sainte-Pélagie, contre la contrainte par corps et pour
l'amélioration de la condition des prisonniers pour dettes[3]. De la même
façon, en 1825, il demande qu'on augmente l'allocation aux jeunes aveugles des Quinze-Vingts[4]; en 1823, il réclame une allocation aux sourds-
muets[5]. Le gouvernement royaliste, religieux et moral de la Restauration
se doit d'aider les groupes les plus défavorisés, moins cependant par des
lois réformatrices que par une sorte d'aumône collective de la nation. Il
est immoral que l'État donne tant aux théâtres royaux, pour leurs chan-
teurs et leurs déclamateurs, et si peu aux sourds-muets[6]. C'est une question de moralité. En réclamant la création de « médecins des pauvres »
Hyde de Neuville reprend les mêmes arguments, car il est scandalisé par
les mêmes situations : « Je crois que l'État pourrait et devrait se charger
et pour toutes les communes, de cette dépense; elle serait si nationale. Il
me semble qu'on peut bien, sur l'énorme budget que supporte le pays,
prélever quelques millions pour secourir efficacement les travailleurs indigents de la classe agricole... J'ai sous les yeux un exposé de la charité légale
bien affligeant. Quoi ! Les subventions accordées en 1843 à plusieurs théâtres et à la caisse des pensions de l'Opéra et du Conservatoire dépassaient
de 22 000 F les secours alloués aux hôpitaux, aux établissements charitables, à tous les indigents de nos quatre-vingt-six départements. Que les arts

---

[1] *Ibid.*, p. 8-9.
[2] Hyde de Neuville, *Pétition aux Chambres en faveur des indigents de la classe agricole*.
[3] Séances des 24 mars 1823, 26 mars 1823, 25 mars 1825, et 22 mai 1826, *Archives parlementaires*, XXXIX, XLIV, XLVIII.
[4] Séance du 13 mai 1825, *Archives parlementaires*, XLV, 494.
[5] Séance du 7 avril 1823, *Ibid.*, XXXIX, 199-201.
[6] *Ibid.*

soient encouragés, rien de mieux; mais les misères du pauvre devraient passer avant les plaisirs du riche[1]. »

La charité, même de l'État, est d'ailleurs un appoint, et Hyde de Neuville réclame aussi des institutions et des lois, quoique de façon plus vague. Le Progrès passe aussi par le progrès social, et Hyde peut s'indigner : « Une autre fois je traiterai la grande question de la législation du pauvre. On parle beaucoup de progrès en France; certes ce n'est pas dans le domaine de la charité publique que ce progrès devient sensible. Que d'institutions manquent, que de lacunes, que de misères délaissées, que de choses possibles, très possibles, et qu'on oublie ! Les chemins de fer, les routes, les canaux, tout cela sans doute est utile; mais il serait plus utile encore de moraliser le pays, et de venir en aide au malheur[2]. »

Ce scandale de la misère inciterait presque Hyde à une remise en cause de la société. Ces occasions où Hyde de Neuville pousse sa pensée jusqu'au bout, en oubliant un peu ses présupposés politiques et sociaux qui continuent de faire de lui un homme profondément de droite, sont rares. Lorsqu'il réclame l'admission à l'hospice de tous les pauvres sans distinction – en 1845 il est vrai, à la fin de sa vie –, on voit percer une telle lueur : « Habitants des villes, riches ou aisés, vous repousseriez de l'hospice ou de l'hôpital de la cité, le père, la mère de ceux qui protègent vos foyers; ce père, cette mère souvent accablés d'infirmités souffrent et peuvent manquer de tout, parce que leurs enfants, leurs soutiens sont sur nos frontières, en Afrique ou dans nos colonies; ils servent leur pays, ils le doivent. La patrie est et doit être chère au pauvre comme au riche; mais enfin le prolétaire est-il aussi intéressé que le propriétaire du sol, à s'armer pour sa défense ?[3] »

Toutefois, la réelle réflexion sociale est rare. Hyde pense et agit en philanthrope, peut-être même simplement en chrétien qui pratique la charité. Lorsqu'il décrit les misères du peuple et appelle à les soulager, c'est toujours aux sentiments chrétiens qu'il fait appel, à la charité du riche pour son prochain. « Plus de la moitié, peut-être, des habitants de la campagne périssent faute de secours; puis, dans tous les cantons vous trouverez des vieillards, des orphelins, des aveugles ou des sourds-muets, sans ressources aucunes. Un tel état social peut-il se prolonger ? Pitié, pitié pour ces enfants de Dieu si cruellement éprouvés, ils sont nos frères[4]. »

On peut donc hésiter à faire de Hyde de Neuville un « catholique social » à proprement parler. Comme Ballanche ou Lamennais, Hyde est persuadé du progrès de l'humanité, progrès qui a pour fondement l'Évangile. Il n'envisage le progrès social que dans la perspective du catholicisme. Ce progrès inévitable doit apporter une ère de bonheur pour le peuple, c'est-à-dire les classes populaires. De ce point de vue, Hyde serait un catholique

---

[1] Hyde de Neuville, *Pétition aux Chambres en faveur des indigents de la classe agricole*, p. 10.
[2] *Ibid.*, p. 7.
[3] *Ibid.*, p. 6.
[4] *Ibid.*, p. 11.

social au sens où l'entend J.-B. Duroselle[1]. Seulement il est particulièrement difficile de distinguer chez Hyde de Neuville le désir de réforme sociale de la charité pure et simple. Les réformes que Hyde appelle mettent en cause les institutions au plus, mais pas la société dans ses fondements. Il appelle à l'action en faveur des plus pauvres, demande qu'on baisse le prix des patentes pour favoriser les petits pêcheurs, ou qu'on limite les amendes au colportage pour ne pas trop pénaliser les petits vendeurs d'almanachs; mais il n'expose aucune théorie générale, aucun système, aucune réflexion théorique de fond.

[1] J.-B. Duroselle, *Les débuts du catholicisme social*, p. 8-9.

CHAPITRE II

L'HOMME POLITIQUE

1. L'ACTION DU DÉPUTÉ

Député sans interruption de 1815 à 1816 et de 1823 à 1830, Hyde de Neuville marqua la Chambre par la passion de ses interventions. « L'éloquence de M. Hyde de Neuville est plus que brûlante; elle est en quelque sorte frénétique, quoique souvent vide et bouffie. Il gesticule beaucoup, crie de toute la force de ses poumons, roule les yeux avec une expression terrible. Au reste, il parle souvent de sa place : il n'y a pas un interrupteur plus intrépide que lui; et quand une fois il a entrepris de changer la discussion en dialogue, la sonnette du président, la voix des huissiers, les cris "à l'ordre !" ne peuvent l'interrompre. La fin de la séance ne l'arrête même quelquefois pas. Monté sur son banc, il parle avec véhémence aux ventrus qui traversent le couloir, à la suite du sénéchal Piet. Il court ensuite au milieu de leurs rangs, les arrête sur les marches de l'escalier, dans la cour, le vestiaire, et du haut de sa voiture répète encore : "Le ministère ne m'intimidera pas plus que les révolutionnaires ! C'est une horreur ! C'est une infamie ! La légitimité est en danger !"[1] »

En 1815, l'homme qui déclarait : « On redoute la force et l'arbitraire, quand on ne devrait peut-être redouter que l'indulgence et la bonté[2] », se faisait aussi remarquer, même au sein de la Chambre introuvable, comme un ultra aux opinions passionnées et violentes. Lorsqu'il revint siéger en 1823, il apparaissait encore comme un royaliste intransigeant. Lors de l'expulsion du député Manuel, en mars 1823, cette impression parut se confirmer. Hyde prit violemment parti pour l'expulsion, au moins pour la durée de la session, réclamant pour la Chambre le droit de se faire justice elle-même par une mesure de simple police, et d'éloigner des séances un membre indigne de délibérer. Cependant il insista pour que la mesure fût temporaire, réservant le droit à une nouvelle majorité éventuelle de changer de politique à la session suivante. C'était vouloir préserver malgré tout le bon fonctionnement des institutions et de la représentation nationale, contre La Bourdonnaye qui avait voulu l'exclusion définitive[3].

---

[1] *Biographie des députés*, p. 221-222.
[2] Séance de la Chambre du 23 octobre 1815 sur le projet de loi restrictif de la liberté individuelle, *Moniteur universel*, 24 octobre 1815.
[3] *Compte rendu des séances de la Chambre des députés des 28 février, 1er, 3 et 4 mars 1823.*

Après son retour du Portugal, lorsqu'il reprit son siège à la Chambre, on vit apparaître un autre homme. Ses dissensions personnelles avec Villèle le poussèrent-elles à l'opposition ? Voulut-il suivre Chateaubriand, dont il était l'allié fidèle et l'ami ? Ou était-il sincèrement en désaccord avec la politique suivie ? Toujours est-il qu'à partir de 1824 et surtout 1826, on le voit pratiquer une politique d'opposition systématique à l'égard du ministère Villèle, s'alliant à l'occasion avec la gauche.

Comment un royaliste tel que Hyde de Neuville a-t-il pu en venir à faire de l'opposition au gouvernement du roi ? Hyde ne s'attaque pas à la politique du roi, mais à celle de ses ministres. Le roi ne peut mal faire, mais ses ministres sont responsables devant la Chambre qui a le devoir de les critiquer si nécessaire. « Toutes les fois que le roi fait ce que sa prérogative royale l'autorise à faire, personne n'a le droit de blâmer l'acte de l'autorité royale; mais si cet acte n'était pas légal, ce ne serait pas au roi, mais aux ministres responsables qu'il faudrait s'en prendre[1]. » « Le roi ne veut rien d'inconstitutionnel; tout ce qui a pu être fait contre la loi fondamentale appartient nécessairement aux ministres[2]. »

Hyde a donc non seulement le droit, mais le devoir de critiquer une politique qu'il juge mauvaise, et ce devoir, il ne se prive pas de le remplir après 1826. Arrivé à Paris le 23 janvier 1825 pour participer aux séances de la Chambre, Hyde resta quelques mois dans un attentisme prudent, puis se jeta à corps perdu dans l'opposition, étroitement allié à Chateaubriand, dans la mouvance duquel il resta fidèlement jusqu'en 1830 et même au-delà.

Les relations de Hyde de Neuville avec Chateaubriand étaient non seulement celles d'une alliance politique, soutenue par beaucoup d'idées communes, notamment des aspirations libérales similaires, mais c'étaient aussi des relations d'amitié. Hyde avait rencontré Chateaubriand pour la première fois en Espagne, où Nathalie de Noailles, « l'Occitanienne », les avait présentés l'un à l'autre. Ils s'étaient revus en 1815, à Gonesse. Des idées politiques communes les avaient rapidement rapprochés, bien qu'ils ne siégeassent pas dans la même assemblée. Hyde défendait, à la Chambre des députés, des idées que n'eût pas désavouées Chateaubriand à la Chambre des pairs. Royaliste plus intransigeant, Hyde était peut-être aussi, en même temps, plus sincèrement libéral, avec une plus grande confiance dans le jugement du peuple, et des préoccupations sociales plus marquées. Mais, dès janvier 1816, on note des passages dans les discours de Hyde de Neuville qu'on croirait tirés de *La Monarchie selon la Charte*, qui ne devait

---

[1] Séance du 8 juin 1826, *Archives parlementaires*, XLVIII, 500.
[2] *Ibid.*, p. 508.

pourtant paraître que huit mois plus tard[1]. L'historienne américaine M. Mitchell en déduit qu'avant même de publier Chateaubriand devait tenir un certain nombre de familiers au courant de ses développements théoriques. Cependant, en 1816, Hyde de Neuville et Chateaubriand n'étaient pas encore sur un tel pied d'intimité. Il est beaucoup plus plausible de supposer que ce type d'idées était dans l'air et devait circuler, ou au moins être commun à un petit groupe de royalistes à sensibilité libérale ou constitutionnelle : ceux qui devaient former plus tard le petit groupe gravitant autour de Chateaubriand, Hyde de Neuville et Agier.

Les premiers rapports vraiment étroits de Hyde de Neuville et de Chateaubriand, et le début de leur correspondance, se situent aux environs de 1820, lorsque le congé de Hyde lui permit de revenir en France. Mais dès avant cette date, Hyde, tenu informé de la situation française par ses amis qui lui écrivaient régulièrement, suivait de près l'évolution de la situation politique. Tous ces correspondants étaient des ultras de la plus belle eau : la princesse de La Trémoïlle, Michaud, le comte de Marcellus, le comte de Kergorlay, Louis de Bonald. Ils lui décrivaient les divisions des partis et les obstacles mis aux « vrais royalistes ».

Hyde avait lu *La Monarchie selon la Charte*, dont il partageait tant d'idées, notamment celles sur la liberté de la presse. Il avait aussi été touché par *Le Génie du Christianisme*, qui correspondait assez à la sensibilité religieuse, teintée parfois d'un romantisme certain de l'auteur d'*Eliezer et Nephtaly*[2].

Hyde fut donc scandalisé par la radiation de Chateaubriand de la liste des ministres d'État, en 1818, à la suite de l'opposition de ce dernier au ministère. « Cette iniquité m'inspira une telle animadversion contre ses auteurs, que j'eus la tentation très vive de partager la disgrâce de l'illustre et éloquent défenseur de la liberté de la presse[3]. »

Cette sympathie n'incita cependant pas Hyde à donner sa démission. Cependant, il voulut « donner dans le secret un faible témoignage de mon

---

[1] La brochure fut publiée vers le 10 septembre 1816. Dès janvier, Hyde proclamait la nécessité de détruire ce que la Révolution avait produit d'immoral et de funeste, et de conserver tout ce qu'elle avait construit d'utile, garanti par la Charte et les institutions : séance du 31 janvier 1816, *Archives parlementaires*, XVI, 62. En février 1816, il développait aussi ses positions sur la Charte et la décentralisation : séance du 14 février 1816, *Moniteur universel*, 18 février 1816. Ces positions étaient très voisines de celles développées par Chateaubriand. Voir à ce sujet : Marylin L. Mitchell, *Chateaubriand and Hyde de Neuville : The Loyal Opposition*, p. 104-108.

[2] Cette nouvelle composée par Hyde au moment de son exil, parue dans le *Journal des dames* en feuilleton, exaltait les vertus de la morale et de la religion dans le cadre exotique de l'Israël biblique, peuplé de moutons et de bergers dans le désert. Par amour fraternel et respect des serments religieux, le jeune berger Eliezer se fait secrètement ermite et se fait passer pour mort, pour que sa femme puisse épouser son frère, Nephtaly, qu'elle aime. Toutes proportions gardées, le thème est traité un peu à la façon des *Martyrs*, et Hyde en profite pour rappeler comment l'on peut percevoir la présence de Dieu dans la nature, les oiseaux, etc. Il est assez exceptionnel toutefois que Hyde succombe à ce genre : on le voit plus souvent louer les vertus de la raison que celles de la sensibilité. Cependant, ce type de nouvelle que Hyde a été capable d'écrire prouve qu'il pouvait être touché, comme la plupart de ses contemporains, par la dialectique de Chateaubriand dans *Le Génie du Christianisme*.

[3] *Mémoires*, II, 359.

estime à un homme que j'aime et que j'admire[1] ». Ayant appris que Chateaubriand, dénué de son traitement de ministre d'État, n'avait d'autre ressource que la vente de sa bibliothèque, il demanda à Louis de Bonald de lui proposer un prêt, sans nommer le généreux prêteur[2]. En même temps, il écrivait à Chateaubriand pour lui rappeler leur amitié et l'assurer de son soutien[3]. Entre-temps Chateaubriand avait vendu la Vallée-aux-Loups, et put donc refuser la proposition d'Hyde de Neuville. Mais l'affaire rapprocha les deux hommes.

La dissolution de la Chambre le 5 septembre 1819 fut un nouveau choc pour Hyde de Neuville. C'était une attaque à la fois contre les royalistes et la constitution, une mesure à court terme que rien ne pouvait justifier, du type de celles qui jettent le discrédit sur une monarchie : « de ces mesures qui sauvent quelques fois un ministère, mais qui tuent une monarchie[4] ». La nouvelle de la mort du duc de Berry acheva d'aviver ses inquiétudes et de le séparer de la politique du ministère, mais ce n'était pas pour se rapprocher des ultras qui rejetaient la faute sur Decazes et les doctrinaires. « Un changement de ministère était inévitable après la catastrophe du 13 février; mais ce qui n'était pas justifiable, c'était, par l'exagération d'une douleur légitime en elle-même, de frapper de suspicion tout un parti qui avait l'horreur du crime commis, tout autant que les Royalistes[5]. »

Lorsque son congé lui permit de revenir en France, en juin 1820, Hyde se rapprocha définitivement de Chateaubriand. Il aurait espéré au début une alliance entre ce dernier et Villèle, sur lequel il faisait encore reposer ses espoirs. Il espérait une combinaison comprenant Villèle, Chateaubriand et Laîné, qui aurait gouverné avec les ultra-royalistes et le centre-droit. Chateaubriand surtout lui paraissait représenter le parti le plus sage pour la royauté. Avec Chateaubriand, il noua dès ce moment une amitié qui devait durer jusqu'à la mort de l'écrivain, en 1848. Il lui refit la proposition de prêt qu'il lui avait faite un an plus tôt. Chateaubriand, toujours dans les embarras financiers, accepta cette fois[6].

Une véritable intimité s'établit alors, faite d'admiration de la part de Hyde de Neuville pour Chateaubriand, de communauté d'idées, et de complicité. Hyde faisait désormais partie du petit cercle, avec Ballanche, Laborie et les plus fidèles. « Admis près de madame Chateaubriand, dont l'esprit si fin, l'originalité naturelle amusait son mari et ne savait pas cependant le captiver, je devins le confident des charités sans mesure et sans bornes auxquelles la vie de la noble femme fut consacrée. [...] J'étais mis par elle à contribution pour toutes les démarches nécessitées, soit dans les

---

[1] *Mémoires*, II, 362.
[2] Hyde de Neuville à L. de Bonald, *ibid.*, II, 361-363.
[3] Hyde de Neuville à Chateaubriand, *ibid.*, II, 364.
[4] *Mémoires*, II, 418.
[5] *Ibid.*, II, 450.
[6] Hyde de Neuville à Chateaubriand, et Chateaubriand à Hyde de Neuville, 19 octobre 1820, BNF, n.a.f. 11970, fol. 186 et 192.

ministères, soit auprès de quelques personnages voués, comme elle, aux bonnes œuvres. Je cumulais, avec Hyacinthe Pilorge, le secrétaire de M. de Chateaubriand, la multiplicité de ces moyens, que M. de Chateaubriand appelait : *nos complots*[1]. »

Lorsque Hyde revint de Lisbonne le 23 janvier 1825, il lui fallut prendre parti pour Villèle ou Chateaubriand. Hyde chercha d'abord à réconcilier les deux hommes[2]; mais quand il vit que leur opposition était irréductible, il choisit le camp de Chateaubriand. Il était moins poussé par une amitié déjà forte que par la conviction que la politique de Chateaubriand était la meilleure. Il reprochait à Villèle ses réticences à subir franchement les conséquences du gouvernement constitutionnel, et se faisait en revanche définitivement l'allié de celui à qui il écrivait, dès 1823 : « Vos principes sont les miens. Si nos nuances sur certains points pouvaient être différentes, nous ferions parler de part et d'autre notre foi, notre loyauté, mais jamais ces nuances ne pourraient me conduire à oublier combien je vous aime et ce que vous êtes pour la monarchie et la liberté de mon pays[3]. »

Chateaubriand avait été renvoyé du ministère le 6 juin 1824. Hyde de Neuville le fut de l'ambassade de Lisbonne le 29 juin 1825. C'était rejeter définitivement dans l'opposition les deux hommes, qui déjà critiquaient la politique suivie. Chateaubriand avait été renvoyé sous le prétexte de son refus d'appuyer le ministère dans la loi de conversion des rentes; Hyde le fut non seulement parce que sa politique au Portugal, qui était celle, anti-anglaise, de Chateaubriand, était contestée, mais aussi parce que, député, il avait lui aussi voté contre la loi des rentes et surtout émis des réserves sur la politique du ministère Villèle en Espagne. Il lui reprochait de ne pas savoir éviter les concessions aux ultras, qui réclamaient le retour de l'absolutisme en Espagne. Il lui reprochait aussi son impopularité : Villèle aurait dû laisser la place à un ministère de conciliation et d'union, dont la pièce maîtresse, bien sûr, aurait été Chateaubriand.

Chateaubriand, dès qu'il sut la mise en disponibilité de Hyde de Neuville, se prépara à stigmatiser la mesure par un article incendiaire. Hyde lui demanda d'y renoncer, dans l'intérêt du roi[4] – ce qui n'empêcha pas d'ailleurs Chateaubriand de faire glisser un petit article vénéneux dans le

---

[1] *Mémoires*, II, 461. Hyde s'occupait en particulier d'une « infirmerie » pour les pauvres, fondée par Céleste de Chateaubriand rue d'Enfer, et qui existe toujours actuellement avenue Denfert-Rochereau.

[2] Dès qu'il eut reçu à Lisbonne la nouvelle du renvoi de Chateaubriand, Hyde écrivit à Villèle : « Personne n'a vu avec plus de joie que moi l'union de deux hommes chers à la monarchie, faits pour s'aimer, s'estimer et marcher ensemble. Personne aussi n'a été plus affecté que moi de l'événement inattendu qui a appris au monde, comme à moi, leur mésintelligence. A dire vrai, j'étais éloigné de m'attendre à ce coup de foudre, car c'en est un pour les vrais amis du trône et des libertés nationales. Croyez-moi, mon cher et honorable collègue, cette rupture est un grand malheur. » : Hyde de Neuville à Villèle, 24 juin 1824, dans Villèle, *Mémoires et correspondance*, V, 76-77.

[3] Hyde de Neuville à Chateaubriand, 10 janvier 1823, BNF, n.a.f. 11790, fol. 187.

[4] Hyde de Neuville à Chateaubriand, 4 juillet 1825, BNF, n.a.f. 11970, fol. 191-192.

Journal des débats[1]. Mais la guerre était déclenché, sur le plan parlementaire. Contre l'opposition ultra à laquelle Villèle et le roi faisaient de plus en plus de concessions, Hyde de Neuville et Chateaubriand, rejoints par une quarantaine de députés, formèrent une contre-opposition à laquelle on devait donner le nom de « défection » car elle n'hésita pas à s'unir, contre le ministère, aux hommes de la gauche[2]. Soutenu par le *Journal des débats* de Bertin, ce petit groupe, malgré son petit nombre, apparut bientôt comme une force redoutable, de par la personnalité de Chateaubriand, son âme, et aussi de par celle de Hyde de Neuville, son chef à la Chambre, orateur puissant qui n'hésitait pas à improviser et parfois à intervenir de sa place, contre le règlement. Hyde jouissait en outre d'un prestige moral immense; son passé de royaliste dévoué, sa loyauté bien connue, rendaient son opposition encore plus remarquable. Ce qui faisait surtout, enfin, la force de ce groupe, c'était la situation d'arbitre où l'avait mis sa position au centre.

Le plus curieux, c'est que ce groupe de la Défection était largement composé d'anciens ultras, et des plus véhéments. Agier, député, était un ultra violent en 1815, fondateur de la Société des Francs régénérés. La Bourdonnaye et son lieutenant Delalot avaient eux aussi figuré parmi les plus ardents réactionnaires de la Chambre introuvable. La Bourdonnaye pouvait être poussé par l'ambition plus que par les principes. En revanche, François-Marie Agier reste un personnage obscur, malgré l'importance du rôle qu'il a joué au sein de la Défection, qu'on appelait aussi « le groupe Agier ». C'était chez lui que se réunissait le groupe, quai Voltaire[3]. Hyde, qui le considérait comme un « esprit très libéral » acquis au « royalisme éclairé[4] » à la sauce Chateaubriand, se rapprocha de lui dès sa mise en disponibilité. Répondant à la lettre de sympathie de son collègue député, il lui écrivit : « J'espère avec vous, mon cher collègue, que nous devons nous entendre mieux à la session prochaine. Le ministère, sans le vouloir, j'aime à le croire, nous mène à l'abîme. Unissons-nous, et il faudra bien qu'il cède à la véritable opinion publique. Qu'il se mette franchement en

---

[1] « Cette nouvelle [la mise en disponibilité de Hyde de Neuville] ne surprendra pas ceux qui savent que M. Hyde de Neuville est réputé avoir mal voté lors de la loi des rentes. Dès lors on doit sentir qu'il n'était plus propre à représenter le Roi près d'une cour étrangère. Vainement voudrait-on rappeler les services qu'il a rendus à la cause royale [...] M. de Villèle n'admet de services que ceux qui lui sont rendus; il ne connaît d'autre dévouement que le dévouement à sa personne. [... De plus] nous avons quelques raisons pour croire que la présence de M. Hyde de Neuville à Lisbonne n'était pas agréable à M. Canning; une telle disposition de la part du chef d'un cabinet étranger est très honorable pour notre ambassadeur, et nous ne doutons pas qu'il ne l'ait mérité. » : *Journal des débats*, 4 juillet 1825.
Hyde dut écrire à Bertin de Vaux, rédacteur du *Journal* : « N'écrivez rien, je vous prie, me concernant. Nous avons trop à dire sur les choses pour nous occuper des intérêts des hommes. » : Hyde de Neuville à Bertin de Vaux, 5 juillet 1825, dans *Mémoires*, III, 288-289.
[2] « Notre crime, puisqu'on a voulu l'appeler ainsi, n'a pas été de tendre la main à la gauche proprement dite, pas plus que d'adopter les idées intolérantes de l'extrême droite, mais d'empêcher un ministre tel que M. de Villèle de pencher de ce côté et d'amener ainsi, à un moment donné et par une conséquence inévitable, les trop fameuses ordonnances de 1830. » : *Mémoires*, III, 272.
[3] Salaberry, *Souvenirs*, II, 192.
[4] *Mémoires*, III, 292.

tout et pour tout sur le terrain de la Charte et de nos libertés nationales, et qu'il cesse de se laisser influencer par le fanatisme et l'hypocrisie; cela ne peut plus réussir en France et toutes les classes de la société veulent être gouvernées par la raison, le bon sens et surtout la bonne foi[1]... »

Hyde de Neuville, lui aussi au passé ultra notoire, était vraisemblablement le plus sincèrement libéral de tous. Cependant, même pour lui, l'alliance avec des hommes de gauche aurait dû être impensable. N'était-ce pas trahir la monarchie que s'allier avec des hommes qui, secrètement du moins, devaient désirer la chute du système ? Hyde défend ces libéraux qui furent les alliés de la Défection et qui firent la Monarchie de Juillet. « En nous rapprochant des hommes qui auraient été aussi bien les soutiens de la monarchie légitime que de la royauté de 1830, dont ils furent les sauveurs en la préservant de la tourbe révolutionnaire, nous ne désertions certes pas la cause à laquelle nous avions voué notre vie. J'ai nommé les Casimir Périer, les de Broglie, les Guizot; plus d'un, j'en suis certain, ont regretté depuis l'opposition systématique qu'ils ont faite à la Restauration[2]. » Une telle alliance était d'ailleurs le seul moyen de sauver la monarchie, que l'impopularité de son ministre faisait courir à l'abîme, ainsi que sa désastreuse complaisance à l'égard de l'extrême droite.

La contre-opposition attaquait le ministère sur beaucoup d'affaires, mais principalement sur celles qui tenaient réellement à cœur à Hyde et que ce dernier reprochait à Villèle. Hyde n'aurait pas pu être amené à voter contre sa conscience, par discipline de groupe, sur le seul motif de faire de l'opposition à un ministère dont on voulait, ouvertement d'ailleurs, la chute.

Les affaires d'Espagne furent le premier motif de dissension ouverte à la Chambre, et le restèrent pendant tout le temps l'opposition. Hyde contestait la politique du gouvernement en Amérique du Sud et aux Antilles, où celui-ci avait reconnu l'indépendance d'Haïti[3]. Il alla si loin qu'à la suite du discours du 17 mai 1827, il fut radié de la liste des ambassadeurs par le baron de Damas, fou de rage[4]. Le discours de Hyde de Neuville avait eu trop de retentissement, de par la personnalité de son auteur, ancien ministre de France aux États-Unis, donc connaissant bien la situation du Nouveau Monde, et ancien ambassadeur au Portugal, donc au fait des problèmes de la péninsule Ibérique. De même, ses attaques contre la politique espagnole du gouvernement Villèle portaient loin. Il accusait Villèle d'envoyer à l'ambassadeur à Madrid des instructions secrètes, en contradiction avec celles du ministre des Affaires étrangères, et d'y faire mener une politique aussi peu franche que désastreuse[5]. Le marquis de Moustier, ambassadeur de France à Madrid, en arrivait à être gêné par

---

[1] Hyde de Neuville à François-Marie Agier, 28 juillet 1825, *Ibid.*, III, 293-294.

[2] *Mémoires,* III, 271.

[3] Hyde de Neuville, *Discours dans la discussion de la loi de finances de 1828 (budget du ministère des Affaires étrangères), prononcé dans la séance du 17 mai 1827.*

[4] Damas à Hyde de Neuville, 18 mai 1827, AE, Personnel Première série, carton 166.

[5] Egvilly, *Mémoires,* p. 291-292.

les échos de ces luttes parlementaires. Il écrivait à Villèle : « Vos détracteurs cherchent sans cesse à vous représenter ici comme pressé de faire reconnaître l'emprunt des Cortès, l'indépendance de l'Amérique, et tout prêt même à imposer des chambres à l'Espagne. *La Quotidienne,* les *Débats,* et l'*Aristarque*[1] ne vous épargnent pas, ni moi non plus, et c'est à ces sottes productions de Hyde et de Chateaubriand qu'il faut surtout attribuer les préventions qu'on a cherché à faire naître ici contre vous[2]. »

L'indépendance des Grecs fut un autre sujet d'attaques et de morceaux d'éloquence. Le sort des Grecs chrétiens faisait oublier de quel côté pouvait se situer la légitimité. Hyde s'enthousiasmait à la tribune : « Je vois les Temples pillés, les villes incendiées, des femmes égorgées [...]. Je vois d'un côté l'héroïsme et l'excès de toutes les misères humaines, de l'autre tous les forfaits, toutes les infamies; or, avant tout, je suis homme, je suis Chrétien[3]. » De son côté, Chateaubriand à la Chambre des Pairs fustigeait la politique de non-intervention de Villèle, et animait la société philhellène de Paris.

Le principal cheval de bataille de la contre-opposition fut la liberté de la presse, par conviction et aussi par intérêt. La force du groupe de Chateaubriand reposait largement sur l'écritoire de René et sur les puissants organes de presse qui lui étaient acquis, en particulier le *Journal des débats,* mais aussi *La Quotidienne* de Michaud, que Hyde défendit à la tribune de la Chambre[4].

Hyde de Neuville et Chateaubriand ne faisaient en 1826 que défendre ce qu'ils avaient défendu en 1816. Le sujet allait toutefois leur permettre de porter le coup fatal au ministère Villèle. La loi « de justice et d'amour » présentée par le garde des Sceaux Peyronnet en décembre 1826 fut le signal de l'attaque pour la contre-opposition. Chateaubriand et Hyde de Neuville fondèrent la société des Amis de la liberté de la presse, qui se réunissait dans les locaux du *Journal des débats* et se chargea de la publication d'un certain nombre de pamphlets.

La session parlementaire de 1827 scella l'alliance entre la contre-opposition et la gauche. La chute de Villèle devenait nécessaire. Il essaya de se sauver par des concessions à la contre-opposition, Hyde de Neuville et Chateaubriand d'un côté, La Bourdonnaye de l'autre. Un remaniement ministériel, qui aurait conservé Villèle, aurait donné satisfaction aux libéraux en accordant l'Instruction publique à Royer-Collard, et à la contre-

[1] *La Quotidienne* de Michaud, le *Journal des débats* de Bertin et l'*Aristarque,* organe des Pointus et d'Agier, représentaient les principales forces de presse de la contre-opposition.
[2] Moustier à Villèle, 11 novembre 1825, dans Villèle, *Mémoires et correspondance,* V, 187.
[3] Hyde de Neuville, *Discours dans la discussion de la loi de finances de 1828,* p. 12.
[4] Dans la discussion de la loi sur la police de la presse, Hyde s'opposa au projet à propos du cautionnement des journaux, et proposa un amendement tendant à ce que les propriétaires des journaux existants ne soient tenus d'en posséder que le tiers un an plus tard. Le but avoué de cette proposition était de sauver *La Quotidienne* de Michaud, qui se serait trouvé dans ce cas. L'amendement fut rejeté. Séance de la Chambre des députés du 3 mars 1827, *Archives parlementaires,* L.

Figure 15 - Portrait du Baron Hyde de Neuville, ministre de la Marine.

Lithographie par Legrand

opposition en donnant des places à Hyde, Delalot et Bertin[1]. Le cabinet se refusa à admettre la gauche, puis chercha à convaincre Charles X d'accepter Chateaubriand, mais le roi en était venu à une telle exécration pour Chateaubriand que personne ne lui aurait répugné davantage[2]. Quant à Chateaubriand, il n'était pas disposé à accepter moins que ce qu'il avait déjà eu, c'est-à-dire les Affaires étrangères. Hyde, au passé de vieux conspirateur de Monsieur et de fidèle serviteur de la royauté, paraissait plus acceptable[3]. Au reste, personne ne songeait à l'accuser d'ambition ni de manque de loyauté.

Les élections pour la présidence de la Chambre des députés de février 1828 démontrèrent clairement la force de la contre-opposition. Le premier tour, le 22 février, particulièrement indécis, était à l'image de la confusion des partis. Hyde de Neuville, en onzième place, avait reçu 82 suffrages. Le second tour, le 23, montrait la victoire de la contre-opposition. Delalot, avec 210 suffrages, fut élu devant Hyde de Neuville, qui en avait reçu 206[4]. Forte de son alliance avec la gauche, la Défection devenait maîtresse du jeu. La rancœur de Charles X fut telle qu'il préféra choisir Royer-Collard, et faire une concession directe à la gauche plutôt que céder à la Défection.

Charles X dut cependant capituler et renvoyer son ministre. Dans un premier temps, il choisit pour composer le ministère suivant des hommes sans relief, tandis que Villèle continuait à être le conseiller secret d'une politique qui n'avait pas cessé d'être la sienne, même s'il ne la dirigeait plus nominativement. Autre geste de bonne volonté à l'égard de la contre-opposition, Michaud était réintégré dans ses fonctions à l'Académie, et Hyde de Neuville remis sur la liste des ambassadeurs en disponibilité le 7 janvier.

La situation du nouveau ministère Martignac était si embarrassante que deux des ministres nommés, Chabrol et Mgr Frayssinous, vestiges villélistes, démissionnèrent aussitôt. Ce retrait laissait le ministère de la Marine et celui des Cultes vacants. De nouvelles offres furent faites à la contre-opposition. Chateaubriand refusa le ministère, mais y poussa Hyde de Neuville, espérant obtenir davantage en glissant un homme à lui dans la nouvelle combinaison.

Hyde s'attendait finalement peu à un tel dénouement. Il avait toujours cru que l'entrée au ministère de Chateaubriand irait de soi. Sa nomination

---

[1] Journal de Villèle, 17 décembre 1827, dans Villèle, *Mémoires et correspondance*, V, 302.

[2] « Les ministères [...] se croient trop faibles et demandent des adjonctions. Aucun d'eux ne veut du côté gauche, ni même de Royer-Collard; mais ils voudroient ou plutôt désireroient que je puisse les autoriser à des démarches vis-à-vis de Chateaubriand, qu'ils regardent comme le plus dangereux et le plus nécessaire à neutraliser. [...] Chateaubriand me répugne plus qu'un autre et je l'ai bien déclaré à ces messieurs. » : Charles X à Villèle, 11 janvier 1828, dans Villèle, *op. cit.*, V, 315-316.

[3] « J'ai consenti à pardonner à Hyde de Neuville et à Michaud, à cause de leur conduite antécédente. » : Charles X à Villèle, 11 janvier 1828, *ibid.*

[4] Scrutins des 22 et 23 février 1828 pour la nomination à la présidence de la Chambre des députés, AN, C 741, dossier 49.

le prit de court, et il hésita à accepter. Il ne le fit que sur la pression de Chateaubriand[1].

En conséquence, Hyde fut nommé ministre de la Marine le 3 mars 1828.

2. LE MINISTÈRE DE LA MARINE

La nomination de Hyde de Neuville au ministère de la Marine était un aléa politique, mais ce n'était pas un mauvais choix. De ses postes outre-mer et de ses contacts avec des capitaines de vaisseaux, Hyde avait acquis un intérêt pour la marine qui allait lui permettre d'assurer ses fonctions avec conscience, voire compétence[2].

La marine, plus ou moins remise sur pied par le baron Portal, était sortie de l'état de quasi-nullité dans lequel elle s'était trouvée réduite au lende-main de 1814, mais il fallait continuer à encourager ce secteur chancelant et convalescent. La marine marchande française restait la troisième du monde, derrière la Grande-Bretagne et les États-Unis. La marine militaire péchait surtout par son indigence et le petit nombre de ses vaisseaux en état de prendre la mer. Hyde encouragea les constructions, et chercha régulièrement à augmenter les crédits dévolus à la marine.

Dans cette voie, Hyde de Neuville continuait la politique de relèvement qu'avait entreprise le baron Portal en 1820 et qu'avaient poursuivie tous ses successeurs. Les armements s'accélèrent même, car le blocus d'Alger requérait des vaisseaux, de même que l'évacuation des dernières troupes de la péninsule Ibérique. Le frein principal venait de la réticence des Chambres à augmenter le budget de la marine. Le 19 mai 1828, Hyde demanda un crédit exceptionnel de 25 millions, justifié par des opérations extraordinaires (blocus et rapatriement des troupes). Il fit ainsi armer vingt navires, ce qui faisait passer la flotte française de 185 à 205 bâtiments. Là-dessus, il n'y avait que huit vaisseaux de ligne (contre cinq à l'arrivée de Hyde au ministère)[3]. Il fit continuer aussi les travaux des ports. La France manquait d'un port sur la Manche : Cherbourg devait y pourvoir[4].

---

[1] Hyde avait espéré la chute de Villèle pour pouvoir permettre la montée au pouvoir de Cha-teaubriand, seul capable de sauver la monarchie. Le refus de Chateaubriand le troubla; c'était le mauvais homme qui recevait le ministère : « Réfléchissez, je vous en conjure », dit Hyde à Chateau-briand, « que mon entrée au ministère ne le consolidera en aucune façon. Nous perdons en ce moment la seule chance possible de sauver le ministère et peut-être la couronne. » « [...] Rien ne put persuader mon illustre ami, et je rentrai chez moi fort troublé, n'ayant jamais songé à être appelé à ce périlleux devoir dont les dangers dépassent les honneurs, quand on les envisage au point de vue de la responsabilité » : *Mémoires*, III, 378-379.

[2] Hyde rappelait en juillet 1828 : « l'art naval a été pour moi pendant plusieurs années l'objet de mes méditations, je l'ai étudié, et sur les mers et dans les ports. Plus d'une fois, à cette tribune, on m'a vu hasarder des idées qui peut-être étaient bonnes, puisque mes vœux se sont réalisés, et qu'enfin nous avons une amirauté, des équipages de ligne, des préfectures maritimes et des bâti-ments à vapeur. » : séance de la Chambre des députés du 23 juillet 1828, *Archives parlementaires*, LVI.

[3] Rapport pour le ministre du 15 décembre 1828, AN, Marine BB[1] 68.

[4] Ministère de la Marine, *Compte rendu par le ministre...*, exercices 1827 et 1828.

En 1828, la marine comptait déjà une vingtaine de bâtiments à vapeur. Mais les déceptions techniques, les mauvaises performances des premiers prototypes avaient fait rire les tenants de la navigation à voile. L'usage utile de la vapeur semblait devoir être limité à un très petit nombre de cas, par exemple certains bateaux de cabotage. Pour le reste, il semblait plus dispendieux et plus délicat que réellement intéressant. « Jusqu'ici, de tous les faits qui ont été laborieusement recherchés et constatés, celui d'un grand surcroît de dépenses paraît d'abord avoir frappé les esprits », écrivait au 1ᵉʳ mars 1828 un capitaine de vaisseau pourtant acquis à la navigation à vapeur[1]. Hyde de Neuville, qui avait observé les premiers succès de la navigation à vapeur aux États-Unis, et qui avait encouragé les études de Marestier dans ce domaine, persista à faire construire des bâtiments à vapeur et à faire faire des expériences et des études, persuadé de l'avenir du système[2]. Il défendit devant la Chambre ces expériences qui avaient le grand défaut d'être coûteuses pour une administration déjà en déficit[3]. Le bon comportement de ces bâtiments lors de l'expédition d'Alger, où ils figuraient pour la première fois comme éléments d'une flotte, justifia de la confiance que leur avait accordée Hyde[4].

L'administration Hyde de Neuville fut par ailleurs à l'origine de certains changements institutionnels nécessaires. Le principal fut le rétablissement définitif et l'organisation des préfectures maritimes[5], réforme entreprise par le prédécesseur de Hyde mais qu'il avait déjà sollicitée à la Chambre en tant que député. Les préfets maritimes avaient été supprimés au lendemain de 1815 pour rétablir les anciens intendants, avec la conséquence néfaste de séparer dans les ports le service actif de l'administration. Le préfet maritime rétabli en 1828 réunissait désormais dans ses mains toutes les attributions militaires, administratives, judiciaires, ne recevant d'ordre que du ministre. Pour cette raison, la réforme fut bien accueillie[6].

Les fonctions du Conseil d'amirauté, créé en 1821, furent affermies et précisées. Une certaine indépendance lui était donnée, avec des pouvoirs accrus, pour qu'une politique à long terme puisse être décidée par des spécialistes et menée quel que soit le ministre. Même en cas d'instabilité ministérielle, une politique durable pouvait ainsi être suivie. Le Conseil d'amirauté était destiné à jouer, en plus de son rôle d'informateur tech-

---

[1] A. Moges, *Coup d'œil sur la situation actuelle du département de la Marine*, Paris, 1828. Ce bilan fut écrit à l'occasion du changement d'administration.

[2] AN, Marine AA¹ 47.

[3] Séance du 3 juillet 1829, *Archives parlementaires*, LXI, 45-46.

[4] E. H. Jenkins, *Histoire de la marine française*.

[5] Ordonnance du 17 décembre déterminant les attributions des préfets maritimes, AN, Marine AA¹ 50.

[6] « Le rétablissement des préfectures maritimes a donné de bons résultats, parce qu'il a concentré dans une seule main tous les pouvoirs du port. » : *Aperçus historiques sur l'organisation de la marine...*, par un capitaine de vaisseau.

nique, un rôle de gardien de la politique, de « conservateur des doctrines[1] ».

Des équipages de ligne furent définitivement organisés par la création
de quatre compagnies[2]. Les équipages de la marine militaire française
devaient être désormais des soldats bien entraînés, et non des marins pris
au commerce.

Hyde de Neuville, qui déjà aux États-Unis regrettait la Louisiane et prêchait pour qu'on tentât de récupérer Saint-Domingue, qui, député, s'éleva
en 1825 contre la reconnaissance de la république d'Haïti, se montra, une
fois ministre de la Marine, un ardent défenseur du système des colonies.
« Les colonies, c'est la France; aucun pouvoir que la force des choses ne
peut les détacher de la monarchie[3]. »

Forcé de reconnaître l'existence des mouvements indépendantistes et
d'une « force des choses » toute-puissante, Hyde, qui n'en était pas à une
contradiction près, proclamait donc la nécessité, voire le devoir, pour la
monarchie, de conserver ces morceaux de France aussi inaliénables que
le territoire de la France, de la couronne, aussi longtemps qu'elle pourrait
résister à cette inévitable « force des choses ». Hyde insistait sur l'importance stratégique des colonies, abris et points de ravitaillement en temps
de guerre, et sur leur importance économique[4].

On pouvait lutter contre cette « force des choses » par l'adoption, suffisamment tôt, des réformes nécessaires. Hyde s'employa à continuer
l'ensemble des réformes entreprises depuis 1825 par la promulgation
d'une série de grandes ordonnances. On s'était aperçu de l'impossibilité
de rétablir intégralement les cadres administratifs de l'Ancien Régime dans
les colonies, comme on avait commencé à le faire en 1814. Le système mis
en place à partir de 1825 combinait les traditions de l'Ancien Régime avec
les aménagements nécessaires, ceux garantis par la Charte à la métropole.
Les réformes administratives (organisation des pouvoirs du gouverneur
militaire et de ses trois collaborateurs : le directeur général de l'intérieur,
le commissaire ordonnateur, et le procureur général; organisation des
conseils) étaient à peu près achevées. Hyde les fit s'appliquer là où elles
n'étaient pas encore en vigueur[5], précisa le fonctionnement des organes
et s'attaqua aux réformes judiciaires. Le fonctionnement des conseils

---

[1] « Les amirautés restent, les ministres passent. Or il ne faut pas que les doctrines, qui seules
conservent les institutions, passent avec les ministres. » : discours de Hyde de Neuville à la Chambre
des députés, *Archives parlementaires*, LVI, séance du 23 juillet 1828.

[2] Ordonnance du 25 mai 1828. AN, Marine AA¹ 47.

[3] *Archives parlementaires*, LVI, séance du 24 juillet 1828.

[4] Il rappelait que les colonies employaient alors les neuf seizièmes du tonnage français. *Ibid.*

[5] Ordonnance du 27 août 1828 réglant le gouvernement de la Guyane française : AN, Marine
AA¹ 48. Cette ordonnance était calquée sur « la Charte des colonies », l'ordonnance du 21 août 1825
concernant le gouvernement de l'île Bourbon. Y étaient incluses simplement quelques améliorations inspirées de l'ordonnance du 9 février 1827 sur les Antilles, et un très petit nombre de
modifications dues à la situation particulière de la Guyane, aux terres peu exploitées.

privés, créés en 1825, fut défini[1]. Le Code pénal de la métropole, ainsi que le Code de procédure civile et le Code d'instruction criminelle furent appliqués désormais à la Martinique et à la Guadeloupe, qui jusqu'alors en étaient restées au code d'Ancien Régime, puis à la Guyane[2]. Pour assurer la bonne application de ces réformes, qui heurtaient la tradition et les habitudes des colonies, Hyde profita de la réorganisation du système judiciaire pour nommer le plus possible de magistrats venus de France, davantage habitués aux formes nouvelles des procédures et imbus des saines doctrines adoptées par la métropole. Un grand nombre de magistrats créoles étaient conservés, surtout ceux qui avaient fait preuve de probité et d'ouverture d'esprit, pour éviter de heurter les colons. Mais, dans beaucoup de cours, ils n'étaient plus désormais majoritaires face aux magistrats venus de la métropole[3].

On pouvait compter sur Hyde de Neuville pour faire tout ce qui était en son pouvoir pour réprimer la traite des Noirs, lui qui l'avait si fermement condamnée lorsqu'il n'était que ministre de France aux États-Unis. Il multiplia en particulier les instructions aux capitaines de vaisseaux de la croisière d'Afrique et au capitaine commandant la station des Antilles[4]. Hyde ne faisait d'ailleurs là qu'appliquer, le plus strictement possible, avec tous les moyens dont il disposait, la loi du 23 avril 1827. Ses positions à l'égard de l'esclavage lui-même, qu'il avait aussi farouchement condamné, étaient désormais plus nuancées.

Nul doute que Hyde n'ait été personnellement opposé à un principe qu'il jugeait barbare d'après tous les éléments de la morale chrétienne. Le spectacle de l'esclavage, au pays par excellence de la liberté, l'avait

---

[1] Ordonnance du 31 août 1828 sur le mode de procéder devant les conseils privés des colonies. AN, Marine AA¹ 48.
Le conseil privé tenait auprès du gouverneur le rôle du Conseil d'État.
[2] Ordonnance du 24 septembre 1828 concernant l'organisation de l'ordre judiciaire et l'administration de la justice à l'île de la Martinique et à l'île de la Guadeloupe et ses dépendances. AN, Marine AA¹ 49.
Ordonnance du 29 octobre 1828 portant application du Code pénal à la Martinique et à la Guadeloupe. *Ibid.*
Ordonnance du 19 octobre 1828 portant application du Code de procédure civile à la Martinique et à la Guadeloupe. *Ibid.*
Ordonnance du 12 octobre 1828 portant application du Code d'instruction criminelle à la Martinique et à la Guadeloupe. *Ibid.*
Ordonnance du 21 décembre 1828 concernant l'organisation de l'ordre judiciaire et l'administration de la justice à la Guyane. AN, Marine AA¹ 50.
[3] 5 octobre 1828. Nominations d'un certain nombre de magistrats à la Martinique et à la Guadeloupe, conformément à la nouvelle organisation résultant de l'ordonnance du 24 septembre 1828. AN, Marine AA¹ 49.
28 septembre 1828. Nomination de magistrats à la Guyane. AN, Marine AA¹ 50.
[4] AN, Marine BB⁴ 470 *bis.*

choqué, et il critiquait durement ce peuple américain qui réprouvait la traite mais conservait ses esclaves[1].

Député, Hyde continua à défendre les mêmes principes. Adversaire de la reconnaissance d'Haïti, il déclarait cependant à la Chambre : « J'abhorre la traite, je gémis de l'esclavage; et si je regrette Saint-Domingue, certes, je ne regrette pas des esclaves[2]. »

Lors du débat parlementaire qui devait aboutir à la loi du 23 avril 1827 contre la traite, il mettait en cause le système des colonies dans lequel « la force des choses, la civilisation, le christianisme » devaient apporter des modifications indispensables. Cette confiance dans le progrès social insé-parable du christianisme[3], un des fondements de sa pensée sociale, lui faisait donc croire à l'abolition prochaine et nécessaire de l'esclavage, au moins par le biais de la suppression de la traite qui, si elle ne faisait rien pour les esclaves existants, empêchait du moins le renouvellement du chep-tel. À ceux qui lui opposaient que la disparition des esclaves entraînerait la disparition de la grande culture, et donc la ruine des colonies, il répon-dait en citant l'exemple des États-Unis, où la population noire libre avait su remplacer la main-d'œuvre esclave dans certains États. Allant plus loin, il s'écriait : « Je ne serais point arrêté par cette considération secondaire que les colonies pourront perdre à la cessation du trafic des Noirs. Avant tout, je verrais, messieurs, ce que commande la religion. Avant de m'occu-per d'avoir du sucre et du café, je penserais à rester Chrétien[4]. »

---

[1] En 1819, l'entrée du Missouri comme État de l'Union avait rappelé le problème de l'esclavage. Hyde suivit avec attention les débats du Congrès à cette occasion, et commentait en ces termes les discours des députés esclavagistes : « La religion, la morale, l'humanité, tout a été défiguré pour consacrer comme l'un des principes les plus équitables, les plus libéraux, le droit qu'on a dans une république d'enchaîner à jamais des hommes. Certains personnages qui croyent à peine en Dieu, encore moins à la Révélation, ont torturé en quelque sorte la Bible, pour faire dire à Moyse ce qu'il ne dit point, et des hommes libres ont porté l'inconséquence et le délire jusqu'à prétendre que nulle part la Liberté n'avoit de plus ardens admirateurs, de plus généreux défenseurs que dans les pays à esclaves, que ces mêmes esclaves étaient les hommes du monde les plus heureux, et qu'on ne pouvait établir aucune comparaison entre leur sort et celui des paysans d'Europe, doctrine qui, si elle était vraie, amènerait cette conclusion, que pour rendre les peuples heureux il faut les asservir, que pour donner aux hommes un peu élevés dans la société, de nobles, de grandes idées, l'amour de la philosophie et de la liberté, il faut les entourer de victimes enchaînées. » : Hyde de Neuville au baron Pasquier, 15 février 1820, AE, CP États-Unis, v. 77, fol. 22-23.

[2] Hyde de Neuville, *Discours dans la discussion du projet de loi sur l'indemnité à accorder aux colons de Saint-Domingue*, p. 3.

[3] Une telle pensée pourrait paraître en contradiction avec les vues par ailleurs très traditiona-listes de Hyde de Neuville. Lui-même était gêné par l'incompatibilité qu'il y avait à vouloir à la fois un retour aux institutions et aux formules consacrées par le temps et par l'expérience, une con-damnation des « nouveautés » – suspectes en tant que telles –, et d'autre part l'adoption de mesures nécessitées par « l'esprit du temps ». La croyance au progrès de l'humanité, voulu et mené par Dieu, était un moyen de résoudre cette contradiction. « Faudrait-il donc, messieurs, en nous faisant honneur des vertus de nos pères, en cherchant à les imiter, nous croire condamnés à respecter leurs préjugés et leurs erreurs ? Non, non, messieurs, faisons ce que faisaient nos pères; marchons, comme eux, avec le christianisme, nous irons comme eux en nous perfectionnant; et si nous allons plus loin qu'eux, nous n'aurons fait, après tout, qu'achever la route tracée par leur sagesse et leur bonne foi. » : Hyde de Neuville, *Discours dans la discussion du projet de loi concernant la traite des Noirs; improvisé dans la séance du 13 mars 1827*, p. 13.

[4] Hyde de Neuville, *Discours dans la discussion du projet de loi concernant la traite des Noirs; improvisé dans la séance du 13 mars 1827*, p. 5.

L'exercice du pouvoir, les réalités économiques et sociales, la nécessité de conserver les colonies et d'éviter le mécontentement des créoles devaient naturellement nuancer l'application de tels principes. Hyde continuait à affirmer : « Le sort des esclaves n'a pas cessé d'être, aux États-Unis, l'objet de mes sollicitudes, pourrait-il me devenir indifférent quand Dieu permet que je sois en position de leur faire quelque bien ! [1]. » Mais dans le même discours, il assurait que « les droits acquis seront ménagés, respectés, la sûreté des colons ne sera jamais compromise ». Hyde entendait donc procéder avec prudence; il se contentait d'essayer d'améliorer le sort des esclaves, laissant à « la force des choses » le soin de supprimer l'esclavage. Les mesures prises ne remettaient pas le système en cause [2]. Elles ne risquaient guère de mécontenter les colons.

Outre les ordonnances pour les colonies, qui étaient la continuation d'une politique entreprise par les prédécesseurs de Hyde de Neuville, les actions les plus éclatantes du ministère Hyde furent la préparation de l'expédition de Morée et celle du blocus d'Alger. L'insulte du Dey d'Alger au consul de France, son refus ensuite de négocier une réparation avaient déterminé la France, soucieuse de son prestige et forte d'une marine retrouvée, à mener une opération de blocus parallèlement aux négociations que l'on tentait de poursuivre. Mais ce blocus, qui durait depuis mai 1827 et que Hyde chercha à resserrer [3], immobilisait un nombre relativement important de frégates, et pouvait rendre difficile la mise sur pied parallèle d'une autre expédition d'importance.

On avait vu le député Hyde défendre la Grèce avec passion. Le ministère Villèle s'était finalement décidé à intervenir en Grèce, et Hyde avait jubilé à l'annonce de la victoire de Navarin. Il restait cependant à persuader Ibrahim Pacha d'évacuer la Morée. La marine devait être l'instrument prépondérant de l'expédition. L'amiral de Rigny, qui s'était distingué à Navarin, fut choisi pour être à la tête de l'expédition, qui devait achever de prouver la renaissance de la marine française, en appuyant la démonstration de force du général Maison [4]. Une fois de plus, Hyde de Neuville, par cette action qu'il avait recommandée chaudement, se posait en adversaire de la politique anglaise, mais, ironiquement, c'était en reprenant la politique de Canning, désavouée par Goderich et Wellington. L'action,

---

[1] Discours de Hyde de Neuville à la Chambre des députés, *Archives parlementaires,* LVI, séance du 23 juillet 1828.

[2] Les réformes annoncées en juillet 1828 étaient plus incitatives que coercitives à l'égard des colons, et l'on peut se demander si Hyde de Neuville croyait sincèrement à leur résultat. Mais le ministre qui pendant tant d'années s'était élevé contre l'esclavage ne pouvait pas moins faire : « À dater de 1829, des médailles d'or sont destinées aux colons qui s'occupent avec le plus de succès de répandre l'instruction religieuse parmi les esclaves, qui encouragent et facilitent entre eux les unions légitimes, qui pourvoient avec le plus de soin à leur nourriture, à leur habillement. Les noms de ces hommes recommandables seront mis sous les yeux du souverain, et le ministre ne perdra aucune occasion de leur prouver sa reconnaissance et son estime. » : *Ibid.*

[3] Instructions de Hyde de Neuville à La Bretonnière, commandant des forces navales devant Alger, AN, Marine BB⁴ 470 bis;
Correspondance entre Hyde de Neuville et le département des Affaires étrangères (Rayneval), AE, M & D Algérie, v. 3.

[4] AN, Marine BB⁴ 470 bis.

entreprise le 22 septembre 1828, fut un succès diplomatique[1]. Hyde avait pu rassembler et préparer pour l'expédition un nombre important de bâtiments en peu de temps, malgré l'escadre immobilisée devant Alger. La marine achevait de prouver qu'on pouvait compter sur elle.

Aussitôt après l'entrée de Hyde au Conseil, Chateaubriand commença à s'impatienter d'honneurs qui ne venaient pas. Hyde de Neuville aurait dû être l'homme dans la place qui aurait ouvert les portes à Chateaubriand. Ce résultat escompté tardait. Chateaubriand commençait à regretter les minauderies de coquette qui l'avaient poussé à passer à côté de l'occasion favorable, quelques semaines plus tôt. En mars, il avait mis ses exigences en berne et tenait un tout autre langage à Hyde de Neuville; un ministère sans portefeuille lui aurait alors suffi : « Il paroît, mon cher ami, que vous allez parler de mon entrée au Conseil sans portefeuille. [...] Une fois *ministre secrétaire d'État*, on fera de moi ce que l'on voudra pour le meilleur service du Roi. [...] Le premier pas, si on veut le faire, est mon entrée *immédiate* auprès de vous au Conseil. On me trouvera bon coucheur : je prends peu de place, et ne me mêle que de mon affaire[2]. »

En revanche, il n'était pas question que Chateaubriand entrât autrement que seul. Il voulait une distinction personnelle, et non une concession à un parti dont il n'aurait été qu'un élément. C'était à l'homme, non au parti, qu'on devait faire honneur[3].

Ce parti que Chateaubriand avait mené depuis 1824, cette coalition un peu contre nature, il faut bien le dire, de l'extrême droite de La Bourdonnaye avec des éléments du centre gauche, Chateaubriand commençait à les renier. Se posant comme seul sauveur de la royauté, il ne pouvait plus se compromettre avec ses « ci-devant amis[4] » qui, en réussissant à amener la chute de Villèle, n'avaient pas su imposer Chateaubriand comme seul recours. À partir du moment où Hyde de Neuville avait accédé au pouvoir, la coalition d'intérêts s'était d'ailleurs dissoute. L'extrême droite fit d'abord défection au moment de la loi sur la presse : La Bourdonnaye, qui s'était joint à la Société des Amis de la liberté de la presse quand Villèle voulait la restreindre, s'opposait maintenant à Martignac qui voulait la libérer. L'entente était également devenue impossible avec le centre gauche, malgré toutes les avances faites par le ministère : Benjamin Constant demandait trop. Hyde constatait avec rancœur cette « déloyauté » de ses anciens amis libéraux : « Certes, si un parti a commis de grandes fautes à cette époque, s'il a assumé un semblant de déloyauté que l'histoire blâmera, le coupable a été le centre gauche, en n'appuyant pas des hommes qui venaient à lui et qui avaient eu le courage de se séparer de leurs

---

[1] Elle aboutit à l'accord du 22 mars 1829, précédant le traité d'Andrinople du 14 septembre 1829. La Grèce jouissait désormais d'un statut autonome.

[2] Chateaubriand à Hyde de Neuville, 15 mars 1828, BNF, n.a.f. 11970, fol. 28.

[3] « Avec deux collègues sans portefeuille, je m'amoindris : c'est un plan, un système : ce que je peux valoir disparoît. » : Chateaubriand à Hyde de Neuville, 16 mars 1828, BNF, n.a.f. 11970, fol. 30.

[4] Chateaubriand à Hyde de Neuville, 22 mars 1828, BNF, n.a.f. 11970, fol. 31 bis-31 ter.

amis et de braver le mécontentement manifeste du Roi[1]. » Hyde n'avait assurément guère ramassé le profit de son opposition à son ancien ami Villèle, ni celui de sa douloureuse bravade de la volonté du roi.

Fin mars, Chateaubriand, qui voyait s'éloigner de plus en plus l'espoir d'une entrée au Conseil, considérait la présence de Hyde de Neuville au ministère comme inutile, voire dangereuse, la chute du ministère Martignac paraissant inévitable. Le mieux était que Hyde quittât le navire à temps, d'autant plus qu'il n'y avait rien à tirer de le laisser plus longtemps au Conseil, si ce n'était l'humiliation de voir un second occuper la place où Chateaubriand aurait dû être. Chateaubriand entreprit donc de retirer son pion, dans une lettre admirable d'hypocrisie : « Ainsi donc, quand vous aurez fait tout ce que vous aurez pu pour éclairer le Roi et pour amener le bien[2], vous déclarerez n'avoir accepté le portefeuille avec une grande répugnance que dans l'espoir d'arranger les choses et pour ne pas laisser le Roi dans l'embarras, sans appui et sans conseil; que votre espoir ayant été trompé vous vous retirez satisfait d'avoir rempli un devoir pénible. Votre position politique reste ainsi admirable, et vous grandissez encore dans l'opinion publique. Vous voyez, mon cher ami, que je suis beaucoup plus occupé de vous que de moi[3]. »

Hyde ne démissionna pas, et Chateaubriand dut se contenter de l'ambassade à Rome jusqu'à ce qu'en 1829, la maladie de La Ferronnays fasse renaître ses espoirs en libérant le ministère tant convoité des Affaires étrangères. Hyde continuait à penser que le ministère tel qu'il était, composé d'hommes modérés et de couleur politique peu définie, serait, avec Chateaubriand dans son sein, le meilleur soutien de la monarchie[4].

Mais Chateaubriand ne pouvait se permettre de revenir de Rome sans congé, et il était obligé d'attendre la fin du conclave, ne fût-ce que pour revenir en position de force. D'ailleurs le roi s'était déclaré, à la proposition des ministres, formellement opposé à faire appel à Chateaubriand.

En avril 1829, le ministère paraissait condamné, après le rejet par les Chambres du projet de réforme administrative. En revanche, Chateaubriand achevait brillamment sa mission à Rome par l'élection d'un « pape français » et envisageait de rentrer en France couronné de gloire, à temps pour la nouvelle combinaison ministérielle qui s'annonçait nécessaire[5].

Plus encore peut-être que Chateaubriand lui-même, qui n'osait trop se déclarer, Hyde espérait un retour de Chateaubriand auprès du roi. La nomination de Portalis au ministère des Affaires étrangères lui fut donc

---

[1] *Mémoires,* III, 407-408.

[2] Le bien étant l'entrée de Chateaubriand au Conseil.

[3] Chateaubriand à Hyde de Neuville, 22 mars 1828, BNF, n.a.f. 11970, fol. 31 bis-31 ter.

[4] Hyde de Neuville à Chateaubriand, 21 novembre 1828, BNF, n.a.f. 11970, fol. 193-194.

[5] « On doit être content de moi, mon cher ami. Voilà un bon Pape et un Pape de ma façon. [...] J'ai prêché la paix à nos cardinaux et ils ont voté comme j'ai voulu et selon leurs instructions. On n'appelle Pie VIII à Rome que *mon pape* ou le *Pape françois.* Je n'espérois pas réellement une victoire aussi complète. Maintenant je demande un congé pour m'en servir éventuellement en tems et lieu. » : Chateaubriand à Hyde de Neuville, 2 avril 1829, BNF, n.a.f. 11970, fol. 51-52.

une nouvelle déception. Il avait vainement essayé de convaincre une nouvelle fois le roi : « J'oserai dire au Roi qu'aujourd'hui plus que jamais, le ministère me paroît avoir besoin d'un homme tel que Mr. de Chateaubriand. La révolution cherche à lever la tête, il faut donc lui opposer ceux des vieux grenadiers du trône qui ne peuvent être soupçonnés par les amis sages de nos libertés[1]. » Faire triompher une interprétation libérale de la Charte par des hommes dont le royalisme ne pouvait être suspecté, telle était la vision de Hyde de Neuville[2]. Celle du roi était diamétralement opposée. Après l'échec démontré de l'expérience Martignac, le roi se préparait à faire triompher l'interprétation monarchique de la Charte avec un ministère selon son cœur.

La « vieille cocarde blanche » Hyde de Neuville, trop compromise avec Chateaubriand, fut sacrifiée dans la combinaison ministérielle nouvelle.

---

[1] Hyde de Neuville à Charles X, 9 mai 1829, BNF, n.a.f. 11970, fol. 196.

[2] Après le refus de Charles X d'employer Chateaubriand, Hyde se soumit, mais en rappelant ses regrets au roi : « Je persiste à croire que deux vieilles cocardes blanches qu'on ne sauroit soupçonner dans aucun camp, ne seroient pas de trop » pour rassurer « les amis de la Monarchie et de la Charte » : Hyde de Neuville à Charles X, 9 mai 1829, BNF, n.a.f. 11970, fol. 199.

CHAPITRE III

LA RETRAITE

1. LES DERNIÈRES LUTTES POUR LA LÉGITIMITÉ

Avec la constitution du ministère Polignac, Hyde de Neuville se retrouvait dans l'opposition. À l'ouverture de la session de 1830, la Défection fit de nouveau alliance avec la Gauche en votant l'adresse dite « des 221 », en réponse au discours du trône du 2 mars. L'adresse de la Chambre réclamait respectueusement l'observation des principes de la Charte, et demandait un changement de ministère. 181 députés avaient voté contre l'adresse : que les voix de la Défection de Hyde se fussent portées vers eux, et le ministère aurait bénéficié d'une majorité parlementaire qui le rendait viable. Polignac multiplia donc les avances à Hyde de Neuville. « Que votre frère fasse un pas, et j'en ferai vingt », déclara-t-il à Paul Hyde de Neuville, que ses fonctions de garde des forêts du roi maintenaient proche de la Cour. Hyde lui fit répondre qu'il était « royaliste constitutionnel », et qu'il ne pouvait se réunir « à des hommes dont les opinions bien connues étaient contraires à la Charte et aux libertés publiques[1] ».

Réélu en juillet 1830 à une forte majorité, Hyde, « défenseur du pouvoir légitime et des libertés nationales[2] », se trouva contribuer à la chute du premier pour avoir voulu se battre en faveur des dernières. La révolution de 1830 devait toutefois le rejeter du côté des vieux serviteurs de la légitimité, effaçant les vieilles dissensions.

La révolution de juillet trouva Hyde de Neuville pris de court, siégeant presque seul sur les bancs de la droite. Réduit à un rôle d'observateur impuissant, il courut chez Laffitte, puis chez Pasquier où il chercha à convaincre Montesquiou de se rendre à Saint-Cloud avertir le roi et tenter de l'éclairer sur sa position. Hyde tenta lui-même, en vain, d'accéder à la cour. Lorsque tout fut perdu et que la vacance du trône fut déclarée, il exprima à la Chambre, dans la séance du 7 août, une véritable profession de foi légitimiste qui devait précéder de peu sa démission, le 11 août[3].

Peu après, il quitta Paris pour s'établir définitivement dans la Nièvre, sur sa terre de Lestang. Hyde abandonnait la lutte parlementaire, rendue impossible pour lui par l'obligation d'un serment qu'il se refusait, par

---

[1] *Mémoires*, III, 468.
[2] *Ibid.*, III, 470.
[3] Hyde de Neuville au président de la Chambre des députés, 11 août 1830, AN, C 745.

honneur, à prêter[1]. Il laissait ce type de lutte à Berryer. Il suivait toujours les débats avec passion, conseillait Berryer qui respectait ses avis comme ceux d'un vieux royaliste[2]. Mais il n'était plus question pour Hyde de proclamer ses principes à la Chambre.

La voie parlementaire lui étant fermée, Hyde fut tenté un moment par la voie de la conspiration. Le parti légitimiste avait commencé à s'organiser dans les derniers mois de 1831, sous l'égide de la Dauphine. De nouveau, on fit appel à la Vendée, tandis que deux comités directeurs s'organisaient à Paris : celui de Gaston de Montmorency, et celui, plus discret, de Chateaubriand, Berryer, et Pastoret le cousin de Hyde de Neuville. Hyde flottait entre les deux, tenté par les vues hardies de Montmorency. Si l'on doit en croire la comtesse de Boigne, Hyde prit part à la conspiration de la rue des Prouvaires, ou du moins en eut connaissance avant son déclenchement[3]. Le plan était de pénétrer par la galerie du Louvre jusqu'au palais des Tuileries dans la nuit du 1er au 2 février 1832, alors que le roi donnait un grand bal. Le complot fut éventé par la police.

En réalité, Hyde blâmait le complot, de même qu'il considérait sans enthousiasme l'équipée de la duchesse de Berry en Vendée. Il soutenait la princesse plus par fidélité que par conviction. Le comité carliste qu'il avait formé à Paris[4], composé de Chateaubriand, Bellune, Pastoret, Berryer, tenta de convaincre la duchesse de se retirer et d'abandonner une expédition plus nuisible et dangereuse qu'utile. Berryer fut envoyé avec une note rédigée par Chateaubriand. Il se fit prendre à Blois, et les membres du comité furent arrêtés le 16 juin.

L'arrestation de ces cinq hommes, Chateaubriand, Fitz-James, Berryer, Bellune et Hyde, fut une faute politique de la part du gouvernement. Ces grandes figures du parti légitimiste, qui s'étaient prononcées contre l'équipée de la duchesse de Berry et ne s'étaient compromises dans aucune conspiration, étaient peu dangereuses pour le pouvoir. En revanche, leur arrestation leur permit de se poser en martyrs. « Mon pauvre ami Hyde de Neuville se prit à hurler quatre-vingt-treize revenu, à réclamer le supplice dû à sa fidélité, à prédire l'échafaud fumant derechef du plus noble sang de France », raconte la comtesse de Boigne[5]. Les journaux légitimistes

---

[1] Hyde de Neuville, ancien député de la Nièvre, *Pétition aux Chambres pour demander l'abolition du serment politique.*

[2] Correspondance entre Berryer et Hyde de Neuville, 6 mai 1834-10 novembre 1853, AN, 223 AP 3.

[3] Boigne, *Récits d'une tante,* IV, 113.

[4] « Chateaubriand, Bellune, Pastoret, Kergorlay forment ou prétendent former un gouvernement provisoire, avec la Charte de 1814 [...]. Ils disent aux libéraux que le Dauphin a un fort parti dans la Chambre des Pairs et l'armée, qu'il adopterait volontiers le drapeau tricolore; que la duchesse de Berry est une folle qui emploie les Bretons à commettre des attentats, etc. » : la comtesse de la Rochejaquelein à Auguste de la Rochejaquelein, mars 1832, dans Gautherot, *L'Héroïque Comtesse.* La comtesse avait organisé l'insurrection vendéenne dont Bourmont devint le chef suprême en 1831 et qui soutenait la duchesse de Berry.

[5] Boigne, *Récits d'une tante,* IV, 147-148.

commençaient à fulminer et crier au despotisme, au point que le gouvernement se sentit obligé de se justifier par l'organe du *Moniteur universel*[1].

L'incarcération, pour ces personnages considérables, fut fort douce et ne se prolongea guère. Aucune charge ne put être relevée contre eux et ils furent mis en liberté quelques jours plus tard[2].

Cet épisode haut en couleurs fut toute la part que prit Hyde aux conspirations légitimistes des années 1831-1832. Correspondant régulièrement avec la duchesse de Berry, il s'employa au contraire à la dissuader de continuer le soulèvement de la Vendée : « La légitimité reviendra, elle est un besoin du pays, mais elle ne reviendra ni par la Vendée ni par les émeutes. Dieu veuille qu'elle ne revienne pas par l'étranger[3]. »

Persuadé de l'instabilité inhérente à tout gouvernement illégitime, il comptait sur la « la force des choses », l'éloquence de Berryer, les vertus du jeune prince et le bon sens populaire pour voir revenir un jour la monarchie légitime[4]. Les conspirations n'avaient aucun avenir : le succès ne pourrait arriver pour le parti légitimiste que par la voie parlementaire. En 1833, Hyde avait déjà fait paraître un opuscule demandant l'abolition du serment politique, principal obstacle, pour les légitimistes qui ne pouvaient s'y résoudre, à la lutte parlementaire. « Il n'y a d'avenir que pour les partis qui vivent et prennent position », écrivait-il alors[5].

En une occasion cependant, Hyde sentit revivre ses vieux élans de conspirateur et de serviteur de la légitimité. En 1839, Charles VI, roi légitime d'Espagne, en fuite après l'usurpation d'Isabelle II, fut arrêté sur la frontière française et détenu à Bourges. Aussitôt Hyde s'y rendit, et vit plusieurs fois Don Carlos, que l'iniquité du gouvernement illégitime de Juillet maintenait prisonnier. « Venons donc en aide au petit-fils de Louis XIV, que Bourges ne fasse pas défaut à Goritz[6] », écrivait-il à Berryer, en l'engageant à porter le débat à la Chambre[7]. Jusqu'en 1846, date à laquelle Don Carlos fut libéré après avoir abdiqué, Hyde de Neuville fit plus d'une fois le voyage de Bourges. Après le 17 juillet 1846, le fils de Don Carlos, le comte de

---

[1] « L'arrestation de MM. Fitz-James, de Chateaubriand et Hyde de Neuville donne ce matin à quelques journaux l'occasion de professer des sentiments qui expliquent, d'une manière naturelle, d'anciennes affections, et une juste admiration pour un grand talent littéraire, mais [...] il y a devoir pour le Gouvernement de seconder l'action de la justice. » *Moniteur universel,* 18 juin 1832.

[2] Mise en liberté le 1er juillet 1832 de Chateaubriand, Hyde de Neuville et Fitz-James à la suite d'une ordonnance de non-lieu à la Chambre. *Moniteur universel,* 2 juillet 1832.

[3] Hyde de Neuville à la duchesse de Berry, 30 avril 1832, dans *Mémoires,* III, 503.
Le 19 août, il répétait encore : « Madame a été mal conseillée [...] Il faut que Madame quitte la Vendée » : *ibid.,* 504-505.

[4] « La France est lasse d'être dupe; elle se rattache de plus en plus aux saines doctrines. Ah ! Soyons toujours, partout, des hommes de vérité, de loyauté, nous finirons par être les hommes du pays, l'avenir est à nous, si nous le voulons. » Hyde de Neuville à Berryer, 21 janvier 1840, AN, 223 AP 3.

[5] *Mémoires,* III, 529.

[6] Comme au temps où Louis XVIII, roi légitime de France, venait en aide à Ferdinand VII, roi légitime d'Espagne, Hyde pouvait croire à une alliance de famille et de légitimité, entre les princes français exilés à Goritz et les princes espagnols prisonniers à Bourges.

[7] Hyde de Neuville à Berryer, 21 janvier 1840, AN, 233 AP 3.

Montemolin, resta prisonnier. Hyde organisa son évasion le 14 septembre. De Bourges, le prince gagna le château de la Charnaye, chez la comtesse d'Armes, qui avait maintes fois servi de refuge à Hyde de Neuville lui-même sous la Révolution. De là, Hyde le conduisit jusqu'à Nevers dans sa propre voiture, puis le confia à des amis sûrs[1].

Cet épisode rocambolesque où Hyde renouait avec sa vie d'autrefois, pour sauver la légitimité, fait exception à la règle qu'il semblait s'être fixée de ne plus participer à aucun complot. Les conspirations ne pouvaient entraîner que la guerre civile ou discréditer le parti légitimiste. La plus grande consolation du vieux royaliste fut de voir grandir le jeune duc de Bordeaux, celui qui serait peut-être appelé à devenir roi sous le nom d'Henri V. En 1836, Hyde se rendit à Prague auprès de la famille royale en exil, à l'appel du roi. Il revint auprès de la cour en exil à Venise, en 1844, et suivait de près les progrès de l'éducation d'Henri V. Portant tous ses espoirs sur le petit prince, il le parait de toutes les vertus. Surtout, il le voyait attaché à la France et aux libertés, homme de son époque : « Notre jeune prince est ce qu'il doit être, il est de notre époque, il voit le pays, toujours le pays, et ne veut rien que par lui[2]. » Henri V ne pourrait rentrer qu'appelé par la France, en acceptant les idées de liberté consacrées par tant d'années d'habitudes constitutionnelles.

Pendant de nombreuses années, de 1839 à 1855, Hyde fut en correspondance suivie avec le comte de Chambord. Dans toutes ses lettres, il l'entretenait de ces idées[3].

La légitimité étant voulue par Dieu, elle devait de toutes façons être appelée à revenir, tôt ou tard, par la divine Providence. C'était aux hommes de bien à savoir attendre : « Rassurons-nous, Dieu nous éprouve, il ne nous abandonne pas », proclamait Hyde[4]. L'avènement de la République en 1848, qui semblait éloigner encore les chances d'une restauration, ne le troubla pas. Pris de court quant à la politique à suivre, ne sachant pour qui voter pour la présidence, il demandait conseil à Berryer, lui faisait part de son indécision et de ses tâtonnements[5]. Mais, très vite, il revint à son optimisme premier, convaincu de la nécessité et de l'utilité de la lutte, et surtout prêchant désormais l'union entre tous les royalistes, de quelque tendance qu'ils fussent, contre un mal plus grand[6]. « J'ai besoin de causer *fusion* avec vous », écrivait-il alors à Berryer[7]. La division des partis était ce qui pourrait arriver de plus funeste à la France : au-delà de son attachement à la légitimité et même à la monarchie, Hyde était surtout attaché au maintien, avant tout, de l'ordre et de la paix.

---

[1] *Mémoires*, III, 527-528.

[2] Hyde de Neuville à Berryer, 14 octobre 1844, AN, 223 AP 3.

[3] Correspondance entre Hyde de Neuville et le comte de Chambord, dans *Mémoires*, III, 542-568.

[4] Hyde de Neuville à Berryer, 14 octobre 1844, AN, 223 AP 3.

[5] Hyde de Neuville à Berryer, 22 octobre 1848, *ibid.*

[6] Hyde de Neuville à Berryer, 10 novembre 1853, *ibid.*

[7] Hyde de Neuville à Berryer, 3 mai 1851, *ibid.*

2. LA RETRAITE : AGRICULTURE ET PHILANTHROPIE

« Émigré à domicile[1] », l'ex-« Berger du Rariton », devenu le « Vigneron de l'Étang[2] », dut, pour oublier la politique, se reconvertir dans les activités qu'il avait déjà pratiquées lors de son exil américain : l'agriculture, la philanthropie et le culte des amis.

Comme à New Brunswick, Hyde se remit à élever des moutons. Sa plus grosse occupation demeurait ses vignes, principale culture de ses terres de Létang, près de Sancerre dans le Cher. Président du comice agricole de Sancerre, il assistait à toutes ses réunions, n'oubliait aucune fête, et surtout pas celle de la fin des vendanges, la *poêlée*.

Le vieux légitimiste ne s'occupait pas seulement d'agriculture. En 1829, Il s'intéressa à la Société anonyme du chemin de fer de la Loire, créée le 26 avril 1829 pour construire une voie d'Andrézieux à Roanne. Ministre de la Marine et député de la Nièvre, il apportait alors à l'affaire une protection et une garantie morale intéressantes, et investit lui-même dans un petit nombre d'actions. En tant que président de la Commission des actionnaires, il se chargea en 1837 de négocier avec le ministre des Travaux publics un prêt de l'État pour tirer la société des embarras financiers où elle se trouvait depuis la Révolution de 1830[3].

Quoique sa fortune fût réduite[4], Hyde continua à s'occuper de philanthropie. Député de la Nièvre, il avait naturellement été amené à s'intéresser à nombre d'entreprises charitables, qu'il pouvait appuyer alors de tout son poids politique. En 1816, il encouragea le projet d'un hospice permanent à Sancerre et contribua personnellement de 1 500 francs à la donation de l'établissement[5]. En 1829, il sollicita l'intérêt du Dauphin pour améliorer l'état des prisons de La Charité, son bourg natal du Cher[6]. En 1839, il appelle l'attention du ministre de l'Instruction publique, Villemain, sur une maison d'éducation[7]. De tels exemples pourraient être multipliés à l'infini : soutien aux sœurs de charité, pétitions pour ouvrir des écoles, des ouvroirs ou des salles d'asiles, aide à de pauvres Polonais. Hyde recueille une petite mendiante, lui fait faire un trousseau, la met quelques années au couvent et lui fait apprendre l'état de lingère[8]. Lors de l'épidémie de choléra de 1832, il est naturellement à la tête d'un comité de secours[9].

---

[1] Hyde de Neuville à Berryer, 14 octobre 1837, AN, 223 AP 3.
[2] C'est ainsi qu'il signe toutes ses lettres à partir de 1830, lorsqu'il ne les signe pas « Le comte de Bemposta », rappelant ainsi ses services à la légitimité.
[3] AD Nièvre, OJ, dossier Hyde de Neuville.
[4] En 1833, il dut abandonner son hôtel à Paris pour prendre un modeste entre-sol. Henriette Hyde de Neuville à Joséphine Du Pont de Nemours, janvier 1833, EMHL, W3-5578.
[5] *Histoire de Sancerre,* Sancerre, 1877, p. 56.
[6] Hyde de Neuville au duc d'Angoulême, 1er janvier 1829, BNF, n.a.f. 22860, fol. 147.
[7] Hyde de Neuville à Villemain, 19 juin 1839, BNF, n.a.f. 22860, fol. 148-149.
[8] Hyde de Neuville au sous-préfet Masson, 1er mai 1840, AN, AB XIX 3323, d. 3.
[9] Henriette Hyde de Neuville à Joséphine Du Pont, 13 avril 1832, EMHL, W3-5573.

Une de ses principales œuvres est l'infirmerie Marie-Thérèse, rue d'Enfer, dont il s'occupe avec Céleste de Chateaubriand. Il participe aux donations, en réservant quelques lits à des malades ou indigents portugais : un geste en souvenir du bon roi Jean VI. C'est Hyde de Neuville qui tient les comptes[1], qui assaille les ministres et les gens en place pour des faveurs, des donations, des appuis[2].

Toute cette action se fait au coup par coup. Elle est davantage le résultat d'un cœur apitoyé que d'une réflexion sociale. Hyde agit pour des hommes et non pour des choses, pour des institutions, ou pour une classe. Cependant, ce notable légitimiste n'hésite pas à élever la voix en faveur des pauvres auxquels il accorde la plus grande partie de son temps. Il appelle l'attention des hommes en place, des ministres, des préfets. Avec son ami Adolphe de Bourgoing, lui aussi légitimiste, il réclame même la création d'un système d'assistance sociale dans les campagnes[3], ce qui le fait aller plus loin que la simple charité.

Dans sa retraite forcée, Hyde cultiva les amitiés auxquelles il était resté fidèle toute sa vie. En 1834, il se lia avec Lamartine, avec qui il correspondit désormais. Lamartine parla pour Hyde de Neuville au Conseil d'État, en 1837, du sort de vieux prêtres polonais exilés, envoyés à Sancerre par le gouvernement. Hyde cherchait aussi à convaincre Lamartine de ses idéaux politiques, et il tenta de lui insuffler sa foi en la légitimité. À cela Lamartine répondait : « Vous, M. Laîné, M. de Serre, vous êtes mes maîtres[4] », mais sans se montrer tout à fait convaincu.

Le cercle d'amitiés de Hyde après 1830 est surtout dominé par la personnalité de Chateaubriand, avec qui Hyde de Neuville entretint désormais des rapports étroits et constants. Chateaubriand, dans des lettres très intimes, confiait à Hyde ses mélancolies, ses désespérances, ses regrets de l'ancien monde que tous deux avaient connu, ses soucis quant à la publication de ses ouvrages. En 1836, Hyde se réunit à d'autres amis de Chateaubriand, Mandaroux-Vertamy, Sala, et bien d'autres, pour former une société par actions qui deviendrait propriétaire des *Mémoires d'outre-tombe* et les sauverait ainsi d'une publication immédiate par feuilletons, dont l'impécunieux auteur ne voulait à aucun prix, même si cela avait dû renflouer ses finances. La société achetait les *Mémoires*, mais ne les publierait qu'après sa mort, comme il le désirait. En 1844 pourtant, la société écouta les propositions de Girardin, qui offrait d'acheter les droits des *Mémoires* pour les faire paraître après la mort de Chateaubriand, certes, mais en feuilleton, dans sa revue *La Presse*. Les vieux amis de Chateaubriand s'étaient retrouvés minoritaires à l'assemblée des actionnaires pour voter contre cet arrangement. Chateaubriand protesta avec énergie contre

---

[1] Comptes et correspondance au sujet de l'infirmerie Marie-Thérèse, août-septembre 1838, BNF, n.a.f. 11970, fol. 176-183, 209-212.

[2] L'infirmerie existe toujours avenue Denfert-Rochereau, transformée en maison de retraite pour prêtres.

[3] Hyde de Neuville, *Pétition en faveur des indigents de la classe agricole*.

[4] Lamartine à Hyde de Neuville, [1839], dans *Mémoires*, III, 524.

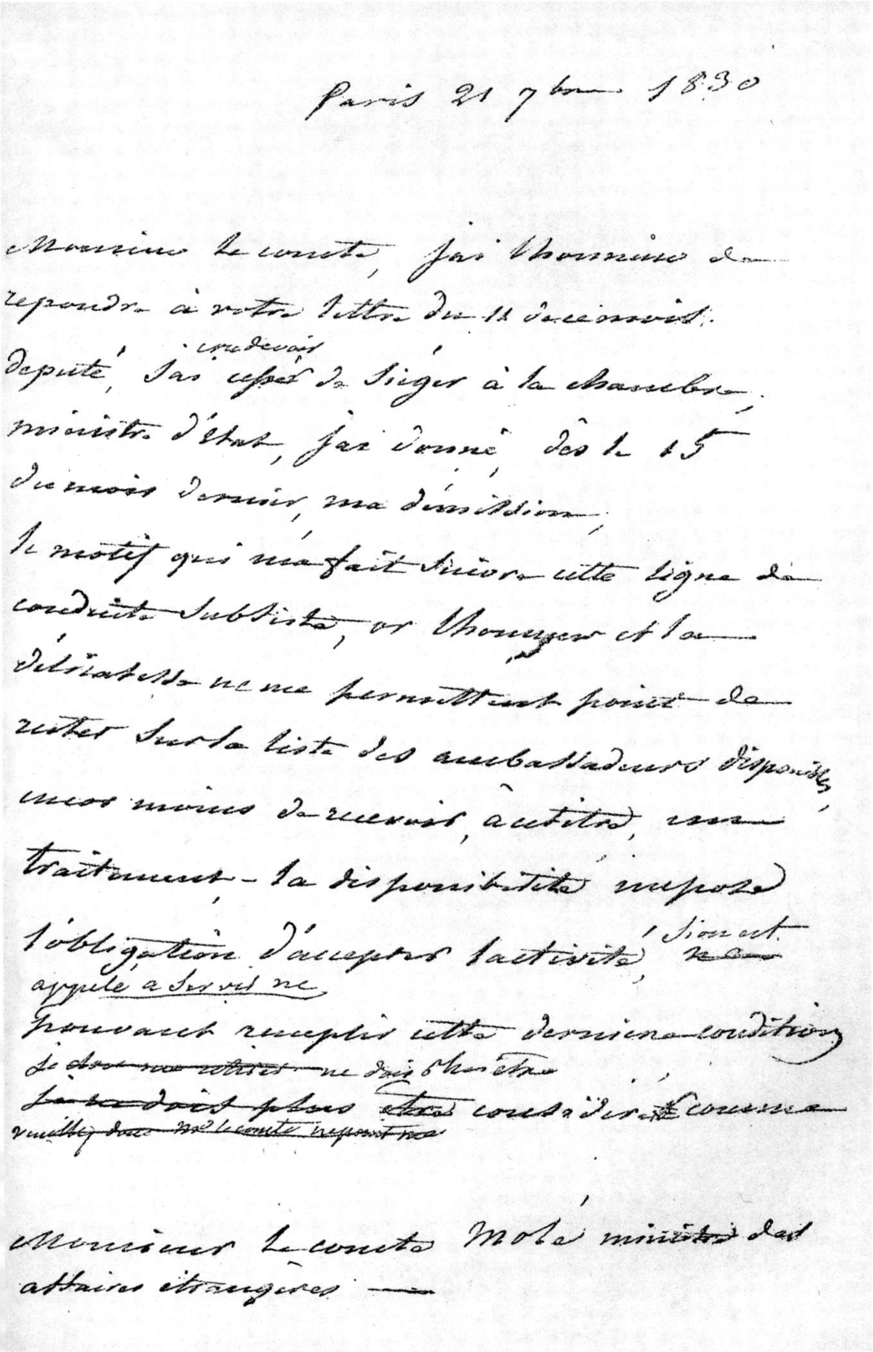

Paris 21 7bre 1830

Monsieur le comte, j'ai l'honneur de répondre à votre lettre du 11 de ce mois:
député, j'ai cru devoir cessé de siéger à la chambre.
ministre d'état, j'ai donné dès le 15 du mois dernier, ma démission.
le motif qui m'a fait suivre cette ligne de conduite subsiste, or l'honneur et la délicatesse ne me permettent point de rester sur la liste des ambassadeurs disponibles encore moins de recevoir, à ce titre, un traitement — la disponibilité impose l'obligation d'accepter l'activité, si on est appelé à servir ne pouvant remplir cette dernière condition je ~~devenais~~ ne dois plus être ~~je ne dois plus être~~ considéré comme
~~veuillez donc mr le comte~~

Monsieur le comte Molé ministre des affaires étrangères —

Figure 16 - Minute de la démission de Hyde de Neuville
au comte Molé, ministre des Affaires étrangères.

agent politique attaché à votre
département.

Agréez Monsieur le comte l'assurance
de mes sentiments dévoués et celle
de ma haute considération

Marmier neuville
cte de Beauposta

CHÂTEAU DE LESTANG

F. Plon Nourrit. & Cie Edit

Héliog & Imp. F. Charreyre

Figure 17 - Château de Lestang.

ce détournement de sa volonté. Après sa mort en 1848, Hyde, exécuteur testamentaire avec trois autres fidèles, renouvela les protestations, au nom des dernières volontés de l'auteur, contre Émile de Girardin qui réclamait l'application du contrat de 1844. Sala proposa un moyen terme que le notaire de Chateaubriand, Mandaroux-Vertamy, chez qui ce dernier avait déposé son manuscrit, se montrait par lassitude prêt à accepter[1] : la publication se ferait en volumes posthumes comme l'avait désiré Chateaubriand, en respectant l'intégrité de l'œuvre, mais le texte paraîtrait, auparavant, en feuilleton dans la presse. La société dégageait sa responsabilité de cette première publication.

Hyde protesta, une fois encore, contre une parution en feuilletons qui n'était pas ce qu'avait vendu Chateaubriand[2]. Il se disputa avec Sala, qui, en tant que « gérant d'une société commerciale » (la société de 1836), proclamait son « droit et devoir » de conclure un marché d'exploitation qui lui avait semblé avantageux, et qui garantissait le respect du texte[3]. Mais Hyde, du fond de sa retraite nivernaise, se retrouvait minoritaire et les actionnaires de la société Sala acceptèrent le contrat Girardin. Le premier feuilleton parut le 21 octobre 1848. En janvier 1849, la société commençait la mise en vente des volumes.

Hyde ne survécut pas très longtemps à son ami. Il en était venu à aimer la douceur de sa retraite et de ses occupations de vigneron. « Avec de la modération, le coin du feu, la famille, quelques amis qui viennent vous visiter, on traverse doucement la vie. Pour moi c'est le bonheur...[4] ». Chateaubriand, éternellement torturé, admirait cette sérénité :« Vous êtes bien heureux car vous avez des vignes et une bonne conscience », écrivait-il à Hyde[5].

Mais, en 1849, la femme de Hyde mourut. Perclus de rhumatismes et de maladies, sa combativité émoussée malgré son dernier combat pour Chateaubriand, Hyde devait ressentir une certaine lassitude. Loin de revenir, la légitimité pour laquelle il avait toujours lutté s'éloignait de plus en plus, alors que la monarchie avait laissé la place à une république, puis à une nouvelle usurpation bonapartiste. Hyde de Neuville s'éteignit le 28 mai 1857. Son dernier regard fut pour le portrait de Louis XVI, qui pendait au mur en face de son lit.

[1] Mandaroux-Vertamy à Hyde de Neuville, 8 août 1848, BNF, n.a.f. 11970, fol. 233-234.
[2] Hyde à Sala, 26 août 1848, BNF, n.a.f. 11970, fol. 223-226.
[3] Sala à Hyde de Neuville, 7 septembre 1848, BNF, n.a.f. 11970, fol. 256-257.
[4] Hyde de Neuville à Chateaubriand, 16 octobre 1840, BNF, n.a.f. 11970, fol. 97.
[5] Chateaubriand à Hyde de Neuville, 30 novembre 1843, BNF, n.a.f. 11970, fol. 118-119.

CONCLUSION

Voilà donc un royaliste intransigeant, un homme qui toute sa vie lutta pour la légitimité partout dans le monde, en n'hésitant pas souvent à payer de sa personne. Il proclama dès sa jeunesse des principes qu'il devait respecter toute sa vie, quelles que fussent les circonstances, car il les plaçait plus haut que tout. De ces principes : « Tout pour Dieu et le roi légitime », il fit sa devise lorsqu'en 1815 le roi le fit baron pour le récompenser des services rendus. Dans l'action, cet idéal presque chevaleresque de service de la royauté et de défense de la légitimité ne se démentit jamais. Observateur lucide, analyste souvent judicieux, il laissait de côté tout jugement, toute politique, lorsqu'il s'agissait de remplir ce devoir primordial. C'est ainsi qu'il put être entraîné à des actions extrémistes, comme l'attentat du 3 nivôse, dont il ne fut peut-être pas le principal responsable, mais dont il avait au moins eu connaissance avant son déclenchement. C'est ainsi encore qu'au Portugal, il défendit le roi Jean VI sans se préoccuper de son état de représentant de la France ni des retombées politiques éventuelles.

Ce devoir primordial de service de la légitimité, avec des idées royalistes proclamées bien haut, a pu faire ranger Hyde de Neuville dans la catégorie des ultras intransigeants. Cette étiquette est abusive, voire fausse. Député, il sert la royauté, que son devoir est d'appuyer par ses conseils. Mais il sert aussi la France, le peuple, les électeurs qu'il représente et dont il défend les intérêts et surtout les libertés. La présence de ces idées libérales, peut-être acquises aux États-Unis, fait de Hyde de Neuville un personnage à double face, aux idéaux souvent contradictoires, qu'il résume dans sa maxime favorite : « La monarchie sans despotisme, la religion sans abus, la liberté sans licence. » Parce qu'il place son amour de la liberté aussi haut que son amour de la légitimité, Hyde est conduit à faire de l'opposition au ministère Villèle, le ministère que le roi a choisi et dont il approuve la politique : cela revient à faire de l'opposition au roi, dont la volonté est sacrée, ce qui ne va pas sans déchirements pour Hyde, homme de droite qui parle avec la gauche à la tribune. Hyde défend la légitimité parce qu'elle est seule capable, en assurant l'ordre, et par la garantie de la durée et de la stabilité, d'assurer les libertés. Ces deux idéaux étant intimement liés et dépendants l'un de l'autre, il est donc difficile de savoir ce que Hyde prise le plus haut, ce qu'il considère comme primordial : la liberté ou la légitimité. Dans la mesure où la légitimité est une condition de la liberté, dans la mesure aussi où l'on a pu voir Hyde dire ou écrire qu'Américain, il aurait été républicain, car la république en Amérique assure les libertés, on peut penser que malgré toute son action, malgré tous ses complots, tout son passé contre-révolutionnaire, malgré ses prises de position ultra à la Chambre de 1815, malgré ses luttes pour la légitimité, Hyde de Neuville était plus un libéral dans l'âme qu'un royaliste tradition-naliste dans la ligne de Bonald. Royaliste au service de la légitimité sans conteste, on pourrait aussi appeler Hyde de Neuville libéral au service de la légitimité, ou même libéral au service de la liberté : la légitimité est implicite.

Cet homme à la personnalité attachante, fidèle à ses idéaux – la légiti-mité –, fidèle à ses amis – Chateaubriand –, qui toute sa vie proclama des principes simples qu'il servit sans les remettre en question, fut donc aussi un personnage plus complexe qu'il n'y paraît, aux idées originales. Assez proche de la pensée de Chateaubriand, Hyde va malgré tout plus loin que lui dans la voie démocratique et libérale, dans l'amour et la confiance au peuple. Loin d'être un ultra pur, pas plus qu'un homme de parti, rêvant d'union entre tous les hommes sincèrement royalistes et partisans de la liberté, il demeure un personnage assez à part dans la vie politique de la Restauration.

ANNEXES

N° 1. – 3 décembre 1812.
Hyde de Neuville à Victor Du Pont. EMHL, W3-2762.

Nous avions, Monsieur, mon frère et moi le projet de nous rendre à Baltimore et Washington, et nous comptions pour beaucoup le plaisir de passer quelques jours avec les habitants du Brandy Wine, mais mille petites contrariétés se réunissent pour nous faire renoncer à ce voyage, seulement nous nous promettons bien de nous dédommager après l'hiver; le conseil de famille a pris cette fois un arrêté formel, irrévocable; nous devons tous voyager pendant un mois, et Louviers[1] sera bien certainement une de nos premières stations. Ne viendrez-vous point aussi nous faire pendant l'été une plus longue visite, nous réclamons toute la famille, ou si Madame Dupont ne veut arriver jusqu'à nous, qu'elle choisisse elle-même le point de réunion, nous ne manquerons point au rendez-vous. Mais vous allez nous opposer votre manufacture; eh bien ! Monsieur, nous vous répondrons par nos *mérinos* qui nous donnent aussi quelque *trouble*. Savez-vous bien que notre troupeau devient très respectable; nous sommes en ce moment environnés de mères de famille qui à chaque heure nous font espérer des nouveaux venus, nous en comptons déjà 16 depuis 7 jours, dont 10 du genre féminin. Maintenant faites par votre utile établissement arriver les laines au prix de 2 dollars et les mérinos seront certainement une spéculation excellente. Parlons de votre manufacture, les draps se vendent-ils bien; tout le monde s'accorde à dire que vous allez toujours de mieux en mieux, j'ai été passer deux jours avec le général[2], il avait eu le projet de s'établir à Morrisville; vous savez que Madame Moreau n'a pu, (en vertu de la liberté), obtenir la permission de se rendre à Barège; Ah ! Convenez que cette terre où nous vivons est préférable à celle où l'on ne peut aller et venir sans la permission d'un préfet; pour moi, plus je vais, plus je m'attache à ce bon pays d'Amérique, seulement je voudrais que le Brandy Wine fût un peu moins éloigné du modeste Rariton[3].

Monsieur d'Autremont est-il à Angelica, je désire lui écrire pour avoir quelques renseignements relativement à mes trois petites fermes; je présume qu'il en est chargé et qu'il a bien voulu payer mes impositions, du reste depuis vous, Monsieur, je n'ai plus entendu parler de rien.

[1] Résidence de Victor Du Pont.
[2] Le général Victor Moreau.
[3] La rivière Raritan, ou Rariton, bordait la propriété de Hyde de Neuville à New Brunswick.

J'ai reçu (en ma qualité d'exécuteur testamentaire du pauvre d'Héri-court) une lettre de Mr. Rezeville; je comptais, Monsieur, vous la remettre, ce qui m'a fait différer de vous la faire passer. Mr. Rezeville me prie de vous parler de son affaire, et me charge de traiter, transiger avec vous, comme il en avait chargé d'Héricour. Que dois-je répondre, Monsieur, à Mr. Rezeville; il me parle de terres dans le Kentucky, probablement celles que vous venez de visiter, ne sont-elles pas à Mr. Cruger ou à vos autres créanciers ? Veuillez me diriger dans ma réponse.

N° 2. – 26 janvier 1816.
Instructions à Hyde de Neuville, ministre de France aux États-Unis.
AE, CP États-Unis, vol. 72, fol. 253-266.

Les relations de la France avec les États-Unis ne sont réglées, depuis longtems, par aucun traité. Celui de 1799 n'avait été conclu que pour huit ans; il est dans l'usage des Américains de n'avoir que des conventions de courte durée. Comme elles ont pour but principal de favoriser leurs rapports de commerce, ils craignent de prendre de longs engagemens sur un ordre de choses mobile de sa nature et qui le devient encore davantage par l'effet de leur accroissement progressif.

Depuis l'expiration de ce traité, les communications des deux pays n'ont été réglées que par le droit des gens. Ils ont continué d'avoir entr'eux des relations de commerce; mais elles ne pouvaient pas être également actives de part et d'autre, dans la situation où se trouvait alors la France. Les mers d'Europe étaient couvertes de bâtimens américains; le pavillon français y flottait à peine et toutes nos relations avec les États-Unis n'étaient entretenues que par leur propre navigation.

Ce concours de bâtimens américains dans les ports de France devint quelquefois funeste à leurs possesseurs, pendant la durée de ce qu'on nommait le système continental. Les embargos, les séquestres, les confiscations portèrent spécialement contr'eux, parce qu'ils favorisaient le commerce interlope. Il en résulta des plaintes qui pendant longtems ne furent pas entendues et un système de représailles qui donna enfin le désir de se rapprocher. On convint de part et d'autre qu'à dater du 1er novembre 1810 les décrets de blocus seraient révoqués par la France à l'égard des Américains et que toutes les mesures prises contre la France par les États-Unis seraient annulées à la même époque. Mais l'Amérique insistait pour obtenir l'indemnité de toutes ses pertes de bâtimens et de marchandises. Ses prétentions étaient très élevées : son ministre en France les portait à plus de quarante millions, sans néanmoins les appuyer d'aucun calcul. C'était un sujet à débattre. Les États-Unis ne voulaient faire aucune nouvelle convention avec la France si elle ne s'engageait pas en même tems à acquitter des indemnités : la France refusait de prendre cette obligation et ce fut là le motif qui fit échouer en 1812 la négociation d'un nouveau traité.

Si les décrets qui révocaient le blocus dès le 1er novembre 1810 avaient été réellement exécutés, les plaintes des États-Unis auraient été moins graves; mais on continua d'exercer contre leurs bâtimens différens actes de violence. Des vaisseaux furent arrêtés et même détruits, pour avoir contrevenu à un système qui néanmoins n'était plus en vigueur. Ce furent, de la part des Américains, de nouvelles demandes d'indemnités : elles n'eurent, comme les réclamations précédentes, aucun résultat.

Cependant les Américains continuaient de fréquenter nos ports. L'appât des bénéfices du commerce leur en faisait risquer toutes les chances hazardeuses et cette balance d'avantages et de pertes penchait encore en leur faveur; mais en obtenant ils n'oubliaient rien et ils continuaient de tenir en réserve leurs réclamations.

Tels étaient les griefs des Américains, avant le retour de Sa Majesté en 1814. Cet exposé d'un ordre de choses antérieur fait mieux sentir les améliorations suivantes. Tout a été loyal et bienveillant dans les mesures prises par Sa Majesté envers les Américains. Leur commerce a été attiré dans nos ports et ces avances ne cachaient plus un piège : les principes d'une exacte neutralité leur ont été appliqués, tant qu'ils étaient encore en guerre avec la Grande-Bretagne; le retour de la paix a donné ensuite à leurs rapports avec la France une latitude absolue; ils sont traités dans nos ports comme la nation la plus favorisée et le gouvernement français ne désire qu'étendre et multiplier ces relations amicales.

Ce gouvernement, et les Américains ne doivent pas l'oublier, est celui qui seconda leur indépendance : il prend à leur prospérité l'intérêt qu'on met à achever son ouvrage. Tout doit leur inspirer confiance dans ses dispositions, attachement personnel envers le Monarque.

Le ministre plénipotentiaire de Sa Majesté s'attachera à étendre ce sentiment de propension envers la France. Il n'est pas seulement fondé sur le souvenir d'anciens services; il l'est sur l'intérêt des États-Unis, sur les ressources que leur offrent les productions de la France, sur cette rivalité de navigation et de commerce qui s'est déjà établie entr'eux et l'Angleterre, sur l'étendue du marché qui leur est ouvert dans nos ports, non seulement avec la France mais avec d'autres États plus éloignés.

Ce ministre mettra tous ses soins à faire distinguer la France actuelle de ce qu'elle était avant le retour de Sa Majesté; à montrer que les griefs antérieurs appartenaient à un ordre de choses dirigé contre le Roi lui-même et dont il ne peut être responsable; à écarter enfin, autant qu'il le pourra, toutes les plaintes fondées sur le système suivi avant le 30 mars 1814.

Les États-Unis n'étaient pas alors le seul peuple qui en souffrît : toute l'Europe, la France elle-même en éprouvaient les effets, et ce sont des maux communs qu'il s'agit moins de réparer, en revenant sur les pertes passées, qu'en s'assurant d'un meilleur avenir et en réglant de la manière la plus profitable la suite de ses relations.

Moins les États-Unis se montreront difficultueux sur le passé, plus Sa Majesté sera disposée à favoriser leurs rapports avec la France. S'ils insistent, malgré cette disposition, à renouveler leurs demandes d'indemnités, le ministre du Roi évitera des explications officielles à cet égard : il fera entendre qu'il n'a reçu aucune instruction sur la manière d'y répondre; il ne recevra des réclamations de ce genre que pour en référer à sa Cour; mais en même tems, il observera avec soin quelle est, sur cette question d'indemnités, la véritable opinion soit du gouvernement fédéral, soit des différens États de l'Union, et il fera en sorte qu'il n'en résulte ni refroidissement politique, ni rallentissement dans les relations de commerce.

Il est utile aux intérêts des deux puissances que les États-Unis aient un ministre en France, comme Sa Majesté en a un en Amérique : l'un ne peut être suppléé par l'autre dans toutes les réclamations et chacun d'eux se charge spécialement de celles de son gouvernement. Mr. Hyde de Neuville cherchera donc à presser le départ du ministre plénipotentiaire d'Amérique qui doit résider en France. Les États-Unis avaient choisi dès l'année 1814 Mr. Gallatin et Sa Majesté n'avait formé aucune objection contre ce choix. Les événemens de l'année dernière vinrent suspendre le départ de ce ministre et le Roi a vu avec satisfaction que, pendant cette époque de troubles, le gouvernement fédéral ne s'était compromis par aucune déclaration officielle qui fût inconvenante et qui contrariât ses déclarations antérieures.

Sa Majesté veut bien passer sous silence les communications entretenues, pendant cette époque, avec un ministre plénipotentiaire qui cessait de lui appartenir : elle se persuade que les Américains ne pensaient qu'à ne pas suspendre avec la France des relations de commerce qui leur étaient utiles.

Si la position des Américains les rend, en général, moins sensibles aux événemens d'Europe, ceux du Nouveau Monde les touchent de plus près. Pendant longtems ils en seront le peuple le plus important et ici vient s'ouvrir pour le ministre de Sa Majesté un nouveau champ d'observation.

Les États-Unis n'ont eu qu'une seule opinion sur l'indépendance des colonies espagnoles et, dès les premiers momens, ils ont paru disposés à la favoriser. L'existence d'autres nations américaines affermit la leur; elle ouvre à leur commerce de nouveaux canaux qui, dans la situation coloniale de toutes ces régions, leur resteraient fermés; elle leur assure en Amérique cette influence politique que donne le droit d'aînesse; enfin elle tourne à l'avantage de leur propre puissance, en donnant aux États-Unis une plus grande étendue de territoire. Cette dernière circonstance s'est fait remarquer dans les événemens de la Floride : les Américains ne désiraient son affranchissement de la Métropole que pour la joindre aux États de l'Union, afin de lier leurs possessions et la ligne de leur littoral, depuis l'Atlantique jusqu'aux frontières occidentales de la Louisiane.

Les Américains n'ont pu prendre sur les Florides un parti si positif sans s'exposer aux plaintes de l'Espagne et s'ils n'ont pas été arrêtés par cette considération, il faut surtout l'attribuer aux embarras où se trouvait la monarchie espagnole, trop occupée de ses propres guerres en Europe, pour protéger contre une agression ses possessions éloignées.

Mais le tems des explications peut arriver et les États-Unis cherchent à se mettre en état de les soutenir en devenant plus puissants. Aussi leur intérêt est de conserver les Florides et ce même intérêt est de favoriser les autres colonies espagnoles, dont l'émancipation peut augmenter leur propre force.

Le ministre de Sa Majesté aux États-Unis vérifiera jusqu'à quel point les Américains encouragent ces colonies et leur donnent des secours. Le gouvernement fédéral paraît éviter de se montrer lui-même en leur faveur, mais on peut juger, par les expéditions et les armemens particuliers qu'il permet, de la protection spéciale qu'il leur accorde et de ses vues sur le dénouement de cette grande querelle.

Quelle que puisse être sur la même question politique l'opinion du gouvernement français, il est tenu à une plus grande réserve que celui des États-Unis; ses rapports avec l'Espagne doivent lui faire désirer que cette Monarchie ne s'affaiblisse point, et il entre dans ses vues de loyauté envers elle de ne faire aucune démarche qui lui soit contraire, et même de ne lui donner à cet égard aucun ombrage. Mais si les événemens d'Amérique ont une marche irrésistible et si des colonies espagnoles doivent rester séparées de la Métropole, la France doit aussi éviter de se prononcer imprudemment contre elles et de renoncer aux avantages de politique et de commerce que ces pays pourront un jour lui offrir. Le besoin actuel de la France est de chercher à conserver la paix, d'étendre son commerce et les ressources qui peuvent en résulter, et de ne fermer aucun des marchés qui peuvent lui être ouverts.

Dans cette vue, le ministre de France aux États-Unis doit se montrer très circonspect avec les envoyés que peuvent y avoir les colonies espagnoles : il ne peut avoir avec eux aucune relation officielle; il ne doit entendre leurs demandes que pour en référer à sa Cour; mais il lui importe de savoir si les bâtimens particuliers seront accueillis dans leurs ports, quelle espèce de spéculation on peut y faire et quels moyens il convient d'employer pour que les produits du sol et de l'industrie française y parviennent sûrement. Le gouvernement, tout en restant étranger à ces opérations de commerce, ne peut priver les sujets d'une source de prospérité si étendue.

Les relations qui se sont formées entre les États-Unis et les colonies françaises doivent être également observées, et le ministre de Sa Majesté examinera jusqu'à quel point elles se concilient avec notre système colonial actuel et quelle espèce de modifications il pourrait être convenable d'y introduire.

Il cherchera à se procurer des nouvelles positives de la situation de Saint-Domingue, des deux partis qui y dominent, de leurs vues secrètes envers la France, et des espérances que pourraient nous laisser leur divisions. Les informations sur Saint-Domingue sont faciles, soit par les relations de commerce que les Américains y conservent, soit par ce grand nombre de colons français qui se sont réfugiés aux États-Unis.

Les Américains n'ont en ce moment aucune guerre à soutenir. Ils ont honorablement terminé leurs discussions avec les Régences et ils ont obtenu que leur pavillon fût respecté dans la Méditerranée, circonstance importante pour leur commerce et qui va faciliter et étendre leurs relations avec le Levant.

Leur commerce avec l'Angleterre et même avec les Indes orientales a été également favorisé par une convention de juillet, qui vient d'être présentée à la ratification du Congrès. Elle a été conclue avec les deux puissances, sur le pied d'une parfaite égalité, et elle doit donner une nouvelle activité et un mouvement progressif au commerce des Américains.

Mais cette activité même peut devenir une source de rivalité entre les deux peuples et comme il subsiste encore entr'eux d'autres germes de dissention, malgré les clauses du traité de paix qu'ils ont conclu depuis un an et même par l'effet de quelques dispositions de ce traité, le ministre plénipotentiaire de Sa Majesté en Amérique doit observer avec soin les développemens que pourraient prendre ces causes secrètes de mécontentement.

Les limites des États-Unis et du Canada n'ont pas été fixées avec précision par le traité de paix; elles doivent l'être par des commissaires nommés de part et d'autre et, en cas de besoin, par la décision d'un gouvernement ami; mais il est facile de prévoir que cette indécision pourra amener plus tard quelque mésintelligence et qu'on sera bien près de juger la question à main armée lorsqu'il s'agira d'en remettre l'examen à une autre puissance. Mr. Hyde de Neuville ne négligera aucune information sur ces questions de limites et sur les discussions qu'elles pourraient entraîner.

Il observera également quelles sont les relations des États-Unis avec les nations indiennes, particulièrement avec celles qui, étant répandues vers la frontière du Canada, peuvent contribuer plus ou moins par leurs dispositions au maintien de la paix, ou à la mésintelligence entre les deux pays.

Ces informations sur la situation respective de l'Angleterre et des États-Unis sont d'autant plus importantes à recueillir, que l'Angleterre ne paraît avoir signé qu'avec quelque regret le traité de Gand. Elle y fut alors déterminée par les événemens; mais les événemens n'ont sur la politique qu'une influence passagère, si l'on conserve secrètement d'autres dispositions.

La situation intérieure des États-Unis, les progrès de leur industrie, de leur agriculture, de leur commerce doivent être examinés avec soin; le message du président au Congrès en présente un compte satisfaisant; mais on n'a pu s'y attacher qu'à des généralités et il est utile que ces questions soient approfondies. Tout ce qui appartient à un nouvel État, tout ce qui tend à expliquer les progrès de sa puissance, tout ce qui peut accroître ses relations avec nous est digne de notre plus haute attention.

Les Américains, dans leur convention de commerce avec l'Angleterre, s'étaient réservé le droit de relâcher à l'Isle de Sainte-Hélène, en se rendant aux Indes orientales; mais cette isle ayant été choisie depuis pour la résidence de Bonaparte, le Chargé d'Affaires de Sa Majesté Britannique aux États-Unis a déclaré le 24 novembre que l'article relatif à Sainte-Hélène serait excepté des ratifications et que les navires américains n'auraient la liberté ni de relâcher dans cette isle, ni d'avoir avec elle aucune communication.

Le ministre de Sa Majesté devra s'assurer si, malgré cette clause, les Américains n'entretiennent avec Sainte-Hélène aucunes relations. Il cherchera à connaître s'il se forme aux États-Unis quelque entreprise ou quelque intrigue en faveur de Bonaparte et dans la vue de le retirer de cette isle. S'il existait quelque projet de ce genre, il fera toutes les démarches nécessaires pour en arrêter l'effet : il informera son gouvernement de tout ce qu'il découvrirait à cet égard : il est même autorisé, si l'importance et l'urgence de ces informations l'exige, à expédier un bâtiment en France pour les apporter.

Un frère de Bonaparte s'est retiré aux États-Unis : le Ministre de Sa Majesté doit éclairer avec soin sa conduite et savoir s'il se rend l'intermédiaire de quelques relations entre Bonaparte et l'Amérique.

Quelques Français, que leur conduite antérieure a déterminés à sortir de France, se sont également réfugiés aux États-Unis : leurs démarches méritent aussi d'être observées et il faut veiller à ce qu'aucune des personnes bannies par l'ordonnance du 24 juillet n'obtienne la facilité de revenir en France pendant la durée de son exil.

Mais il peut se trouver en Amérique une plus nombreuse classe de réfugiés, qui, sans être atteints en France par aucune loi, se sont cependant éloignés du Royaume, dans de vagues espérances de fortune, ou par ce sentiment d'inquiétude, qui naît au milieu de la guerre et des révolutions et qui dure encore, longtems après qu'elles sont terminées. Il ne faut pas perdre l'espérance de ramener plus tard en France ceux qui ne se seraient expatriés que par ces motifs. Le tems calmera les craintes; quelques projets de fortune seront trompés et ceux-là même qui auront formé en Amérique quelques établissemens pourront ne pas renoncer à leur patrie. Enfin tous ces Français qui se seront dispersés dans quelques parties de l'Amérique serviront peut-être à y favoriser quelques relations de plus avec la France.

Nous devons, en général, désirer que les Français établis dans l'étranger y conservent l'esprit de retour dans leur patrie et il est de règle de continuer à regarder comme Français ceux qui n'auraient pas été naturalisés dans le pays où ils se sont établis. Ceux mêmes qui ont été bannis ne peuvent être considérés comme étrangers, quand cette peine est révocable et peut avoir un terme.

La prudence du Ministre de Sa Majesté le guidera dans les relations à avoir avec les réfugiés, et leur propre conduite lui fera distinguer le plus ou le moins d'intérêt ou d'éloignement qu'il peut avoir à leur témoigner.

La légation d'Amérique est une des plus honorables et des plus importantes; son éloignement ne lui permet pas de recevoir de promptes instructions et il est des cas imprévus et urgens où elle ne peut pas en attendre. C'est au bon esprit du ministre de Sa Majesté à diriger alors sa conduite, à s'attacher au sens général des premières instructions qui lui ont été remises, à justifier enfin la confiance dont l'honore Sa Majesté. Mr. Hyde de Neuville retourne en Amérique avec les connaissances qu'il y a acquises pendant une longue résidence. Cette première expérience lui donne de nouveaux avantages dans sa mission.

Il y aura deux séries de correspondance : l'une politique, l'autre sur les affaires particulières. Toutes ses dépêches politiques seront numérotées; il chiffrera celles qui l'exigeraient par leur importance; il profitera de toutes les occasions sûres pour écrire à son gouvernement et il le fera par duplicata et même par triplicata toutes les fois qu'il ne pourra pas compter sur la sûreté des communications.

Le rang des ministres plénipotentiaires entr'eux a été réglé par un acte du congrès de Vienne et il a été convenu que ce rang serait déterminé par la date de la notification officielle de leur arrivée. Cette règle termine de la manière la plus simple et sans compromettre les droits ni la dignité d'aucune puissance, toute discussion de préséance entre leurs ministres.

L'intention du Roi est qu'au retour de leur mission, les ministres lui remettent un mémoire détaillé qui contienne non seulement le résumé des négociations dont ils auront pu être chargés, mais encore celui des principaux événemens qui se seront passés sous leurs yeux et des observations qu'ils auront été à portée de faire sur l'intérieur du pays où ils auront résidé, ainsi que sur le caractère et les intentions des Princes et de leurs Ministres et également sur tous les objets qui pourront intéresser le bien de son service.

Le Roi veut aussi que conformément aux règles anciennement établies, les ministres, à la fin de leur mission, remettent en original soit à leurs successeurs soit au Département des Affaires étrangères, en cas d'interruption des relations de la France avec le gouvernement près duquel ils auront été accrédités, les chiffres, minutes, dépêches et généralement tous les papiers concernant le service, avec un inventaire sur le double duquel il leur en sera donné un reçu.

Ces formalités sont nécessaires : leur but est de conserver la tradition de toutes les affaires qu'un ministre a traitées, d'indiquer le point où l'on doit reprendre celles qui étaient interrompues et de donner ainsi plus d'accord aux relations des deux puissances et à l'esprit qui les dirige.

N° 3. – *Convention de navigation et de commerce*
entre les États-Unis d'Amérique et la France,
signée à Washington le 24 juin 1822.
(Échange des ratifications le 12 février 1823). AE, Traités.

Édité dans DESCAMPS *(Baron) et* RENAULT *(Louis),* Recueil international des traités du XIXe siècle, *Paris, s. d., 8 vol.*

Sa Majesté le Roi de France et de Navarre et les États-Unis d'Amérique désirant régler les relations de navigation et de commerce entre leurs nations respectives par une convention temporaire réciproquement avantageuse et satisfaisante, et arriver à un arrangement plus étendu et durable, ont respectivement donné leurs pleins-pouvoirs, savoir : Sa Majesté Très-Chrétienne au baron Hyde de Neuville, Chevalier de l'Ordre Royal et Militaire de St Louis, Commandeur de la Légion d'Honneur, Grand-Croix de l'Ordre Royal Américain d'Isabelle la Catholique, son Envoyé Extraordinaire et Ministre Plénipotentiaire près les États-Unis, à John Quincy Adams, leur Secrétaire d'État; lesquels, après avoir échangé leurs pleins-pouvoirs, sont convenus des articles suivans.

Art. 1. – Les produits naturels ou manufacturés des États-Unis importés en France sur bâtimens des États-Unis payeront un droit additionnel qui n'excèdera point vingt francs par tonneau de marchandise, en sus des droits payés sur les mêmes produits naturels ou manufacturés des États-Unis quand ils sont importés par navires français.

Art. 2. – Les produits naturels ou manufacturés de France importés aux États-Unis sur bâtimens français, payeront un droit additionnel qui n'excèdera point trois dollars soixante-quinze cents par tonneau de marchandise, en sus des droits payés sur les mêmes produits naturels ou manufacturés de France quand ils sont importés par navires des États-Unis.

Art. 3. – Aucun droit différentiel ne sera levé sur les produits du sol et de l'industrie de France qui seront importés par navires français dans les ports des États-Unis pour transit ou réexportation. Il en sera de même dans les ports de France pour les produits du sol et de l'industrie de l'Union qui seront importés pour transit ou réexportation par navires des États-Unis.

Art. 4. – Les quantités suivantes seront considérées comme formant le tonneau de marchandise pour chacun des articles ci-après spécifiés :

Vins, quatre barriques de 61 gallons chaque, ou 244 gallons de 231 pouces cubes, mesure américaine.

Eaux-de-vie et tous autres liquides, 244 gallons.

Soieries et toutes autres marchandises sèches ainsi que tous autres articles généralement soumis au mesurage, 42 pieds cubes, mesure française en France; et 50 pieds-cubes, mesure américaine, aux États-Unis.

Cotons, 804 l. avoir-du-poids, ou 365 kilogrammes.

Tabac, 1600 l. avoir-du-poids, ou 725 kilogrammes.

Potasse et perlasse, 2240 l. avoir-du-poids, ou 1016 kilogrammes.

Riz, 1600 l. avoir-du-poids, ou 725 kilogrammes.

Et pour tous les articles non spécifiés et qui se pèsent, 2240 avoir-du-poids, ou 1016 kilogrammes.

Art. 5. – Les droits de tonnage, de phare, de pilotage, droits de port, courtage et tous autres droits sur la navigation étrangère, en sus de ceux payés respectivement par la navigation nationale dans les deux pays, autres que ceux spécifiés dans les articles 1 et 2 de la présente Convention, n'excèderont pas, en France, pour les bâtimens des États-Unis, cinq francs par tonneau d'après le registre américain du bâtiment, ni pour les bâtimens français aux États-Unis, 94 cents par tonneau d'après le passeport français du bâtiment.

Art. 6. – Les parties contractantes désirant favoriser mutuellement leur commerce en donnant dans leurs ports toute assistance nécessaire à leurs bâtimens respectifs, sont convenues que les Consuls et Vice-Consuls pourront faire arrêter les matelots faisant partie des équipages des bâtimens de leurs nations respectives qui auraient déserté des dits bâtimens pour les renvoyer et faire transporter hors du pays. Auquel effet les dits Consuls et Vice-Consuls s'adresseront aux tribunaux, juges et officiers compétens, et leur feront, par écrit, la demande des dits déserteurs, en justifiant par l'exhibition des registres du bâtiment ou rôle d'équipage ou autres documens officiels, que ces hommes faisaient partie des dits équipages. Et sur cette demande ainsi justifiée, sauf toutefois la preuve contraire, l'extradition ne pourra être refusée, et il sera donné toute aide et assistance auxdits Consuls et Vice-Consuls pour la recherche, saisie et arrestation des susdits déserteurs, lesquels seront même détenus et gardés dans les prisons du pays, à leur réquisition, et à leurs frais, jusqu'à ce qu'ils ayent trouvé occasion de les renvoyer. Mais s'ils n'étaient renvoyés dans le délai de trois mois à compter du jour de leur arrêt, ils seront élargis, et ne pourront plus être arrêtés pour la même cause.

Art. 7. – La présente Convention temporaire aura son plein effet pendant deux ans à partir du 1er octobre prochain, et même après l'expiration de ce terme, elle sera maintenue jusqu'à la conclusion d'un traité définitif, ou jusqu'à ce que l'une des Parties ait déclaré à l'autre son intention d'y renoncer; laquelle déclaration devra être faite au moins six mois d'avance.

Et dans le cas où la présente Convention viendrait à continuer sans cette déclaration par l'une ou l'autre Partie, les droits extraordinaires spécifiés dans les 1er et 2d articles seront, à l'expiration des dites deux années, diminués de part et d'autre d'un quart de leur montant, et successivement du quart du dit montant d'année en année, aussi longtems qu'aucune des Parties n'aura déclaré son intention d'y renoncer, ainsi qu'il est dit ci-dessus.

Art. 8. – La présente Convention sera ratifiée de part et d'autre, et les rectifications en seront échangées dans l'espace d'une année à compter de ce jour, ou plus tôt si faire se peut. Mais l'exécution de la dite Convention commencera dans les deux pays le premier octobre prochain, et aura son effet, dans le cas même de non-ratification, pour tous bâtimens partis *bona fide* pour les ports de l'une ou l'autre nation, dans la confiance qu'elle était en vigueur.

En foi de quoi, les Plénipotentiaires respectifs ont signé la présente Convention, et y ont apposé leurs sceaux, en la ville de Washington, ce 24ᵉ jour de juin de l'an de Notre Seigneur 1822.

G. Hyde de Neuville.

John Quincy Adams.

Article séparé.

Les droits extraordinaires levés de part et d'autre jusqu'à ce jour, en vertu de l'Acte du Congrès du 15 may 1820 et de l'ordonnance du 26 juillet de la même année, et autres la confirmant, qui n'ont point déjà été remboursés, seront restitués.

Signé et scellé comme ci-dessus, ce 24ᵉ jour de juin 1822.

G. Hyde de Neuville.

John Quincy Adams.

N° 4. – 14 octobre 1820.
Instructions à Hyde de Neuville, ambassadeur de France au Brésil.
AE, M & D Portugal, vol. 26, fol. 45-63.

[...] La restitution de la Guyane, de la part du Portugal, et la liquidation des créances, de la part de la France, étoient les premières conditions que les deux gouvernements eussent mutuellement à remplir. Les difficultés qui s'étoient élevées sur la restitution de la Guyane furent applanies en 1817 par une convention spéciale qui fut ratifiée de part et d'autre. Celles qui étoient relatives aux liquidations portugaises devoient être également écartées par la convention du 26 avril 1818, qui s'appliquait, dans une juste proportion, à toutes les créances étrangères.

Mais le Portugal s'est refusé à la ratification de cet arrangement; il a prétendu que la somme destinée à faire droit à ses réclamations étoit insuffisante, et il voudroit faire remettre en litige les questions des créances portugaises.

Quelques explications sur les circonstances qui avaient accompagné la négociation de cette convention feront mieux sentir à l'ambassadeur du roi que le Portugal n'avoit aucun motif plausible pour y refuser son accession.

La France avoit déclaré que les engagements qu'elle prenoit dans cette négociation étoient les seuls sacrifices qu'elle pût soutenir. Tous les plénipotentiaires étrangers étoient convaincus et de la loyauté de ses vues et des embarras de sa position. Les plénipotentiaires portugais partagèrent cette opinion; ils consentirent aux bases d'une négociation qui sortait des règles ordinaires, et dans laquelle tous les négociateurs avaient d'avance la certitude qu'ils seroient approuvés par leurs souverains. Ce fut d'un commun accord entre tous les plénipotentiaires que le duc de Wellington fut choisi pour arbitre; qu'une somme fut fixée pour l'extinction de toutes les créances étrangères qui pouvaient être admises; que la répartition en fut faite entre toutes les puissances dans la proportion des réclamations légitimes de leurs sujets.

Cette convention qui n'étoit que le complément des engagements antérieurement pris envers tous les gouvernements, étoit de nature à être approuvée par tous; elle le fut en effet, à l'exception seulement de la cour du Brésil, qui avait obtenu un délai de six mois pour faire parvenir ses ratifications, et qui, après avoir laissé écouler deux mois de plus, déclara le 25 décembre 1818 qu'elle ne croyait pas devoir prendre part à la convention du 25 avril.

Le gouvernement français, en recevant cette déclaration du marquis de Marialva, ambassadeur de Portugal à Paris, put penser néanmoins qu'elle n'étoit pas irrévocable, et il ne retira pas des mains des commissaires spéciaux la portion d'inscriptions de rente qui étoit destinée au Portugal et qui leur avait déjà été remise. Il dut même être confirmé dans son espérance, lorsqu'au mois de juillet 1819, M. le marquis de Marialva consentit, sur la proposition qui lui en était faite par le ministre de France, à remettre entre les mains de deux commissaires, l'un françois et l'autre portugais, le dépôt d'inscriptions de rente qui devoit sortir des mains des commissaires spéciaux. Cette adhésion de l'ambassadeur portugais dut être regardée par le gouvernement français comme un commencement d'exécution de la convention du 25 avril, et l'on dut croire que M. de Marialva n'auroit pas suivi cette marche s'il avait regardé la convention comme positivement nulle à l'égard de sa cour.

Telle est donc la position où s'est placé le Portugal : que d'un côté, il commence l'exécution de la convention de 1818, que de l'autre, il s'autorise de son refus d'accession pour demander qu'il soit pris de nouveaux arrangements pour l'extinction de ses créances.

Jusqu'à ce moment, la France ne s'est pas départie de l'arrangement qu'elle avait pris en 1818, et elle n'avait pas cru devoir revenir sur l'examen des créances qui avaient déjà subi une décision par arbitrage. On avait alors admis toutes les créances qui semblaient reconnues par les traités de 1814 et de 1815, et l'on ne pourrait pas prendre aujourd'hui d'autres bases.

C'est toujours aux mêmes principes que doit être ramené le fond de cette contestation à laquelle le gouvernement français n'avait pas lieu de s'attendre, après tant de sacrifices, et après un commencement d'exécution. Il s'est toujours montré disposé à terminer cette contestation suivant les règles de l'équité, et il a lieu d'attendre du Portugal les mêmes dispositions. Il doit aussi obtenir que les traités qui appuient les droits et reconnaissent les créances de ses sujets sur le gouvernement portugais soient exactement observés.

On peut partager en deux classes principales les créances françaises; les unes remontent aux séquestres mis en Portugal sur les propriétés françaises pendant la dernière guerre; les autres tiennent aux séquestres ou aux ventes qui furent effectuées dans la Guyane par les autorités portugaises à l'époque où elles occupaient cette colonie.

M. le duc de Luxembourg, pendant sa mission au Brésil, obtint qu'un ordre fût adressé à la régence de Lisbonne pour la levée du séquestre des propriétés françaises; mais cet ordre n'a reçu qu'une exécution très incomplète, quoique le séquestre n'ait été maintenu en France sur aucune propriété portugaise. Les traités nous donnent le droit de réclamer une parfaite réciprocité; il est urgent de l'obtenir sur ce point, et l'ambassadeur du roi devra s'en occuper avec constance et avec zèle, jusqu'à ce que toutes les propriétés françaises aient été rendues.

Les confiscations et les ventes qui ont eu lieu dans la Guyane pendant l'occupation portugaise sont une autre source de discussion qu'il est important de terminer. Le prix de ces ventes a été déposé dans les caisses portugaises, et il n'a pas été rendu à la France à l'époque où cette colonie lui a été restituée. Ce prix représente néanmoins la propriété; il doit la remplacer lorsqu'elle a été aliénée, et les anciens possesseurs y ont les mêmes droits. Monsieur le général Carra Saint-Cyr, qui fut chargé en 1817 de reprendre possession de la Guyane, n'ayant pas terminé cette contestation, et étant convenu avec les commissaires portugais qu'elle seroit remise à l'examen des deux gouvernements, il reste à en faire l'objet d'un arrangement entre les deux cours, et l'ambassadeur du roi doit s'attacher à le faciliter et à le préparer en faisant reconnaître au gouvernement portugais toute la justice de nos droits.

Comme l'époque de l'arrivée de M. de Neuville au Brésil doit être différée, il seroit possible que les difficultés qui subsistent aujourd'hui entre les deux cours sur la reconnaissance et le paiement de leurs créances respectives fussent aplanies avant sa mission; elles ne peuvent donc pas être aujourd'hui le sujet d'une instruction positive; mais leur importance exigeait que M. Hyde de Neuville leur portât dès ce moment son attention. L'état de ces questions lui sera rappelé au moment où il devra résider au Brésil et des instructions analogues à la circonstance lui seront adressées.

C'est avec la même réserve, et abstraction faite des changements qui pourront subvenir avant l'arrivée de M. de Neuville, qu'il convient de lui faire connaître l'état actuel des discussions qui subsistent entre les cours d'Espagne et du Brésil. La principale cause de ces difficultés est l'occupation de Montevideo et de la rive orientale de la Plata par les troupes portugaises qui jusqu'à ce moment se sont maintenues dans leur invasion.[...]

Le Portugal ne voit pas du même œil que l'Espagne la question de l'indépendance des colonies, et depuis que le siège de son gouvernement est en Amérique, c'est là qu'il paraît avoir placé ses principaux intérêts; il a profité de l'insurrection de Buenos Aires pour s'établir sur l'autre rive de la Plata; il a même entretenu des intelligences habituelles avec les chefs de cette colonie insurgée, et il s'est engagé avec eux à demeurer neutre dans leurs discussions avec la métropole.

Néanmoins, il a cherché à tenir secrets ces engagements, et à ne pas faire dégénérer en guerre ouverte ces querelles avec une puissance qui touchait ses possessions d'Europe et qui pouvait se venger contre le Portugal du mal qu'on lui avait fait en Amérique. Chacun de ces deux gouvernements peut attaquer avec avantage les possessions de son adversaire; il le touche du fort au faible, et la facilité de l'attaque, la difficulté de la défense, ont conduit les deux puissances à observer l'une envers l'autre quelques ménagements mutuels.

Depuis la naissance de leurs dissensions, l'état intérieur de leurs possessions d'Europe a subi des changements remarquables. L'Espagne a éprouvé une révolution qui peut avoir plus ou moins d'influence sur sa situation politique, sur la conduite des puissances envers elle, sur le sort de la plupart de ses colonies, et sur la nature de leurs relations avec la métropole. On ne peut pas encore calculer la suite de ces mouvements d'insurrection, surtout depuis qu'ils ont également éclaté dans d'autres pays, et depuis que l'exemple de ces révolutions militaires a éveillé l'attention des puissances le plus intéressées à assurer à l'ordre social quelques garanties. La révolution qui vient d'éclater en Portugal laisse les mêmes inquiétudes pour l'avenir, et l'on ne peut encore prévoir ni ses résultats politiques ultérieurs, ni les changements qui pourront en résulter dans les relations de ce pays avec le Brésil [... *Suit un exposé sur la situation du Portugal et du Brésil, avec la royauté à Rio de Janeiro.*]

Le Brésil offrirait à notre commerce d'immenses avantages, si nous y étions traités sur le même pied que les nations les plus favorisées; mais les privilèges et les réductions de droits dont les Anglais y jouissent tiendront notre commerce dans une constante défaveur, jusqu'à ce que cette disproportion de charges ait cessé.

Les stipulations commerciales comprises dans l'article 10 du traité du 20 mars 1797 entre la France et le Portugal ont été abrogées, ainsi que le traité lui-même, par l'effet de la guerre, et il n'y a été substitué qu'un arrangement particulier conclu au mois de juillet 1814 [...]. Voici la substance de cet acte :

1° Les relations de commerce sont rétablies sur le pied de la plus parfaite réciprocité, en attendant que les conditions particulières en soient réglées par une convention.

2° Les droits de port sur les bâtiments marchands seront rétablis sur le pied de la plus parfaite réciprocité.

3° Les consuls et vice-consuls des deux souverains jouiront dans les États de l'autre de tous les privilèges, prérogatives et jurisdictions dont ils étaient en possession au 1er janvier 1792.

4° Les sujets de chacun des deux États domiciliés dans l'autre jouiront, quant à leurs personnes, des mêmes avantages et exemptions, sur le pied de la réciprocité.

5° La France consent à ce que ses négociants ne puissent se former en factoreries, les corporations étant abolies pour toutes les nations en Portugal.

S.M. a adopté cet arrangement, sous la réserve qu'elle n'entendait pas renoncer, pour les négociants français, à la faculté qu'ils avaient toujours eue avant la guerre, et qu'ont encore aujourd'hui les négociants de plusieurs nations, d'avoir en Portugal des juges conservateurs. [*Arrangement fait pour le Portugal, mais qui devrait aussi avoir effet au Brésil,...*] vu que, par les ordonnances du prince régent du 18 juin et 14 octobre 1814, les ports du Brésil sont déclarés ouverts au commerce de tous les peuples [...]. Par celle du 14 octobre, on prononce spécialement l'admission, dans tous les ports de la domination portugaise, des bâtiments venant de France, et on promet à nos navigateurs et nos commerçants toute l'assistance accordée à ceux des nations avec lesquelles le Portugal n'a cessé d'être en paix.

[...] L'arrangement de 1814, et les dispositions de ces deux ordonnances paraîtraient ouvrir à notre commerce ce qui lui est nécessaire pour s'établir avec avantage au Brésil. Mais comme ces actes ne prononcent pas explicitement sur les droits de douane le gouvernement du Brésil ne leur a donné aucun effet à cet égard [...].

Les droits d'entrée à payer dans les ports du Brésil sont établis généralement à raison de 24 pour cent du prix des marchandises [... *Mais les bâtiments portugais venant de Portugal, et anglais venant d'Angleterre ne paient que 15 %. Ceci gêne d'autant le commerce français*]. M. l'Ambassadeur du Roi devra profiter de la première occasion favorable pour adresser à la Cour du Brésil des représentations sur cet objet important. Ces représentations devront être fondées sur l'arrangement du mois de juillet 1814. Cet acte établit une parfaite réciprocité pour les relations commerciales des deux pays; les termes de cette réciprocité ne sont pas définis; mais il suffit qu'elle soit voulue de part et d'autre pour qu'elle doive exister sous une forme quelconque. Dans le sens le plus général qu'on puisse donner à cette stipulation, on en viendra toujours à convenir que notre commerce a droit d'attendre du Brésil une juste compensation des avantages que le commerce du Brésil trouve en France; or, sans attacher à la gravité des droits de douane imposés sur les provenances des deux pays dans l'un et l'autre, il est de fait que les marchandises du Brésil ne sont pas plus imposées en France que les marchandises de même nature d'aucun autre pays; la réciprocité convenue nous autorise donc à demander la même égalité de tarif.[...]

La durée du traité de commerce et de navigation conclu le 19 février 1810 entre l'Angleterre et le Portugal est illimitée. Les deux puissances se sont réservé le droit d'en réviser conjointement les articles; mais ce ne sera que quinze ans après l'époque de sa ratification. Nous n'aurions donc à espérer aucun changement prochain dans cet état de choses si l'on devait s'en tenir à la lettre même de cet arrangement. Mais on pourroit croire que la cour du Brésil en a déjà senti les désavantages. On sait qu'il y a eu quelques ouvertures entr'elle et la cour de Londres pour faire cesser les conditions onéreuses de ce traité. L'Angleterre a paru disposée à y consentir si le Portugal voulait renoncer à la traite des esclaves. Mais rien n'est encore réglé entre les deux cours, et l'Ambassadeur du Roi doit chercher à connaître où en est cette négociation.

[... *Hyde doit persuader*] le Brésil que le privilège de douanes accordé aux Anglais est entièrement opposé aux intérêts essentiels du pays [...]. Il s'apercevra sans doute que rien n'est plus favorable à l'accomplissement de ses vues qu'une libre concurrence ouverte à tous les peuples commerçants. [... *Si le traité n'est pas révisé, M. Hyde de Neuville devra essayer d'obtenir que nous jouissions du même avantage que les Anglais. De plus, il fera une étude du marché au Brésil pour le commerce français : il examinera la situation commerciale et économique du Brésil, pays nouveau pour nous et sur lequel nous ne pouvons acquérir trop de connaissances. La mission de M. Hyde de Neuville sort donc des limites ordinaires*] : il doit la rendre utile non seulement à la politique de son pays, mais aux progrès de notre instruction, de nos découvertes, de nos sciences naturelles. Il doit, autant que le permettront les ressources mises à sa disposition, enrichir notre agriculture, nos muséums, des productions naturelles qui nous manquent.

[...] Le roi n'a dans les Amériques méridionales aucun autre agent politique, et M. de Neuville doit, autant qu'il le pourra, étendre ses observations sur la situation actuelle de ces différentes contrées, sur les troubles qui les agitent, sur le plus ou moins d'espoir que peut avoir l'Espagne de renouer des relations avec elles. [...]

N° 5. – *12 juillet 1823.*
Instructions à Hyde de Neuville, ambassadeur de France au Portugal.
AE, M & D Portugal, vol. 26, fol. 78-87.

La mission d'ambassadeur du Roi près de S.M.T. Fidelle avait déjà été confiée en 1820 à M. le baron Hyde de Neuville : il devait se rendre à Rio de Janeiro, après avoir terminé d'importantes négociations commerciales avec les États-Unis, et des instructions étendues lui avaient été remises avant son départ. Elles s'appliquaient au Portugal comme au Brésil, puisque les deux États ne formaient qu'une seule monarchie; elles embrassaient les différentes questions dont l'ambassadeur du Roi avait à s'occuper; et ces questions sont encore les mêmes aujourd'hui : le retour de S.M.T.F. en Europe n'a pas changé la nature de nos traités avec elle : les relations à maintenir entre le Portugal et la France sont encore les mêmes; les premières instructions de M. de Neuville doivent continuer de lui servir de règle, sur tous les points qui n'étaient pas exclusivement applicables au Brésil.

Mais à ces règles de conduite fondées sur des intérêts permanens, il devient nécessaire d'ajouter des instructions supplémentaires sur les principaux événemens qui se sont succédé depuis le retour de Sa M^té très fidèle à Lisbonne.

La prolongation de l'absence du roi avait excité en Portugal un profond mécontentement. Les principes de la révolution d'Espagne y avaient pénétré : en réclamant à grands cris le retour du Monarque, on voulait lui imposer des conditions, et ce Prince subit, à son retour, le joug des Cortès qui avaient donné des lois sans lui et qui continuèrent à affaiblir de jour en jour l'autorité royale. Dès ce moment, les mêmes principes politiques unirent entre eux les deux gouvernemens de la Péninsule. Ils avaient des bases semblables : ils crurent avoir les mêmes ennemis; et lorsque le congrès de Vérone se prononça contre la révolution d'Espagne, lorsqu'une armée française se disposa à franchir les Pyrénées, le gouvernement portugais se crut également menacé; il enjoignit alors à son chargé d'affaires à Paris de quitter sa résidence; il cessa de reconnaître celui que la France avait à Lisbonne, et ne lui laissa que l'exercice de ses fonctions de Consul Général.

Cependant le roi a toujours cherché à maintenir avec le Portugal des relations amicales : la France n'a fait aucun armement contre ce royaume; elle lui a constamment déclaré qu'elle n'avait de grief que contre les hommes qui régissaient alors l'Espagne, et qu'elle ne commettrait aucune hostilité contre lui. Elle a enjoint à son Consul Général de ne point quitter Lisbonne, à moins que le gouvernement portugais ne cessât de le reconnaître en cette qualité et ne le contraignît à partir.

Depuis l'ouverture de la campagne, cet état de choses n'a point changé. Les derniers liens de la France avec le Portugal n'ont point été rompus; et lorsque les événemens qui viennent de relever l'autorité royale à Lisbonne ont permis que le chargé d'affaires de France y reprît ses fonctions, S.M.T.F., voulant rétablir toutes ses relations avec la Cour de France, s'est empressée de nommer un nouvel ambassadeur à Paris.

Le système de politique et de gouvernement que suit aujourd'hui le Portugal fait prévoir que M. le Baron de Neuville obtiendra à Lisbonne l'accueil le plus favorable. S.M.T.F doit croire que les événemens de la guerre d'Espagne ont eu quelque influence sur sa propre destinée; que ses sujets, voyant le parti royaliste reprendre ses forces en Espagne, ont acquis eux-mêmes plus de confiance dans leurs ressources; qu'ils ont été déterminés par le voisinage et l'exemple; et que, s'ils eussent été privés d'une telle diversion, ils eussent eu beaucoup plus de peine à s'affranchir. Ainsi le Portugal a recueilli les premiers fruits d'une entreprise faite pour délivrer l'Espagne, et s'il a été si promptement réconcilié avec la monarchie, c'est au système politique de la France qu'il le doit.

L'ambassadeur du Roi cherchera à profiter des dispositions favorables que ces circonstances ont fait naître pour accélérer et terminer plusieurs négociations suivies depuis quelques années entre les deux cours. L'une des plus importantes est de completter la levée des séquestres qui avaient été mis en Portugal sur les propriétés françaises. L'ordre de faire rentrer les possesseurs dans leurs biens, ou dans la valeur de ceux qui avaient été vendus, n'est pas encore entièrement exécuté, quoiqu'il ait été donné en 1817 : ce ne sont plus des refus mais des lenteurs que l'on oppose à cette restitution, et tous ces délais empêchent les sujets du Roi de relever en Portugal tous leurs établissemens. M. le Baron de Neuville devra protéger avec soin toutes les réclamations de ce genre qui sont encore en souffrance, et il demandera la restitution de ces valeurs, non seulement pour les pertes qui ont été faites en Portugal, mais pour celles qui ont eu lieu dans la Guyane française pendant l'occupation de cette contrée par les troupes portugaises.

Lorsque la Guyane a été rendue à la France, en vertu de la convention du 28 août 1817, les commissaires chargés de cette remise n'ont pu terminer aucun arrangement sur le payement de ces dettes, et les droits des créanciers subsistent dans toute leur intégrité. Cette affaire est spécialement recommandée aux soins de l'ambassadeur du Roi. En la réduisant aux principes les plus simples, il s'attachera à faire sentir que le prix des ventes faites par l'administration portugaise ayant été versé dans les caisses publiques, le trésor royal en est devenu responsable. La garantie de toutes les propriétés françaises avait été stipulée dès le principe même de l'occupation militaire. Elle se trouve formellement énoncée dans la capitulation de Cayenne, dont l'exécution a été confirmée par les traités subséquens, et la réclamation de ceux dont les biens ont été vendus à la Guyane se trouve fondée à la fois sur une convention particulière, et sur les principes généraux établis dans les traités relativement aux levées de séquestre et aux restitutions des prix de vente.

Le séquestre ne subsiste depuis longtems en France sur aucune propriété portugaise. Les autres réclamations pécuniaires des sujets de cette puissance ont été également accueillies. La France a lieu d'attendre du gouvernement portugais une exacte réciprocité.

Ce gouvernement s'est plaint, il est vrai, de l'insuffisance des remboursemens assurés à ses sujets par la convention du 25 avril 1818. Il a même refusé de la ratifier, en alléguant qu'elle n'acquittait point toutes les créances portugaises, et cette somme reste encore en dépôt entre les mains des commissaires qui l'ont reçue. L'ambassadeur du Roi fera des démarches pour obtenir la ratification du Portugal; il représentera que toutes les autres Puissances comprises dans le même arrangement y ont accédé; que le choix de l'arbitre qui a fait entre elles la répartition des sommes promises avait été consenti d'avance par le Portugal; et que cette distribution n'a eu lieu que d'après l'examen des réclamations qui devaient être admises ou rejetées. Une transaction qui a réglé tous nos comptes avec l'Europe, et qui a reçu partout son exécution, ne pourrait pas être regardée aujourd'hui comme non avenue avec une seule puissance, qui a pris, soit directement, soit par son accession, la même part à tous les traités qui forment aujourd'hui le droit conventionnel de l'Europe et qui sont devenus la base de la pacification générale.

L'une des affaires les plus délicates à traiter aujourd'hui avec la Cour de Lisbonne est celle de nos relations avec le Brésil. Tous les rapports de ce pays avec le Portugal ont changé : il s'est déclaré indépendant; il a reconnu Empereur le Prince Régent qui avait été chargé de le gouverner. Il s'est mis en état d'hostilité contre le Portugal et quoique toutes ces mesures aient été spécialement dirigées contre le système d'oppression suivi par les Cortès, il est difficile de croire que le gouvernement actuel du Brésil change à présent de résolution, quoique l'autorité des Cortés n'existe plus, et que celle du Roi soit rétablie.

La Cour de Lisbonne vient de faire un dernier effort pour rattacher le Brésil au Portugal, et ses envoyés sont partis pour Rio Janeiro. C'est seulement à leur retour que ses incertitudes seront fixées, et qu'elle apprendra si cette importante possession est démembrée sans retour. Le Portugal ne reconnaîtra peut-être qu'à la dernière extrémité l'émancipation absolue du Brésil; et si elle doit avoir lieu irrévocablement, elle aura sans doute existé longtems par le fait avant que la métropole ait renoncé à tous ses droits.

Cependant nous ne pouvons point attendre, pour entretenir des relations avec le Brésil, que les discussions entre lui et le Portugal soient complètement terminées : nous avons d'importans intérêts à suivre dans cette partie de l'Amérique. Les Français y ont formé des établissements d'industrie et de commerce; le pavillon du Roi y est reçu dans tous les ports, et nous ne devons point souffrir que d'autres nations nous excluent d'un marché où nous ne paraissons déjà qu'avec quelque désavantage.

Cette prévoyance avait décidé le Roi à laisser au Brésil un Chargé d'affaires auprès du Prince Régent, lorsque S.M.T.F. est partie pour revenir en Europe, mais ce Chargé d'affaires a cessé de déployer son caractère politique, depuis que le Brésil a rompu ses liens avec le Portugal; et c'est seulement sous le titre de Consul Général qu'il entretient avec les autorités actuelles ses relations.

Les mêmes fonctions ont été confiées par le roi, depuis le 25 septembre dernier, à M. le comte de Gestas, destiné à remplacer M. Maler à Rio Janeiro. On ne connaissait point alors en France la proclamation de l'indépendance du Brésil, et M. de Gestas avait reçu, comme son prédécesseur, le double titre de Chargé d'Affaires et de Consul Général; mais il usera de la même réserve que lui : il résidera d'abord comme Consul Général, et il ne déploiera son caractère politique que lorsque la situation du Brésil sera mieux fixée, soit par les arrangemens qu'il aura pris avec le Portugal, soit par la conduite que tiendront envers lui d'autres grandes Puissances.

La mission de M. le comte de Gestas, commencée et suivie avec ces ménagemens, ne pourra causer au Portugal aucun ombrage : elle a pour but spécial de protéger des relations de commerce qui, dans toutes les hypothèses, et quelle que puisse être la situation du Brésil, auront toujours pour nous beaucoup d'importance et d'intérêt.

C'est avec circonspection que l'ambassadeur du roi doit s'exprimer sur la question du Brésil : cependant il doit saisir l'occasion de faire entendre que le parti de la conciliation est préférable à tous les autres; que si le Portugal cherchait à réduire par la force cette vaste possession, il s'engagerait dans une guerre douteuse, courrait le risque de faire éclater dans le Brésil de nouveaux troubles, et d'y voir substituer une forme plus orageuse de gouvernement à celle qui existe aujourd'hui. Un arrangement amical peut assurer au Portugal des avantages que la guerre l'exposerait à perdre. L'exemple de l'Espagne doit l'éclairer : et s'il peut conserver des relations utiles avec le Brésil, en y laissant un Prince de sa Maison, le plus ou moins d'autorité à lui reconnaître n'est plus qu'une question de second ordre qu'il vaut mieux décider dans le Cabinet que par la voie des armes. Ces remarques sont confiées à la prudence de M. le Baron Hyde de Neuville : il jugera du moment où il pourra les présenter, et il n'en fera usage que d'une manière confidentielle.

Quoique l'ambassadeur du Roi n'ait pas à s'occuper directement du maintien des relations du Portugal avec l'Espagne, il est cependant utile de le prévenir de plusieurs sujets de discussion, sur lesquels il sera probablement consulté. Les Puissances signataires du Congrès de Vienne en 1815 s'engagèrent à employer leurs bons offices pour qu'Olivenza fût rendue par l'Espagne au Portugal. Mais depuis cette époque le Portugal s'empara de Montevideo et des territoires espagnols situés sur la rive gauche de la Plata. Ces territoires sont encore occupés par ses troupes ou par celles du Brésil : en supposant même qu'ils fussent évacués, l'Espagne ne serait plus à portée d'en reprendre possession; et il est très douteux qu'elle veuille aujourd'hui se prêter sans compensations à la restitution d'Olivenza. [...].

Le dernier traité que [*ces deux puissances*] ont conclu entre elles est une convention du 26 mars 1823 sur l'extradition des déserteurs et des malfaiteurs. L'un des articles de ce traité autorisait la force armée des deux frontières à se concerter pour poursuivre les factieux d'un pays qui se seraient réfugiés dans l'autre; mais S.M.T.F. vient de déclarer que cet article ne s'exécuterait pas : elle a craint d'être entraînée, par une coopération quelleconque avec l'Espagne, à sortir des bornes de la neutralité, ou à voir des troupes étrangères paraître sur son territoire.

Ce système de réserve nous fait prévoir que le Portugal ne voudra également concourir à aucune de nos opérations maritimes. Il avait été invité à fournir à la France quelques vaisseaux qui auraient été employés au blocus de Cadix; mais il n'est pas probable qu'il y consente; et, dans cette supposition, l'ambassadeur du Roi se bornera à faire jouir les vaisseaux français de tous les secours qui leur ont été promis dans les ports de S.M.T.F. Il cherchera tous les moyens d'unir plus étroitement le Portugal à la France, et de le détacher insensiblement des intérêts politiques et des systèmes de commerce qui nous seraient contraires.

Toutes les questions de commerce dont M. le baron de Neuville aura à s'occuper ont été prévues dans ses premières instructions, [...] et son expérience et son habileté donnent au Roi la certitude que tous les intérêts confiés à cet ambassadeur seront défendus avec autant de succès que de fidélité.

SOURCES MANUSCRITES

Il est normal que pour un personnage à la vie aussi variée, aux intérêts aussi divers, et qui voyagea dans autant de pays que Hyde de Neuville, les sources se soient révélées très dispersées.

En France, il faut chercher les fonds principaux aux Archives nationales, notamment dans la série F7, qui fournit une masse importante de documents sur les activités contre-révolutionnaires de Hyde, et aux Archives du ministère des Affaires étrangères, où se trouvent toutes les dépêches diplomatiques du personnage.

Hyde de Neuville n'ayant pas laissé de descendants directs, il m'a été difficile de déterminer s'il existait encore des papiers privés dans la famille. Grâce aux renseignements aimablement fournis par M. Lyonel de Lastic Saint-Jal, descendant de Hyde de Neuville par une branche collatérale, j'ai pu me persuader que le petit fonds déposé en 1857 par la vicomtesse de Bardonnet, nièce de Hyde, aux Archives nationales (cote 38 AP), était tout ce qui restait alors des papiers privés de son oncle.

Une partie de la correspondance de Hyde de Neuville, notamment les lettres de Chateaubriand, existe néanmoins au département des manuscrits de la Bibliothèque nationale de France.

Les fonds des Archives départementales de la Nièvre, département d'origine de Hyde, sont assez décevants. Ceux de la commune de La Charité-sur-Loire, très bien classés, sont pratiquement aussi riches de renseignements sur les origines familiales et la fortune de Hyde.

Les fonds existant aux États-Unis, concernant la vie d'exilé de Hyde de Neuville aussi bien que sa vie de ministre de France, sont aussi riches que dispersés. La Commission franco-américaine et la Fondation Fulbright, que je remercie ici, m'ont permis d'aller visiter les principaux dépôts d'archives et bibliothèques recélant ces fonds.

J'ai pu utilement compléter les fonds des Archives nationales, série F7, sur l'activité de conspirateur de Hyde de Neuville, au Public Record Office à Londres.

De même, j'ai complété les fonds du ministère des Affaires étrangères, sur son activité d'ambassadeur, par une recherche aux Archives nationales du Portugal à Lisbonne, et également à Londres dans les fonds du Foreign Office, l'Angleterre ayant été à cette époque trop proche du Portugal pour ne pas recéler des documents importants, qui jettent une lumière différente sur les événements.

En France

Archives nationales.

Autographes et pièces diverses :

AB XIX3301, d. 5 (rapport policier sur Mme Hyde de Neuville).
AB XIX 3323, d. 3 (quelques lettres de Hyde).
AB XIX 3490, d. 3 (lettre de Hyde à Napoléon III).
BB 17 A 154 (autographes).
BB 30 233, d. 1, n 51.

AF IV* 1710 (secrétairerie d'État : *statistiques des Bourbons et consorts,* 1810).

LH 1331, d. 67 : dossier de la Légion d'honneur, Hyde de Neuville.
149 Mi (titres nobiliaires sous la Restauration).

C 741, dossier 49 (élections à la Chambre des députés, 1828).
C 745 (archives de l'Assemblée, session de 1830).
C 1264 (élections : Nièvre, 1815-1839).

250 Mi 8 et 9 (correspondance des ministres des États-Unis à Paris, 1815-1825).
254 Mi 2 (notes de la légation de France au Département d'État à Washington, 1815-1817. Microfilm des documents existant aux Archives nationales des États-Unis).

Papiers privés :

38 AP 1 (papiers Hyde de Neuville, donnés par la vicomtesse de Bardonnet).
2 AP 9 (papiers Duchâtel).
42 AP 278 (papiers Guizot).
80 AP 44, dossier H 8B. 7 (papiers Bertier de Sauvigny).
156 AP 14, 156 AP 22 (fonds Mackau-Maison).
223 AP 3, dossier 1 (papiers Berryer : correspondance avec les légitimistes).
280 Mi 1 à 3 (archives de la famille Frotté).
421 Mi : Bagot papers (papiers du ministre britannique à Washington, 1817).

Sous-série F7, rapports de police :

F7 4336 (liste d'exception à la liste de radiation des émigrés).
F7 6144 à 6146 (conspiration Pichegru, an V).
F7 6245 à 6251 (conspiration de l'agence anglaise).
F7 6271 à 6277 (attentat du 3 nivôse).
F7 6294, d. 6027.
F7 6371 (conspiration Duverne de Presle).
F7 6391 à 6405.
F7 6410, d. 8171.
F7 6440, d. 9175, (recherche de Hyde dans la Nièvre).
F7 6681, d. 2 (Emmanuel Grouchy).
F7 7286, d. 2003 (activités de Hyde dans la Nièvre).
F7 7344, d. 8530 (sur Hyde).
F7 7388, d. B5 2541 (recherche de Hyde).

Archives de la Marine :

AA^1 1 47 à 50 (actes du pouvoir exécutif : minutes d'ordonnances royales, rapports du ministre de la Marine au roi, 1828).
BB^1 68 (minutes, rapports, feuilles pour le conseil des ministres, 1828).
BB^1 129 (registre des rapports au roi, 1824-1829).

BB³ 502 à 523 (lettres reçues, 1827-1828. Ensemble monumental et d'un intérêt médiocre pour le présent travail, que j'ai compulsé par sondages).
BB⁴ 470 *bis* (instructions aux commandants de forces navales et bâtiments de guerre, 1822-1830).
BB⁴ 1001 et 1003 (expéditions scientifiques patronnées par Hyde).
BB¹⁸ 1299, dossier 19 (sur l'élection de Hyde dans la Mayenne).

Minutier Central des notaires parisiens :
Études Liénard (XII), Rameau et Roard (XX) : cartons XII-741, 742, 753, 768; XX-749, 754, 773, 781, 785, 793, 794, 796, 798, 803, 808, 818, 823, 827, 835, 838.

Archives du ministère des Affaires étrangères.

PAAP n° 90 : papiers d'agents : Hyde de Neuville.
Mémoires et Documents France, vol. 597 à 600, 603, 607, 610, 611, 620 (fonds dit « Fonds Bourbons » : papiers des princes émigrés. Source de premier ordre pour l'histoire de la contre-révolution).
Affaires diverses politiques, France, cartons 325 et 327 (menées légitimistes, 1830-1842).
Affaires diverses politiques, États-Unis, vol. 3 et 12.
Correspondance consulaire et commerciale, New York, vol. 4.
Correspondance politique États-Unis, vol. 58 à 79, 83, suppléments 8, 9, 10, 34, 35.
Mémoires et Documents États-Unis, vol. 11, 23.
Mémoires et Documents Amérique, vol. 31 (projet de mission diplomatique dans l'Amérique du Sud, 1821).
Papiers Desages, carton 164 (extraits de la correspondance de Hyde de Neuville, 1816-1819).
Correspondance politique Portugal, vol. 137 à 140, et supplément 12.
Mémoires et Documents Portugal, vol. 12 et 26.
Mémoires et Documents Algérie, vol. 2, 3 et 4.
Personnel Première série, carton 166, dossier Hyde de Neuville.

Archives de la Préfecture de police.

AA 52, AA 129 : rapports sur Hyde, an VI, an VIII.
AA 273 à 284 : affaire du 3 nivôse an IX.
AA 289 à 299 : affaire Cadoudal, an XII. Conspiration anglaise, an IX.

Bibliothèque nationale de France. Département des manuscrits.

n.a.f. 1304 (autographes, collection Lefebvre).
n.a.f. 11970 (correspondance de Hyde de Neuville avec Chateaubriand).
n.a.f. 21536 (papiers provenant du cabinet de Hyde de Neuville, ministre de la Marine, donnés par le vicomte de Bardonnet).
n.a.f. 6785, 14102, 22860 (autographes divers).
n.a.f. 15676 (correspondance avec Salvandy).
n.a.f. 14089 (publication des *Mémoires d'outre-tombe*).

Bibliothèque de l'Institut de France.

Ms 3238 à 3242 (correspondance avec Cuvier).

Archives départementales de la Nièvre.

Séries K, N, 4E, R.
12 L 4, 12 L 8 (comités de surveillance, Cosne et Clamecy).
14 L 1, 14 L 5 (tribunaux révolutionnaires).
1 C 11 à 14, 1 C 131 (3) (manufacture royale de boutons et quincaillerie anglaise de La Charité).

3 E 17-63 et 17-65 (notaire Guillerault de Villeroc).

M 6382 (usines et manufactures de la Nièvre).

2 C 1462, 1463, 1491 (contrôle des actes et enregistrement, bureau de Pouilly-sur-Loire).

CC 1464.

OJ, dossier Hyde de Neuville (autographes).

Quelques fonds qui pourraient apporter des renseignements n'ont pas été consultés. Il s'agit essentiellement de la série P, parce qu'elle n'était pas classée au moment de mes recherches.

Archives communales de La Charité-sur-Loire.

1 G 18, 1 G 23 (contributions directes).

CC 5 (rôle des tailles).

DD 4, 6 F 2 (manufacture de La Charité).

2 I 1 à 4 (La Charité sous la période révolutionnaire).

GG 5 (registre des baptêmes).

1 O 10 (construction d'une rue Hyde de Neuville en 1858).

EN GRANDE-BRETAGNE

Public Record Office.

Audits Office :

AO 1/2122, roll 5 : services secrets, comptes généraux. Comptes de Wyndham et Grenville, 1790-1801.

AO 1/2122, roll 6 : services secrets, comptes généraux. Comptes de Henry Dundas, 1791-1801.

AO 1/2122, roll 7 : services secrets, comptes généraux. Comptes du duc de Portland, 1794-1801.

AO 3/949 : services secrets, comptes divers, 1779-1837.

Foreign Office :

FO 27/54 à 58 : correspondance générale, France : agents de renseignement, 1799-1801.

FO 366/427 : Gouvernement Offices, Treasury, 1792-1800.

FO 27/284, 303, 304 : instructions à sir Ch. Stuart, ambassadeur en France, janvier 1823-décembre 1824.

FO 27/305 à 315 : dépêches de sir Ch. Stuart, janvier-décembre 1824.

FO 27/352 : dépêches du vicomte Granville, ambassadeur au Portugal, novembre-décembre 1826.

FO 63/268 à 289 : instructions à Thornton puis A'Court, ambassadeurs au Portugal, et leurs dépêches, août 1823-décembre 1824.

FO 179/26 : archives de l'ambassade et des consulats au Portugal, 1824.

FO 933/88 à 91 : papiers privés du chevalier Thornton. Correspondance de son ambassade au Portugal, 1823-1824.

War Office : série WO 1, French Wars Period.

WO 1/397 : agents secrets sur le continent, 1799-1803.

WO 1/604 à 608 : correspondance entre le secrétaire de la Guerre Henry Dundas et les gouverneurs de Jersey et Guernesey, 1796-1805.

WO 1/397 : services secrets, agents divers sur le continent, 1797-1801.

WO 1/664 : correspondance du secrétaire de la Guerre, 1799-1801.

WO 1/747-748 : Foreign Office, 1800-1801.

WO 1/918-919 : comptes du prince de Bouillon, 1797-1802.
WO 1/921 à 926 : correspondance entre le prince de Bouillon et le secrétaire de la Guerre, 1797-1801.

AU PORTUGAL

Archives nationales de Torre do Tombo.

Les archives du ministère des Affaires étrangères forment un fonds homogène mais dispersé parfois pièce par pièce dans un certain nombre de caisses (*caixas*) et de liasses (*maços*). Le fichier des autographes reste le meilleur moyen de se repérer dans ces fonds.

Se sont révélés intéressants :

Cx 17, m 4 (papiers privés de Palmella).
Cx 19, m 4.
Cx 30, m 17.
Cx 32.
Cx 35, m 4.
Cx 36, m 2, 9.
Cx 36, m 21 (particulièrement intéressant : enregistrement de la correspondance du *Ministerio dos Negocios estrangeiros* avec Hyde de Neuville. 193 notes de Hyde, du 11 octobre 1823 au 31 janvier 1825).
Cx 48.
Cx 56, m 4.
Cx 59.
Cx 76, m 3 et 4.
Cx 81, m 2.

AUX ÉTATS-UNIS

American Philosophical Society, Philadelphie.

Correspondance entre Hyde de Neuville et John Vaugham : 7 lettres, 1819-1829.

Columbia University Library, New York.

De Witt Clinton papers. 14 lettres, 1809-1822.
William Crawford papers.

Eleutherian Mills Historical Library, Wilmington, Delaware.

Conserve tous les papiers de la famille Du Pont de Nemours.

Eleuthera Bradford Du Pont collection. Accession 146, box 7, file 81.
Longwood Manuscripts, Group 2 : Victor M. Du Pont papers (1767-1827), series A. L2-199 à L2-268.
Longwood Manuscripts, Group 3 : Eleuthère Irénée Du Pont, series A : correspondence, box 5 (1800-1813). L3.
Longwood Manuscripts, Group 5 : E. I. Du Pont de Nemours and co., series A : correspondence, box 8 (1811).
Winterthur Manuscripts, group 2 : Du Pont de Nemours, series A : correspondence, box 22. W2.
Winterthur Manuscripts, group 3 : Victor M. Du Pont papers, series A : correspondence, boxes 5 à 21 (1807-1829), W3-691 à W3-3513; Series B : personal papers; Series D : Mme Victor Du Pont, boxes 34, 35, 37, W3-5307 à W3-5739.

Winterthur Manuscripts, group 4 : Eleuthère Irénée Du Pont, series D : E. I. Du
Pont de Nemours and co., box 13 (1802-1844). W4-1702 à W4-1915.
Winterthur Manuscripts, group 5 : children of Victor du Pont, series A : Amelia
Elizabeth, box 3 (1808-1868).

Library of Congress, Washington.

Jefferson papers.
Madison papers.
Menou papers.
Monroe papers.

National Archives, Washington.

Les fonds du Département d'État aux Archives nationales à Washington n'ont pas
été consultés, faute de temps, et parce que leur teneur pouvait être appréhendée
par d'autres sources : Gallatin papers, Monroe papers, Rush papers à la *New York
Historical Society*; série Mi des Archives nationales à Paris; et J.Q. Adams, *Writings*.
Il s'agit des séries suivantes de la *Diplomatic correspondence*, pour les années
1816-1822 : Instructions; Despatches; Notes to foreign missions; Notes from foreign
missions; Records of boundary commissions, arbitrations, and negociations;
Records of claims commissions, arbitrations, and awards; Miscellaneous letters.

New Jersey State Archives, Trenton, New Jersey.

Deeds (Middlesex), vol. 7 à 17 (1807-1825).
Deeds (Somerset), vol. E à L (1807-1825).
Ratables, Franklin Township, Somerset county, vol. 1729 et 1730 (1808-1815).
Registres d'impositions. Ces registres ont disparu pour New Brunswick (Middlesex
county) à partir de 1793.
Mortgages, Somerset county.
Il n'existe pas de *census* (recensement) pour le New Jersey avant 1830, les recen-
sements des années antérieures ayant été détruits.

New York Historical Society, New York.

Miscellaneous Mss, Neuville.
Gallatin papers, 1814 à 1822. Fonds particulièrement important des papiers privés
et minutes de dépêches du ministre américain en France.

Pierpont Morgan Library, New York.

Pastoret papers.

New Jersey University Library, Rutgers, New Jersey.

John Garnett papers.
Andrew Kirkpatrick papers.
Robert Morris papers.

AQUARELLES DE LA BARONNE HYDE DE NEUVILLE

Ces aquarelles ont eu une histoire mouvementée depuis la découverte à Paris, en 1929, par Julien Champenois, d'un fonds de 85 dessins anonymes. Champenois fut le premier à déterminer l'identité de l'artiste. Sa collection fut mise en vente par les galeries Kennedy à New York et les aquarelles échouèrent dans un grand nombre de bibliothèques ou collections privées américaines, rejointes par d'autres, identifiées peu à peu. De vente en vente et de donation en donation, le nombre d'aquarelles aujourd'hui retrouvées semble se monter à environ deux cents. Les fonds principaux sont répartis comme suit :

New York Historical Society.
Département des estampes, acquisitions n°s 1953-205 à 1953-287, 1967-5, 1982-4 à 1982-6 (notamment : 1953-274 A-S, folder of the Economical School sketches). 10 boîtes. Plus d'une centaine d'aquarelles et crayons.
Ces aquarelles ont été exposées à plusieurs reprises, en particulier en 1984 lors d'une exposition consacrée à la baronne Hyde de Neuville à l'Université du New Jersey (Rutgers) et à la New York Historical Society (le catalogue a été publié : voir DA COSTA NUNEZ, *op. cit.*).

New York Public Library :
American Historical Prints, Phelps Stokes Collection : 6 aquarelles de la baronne Hyde de Neuville.

Collection particulière de Mr. et Mrs. Lawrence A. Fleischman, à Detroit :
86 aquarelles de la baronne Hyde de Neuville.
Je n'ai malheureusement pas pu voir personnellement ce magnifique ensemble. Wayne Andrews en a reproduit un petit nombre dans son article de 1964 dans le *Journal of the Archives of American Art.* Depuis lors, quelques-unes de ces aquarelles ont été mises en vente et dispersées. Certaines ont rejoint les collections de la New York Historical Society, de la Bibliothèque de l'Université de Princeton, ou d'autres bibliothèques américaines.

Les aquarelles de la baronne ont été fréquemment reproduites. On peut en particulier consulter :

ANDREWS (Wayne), « Patience Was Her Reward : The Records of the Baroness Hyde de Neuville », *Journal of the Archives of American Art,* n° 3 (juillet 1964), p. 1-8.

COLUMBIA BIBLIOGRAPHIC BUREAU, ed., *The Original Drawings, Watercolours and Sketches of Baroness Hyde de Neuville,* New York, 1930.

DA COSTA NUNEZ (Jadviga) et OLIN (Ferris), *Baroness Hyde de Neuville : Sketches of America, 1807-1822,* New York, New Brunswick, 1984, 36 p.
Catalogue de l'exposition des aquarelles d'Henriette Hyde de Neuville à la New York Historical Society, 8 novembre 1984-17 mars 1985.

KENNEDY GALLERIES, INC., *Contemporary Drawings of New York,* catalogue de la vente d'avril 1931.
Présente 32 dessins de la baronne Hyde de Neuville.

KOKE (Richard J.), *American Landscape and General Paintings in the New York Historical Society, A Catalog of the Collection,* New York, 1982, 3 vol.
Collection « Anne Marguerite Henriette Rouillé de Marigny, Baroness Hyde de Neuville » : v. II, p. 188-217.

NEW YORK PUBLIC LIBRARY, *Hyde de Neuville, Baroness, American Sketches, 1807-1822,* s.d.
Recueil de planches.

SOURCES IMPRIMÉES

I. Ouvrages de Hyde de Neuville

HYDE DE NEUVILLE, député de la Nièvre, *Les Amis de la liberté de la presse. Des inconséquences ministérielles, ou Lettre d'un député à MM. les propriétaires de la Gazette universelle de Lyon,* Paris, 1827, 16 p.

MINISTÈRE DE LA MARINE ET DES COLONIES. *Compte rendu au roi, par le ministre de la Marine et des Colonies [Hyde de Neuville], des recettes et des dépenses faites pour le service intérieur des colonies, sur l'exercice 1827,* Paris, 1831, 30 p.

CHAMBRE DES DÉPUTÉS, *Impressions ordonnées, Développements de la proposition relative à la contrainte par corps, faite à la chambre des députés par M. Hyde de Neuville...,* prononcés en séance secrète, le 4 avril 1816, IV, n° 285, 87 p.

CHAMBRE DES DÉPUTÉS, *Impressions ordonnées, Développements de la proposition tendant à réduire le nombre des tribunaux, et à surseoir à l'institution royale des juges,* Paris, s. d., 19 p.

CHAMBRE DES DÉPUTÉS, *Impressions ordonnées, Session de 1823, t. I, n° 30 : Amendements proposés sur la loi de finances (exercice 1824),* 9 p.; n° 31 : *Opinion de M. Hyde de Neuville sur le budget de l'exercice de 1824,* 38 p.

« Discours d'ouverture prononcé à la séance générale du 11 décembre 1829, par Hyde de Neuville, président de la société », *Bulletin de la Société de Géographie,* n° 79, 20 p.

HYDE DE NEUVILLE (comte de Bemposta), député de la Nièvre, *Discours dans la discussion du projet de loi de finances de 1827 (budget de la guerre); prononcé dans la séance du 1ᵉʳ juin 1826,* Paris, s. d., 32 p.

HYDE DE NEUVILLE (comte de Bemposta), député de la Nièvre, *Discours dans la discussion de la loi de finances de 1828 (budget du ministère des Affaires étrangères), prononcé dans la séance du 17 mai 1827,* Paris, s. d., 42 p.

HYDE DE NEUVILLE (comte de Bemposta), député de la Nièvre, *Discours dans la discussion du projet de code forestier, articles 124, 128 et 129, sur le martelage; improvisés dans les séances des 3 et 4 avril 1827,* Paris, s. d., 12 p.

HYDE DE NEUVILLE (comte de Bemposta), député de la Nièvre, *Discours dans la discussion du projet de loi concernant la traite des Noirs; improvisé dans la séance du 13 mars 1827,* Paris, s. d., 14 p.

HYDE DE NEUVILLE (comte de Bemposta), député de la Nièvre, *Discours dans la discussion du projet de loi sur l'indemnité à accorder aux colons de Saint-Domingue, improvisé dans la séance du 8 mars 1826,* Paris, s. d., 21 p.

HYDE DE NEUVILLE (comte de Bemposta), député de la Nièvre, *Discours dans la discussion du projet de loi sur la police de la presse; improvisé dans la séance du 13 février 1827,* Paris, s. d., 20 p.

Discours de M. Hyde de Neuville, député de la Nièvre, sur la proposition de M. de Frénilly, tendant à ajouter aux dispositions réglementaires de la Chambre; improvisé dans la séance du 23 avril 1823, Paris, s. d., 3 p.

Discours de M. Hyde de Neuville, député de la Nièvre, sur le rapport de la commission des pétitions, relativement à la contrainte par corps et à la situation des prisonniers pour dettes; prononcé dans la séance du 24 mars 1823, Paris, s. d., 4 p.

ECONOMICAL SCHOOL, *The Economical School Primer or First Book, For The Use of American and French Children,* New York, imprimé au bénéfice de l'Economical School, 1811, 24 p. Abécédaire bilingue.

Funeral Oration Pronounced at Saint-Petersburg In Honour Of Moreau, reprinted in New York, with a preface by a friend of General Moreau, translated from the French, New York, 1814. Préface de Hyde de Neuville. 42 p.

HYDE DE NEUVILLE, *Grand combat naval, rapport au Roi,* Lyon, s. d., 2 p.

Journal des dames, ou Les Souvenirs d'un vieillard. Dédié aux dames des États-Unis, rédigé et imprimé au bénéfice d'un établissement public, par un hermite des rives du Pasaïc, New York, janvier-décembre 1810, mensuel.

HYDE DE NEUVILLE (Jean-Guillaume, baron), *Mémoires et souvenirs du baron Hyde de Neuville* [publiés par la vicomtesse de Bardonnet], Paris, 1re éd. 1888-1892, 2e éd. 1892, 3 vol. L'édition utilisée dans cet ouvrage est la première.

Nouvel exposé à joindre au précis pour M. Hérard contre le ministre des Finances, et aux observations de M. le baron Hyde de Neuville, ancien ministre de la Marine, Paris, s. d., 15 p.

HYDE DE NEUVILLE (G.), député de la Nièvre, *Observations d'un membre de la chambre des députés adressées à ses collègues,* Paris, 1826, 14 p.

Observations de M. le baron Hyde de Neuville [...] à joindre au précis de M. Hérard contre M. le ministre des Finances, Paris, s. d., 8 p.

Observations sur le rapport fait aux Consuls, dans la séance du 11 pluviôse, par le ministre de la police, en ce qui concerne M. Hyde, s. l., s. d., 4 p.

CHAMBRE DES DÉPUTÉS, impressions ordonnées, *Opinion de M. Hyde de Neuville, député de la Nièvre, sur le budget du ministère de l'Intérieur, chapitre XI,* 1, n° 84, 10 p.

Opinion de M. Hyde de Neuville [...] sur la proposition relative à M. Manuel, séance du 3 mars 1823, Paris, s. d., 28 p.

Opinion de M. le baron Hyde de Neuville, député de la Nièvre, sur le projet de loi relatif aux congrégations religieuses de femmes, Paris, s. d. [1825], 14 p.

HYDE DE NEUVILLE (G.), député de la Nièvre et l'un des secrétaires de la Chambre, *Opinion sur le premier rapport de M. de Villèle, relatif aux élections, prononcé dans la séance du 14 février 1816,* Paris, s. d., 26 p.

HYDE DE NEUVILLE, ancien député de la Nièvre, *Pétition aux chambres en faveur des indigents de la classe agricole,* Paris, 1845, 20 p.

HYDE DE NEUVILLE, ancien député de la Nièvre, *Pétition aux chambres pour demander l'abolition du serment politique,* Paris, 1833, 20 p.

HYDE DE NEUVILLE (comte de Bemposta), ministre d'État et député de la Nièvre, *De la Question portugaise,* Paris, 1830, 87 p.

Réponse de J. Guillaume Hyde-Neuville, habitant de Paris, à toutes les calomnies dirigées contre lui, à l'atroce et absurde accusation d'avoir pris part à l'attentat du 3 nivôse. Avec l'exposé de sa conduite politique [éd. par de La Versanne], Paris, 1801, VIII-53 p.

II. Mémoires de contemporains

Il est à noter d'emblée que les *Mémoires* de contemporains qui évoquent le personnage d'Hyde de Neuville sont innombrables. Je ne retiendrai donc pour ma bibliographie que ceux qui m'ont apporté des renseignements réellement utiles.

ADAMS (John Quincy), *Memoirs of John Quincy Adams,* éd. par Charles Francis Adams, New York, 1874-1877, repr. 1970, 12 vol. Notamment vol. 4, 5, 6, 9. (Inestimable journal du secrétaire d'État J. Q. Adams).

ANDIGNÉ (général d'), *Mémoires,* éd. par Edmond Biré, Paris, 1900, 2 vol.

AUDIFFRET-PASQUIER (duc d'), *Mémoires du chancelier Pasquier,* Paris, 1894, 6 vol.

ANNE (Théodore), ex-garde du corps de la compagnie de Noailles, *Mémoires, souvenirs et anecdotes sur l'intérieur du palais de Charles X, et les événements de 1815 à 1830,* Paris, 1831, 2 vol.

BARANTE (baron), *Souvenirs du baron de Barante, 1782-1866,* éd. par Claude Barante, Paris, 1890-1901, 8 vol.

BENTON (Thomas H.), *Thirty Years' View, 1820-1850,* New York, 1854, 2 vol. (Mémoires d'un membre du Congrès américain.)

BERTIER (Ferdinand de), *Souvenirs d'un ultra-royaliste (1815-1832),* éd. par Guillaume de Bertier de Sauvigny, Paris, 1933.

BEUGNOT (comte), *Mémoires du comte Beugnot,* éd. par Albert Beugnot, Paris, 1866, 2 vol.

BOIGNE (comtesse de), *Récits d'une tante : Mémoires de la comtesse de Boigne, née d'Osmond,* Paris, 1924, 5 vol.

BOURIENNE, *Mémoires,* Paris, 1829, 9 vol. Vol. 3, 4, 5.

BROGLIE (duc de), *Souvenirs, 1785-1870,* Paris, 1886, 4 vol.

CHASTENAY (Victorine de), *Mémoires de Madame de Chastenay, 1771-1815,* éd. par Alphonse Roserot, Paris, 1896, 2 vol.

CHATEAUBRIAND (Céleste de), *Les cahiers de Madame de Chateaubriand,* éd. par Jacques Ladreit de Lacharrière, Paris, 1909, 3ᵉ éd., XLVI-358 p.

CHATEAUBRIAND (Céleste de), *Mémoires (cahier rouge et cahier vert),* introduction et notes par Jean-Paul Clément, Paris, 1990, 266 p. (Ne remplace pas la publication intégrale des cahiers par Ladreit de Lacharrière, mais intéressant de par son riche apparat critique.)

CHATEAUBRIAND (François-René), *Mémoires d'outre-tombe*, éd. par Maurice Levaillant et Georges Moulinier, Paris, 1951, 2 vol.

DAMAS (baron de), *Mémoires du baron de Damas, 1785-1862*, éd. par le comte de Damas, Paris, 1922, 2 vol.

DESMAREST (Pierre-Marie), *Quinze ans de haute police sous le Consulat et l'Empire*, éd. par Léonce Grasilier, Paris, 1900, LXXVI-433 p.

EGVILLY (A. d'), *Mémoires historiques et politiques de 1820 à 1830*, Paris, 1830, XVII-474 p.

FOUCHÉ (Joseph), *Mémoires*, présentés par Edwy Plenel, Évreux, 1993, XVI-434 p. (Malheureusement aucun apparat critique pour cette édition.)

FRÉNILLY (baron de), *Souvenirs du baron de Frénilly, pair de France (1768-1828)*, éd. par Arthur Chuquet, Paris, 1908, XIX-558 p.

GUIZOT (François-Pierre-Guillaume), *Mémoires pour servir à l'histoire de mon temps*, Paris, 1859, 9 vol. Vol. 1 et 2.

LACRETELLE (Charles), *Dix ans d'épreuves pendant la Révolution*, Paris, 1842, 402 p.

MAC DONALD (Jacques-Étienne-Joseph-Alexandre, maréchal), *Souvenirs*, Paris, 1892, XCVI-423 p.

MOLÉ (comte), *Le comte Molé : 1781-1855. Sa vie, ses mémoires*, éd. par le marquis de Noailles, Paris, 1923-1930, 6 vol.

MONTCALM (marquise de), *Mon Journal*, éd. par Sébastien Charléty, Paris, 1935, 371 p.

PASQUIER (chancelier), *Histoire de mon temps*, Paris, 1893-1895, 6 vol.

PERSAT (Maurice), *Mémoires du commandant Persat, 1806 à 1844*, éd. par Gustave Schlumberger, Paris, 1910, XXX-a-i-367 p.

PONTÉCOULANT (comte de), *Souvenirs historiques et parlementaires*, Paris, 1865, 4 vol.

SALABERRY (Charles-Marie, comte de), *Souvenirs politiques du comte de Salaberry sur la Restauration, 1821-1830*, Paris, 1900, 2 vol.

SAINT-PRIEST (comte de), *Mémoires sur la révolution et l'émigration*, éd. par le baron de Barante, Paris, 1929, 2 vol. (Mémoires d'un agent secret de Louis XVIII.)

SARGENT (Nathan), *Public Men and Events [1817-1853]*, New York, 1875, 2 vol. (Mémoires d'un anti-jacksonien.)

SÉMALLÉ (Jean-René-Pierre, comte de), *Souvenirs du comte de Sémallé, page de Louis XVI*, Paris, 1898, V-445 p.

SEATON (William Winston), of the « National Intelligencer », *A Biographical Sketch*, Boston, 1871, IV-(5)-385 p.

SMITH (Margaret Bayard), *The First Forty Years of Washington Society*, éd. par Gaillard Hunt, New York, 1906, XII-424 p. (Correspondance de la femme de l'éditeur du *National Intelligencer*, amie de Hyde de Neuville.)

TOUSTAIN (marquis de), *Mémoires (1790-1823)*, éd. par la marquise de Perry de Nieuil, Paris, 1933, II-431 p.

TRAZIMUNDO MASCARENHAS BARRETO (D. José), *Memorias do Marquês de Fronteira e d'Alorna*, éd. par Ernesto de Campo de Andrada, Coimbra, 1926, 3 vol.

VAUBLANC (comte de), *Souvenirs par M. le comte de Vaublanc*, Paris, 1841, 2 vol.

VILLÈLE (comte de), *Mémoires et correspondance*, Paris, 1888-1890, 5 vol.

VITROLLES (baron de), *Mémoires et relations politiques*, éd. par Eugène Forgues, Paris, 1884, 3 vol.

III. Ouvrages contemporains à valeur de source

Anecdotes secrètes sur le 18 fructidor et nouveaux mémoires des déportés à la Guiane, écrits par eux-mêmes, et faisant suite au journal de Ramel [...], Paris, chez Gignet et cie, s. d., 87 p. (Récit par le chevalier de Larue de son évasion de la Guyane.)

Aperçus historiques sur l'organisation de la marine, à propos de la commission d'enquête parlementaire sur les ports, par un capitaine de vaisseau, Paris, 1850.

BEAUJOUR (Félix de), *Aperçu des États-Unis depuis 1800 jusqu'en 1810*, Paris, 1814, 274 p.

Biographie des députés, session de 1828, Paris, 1828.

CHATEAUBRIAND (François-René), *De la monarchie selon la Charte*, Paris, 1816, VI-304 p.

Compte rendu des séances de la chambre des députés des 28 février, 1er, 3 et 4 mars 1823. Exclusion de M. Manuel. Discours de MM. Foy, Sébastiani, Hyde de Neuville [...], Paris, 1823, 53 p.

Considérations sur les droits de tonnage, Paris, 1820.

Conspiration anglaise, Paris, Imprimerie de la République, an XI, 131 p. (Édition des papiers saisis de l'agence anglaise.)

DAMAS-HINARD (Jean-Joseph-Albert), MALITOURNE (P.A.), et CATHERINET DE VILLEMAREST (M.), *Mémoires d'une femme de qualité, depuis la mort de Louis XVIII jusqu'à la fin de 1829*, Paris, 1830, 6 vol. Vol. V et VI.

FIÉVÉE (Joseph), *Correspondance politique et administrative*, Paris, 1815-1819, 3 vol. Vol. I.

HARDIE (James), *The Description of the City of New York [...]*, New York, 1827, 360 p.

An Historical View of the Revolutions of Portugal, Since the Close of the Peninsular War; Exhibiting a Full Account of the Events Which Have Led to the Present State of that Country, by an Eye-witness, London, 1827 [par le capitaine Brown].

JAY (Antoine), *Le Glaneur, ou Essais de Nicolas Freeman,* Paris, 1812, XIII-416 p.

L'HÉRITIER (Louis-François), *Le Champ d'Asile,* Paris, 1819, VIII-247 p.

MINISTÈRE DE LA MARINE ET DES COLONIES. *Compte rendu au roi, par le ministre de la Marine et des Colonies, des recettes et des dépenses [...], Exercice 1827,* Paris, 1828. *Exercice 1828,* Paris, 1829.

MOGES (Alphonse de, capitaine), *Coup d'œil sur la situation actuelle du département de la Marine,* Paris, 1828, 37 p.

MONTULÉ (Édouard de), *Voyage en Amérique [...] pendant les années 1816, 1817, 1818 et 1819,* Paris, 1821, 3 vol. Vol. 1.

Official Correspondence Between D. Luis de Onis and J. Q. Adams, in Relation to the Floridas and the Boundaries of Louisiana, With Other Matters in Dispute Between the Two Governments, London, 1818, 130 p.

PERKINS (Samuel), *Historical Sketches of the United States from the Peace of 1815 to 1830,* New York, 1830, XII-(13)-444 p.

Procès-verbal des séances de la Chambre des députés des départements, du 7 au 30 octobre 1815, Paris, 1815.

Rapport fait aux consuls par le ministre de la police, sur l'infâme complot [... de la rue Nicaise], s. l., s. d.

Réflexions sur la loi du Congrès du 18 mai 1820, Paris, 1820, 23 p.

SAMPAIO (L. J. de), *Question portugaise. Documents authentiques et officiels concernant les affaires du Portugal depuis 1824 jusqu'à 1829,* Brest, 1832, 51 p.

IV. Éditions de correspondances et papiers officiels

ADAMS (Henry), *The Writings of Albert Gallatin,* Philadelphia, 1879, 3 vol. Vol. 1 et 2.

The American State Papers, Washington, 1832-1861, 38 vol. : *Foreign Relations, 1789-1828,* 1832-1857, 6 vol.

ANDLAU (Béatrix d'), CHRISTOPOROV (Pierre) et RIBERETTE (Pierre), *Chateaubriand. Correspondance générale,* Paris, 1977-1982, 3 vol. (Édition inachevée, à compléter par Thomas).

AULARD (A.), *Paris sous le consulat,* Paris, 1903-1909, 4 vol.

BAMFORD (Francis) et Wellington (Duke of), *The Journal of Mrs. Arbuthnot, 1820-1832,* London, 1950, 2 vol.

BASSAN (Fernande), *La Famille Pastoret d'après sa correspondance, 1788 à 1856,* Paris, 1969, X-321 p.

BERTIER DE SAUVIGNY (Guillaume de), « Un Dossier de lettres inédites de Chateaubriand », *Revue d'Histoire moderne et contemporaine,* 1956.

CAUDRILLIER (G.), éd., *L'Association royaliste de l'Institut philanthropique à Bordeaux et la conspiration anglaise en France pendant la deuxième coalition,* Paris, 1908, XXVIII-91 p. (Édition de papiers saisis par la police.)

CAUDRILLIER (G.), éd., « Lettres de Cadoudal de 1800 conservées au Foreign Office », *Revue historique,* novembre 1900.

CHINARD (Gilbert), éd., *Les Amitiés américaines de Madame d'Houdetot,* Paris, 1924, VIII-62 p.

CHINARD (Gilbert), éd., *La Vie américaine de Guillaume Merle d'Aubigné (1809-1817),* Paris, 1935, 155 p.

CLARK (Allen Culling), *Life and Letters of Dolly Madison,* Washington, 1914, VII-517 p.

COLTON (C.), ed., *Henry Clay, Life, Correspondence and speeches,* New York, 1897, 7 vol.

The Debates and Proceedings in the Congress of the United States [...], 1789-1824, Washington, 1834-1856, 42 vol.

DEDEYAN (Charles), « Visages de Chateaubriand (35 lettres inédites) », *Revue de littérature comparée,* 1949, p. 368-393.

DESFEUILLES (André), *Réfugiés politiques à New York (1814-1816),* Paris, 1959. Paginé 125-134 p. (Édition des dépêches du consul de France à New York, Cazeaux, à Richelieu, ayant trait aux Bonapartistes.)

DU PONT (Bessie Gardner), *Life of Eleuthere Irenee Du Pont from Contemporary Correspondence, 1778-1834,* Newark, Del., 1923-1927, 12 vol. (Édition de la correspondance de E.I. Du Pont, complète les fonds de l'Eleutherian Mills Historical Library.)

DURRY (Marie-Jeanne), *Chateaubriand et Hyde de Neuville ou trente ans d'amitié, correspondance inédite,* Paris, 1929, 139 p.

FORD (Worthington C.), *The Writings of John Quincy Adams,* New York, 1916, 12 vol. Vol. 6 et 7 (1816-1823).

GANTENBEIN (James Watson), *The Evolution of our Latin-American Policy. A Documentary Record,* New York, 1971, XXVII-979 p.

GAUTHEROT (Gustave), *L'Héroïque comtesse : correspondance de la comtesse Auguste de La Rochejaquelein, chef du IIe corps vendéen, avec le maréchal de Bourmont (1831-1832),* Paris, 1922.

HAMILTON (Stanislas Murray), ed., *The writings of James Monroe,* New York, 1899-1901. Vol. 4, 5, 6, 7.

HAUTERIVE (Ernest d'), *La police secrète du Premier Empire : bulletins quotidiens adressés par Fouché à l'empereur, 1804-1807,* Paris, 1913, 3 vol. (Édition des rapports de Fouché, AN, AF 11 1490 et suiv.)

HUNT (Gaillard), ed., *The Writings of James Madison,* New York, 1900-1910, 9 vol. Vol. 7, 8, 9.

JOUIN (Henry), *Lakanal en Amérique, d'après sa correspondance inédite (1815-1837),* Besançon, 1904, 71 p.

KELSEY (Rayner Wickersham), ed., « Cazenove Journal, 1794 », *Haverford College Studies,* n° 13 (1922).

KING (Charles R.), *The Life and Correspondence of Rufus King,* New York, 1894-1900, 6 vol.

KNOLES (George H.), ed., *Sources in American History,* t. IV : *Expansion and Reform, 1815-1850,* New York, 1967.

LEVIS-MIREPOIX (Emmanuel de, prince de Robech), *Correspondance de la marquise de Montcalm : un salon politique sous la Restauration*, Paris, 1949, 296-6 p.

« Letters of Archbishop Maréchal », *Maryland Historical Magazine*, XXXIV, n° 4 (décembre 1939), p. 344-348.

MALONE (Dumas), ed., *Correspondence between Thomas Jefferson and Pierre Samuel Du Pont De Nemours, 1789-1817*, Boston, 1830.

MANNING (William R.), *Diplomatic Correspondence of the United States Concerning the Independence of the Latin-American Nations*, New York, 1925, 3 vol.

MAVIDAL (J.) et LAURENT (E.), *Archives parlementaires de 1787 à 1860. Recueil complet des débats [...]*, deuxième série : *1800 à 1860*, Paris, 1862-1909. Vol. 16 à 22.

NEW YORK, COMMON COUNCIL, *Minutes of the Common Council of the City of New York, 1784-1831, published by the City of New York*, New York, 1917, 19 vol. Vol. VI à XVIII.

REIS E VASCONCELOS (J. J. dos), éd., *Despachos e correspondência do duque de Palmella*, Lisboa, 1854, 4 vol. Vol. I.

REMACLE (comte), *Bonaparte et les Bourbons : relations secrètes des agents de Louis XVIII à Paris sous le consulat (1802-1803)*, Paris, 1899, 472 p. (D'après les archives du ministère des Affaires étrangères, fonds Bourbons.)

RÉMUSAT (Paul de), *Correspondance de M. de Rémusat pendant les premières années de la Restauration*, Paris, 1883, 2 vol.

STAPLETON (E.J.), ed., *Correspondence of George Canning*, London, 1888, 2 vol.

Statutes at large of the United States of America, vol. 3 et 4.

THOMAS (L.), *Chateaubriand, correspondance générale*, Paris, 1912-1924, 5 vol.

THWAITES (Reuben Gold), *Early Western Travels, 1748-1846*, Cleveland, 32 vol. Vol. XII : FAUX (William), *Memorable Days In America, 1819-1820*.

Treaties and Conventions Concluded Between the United States of America and Other Powers Since July 1776, Washington, 1889.

WICKHAM (William), *The Correspondence of the Right Honourable William Wickham*, ed. William Wickham, London, 1870, 2 vol.

V. Périodiques

Daily National Intelligencer, Washington, années 1815-1822.

L'Hémisphère. Publié à Philadelphie par J. Negrin. Années 1809-1811.

Le Journal des débats, années 1815-1832.

Le Moniteur universel, années 1815-1832.

The New Brunswick Daily Fredonian, New Brunswick, années 1811-1820. Conservé à la Rutgers University Library.

The New Brunswick Guardian, New Brunswick, années 1807-1815. Conservé à la Rutgers University Library.

Niles' Weekly Register, Baltimore, années 1815-1822.

The People's Friend and Daily Advertiser, New York, année 1807.

The Trenton Federalist, Trenton, année 1811. Conservé à la Rutgers University Library.

VI. Catalogues d'autographes

Ce genre de sources, pratiquement inépuisable, n'a pu faire l'objet d'un dépouillement exhaustif. Du reste, les autographes ainsi repérés sont inaccessibles et les notices dont ils font l'objet dans les catalogues, quand elles existent, sont la plupart du temps trop courtes pour donner une réelle idée du contenu de la lettre décrite. Les extraits sont rares et souvent peu significatifs. Au mieux, ils renseignent sur l'identité des correspondants.

Vingt-huit lettres signées Hyde de Neuville ont ainsi pu être repérées dans le fichier de la maison Charavay à la Bibliothèque nationale.

Pour mémoire, des lettres de Hyde de Neuville ont également été relevées dans les catalogues suivants (la liste étant très loin d'être complète) :

Autographes Thierry Bodin, catalogue n° 21, été 1984.

Catalogue Saffroy, n° 76, novembre 1971.

Lettres et manuscrits autographes provenant de l'ancienne collection de La Sicotière, vente du 30 novembre 1959.

Vente à l'hôtel Drouot, 14 février 1966.

Vente d'autographes, 17 février 1966, rue Drouot.

BIBLIOGRAPHIE

1. OUVRAGES SUR HYDE DE NEUVILLE

Hyde de Neuville figure dans tous les dictionnaires biographiques généraux français et portugais. Il serait donc fastidieux de les relever tous. Seuls sont cités ceux dont les notices sur Hyde de Neuville paraissaient présenter le plus d'intérêt.

BOULÉE (A.), « Hyde de Neuville », *Bibliographie contemporaine*, I, p. 256-274.

COLAS (R.), « Hyde de Neuville », *Annales des pays nivernais*, n° 8, 1974, p. 16-17.

DURRY (Marie-Jeanne), *Chateaubriand et Hyde de Neuville ou Trente ans d'amitié. Correspondance inédite*, Paris, 1929, 139 p.

GUENEAU (Victor), *Dictionnaire biographique des personnes nées en Nivernais*, Nevers, 1899.

LE MARCHAND (E.), « Hyde de Neuville diplomate », *Revue des Questions historiques*, XI (1927), p. 304-343.

LE POITEVIN, « Hyde de Neuville », *Les Contemporains*, n° 381, 28 janvier 1900.

JOUANIQUE (Marcel), « Hyde de Neuville », *Revue du Centre*, 1935, p. 9-15.

JOUANIQUE (Marcel), « En marge des Mémoires d'Hyde de Neuville », *Le Nivernais de Paris*, février 1934.

JOUANIQUE (Marcel), « L'aventureuse jeunesse d'Hyde de Neuville », *Le Nivernais de Paris*, octobre 1937.

MALET (Françoise), « Hyde de Neuville aux États-Unis (1807-1822) », *Revue d'Histoire diplomatique*, 1988, 3-4, p. 263-282.

MICHAUD (Joseph-François), *Biographie universelle ancienne et moderne*, XX, p. 239-249. (J.-F. Michaud était un ami politique et personnel très proche de Hyde de Neuville.)

RÉVÉREND (Vte A.), *Titres, anoblissements et pairies de la Restauration*, Paris, 1974, 3 vol. (Sous forme de dictionnaire.)

TOUCHARD-LAFOSSE (G.), *La Loire historique, pittoresque et biographique*, Tours, 1851, 5 vol. Article « Hyde de Neuville », t. 5, p. 481-482.

VAPEREAU (G.), *Dictionnaire universel des contemporains*, Paris, 1858, 2 vol.

VATIMESNIL (H. de), *M. Hyde de Neuville*, Paris, 1857, 16 p.

VOGÜÉ (Vte Eugène-Melchior de), « Le Roman d'un conspirateur - Mémoires et souvenirs du baron Hyde de Neuville », *Revue des deux mondes*, 1892, p. 928-944. (À l'occasion de la publication des *Mémoires* d'Hyde de Neuville.)

2. LA RÉVOLUTION ET L'EMPIRE

2.1. *Ouvrages généraux*

Les classiques volumes de *l'Histoire de la France contemporaine*, sous la direction d'E. Lavisse, et de la *Nouvelle histoire de France contemporaine* sont toujours éclairants.

GODECHOT (Jacques), *La Contre-Révolution, 1789-1804*, Paris, 1961, 2ᵉ éd. rev. 1984, 426 p.

LACRETELLE (Charles), *Histoire de la Révolution française*, Paris, 1821-1826, 8 vol. (Cet ouvrage, ainsi que le suivant, a pratiquement valeur de source. Lacretelle était un proche ami d'Hyde de Neuville.)

LACRETELLE (Charles), *Histoire du Consulat et de l'Empire*, Paris, 1846-1848, 6 vol. (Voir notamment les t. I et II.)

LEFEBVRE (Georges), *La France sous le Directoire*, nouvelle édition par J. R. Suratteau, Paris, 1984, 937 p.

LEMIÈRE (E.), *Bibliographie de la Contre-Révolution*, Paris, 1905-1910. (Poursuivi par Vachon.)

MADELIN (Louis), *La Contre-Révolution sous la Révolution, 1789-1815*, Paris, 1935, 367 p.

MICHAUD (Joseph-François), dir., *Biographie universelle ancienne et moderne*, Paris, 1843 (2ᵉ éd.), 45 vol.

RIALS (Stéphane), *Révolution et contre-révolution au XIXᵉ siècle*, Paris, 1987, 325 p.

SUTHERLAND (Donald M. G.), *France 1789-1815 : Revolution and Counter-revolution*, London, 1985, 493 p.

TOURNEUX (M.), *Bibliographie de l'histoire de Paris pendant la Révolution*, 1913, 5 vol.

TUETEY (A.), *Répertoire général des sources manuscrites de l'histoire de Paris pendant la Révolution*, Paris, 1899, 11 vol.

TULARD (Jean), *Les révolutions de 1789 à 1851*, Paris, 1985, 501 p; *La vie quotidienne des Français sous Napoléon*, Paris, 1978, 320 p.

VACHON (Yves), *Bibliographie de la Contre-Révolution dans les provinces de l'Ouest ou des guerres de la Vendée et de la Chouannerie...*, Nantes, 1980, 616 p. (Complète l'ouvrage de Lemière.)

2.2. *Ouvrages particuliers*

BELLANGER (Claude), GODECHOT (Jacques), GUIRAL (Pierre), TERROU (Fernand), *Histoire générale de la presse française*, t. I : *Des origines à 1814*, Paris, 1969.

BERTAUD (Jean-Paul), *Les amis du roi*, Paris, 1984, 283 p. (Sur la Contre-Révolution.)

BLANC (Olivier), *Les espions de la Révolution et de l'Empire*, Paris, 1995, 371 p. (Consacré surtout aux espions du gouvernement français, apporte un éclairage sur les réseaux de la police et évoque aussi certains personnages qui travaillèrent pour le compte de la contre-révolution.)

BOULOISEAU (Marc), *Étude de l'émigration et de la vente des biens des émigrés (1792-1830)*, Paris, 1963, 179 p.

CABANIS (André), « Le Courant contre-révolutionnaire sous le Consulat et l'Empire », *Revue des Sciences politiques*, 1971, p. 9-87.

CADOUDAL (Georges de), *Georges Cadoudal et la chouannerie*, Paris, 1887, 476 p. (A aussi valeur de source dans la mesure où G. de Cadoudal a édité un certain nombre de papiers de son grand-oncle conservés dans la famille.)

CASTRIES (René, duc de), *Les Hommes de l'émigration*, Paris, 1979, 410 p.

CHALLAMEL (Augustin), *Les Clubs contre-révolutionnaires*, Paris, 1895, 633 p.

CHIAPPE (Jean-François), *Cadoudal ou la liberté*, Paris, 1971, 645 p.

DAUDET (Ernest), *Le Complot Coigny-Hyde de Neuville (1798-1799)*, Paris, 1908.

DIESBACH (Ghislain de), GROUVEL (Robert), *Échec à Bonaparte : Louis-Edmond de Phélippeaux, 1767-1799*, Paris, 1980.

GAUBERT (Henri), *Conspirateurs au temps de Napoléon Ier*, Paris, 1962, 353 p.

GAUTHEROT (Gustave), *Un Gentilhomme de grand chemin, le maréchal de Bourmont (1773-1846)*, Paris, 1926, 478 p.

GORDON (René), *Les Écossais en Berry*, Nevers, 1919, 82 p.

HAUTERIVE (Ernest d'), *La Contre-police royaliste en 1800*, Paris, 1931, 225 p.

HAUTERIVE (Ernest d'), *Napoléon et sa police*, Paris, 1943, 317 p.

HAUTERIVE (Ernest d'), *La police secrète du Premier Empire*, Paris, 1908-1964, 5 vol.

LUCAS-DUBRETON (J.), *Le comte d'Artois, Charles X*, Paris, 1927, 259 p.

[MARTEL (comte A. de)], *Étude sur l'affaire de la machine infernale du 3 nivôse an IX*, Paris, 1870, xv-208 p. (Précis utile pour le compte rendu des événements.)

MARTEL (comte de), *Les historiens fantaisistes : M. Thiers...*, Paris, 1885, 3 vol. (Voir le vol. II sur l'agence anglaise.)

MASSON (Frédéric), « La Contre-police de Cadoudal », *Revue des études napoléoniennes*, 1923, p. 97-112.

MEUNIER (Paul), *La Nièvre pendant la Convention*, Nevers, 1895-1898, 2 vol.

MITCHELL (Harvey), *The Underground War Against Revolutionary France : The Missions of William Wickham, 1794-1800*, Oxford, 1965.

NICHOLS (Francis), *The British Compendium, or Rudiments of Honour Containing the Origin of Scots...*, London, 1725, 3 vol.

PEUCHET (J.), *Mémoires tirés des archives de la police pour servir à l'histoire de la morale et de la police, depuis Louis XIV jusqu'à nos jours*, Paris, 1838, 6 tomes en 3 vol. (Attribué au baron Etienne-Léon de Lamothe-Langon. Voir le t. IV, ch. LV, p. 52-73, sur la contre-police de Dupérou.)

PINGAUD (Léonce), *Correspondance intime du comte de Vaudreuil et du comte d'Artois pendant l'émigration (1789-1815)*, Paris, 2 vol., 1889.

RICHARDS (N. F.), *British Policy and the Problem of Monarchy in France, 1789-1802*, PhD, London, 1954.

SURUGUE (René), *Le Nivernais et la Nièvre*, Besançon, 1926, 2 vol.

TULARD (Jean), « La notion de tyrannicide et les complots sous le Consulat », *Revue de l'Institut Napoléon*, CXI (1969), p. 199-205.

VILLEFOSSE (L. de) et BOUISSOUNOUSE (J.), *L'opposition à Napoléon*, Paris, 1969, 421 p.

WARD (A. W.), ed., *The Cambridge History of British Foreign Policy, 1783-1919*, Cambridge, 1923, 3 vol.

3. LES ÉTATS-UNIS

3.1. Ouvrages généraux

L'Amérique et la France, deux révolutions, textes réunis par Élise MARIENSTRAS, Paris, 1990, 221 p. (Actes des ateliers « Histoire et Politique » du Colloque de l'Association française d'Études américaines, Chantilly, 1988.) Voir en particulier p. 71-82, MALET (Françoise), « L'influence américaine sur un contrerévolutionnaire : Guillaume Hyde de Neuville ».

ARTAUD (Denise) et KASPI (André), *Histoire des États-Unis*, Paris, 1965, 413 p., 5ᵉ éd., 1980, 416 p.

ADAMS (Henry), *History of the United States of America during the Administration of Jefferson and Madison*, New York, 1889-1891, 9 vol. (Toujours précieux.)

BRINTON (Crane), *The American and the French*, Cambridge (Mass.), 1968, VII-312 p.

BUSHNELL (Albert), dir., *The American Nation, A History*, New York, 1904-1918 : t. 13, BABCOCK (Kendric Charles), *The Rise of American Nationality, 1811-1829*, New York, 1906, 339 p.; t. 14, TURNER (Frederic Jackson), *Rise of the New West, 1819-1829*, New York, 1906, 366 p.

FOHLEN (Claude), *L'Amérique anglo-saxonne de 1815 à nos jours*, Paris, 1965, 375 p.

GODECHOT (Jacques), *L'Europe et l'Amérique à l'époque napoléonienne*, Paris, 1967, 367 p.

JONES (Howard Mumford), *America and French Culture, 1750-1848*, London, 1928, 615 p.

MALONE (Dumas) et JOHNSON (Allen), dir., *Dictionary of American Bibliography*, New York, 1928-1936, 20 vol.

NEVINS (Allan) et COMMAGER (Henry Steele), *Histoire des États-Unis*, Paris, 1989, 1 036 p., 1ʳᵉ éd. 1942. (Un classique.)

PORTES (Jacques), *Les États-Unis de l'indépendance à la première guerre mondiale*, Paris, 1991, 191 p. (Une synthèse récente d'une grande clarté.)

RÉMOND (René), *Les États-Unis devant l'opinion française, 1815-1852*, Paris, 1962, 2 vol.

SCHALK DE LA FAVERIE (Alfred), *Napoléon et l'Amérique*, Paris, 1917, 310 p.

WHITE (Elizabeth Brett), *American Opinion of France*, New York, 1927, 346 p.

3.2. Ouvrages particuliers : l'émigration

ANDREWS (Wayne), « The Baroness Was Never Bored », *New York Historical Society Quarterly*, n° 38 (avril 1954), p. 105-118. (Étudie les aquarelles d'Henriette Hyde de Neuville.)

ANDREWS (Wayne), « Patience Was Her Reward : The Records of the Baroness Hyde de Neuville », *Journal of the Archives of American Art*, n° 3 (juillet 1964), p. 1-8.

ANTOINE (A., de SAINT-GERVAIS), *Histoire des émigrés français depuis 1789 jusqu'en 1828*, Paris, 1828, 3 vol.

BALDENSPERGER (F.), *Le Mouvement des idées dans l'émigration française*, Paris, 1924, 2 vol.

BARRETT (Walter), pseud. pour SCOVILLE (Joseph A.), *The Old Merchants of New York City*, New York, 1864-1870, 5 vol. (Se fonde en particulier sur des souvenirs de contemporains. À manier avec les précautions requises, mais a pratiquement valeur de source.)

BENEDICT (William H.), *New Brunswick in History*, New Brunswick, N.J., 1925, 391 p.

BENNETT (William Harper), *Catholic Footsteps in Old New York*, New York, 1973, 499 p., 1ʳᵉ éd. 1909.

BRINGHAM (C.), « Bibliography of American Newspapers », *American Antiquarian Society Proceedings*, v. XXIII à XXIX (1913 à 1919). (Classement, par États, des plus anciens périodiques édités aux États-Unis, y compris en langue étrangère. On y trouve notamment les journaux d'exilés français. Complète l'ouvrage de WINDSHIP, voir *infra.*)

BURR (Nelson R.), *A Narrative and Descriptive Bibliography of New Jersey*, Princeton, 1964, XXII-266 p.

CHERNOW (Barbara A.), « Robert Morris : Genesee Land Speculator », *New York History*, avril 1977, LVIII, p. 194-220.

CHILDS (Frances Sergeant), *French Refugee Life in the United States, 1790-1800*, Baltimore, 1940, 229 p.

CUBBERLEY (Elwood Patterson), *The History of Education*, Cambridge (Mass.), 1920, 849 p.

CUNNINGHAM (John T.), *This is New Jersey*, New Brunswick (N.J.), 1978, 229 p. (Fournit une bibliographie exhaustive des ouvrages sur l'histoire des divers comtés du New Jersey, notamment le Middlesex et le Somerset.)

DAUDET (Ernest), *Histoire de l'émigration pendant la révolution française*, Paris, 1908, 3 vol.

DIESBACH (Ghislain de), *Histoire de l'émigration : 1789-1814*, Paris, 1984, 635 p.

DU PONT (Bessie Gardner), *Lives of Victor and Josephine Du Pont*, Newark (Del.), 1930, 273 p.

ECHEVERRIA (Durand), « L'Amérique devant l'opinion française », *Revue d'histoire moderne et contemporaine*, 1962, p. 51-74.

ECHEVERRIA (Durand), *Mirage in the West : A History of the French Image of American Society to 1815*, Princeton, 1957, XVII-300 p.

FENTON (William N.), « The Hyde de Neuville Portraits of New York Savages in 1807-1808 », *New York Historical Society Quarterly*, nᵒ 38 (avril 1954), p. 119-138.

FINOTTI (Rev. Joseph Maria), *Bibliographia Catholica Americana*, New York, 1971, 318 p., 1ʳᵉ ed. 1872.

FLEMING (Thomas), *New Jersey : A Bicentennial History*, New York, 1977, IX-214 p.

HAMM (Margherita Arlina), *Famous Families of New York*, New York, 1902, 2 vol.

HOMBERGER (Eric), *The Historical Atlas of New York City*, New York, 1994, 192 p. (Plus qu'un atlas, il s'agit là d'une véritable histoire de New York à travers son développement urbain.)

JONAS (Manfred) et WELLS (Robert V.), ed., *New Opportunities in a New Nation : The Development of New York after the Revolution*, Schenectady (N.Y.), 1982.

LAMB (Martha J.), *History of the City of New York*, New York, 1877, 3 vol. (Pour la période, voir le vol. II.)

LANKEVICH (George J.) et FURER (Howard B.), *A Brief History of New York City*, Port Washington (N.Y.), 1984, 152 p. (Ne remplace pas tout à fait LAMB, *op. cit.*).

MARIENSTRAS (Élise) et ROSSIGNOL (Marie-Jeanne), *L'École dans l'histoire des États-Unis*, Nancy, 1994, 165 p.

MARINO (Samuel Joseph), *The French Refugee Newspapers and Periodicals in the United States, 1789-1825*, Ann Arbor (Mich.), 1962, IX-385 p.

MOHL (Raymond A.), « Education As Social Control in New York City, 1784-1825 », *New York History*, LI (avril 1970), p. 218-237.

MOHL (Raymond A.), *Poverty in New York, 1783-1825*, New York, 1971, XV-318 p.

MONAGHAN (Frank), « The American Drawings of Baroness Hyde de Neuville », *Franco-American Review*, nᵒ 4 (printemps 1938), p. 216-220.

MONTROL (F. de), *Histoire de l'émigration (1789-1825)*, Paris, 1825, 419 p.

MOTT (Frank Luther), *A History of American Magazines, 1741-1850*, Cambridge (Mass.), 1970, 5 vol.

PALMER (Emerson A.), *The New York Public School*, New York, 1905.

PARSONS (Wilfrid), *Early Catholic Americana, 1729-1830*, New York, 1939, XXV-282 p.

PATTERSON (Jerry E.), *The City of New York : A History...*, New York, 1978, 252 p.

ROGERS (Fred B.), *The Healing Art : A History of the Medical Society of New Jersey*, Trenton, 1966, IX-346 p.

ROSENGARTEN (J.G.), *French Colonists and Exiles in the United States*, Philadelphia, 1907.

RUSKOWSKI (Léo F.), *French Emigré Priests in the United States, 1791-1815*, Washington, 1940, 150 p.

SHAW (Ralph R.) et SHOEMAKER (Richard H.), *American Bibliography [1801 to 1819]*, New York, 1958-1965, 20 vol.

STURTEVANT (William C.), « Patagonian Giants and Baroness Hyde de Neuville's Iroquois Drawings », *Ethnohistory*, v. 27, nᵒ 4 (automne 1980), p. 331-348. (Le point de vue d'un ethnologue.)

SULLIVAN (James), *History of New York State, 1523-1927*, New York, 1927, 6 vol.

THWAITES (R. G.), *Early Western Travels, 1748-1846*, 30 vol.

VIDALENC (Jean), *Les émigrés français, 1789-1825*, Caen, 1963, 471 p.

VILLARD (Léonie), *La France et les États-Unis, échanges et rencontres (1524-1800)*, Lyon, 1952, XIV-408 p. (Insiste sur le XVIIIᵉ siècle.)

WINDSHIP (George Parker), « French Newspapers in the United States from 1790 to 1800 », *Bibliographical Society of America Papers*, v. XIV (1920), p. 82-143.

WRIGHT (William C.) et STELLHORN (Paul A.), *Directory of New Jersey Newspapers, 1765-1970*, Trenton, 1977, XXI-319 p.

3.3. *L'ambassade aux États-Unis (Voir 4.2.2.2.)*

4. LA RESTAURATION

4.1. Ouvrages généraux

BERTIER DE SAUVIGNY (Guillaume de), *La Restauration*, Paris, 1990, 506 p.

LACRETELLE (Charles), *Histoire de France depuis la Restauration*, Paris, 1845, 6 vol. (Rédigée par un ami de Hyde de Neuville, cette Histoire a pratiquement valeur de source.)

LAMARTINE (Alphonse de), *Histoire de la Restauration*, 1851-1852, Paris, 8 vol. (À manier avec beaucoup de précautions, mais présente l'intérêt que Lamartine connaissait personnellement Hyde de Neuville.)

LAVISSE (Ernest), dir., *Histoire générale*, t. X : *Les monarchies constitutionnelles, 1815-1847*, Paris, 1898.

VIEL-CASTEL (Charles-Louis de Salviac, baron de), *Histoire de la restauration*, Paris, 1860-1878, 20 vol.

4.2. Ouvrages particuliers

4.2.1. Vie politique et sociale

BAGGE (Dominique), *Les Idées politiques en France sous la Restauration*, Paris, 1952, 462 p.

BASTID (Paul), *Les Institutions politiques de la monarchie parlementaire française (1814-1848)*, Paris, 1954, 426 p.

BEAU DE LOMÉNIE (Emmanuel), *La Carrière politique de Chateaubriand de 1814 à 1830*, Paris, 1929, 2 vol.

BERTAUT (Jules), *Le Faubourg Saint-Germain sous l'Empire et la Restauration*, Paris, 1949, 319 p.

BERTIER DE SAUVIGNY (Guillaume de), *Documents inédits sur la conspiration légitimiste de 1830 à 1832*, Paris, 1951, 125 p.

BERTIER DE SAUVIGNY (Guillaume de), *La Révolution de 1830 en France*, Paris, 1970, 336 p.

BERTIER DE SAUVIGNY (Guillaume de), *Un type d'ultra-royaliste, le comte Ferdinand de Bertier (1782-1864) et l'énigme de la Congrégation*, Paris, 1948, XLI-572 p.

BIRÉ (Edmond), *Les Dernières années de Chateaubriand, 1830-1848*, Paris, 1902, 420 p.

BROWN (Nicolette F.), *Ultra-Royalism Deputies in the Chambre Introuvable, 1815-1816*, PhD non publié, Duke University, 1969.

CHALVET (M.), « Note concernant la publication des Mémoires d'outre-tombe dans la presse d'Émile Girardin en 1848-1850 », *Bulletin du Bibliophile*, n° 1, 1983, p. 60-61.

CHEVALIER (Capitaine de vaisseau), *Histoire de la marine française de 1815 à 1870*, Paris, 1900.

DAUDET (Ernest), *Le Ministère de M. de Martignac*, Paris, 1875, 422 p.

DIESBACH (Ghislain de), *Chateaubriand*, Paris, 1995, XII-595 p.

DUROSELLE (Jean-Baptiste), *Les Débuts du catholicisme social en France (1822-1870)*, Paris, 1951, XII-788 p.

DURRY (Marie-Jeanne), *Chateaubriand et Hyde de Neuville ou Trente ans d'amitié*, Paris, 1929, 139 p.

DURRY (Marie-Jeanne), *La Vieillesse de Chateaubriand*, Paris, 1933, 2 vol.

FOURCASSIÉ (Jean), *Villèle*, Paris, 1954, 486 p.

GIRARD (Louis), *Le Libéralisme en France de 1814 à 1848 : doctrine et mouvement*, Paris, 1967, 2 vol.

GUILLEMIN (Henri), *L'homme des « Mémoires d'Outre-tombe »*, Paris, 1964; *Histoire de Sancerre*, Sancerre, 1877.

HUDSON (Nora E.), *Ultra-Royalism and the French Restoration*, Cambridge, 1936, XIV-209 p.

JENKINS (E. H.), *Histoire de la marine française*, Paris, 1977, 428 p.

KELLY (Daniel K.), *Ultra-Royalism : Ideology and Politics Under the Bourbon Restoration*, PhD non publié, University of Wisconsin, 1964.

LANSON (Gustave), « La « Défection » de Chateaubriand, 1824-1827 », *Revue de Paris*, VIII (août 1901), p. 487-522.

LUCAS-DUBRETON (J.), *Le comte d'Artois, Charles X*, Paris, 1927, 258 p.; *Louis XVIII*, Paris, 1925, 2ᵉ éd. 1952, 270 p.

MITCHELL (Marilyn L.), *Chateaubriand and Hyde de Neuville : The Loyal Opposition*, PhD non publié, University of Kansas, 1968, 234 p. (Un travail intelligent, et une des rares études, par une universitaire américaine, sur le mouvement si politiquement particulier de la « Défection ».)

MOREAU (Pierre), *Chateaubriand*, Paris, 1956, 208 p.

MURET (Charlotte T.), *French Royalist Doctrines Since the Revolution*, New York, 1933, 327 p.

OECHSLIN (J. J.), *Le Mouvement ultra-royaliste sous la Restauration*, Paris, 1960, IV-218 p.

PAILHÈS (abbé Gabriel), *Chateaubriand, sa femme et ses amis*, Bordeaux, 1896, 583 p.

PINKEY (David H.), *La Révolution de 1830 en France*, Paris, 1988, 463 p.; (Traduction française et adaptation par Guillaume de Bertier de Sauvigny de l'ouvrage de Pinkney édité à Princeton en 1972.)

RÉMOND (René), *La Droite en France de la première Restauration à la Cinquième République*, Paris, 3ᵉ éd., 1968, 471 p.

REUSSNER (André) et NICOLAS (L.), *La Puissance navale dans l'Histoire*, t. II : *De 1815 à 1914*, Paris, 1963.

ROBERT (A.), BOURLOTON (Ed.) et COUGNY (G.), *Dictionnaire des parlementaires français... depuis le 1ᵉʳ mai 1789 jusqu'au 1ᵉʳ mai 1889...*, Paris, 1891, 5 vol.

ROCHE (Alphonse V.), *Les Idées traditionalistes en France de Rivarol à Charles Maurras*, Urbana (Illinois), 1937, 235 p.

SIRINELLI (Jean-François), dir., *Les Droites françaises de la Révolution à nos jours*, Paris, 1992.

THUILLIER (André), *Économie et société nivernaises au début du XIXᵉ siècle*, Paris, 1974, 484 p.

THUILLIER (Guy), *Pour une anthologie des auteurs nivernais jusqu'en 1914*, Nevers, 1980, 309 p.

THUILLIER (Guy), *Les Institutions médico-sociales en Nivernais : 1550-1930*, Paris, 1995, 412 p.

VINCENT (Philippe-André), *Les Idées politiques de Chateaubriand*, Paris, 1936, 230 p.

WINTER (William H.), *The Villèle Ministry*, PhD non publié, University of Colorado, 1968.

4.2.2. Diplomatie

4.2.2.1. Ouvrages généraux

BAILLOU (Jean), dir., *Les Affaires étrangères et le corps diplomatique français*, t. I : *De l'Ancien Régime au Second Empire*, Paris, 1984.

CONTAMINE (Henry), *Diplomatie et diplomates sous la Restauration, 1814-1830*, Paris, 1970, 413 p.

RENOUVIN (Pierre), dir., *Histoire des relations internationales*, t. V : *Le XIXe siècle*, v. 1 : *De 1815 à 1871*, Paris, 1954, 421 p.

4.2.2.2. L'ambassade aux États-Unis

Histoires générales concernant les États-Unis : voir plus haut, en 2.1.

AARON (Daniel) et JONES (Howard Mumford), « Notes on the Napoleonic Legend in America », *Franco-American Review*, II (1937), p. 10-26.

ARTONNE (André), *Les Débuts d'un diplomate : la mission de M. de Bourqueney aux États-Unis, 1816*, Paris, 1955, 22 p.

BAILEY (Thomas A.), *A Diplomatic History of the American People*, New York, 1950, 969 p.

BARKER (Nancy Nichols), *The French Experience in Mexico, 1821-1861*, Chapel Hill, 1979, xv-264 p.

BELGRANO (Mario), *La Francia y la monarquía en el Plata, 1818-1820*, Buenos Aires, 1933, 230 p.

BEMIS (Samuel Flagg), *A Diplomatic History of the United States*, New York, 1942, 934 p.

BEMIS (Samuel Flagg), *The Latin-American Policy of the United States. A Historical Interpretation*, New York, 1943, 470 p.

BERTIER DE SAUVIGNY (Guillaume de), *La France et les Français vus par les voyageurs américains, 1815-1848*, Paris, 1982, 427 p.

BLUMENTHAL (Henry), *France and the United States : Their Diplomatic Relations, 1789-1914*, Chapel Hill, 1970, XIV-312 p.

BOURDON (Léon), *José Corrêa da Serra, ambassadeur du Royaume-Uni de Portugal et Brésil à Washington, 1816-1820*, Paris, 1975.

BRANT (Irving), *The Fourth President : A Life of James Madison*, Indianapolis, 1970, 681 p.

CAZENAVE (Maurice), « Les Émigrés bonapartistes de 1815 aux États-Unis », *Revue d'histoire diplomatique*, XLIII (1929), p. 20-32, 131-154.

CESPEDES (Guillermo), *Latin-America : The Early Years*, New York, 1974, 197 p.

CRESSON (W. P.), *The Holy Alliance : The European Background of the Monroe Doctrine*, New York, 1922, 147 p.

DANGERFIELD (George), *The Awakening of American Nationalism, 1815-1828*, New York, 1965, XIII-331 p.

DE CONDE (Alexander), *A History of American Foreign Policy*, vol. I : *Growth To World Power (1700-1914)*, New York, 3ᵉ éd., 1978. (1ʳᵉ ed. : 1963, xi-924 p.)

DOTSON (Lloyd Clay), *The Diplomatic Mission of Baron Hyde de Neuville to the United-States, 1816-1822*, PhD non publié, Univ. of Georgia, 1970, 155 p. (Incomplet et décevant.)

DUNAN (Marcel), dir., *Sainte-Hélène, terre d'exil*, Paris, 1971, 384 p.

FARRAND (Max), « The Commercial Privileges of the Treaty of 1803 », *American Historical Review*, VII, avril 1902, p. 494-499.

GIL (Federico Guillermo), *Latin-American - United States Relations*, New York, 1971, 339 p.

GIROD DE L'AIN (Gabriel), *Joseph Bonaparte, le roi malgré lui*, Paris, 1970, 475 p.

GRIFFIN (Charles), *The United States and the Disruption of the Spanish Empire, 1810-1822*, New York, 1937, 317 p.

HAGGARD (Villasana), « The Neutral Ground Between Louisiana and Texas, 1806-1821 », *Louisiana Historical Quarterly*, XXVIII (octobre 1945), p. 1001-1128.

HECHT (Marie B.), *John Quincy Adams, A Personal History of an Independant Man*, New York, 1972, xiv-682 p.

KANSIL (Joli Quentin), *J. Q. Adams and Latin-America*, Honolulu, 1983.

KENNET (Lee), « Le culte de Napoléon aux États-Unis jusqu'à la guerre de Sécession », *Revue de l'institut Napoléon*, CXXV (1972), p. 177-184.

MAC BRIDE (John De Witt, Jr), *America in the French Mind During the Bourbon Restoration*, PhD non publié, Syracuse, 1953.

MAC LEMORE (Richard Aubrey), *Franco-American Diplomatic Relations, 1816-1836*, Baton Rouge, 1941, 2ᵉ ed. Port Washington (N. Y.), 1972, ix-227 p. (Étudie en fait surtout le traité de commerce de 1822 et le problème des indemnités, et encore de façon succincte);

MAC LEMORE (Richard Aubrey), *The French Spoliation Claims, 1816-1836 : A Study in Jacksonian Diplomacy*, Nashville, 1933.

MASSON (Frédéric), *Napoléon et sa famille*, Paris, 1918, 13 vol. (Voir les vol. XII et XIII : 1816-1821.)

MAY (Ernest), *The Making of the Monroe Doctrine*, Cambridge (Mass.), 1975, xviii-306 p.

MOONEY (Chase Curran), *William H. Crawford, 1772-1834*, Lexington, 1974, xi-364 p.

MORSE (John T.), *John Quincy Adams*, Boston, 1898, 315 p. (Toujours précieux.)

MURAT (Inès), *Napoléon et le rêve américain*, Paris, 1976, 331 p. (Sur les émigrés bonapartistes aux États-Unis.)

OLIVIER (Philippe), *Bibliographie des travaux relatifs aux relations entre la France et les États-Unis*, vol. IV : *Souvenirs et présence de la France sur le territoire actuel des États-Unis*, t. 2 : *La Louisiane*, Paris, 1992, 2 vol. (Bibliographie et documents sur la Louisiane.)

ORSI (René), *James Monroe contra la independencia argentina*, Buenos Aires, 1883, 190 p.

PERKINS (Dexter), *Hands Off : A History of the Monroe Doctrine*, Boston, 1941, xii-455 p. (Un travail de référence parmi la foison d'ouvrages qui traitent de la doctrine de Monroe.)

PERKINS (Dexter), *John Quincy Adams, Secretary of State*, New York, 1963, 306 p.

PUTNEY (Martha Settle), *The Slave Trade in French Diplomacy, 1814-1865*, PhD, University of Pennsylvania, 1955, xiv-303 p.

REEVES (Jesse Siddall), *The Napoleonic Exiles in America....*, 1815-1819, Baltimore, 1905, 134 p.

RIPPY (James Fred), *Rivalry of Great-Britain and United States Over Latin-America, 1808-1830*, Baltimore, 1929, 322 p.

RIO (Angel del), *La mision de Don Luis de Onis en los Estados Unidos (1809-1819)*, New York, Barcelona, 1981, 289 p.

ROBERTSON (R. S.), *France and Latin-American Independence*, Baltimore, 1939.

SCHURTZ (Carl), *Henry Clay*, New York, 1887, 2 vol.

SETSER (Vernon G.), *The Commercial Reciprocity Policy of the United-States, 1774-1829*, New York, 1969, xi-305 p., 1re éd. 1937.

STEVENS (John Austin), *Albert Gallatin*, Boston, 1884, 423 p.

TATUM (Edward H.), *The United States and Europe, 1815-1823 : A Study of the Background of the Monroe Doctrine*, Berkeley, 1936, 2e éd. 1967, x-315 p.

TEMPERLEY (Harold), « French Designs on Spanish America », *English Historical Review*, 1925, p. 34-53.

VARG (Paul A.), *United-States Foreign Relations, 1820-1860*, East Lansing (Michigan State University), 1979, xv-315 p.

WALKER (Willis Harry), *Franco-American Commercial Relations, 1820-1850*, Hays, 1931, 155 p.

WARD (Sir Adolphus William), ed., *The Cambridge History of British Foreign Policy, 1783-1919*, Cambridge, 1923, 3 vol.

WEBSTER (Charles K.), *The Foreign Policy of Castlereagh, 1815-1822*, London, 1947, xiv-618 p., 1re éd. 1925.

WHITAKER (Arthur Preston), *The United States and the Independence of Latin-America, 1800-1830*, New York, 1962, 1re éd. Baltimore, 1941, xx-632 p.

4.2.3. L'ambassade au Portugal

ALMEAL (João) et CAVALHEIRO (Rodrigues), *Erratas a historia de Portugal : de D. João V a D. Miguel*, Porto, 1939.

BABO (Carlos), *As lucas liberaes*, Porto, s.d., 64 p.

BERTIER DE SAUVIGNY (Guillaume de), « Un dossier de lettres inédites de Chateaubriand », *Revue d'histoire moderne et contemporaine*, 1956.

BERTIER DE SAUVIGNY (Guillaume de), « Metternich et la chute de Chateaubriand en 1824 », *Revue d'histoire diplomatique*, 1957, p. 7-14.

BOTTINEAU (Yves), *Le Portugal et sa vocation maritime*, Paris, 1977, 453 p.

CAETANO (Marcelo), *Historia breve das constituições portuguesas*, 2e éd., Lisboa, 1968, 136 p.

CARVALHO (Maria Amalia Vaz de), *Vida do duque de Palmella*, Lisboa, 1898-1903, 3 vol.

CHEKE (Markus), *Carlota Joaquina, Queen of Portugal*, London, 1947.

COELHO (Posidonio M. Laranjo), *Mousinho da Silveira*, Lisboa, 1918, 188 p. (Biographie du Directeur des Douanes, particulièrement lié avec Hyde de Neuville.)

DALBYAN (Denise), *Dom Pedro, Empereur du Brésil, roi de Portugal, 1798-1834*, Paris, 1959.

IIAMS (Thomas M.), « Du traité de Paris à la conférence de Vérone : la rude remontée de la diplomatie française », *Revue d'histoire diplomatique*, 1969, p. 128-141.

LIVERMORE (Harold Victor), *A New History of Portugal*, Cambridge, 1966, XI-365 p.

MARQUES (Antonio Henrique de Oliveira), *Historia de Portugal*, Lisboa, 1972-1973, 2ᵉ ed. 1978, 2 vol.

MARTINS (Francisco José Rocha), *A Abrilada (1824)*, Lisboa, [1934], 36 p.

NORONHA (J.), *A Alianza ingleza*, Lisboa, 1916, 44 p.

PEREIRA (Angelo), *Os filhos de el rei D. Joâo VI*, Lisboa, 1946, 583 p.

PERES (Damiâo), *Historia de Portugal*, Porto, 1928-1954, 9 vol.

SA (José Victor de), *La Crise du libéralisme et les premières manifestations des idées socialistes au Portugal (1821-1852)*, Paris, 1968.

SERRAO (Joaquim Verissimo), *Historia de Portugal*, Porto, 1977-1989, 12 volumes. (Voir notamment : vol. 7, *A instauraçao de liberalismo : 1807-1832*, 1984, 541 p.)

SERRAO (Joël), dir., *Dicionario da historia de Portugal*, Lisboa, 1963-1971, 4 vol.

SILBERT (Albert), « Le Portugal, l'Angleterre et la France en 1823-1825 : économie et politique », *Revista de historia*, n° 100, Sâo Paulo, 1974.

TEMPERLEY (Harold), *The Foreign Policy of Canning, 1822-1827*, London, 1925, XXIV-636 p.

WARD (Sir Adolphus William), ed., *The Cambridge History of British Foreign Policy, 1783-1919*, Cambridge, 1923, 3 vol.

INDEX

A

Abrilada, 164, 166-169, 171-172
A'COURT (William), 172
ADAMS (John Quincy), 82, 84-85, 111, 121, 125, 127, 131, 136-139, 143-144, 147, 149, 151-155
Agence anglaise, 23-31, 33-36
Agence souabe, 29, 35
AGIER (François-Marie), 195, 198
Agiotage, 187
ALCOCK (Michael), 3 *n*, 4
Alger, 202-203, 207-208
Alligator, 146, 148-149
Amélia (Ile), 136
American philosophical society, 58, 75 *n*
Amérique du Sud, 123, 130-132, 140-144
ANDIGNÉ (Louis, Marie, Auguste Fortuné, chevalier d'), 21-22, 29
ANDRÉ (d'), 30
ANDRÉVILLE (d'), 25
Angelica (N.Y.), 45, 48-49, 79-80, 104
ANGELUCCI (Jean-Baptiste), 122
ANGOULÊME (duc d'), 106
ANGOULÊME (duchesse d'), 112
Apollon, 146-147
L'Aristarque, 200
ARTOIS (comte d'), 12, 15, 21-26, 29, 31-33, 35, 36, 111, 115-116, *voir aussi* Charles X
Association paternelle des chevaliers de Saint Louis, 112
Atala, 91
AUBIGNÉ (G. Merle d'), 127, 130
AUTREMONT (d'), 82
Autriche, 165
AVARAY (comte d'), 35, 98

B

Badajoz, 170-171, 173
Bagnes, 189
BALBI (comtesse de), 15

BALLANCHE (Pierre-Simon), 196
Ballston (N.Y.), 45, 79, 88
BANCEL (Victor), 77
BANVILLE (Rose de), alias Jeanne d'Arc, 25
BARBÉ-MARBOIS (François, marquis de), 92
BARDONNET (vicomtesse de), 45 *n*, 55
BARTHÉLÉMY (François, marquis de), 34
BAUDUY (Mme), 48, 49 *n*
BAUDUY (Peter), 52, 81
BEAUJOUR (Félix de), 90
BELLUNE (le maréchal Victor, duc de), 212
Bemposta, 167-168
BERESFORD (maréchal), 159, 166, 169
BERNADOTTE (général), 105
BERRY (duc de), 31, 33, 145, 177, 196
BERRY (duchesse de), 212-213
BERRY (Paul), pseud. de HYDE DE NEUVILLE, 24
BERRYER (Pierre-Antoine), 212-214
BERTIN DE VAUX (Louis-François), 16, 104, 198, 200 *n*, 201
BERTHIER (général), 39
BEUGNOT (comte), 109
BILLARD DE VAUX, 28
BLACAS D'AULPS (Pierre, comte, puis duc de), 98, 109
Blocus continental, 119
BOGGS (Robert), 51
BOIGNE (comtesse de), 15
BOISGIRARD, 28
BOISSY D'ANGLAS, 34
BOLIVAR (Simon), 129
BONALD (Louis de), 182-183, 195-196
BONAPARTE (Napoléon), 13-15, 17-18, 20-23, 29, 35-36, 38-39, 44, 46-47, 64-65, 94, 105, 109-111, 119-120, 128-129, 132, 135-136, 152
BONAPARTE (Joseph), 128-132
Bonapartistes, 115-116, 119, 122, 124, 127-134

BORDEAUX (duc de), voir CHAMBORD
(comte de)
BOUILLON (prince de), 25
BOURBON (duchesse de), 111
Bourges (collège royal de), 6
BOURGOING (Adolphe de), 216
BOURMONT (Louis, comte de), 22, 25,
31-33
BOWYER (Jane), 69
Brest (plan d'insurrection de), 32-33,
35
Brésil, 144, 155, 158-159, 164-165
BROGLIE (Achille Léon Victor, duc
de), 199
BROTTIER (abbé), 13
BROWN (professeur), 58 n
Buenos Aires, 142-143
Buffalo (N.Y.), 45, 89
BUTLER (Henri, comte de) 29
BURKE (Edmund), 24

C

CABARUS (Mˡˡᵉ), 17
Cadix, 160
CADOUDAL (Georges), 22, 28, 31-33,
35-37
CALHOUN (John Caldwell), 145
CALONNE (Charles-Alexandre de), 4,
19
Campo-Formio (traité de), 23
CANNING (George), 142, 157-158,
171-173, 207
CARON, parfumeur, 28
CARBON, chouan, 36
CARLOTA-JOAQUINA, reine du
Portugal, 159, 162, 167-168, 172
CASTLEREAGH (Robert Stewart,
vicomte), 112
Cayugas (Indiens), 45, 89
CAZENOVE (Théophile), 48
Centre droit, 196
Centre gauche, 208
CÉSAR, 65
CEVALLOS (Dom Pedro), 136
CHABROL, (André Jean de Crouzol,
comte de), 112
CHAMBORD (comte de), 213-214
Champ d'Asile, 130-132
CHAMPAGNY (Jean-Baptiste de
Nompère de), 29
CHAPTAL (Jean-Antoine), 29
CHARETTE (François de), 12
CHARLES Iᵉʳ d'Angleterre, 64
CHARLES VI d'Espagne, 213
CHARLES X, roi de France, 201, 210
Charte, 113-115, 178, 183 n, 184-185,
199, 211, 212 n

CHATEAUBRIAND (Céleste de), 183 n,
196-197, 216
CHATEAUBRIAND (François-René,
vicomte de), VIII, 18, 20, 39, 44, 61,
88, 90-91, 99, 116, 142, 157-158,
163-165, 169-171, 173-174, 183 n,
186, 194-198, 200-202, 208-210,
212-213, 216-217, 220
CHAVÈS (marquis de), 166
Cherbourg, 202
CHEVERUS (Évêque de Boston), 74,
180 n
CHOTTARD (Mᵐᵉ), 55
Chouannerie, 12, 21-22, 24-26, 28,
31-32, 36
CHURCH (Catherine), voir CRUGER
(Mᵐᵉ)
CHURCH (John Barker), 79
CHURCH (Philip), 79-80
CLAUSEL (Bertrand, général comte),
128, 130
CLAY (Henry), 138, 144-145
CLÉMENT, 27, 38
Clichy (club de), 15
CLINTON (DeWitt), 49 n, 58 n, 71-72,
74-75
CLINTON (Georges), 75
COCNACQ (Dr), 56, 75
COIGNY (Jean-Philippe de Franquetot,
chevalier de), 21-22, 24, 30 n, 34-35
Colonies, 148, 204-207
Columbia (District of), 49
Compagnons de Jésus, 12
CONDÉ (prince de), 43, 111
CONDORCET (Mᵐᵉ de), 17
Confédération napoléonienne,
130-132
CONCNANY (D'), 56
Congrégation, 181
Congrès américain, 84, 144-145
Conseil d'amirauté, 203
CONSTANT (Benjamin), 208
Constantinople, 157
Consuls aux États-Unis, 122-125
Contre-police, 24, 26-27
Contre-opposition, 198-202
Convention de commerce de 1822
entre la France et les États-Unis, 85,
125, 144-147, 150-156
CORDAY (Charlotte), 65
Correspondance contre-révolution-
naire entre Londres et Paris, 24-25,
32, 35
COTTIN (Mᵐᵉ), 17
CRAWFORD (William H.), 144-145, 147,
155
CROIXMARE (Émilie de), 25
CROMWELL, 64-65

CRÉNOLLES (Anne-Louis Quengo de), 22, 24-25, 34
CRUGER (Peter Bertram), 74, 80-81, 84
CRUGER (Mme Peter B.), née CHURCH Catherine, 80-81, 83-84
CRUGER (Henry), 74, 80
Cuba, 48, 69-70, 83
CUVIER (Georges, baron), 57

D

DA PONTE (Lorenzo), 66
DAMAS (Anne, baron de), 184, 199
DAMAS (comtesse de), 14-15, 33, 35
DASCHKOFF, consul général de Russie aux États-Unis, 124
Défection, 185, 198-201, 208, 211
DELALOT, 198, 201
DELORMERIE, 52
Demopolis, 130
  voir Champ d'Asile
DESNOUES (Joseph), 67, 75
DESSOLLES (Jean, marquis), 142, 152, 154
DIERHOF (Frédéric), *voir* DUPÉROU
Doctrine de Monroe, 144
DORNIN (Bernard), 67
DOUAU (Mme), 69
DUBOIS, pseud. de COIGNY
DU BOUCHAGE (vicomte), 32-33, 112
DU CAYLA (Mme), 158
DUCHÂTEL (Charles Marie Tanneguy, comte), 34
DUMAS (Mathieu), 34
DUNDAS (Henry), 30
DUPÉROU (Louis), 24
DUPLANTY (Gabriel), 55
DU PONT (Amélie) fille de Victor, 81, 97
DU PONT (Éleuthère-Irénée), 49, 52, 80-82
DU PONT (Victor, frère d'Éleuthère-Irénée), 45-46, 48-49, 51-52, 55-56, 79-84, 87, 103, 105, 133
DU PONT (Mme Victor), née Gabrielle-Joséphine de la Fite de Pelleport, 48, 55-56, 67, 80-83, 133, 180
DUPONT DE NEMOURS (Pierre Samuel), 81
DURAND (Dr Francis), 56
DURFORT (comtesse de), 14
DUROCHER, *voir* CRÉNOLLES
DUVERNE DE PRESLES, chef de l'agence royaliste de Paris, 13, 24, 28

E

École économique, 49, 56, 59-60, 62, 66-67, 70-77
EDGEWORTH (Richard), 17
Éducation, 61, 63, 76, 80, 92, 181, 187
Elbe (île d'), 109-111
Eleutherian Mills (Del.), 51
Émigration, 20, 43, 65, 95
Émigrés, 20, 43, 82, 94
EMMERY (Jean-Louis Claude), 29
Équipages de ligne, 204
Esclavage, 145, 205-207
Espagne, 130, 134-143, 159-160, 165, 170, 172-173, 197, 199-200, 202
ESPINVILLE (comte d'), 83
États-Unis, 43-106, 111, 117-156, 202-207
EVRARD (Dr), 56, 75
Exil, 94-97

F

FAUCHE-BOREL (Louis), 32
Fédéralisme (mouvement contre-révolutionnaire), 10
Fédéraliste (parti, aux États-Unis), 102, 118, 120
FÉNELON (François de Salignac de La Mothe), 63
Female Association, 70-71, 80
Femmes savantes, 63
FERDINAND VII, 140, 142, 159
FERDINAND D'AUTRICHE, 110
FERRAND, *voir* CRÉNOLLES
FIÉVÉE (Joseph), 16, 18, 20, 99, 186
Fièvre jaune, 56
FIGARO, 62
FITZ-JAMES (Édouard, duc de), 183 *n*, 212-213
Florence, 110
Florides, 135-140, 147
FOUCHÉ (Joseph), 17, 29, 36, 39, 44, 46-47, 113
FOURCROY (Antoine-François), 57
FRAMERY, 123
Free school society, 71-75
FROTTÉ (Louis, comte de) 32
Fructidor (coup d'État du 18), 12
FURET (Le), *voir* HÉRICARD DE THURY

G

GALLATIN (Albert), 126, 139, 145, 152-155
Gand, 112
Gand (traité de), 111, 121, 153
GARNETT (John), 84

GAU, 34
GENÊT, ministre de France aux États-Unis, 118
GESTAS, consul de France à Rio de Janeiro, 165
GENLIS (Mme de), 63
GIRARD (Anthony), 81
GIRARDIN (Émile de), 216-217
GODARD (Étienne, abbé), 28, 33, 35
GOHIER (Louis), 27
Gonesse, 113, 194
GORDON (général), 25
Grande-Bretagne, 3-4, 12-13, 19-36, 109, 111-112, 121, 137, 139-140, 142-143, 147-151, 153, 158-174, 202, 207
Grèce, 200
GROUCHY (maréchal), 133
Guadeloupe, 205
GUILLEMIN, consul de France à la Nouvelle-Orléans, 123, 130
GUIZOT (François), 199
Guyane, 205

H

Haïti, 142, 199, 204, 206
    voir Saint-Domingue
HAMILTON (Alexander), 79, 94
HARCOURT (marquis d'), 14
HENRI V, voir CHAMBORD (comte de)
HÉRICARD DE THURY, dit le Furet, 25
HÉRICOURT (Guillaume Merle d'), 82
HORACE, 61
HOSACK (David), 58
HOSTIN (Jane), 77
HOUDETOT (Mme d'), 49, 79, 84, 94
Hudson (rivière), 88
HUMBOLDT (Alexander, baron Von), 60, 98
HYDE (Edward, comte de Clarendon), 3
HYDE (Guillaume), père de G. Hyde de Neuville, 3-5, 7, 9
HYDE (Marie, née Roger), mère de G. Hyde de Neuville, 3-4, 7, 18, 37-38, 49
HYDE DE NEUVILLE (Anne-Marguerite-Henriette, née Rouillé de Marigny), 5, 11-12, 17-18, 39, 45, 47, 51, 53, 56, 76, 80-84, 87-88, 105, 145, 180, 217
HYDE DE NEUVILLE (Paul), 5, 39, 48-50, 84, 94, 211

I

Indemnités américaines, 119, 146, 150-152

Indiens, 45, 87-92
Infirmerie Marie-Thérèse, 216
L'Invisible, 27, 29
ISSELIN (Mme), 82
Italie, 110-111, 117
ITURBIDE (général), 142

J

JACKSON (général Andrew), 136
JAY (Antoine), 104-105
JAY Treaty, 118
JEAN Ier, roi du Portugal, 158
JEAN VI, roi du Portugal, 144, 157-173, 177, 216, 219
JEANNE D'ARC, 65
JEFFERSON (Thomas), 46, 49, 79, 84, 94-95, 145, 151
Jersey, 25
Jésuites, 181
Jeux de hasard, 187
JOAO (Dom), voir Jean VI.
JOBERT, gardien du Temple, 10
JOUBERT, voir MARGADEL
Journal des dames, 56-57, 59-67, 69, 71, 75, 90, 95-97
Journal des débats, 104, 198, 200
JOSÉPHINE (impératrice), 14-15, 17, 22
JUNOT (général), 158

K

KERGORLAY (comte de), 195
KING (Rufus), 84, 155

L

LABICHE DE REIGNEFORT, 73
LABORIE, 196
LA BOURDONNAYE (François-Régis, comte de), 114, 184, 193, 198, 200, 208
La Charité-sur-Loire (Cher), 3-5, 16, 37-38, 46, 215
LA CHÂTRE (comte de), 112
LACRETELLE (Charles-Joseph), 16
LA FERRONNAYS (Auguste Pierre Marie Ferron, comte de), 209
LAFOND-LADÉBAT, 34
LA HARPE (Jean-François de), 60
LAINÉ (Joachim, comte), 114, 196, 216
LAKANAL (Joseph), 132
LALLEMAND (général), 128, 130-131
LA MAISONFORT (marquis de), 109, 114
LA MAISONFORT (marquise de), 14
LAMARTINE (Alphonse de), 216

LAMBRECHT (Charles-Joseph-Mathieu, comte de), 17
LANCASTER (Joseph), 71
LANGLADE (abbé de), 28
LA ROCHEJAQUELEIN (comtesse de), 212 n
LARUE (Armand de Saint-Léger de), 94-95
LARUE (Isaac-Étienne, chevalier de), 12, 16-17, 29, 32, 38
LA TRÉMOILLE (princesse de), 47, 96, 98, 102, 195
LAVAL (duc de), 138
LAVILLE-HEURNOIS, chef de l'agence de Paris, 13
LEBRUN (Charles-François), 26
LEE (William), 126
LEFEBVRE-DESNOUETTES (général), 128, 130, 133
LELOIR, 142
LEMERCIER, acteur, 11
LE MERER, 31 n
Lestang ('Nièvre), 5, 11, 17, 38, 211, 215
LIANS (Mme des), 25
LIMOÈLAN, 36
LINOIS (amiral), 28
Littérature, 59-61, 98
LIVINGSTON (Robert), 135
Livourne, 110-111
LOMBARD (J.-B.), 73, 75-76
Londres, 15, 21-22, 24, 26
LOUÏE (marquis de), 166
LOUIS XVI, 10, 20, 26-27, 64, 105, 177-178, 217
LOUIS XVIII, 21, 23, 29-31, 35, 105-106, 110-113, 121, 177
Louisiane (limites de la), 135-139
Louisiane (privilèges de la France dans les ports de la), 146, 150-152, 154-155
LOWNDES, 155 n
LUCAIN, 65
LUCGUÈS (duc de), 142

M

MAC DONALD (maréchal), 112-113
MAC NEVEN (D'), 56
MAC VICKAR (John), 72
MADISON (Président), 95, 111, 120, 126, 145
MAILLEFER, 27
MAISTRE (Jules de), 182
MALESHERBES (Guillaume de Lamoignon de), 10
MANDAROUX-VERTAMY, 216-217
MANUEL (Jacques-Antoine), 103, 193

Manufacture royale de La Charité-sur-Loire, 3-6, 37, 46
MARAT (Jean-Paul), 65
MARCELLUS (comte de), 158, 193
Marcouf (îles), 25
MARÉCHAL (Évêque de Baltimore), 180 n
MARESTIER (Jean-Baptiste), 58
MARIE-ANTOINETTE, reine de France, 9-10, 17, 64
MARIE-LOUISE, impératrice, 17
Marine, 129, 202-204, 207-208
MARIOTTI (baron), 110-111
MARCADEL (chevalier de), dit JOUBERT, 24, 26, 28, 33-34
MARGUERYE (Mme de), 14
MARTIGNAC (Jean-Baptiste, vicomte de), 201, 210
Martinique, 205
MAUGUE (Pierre), notaire à La Charité-sur-Loire, 11
Médecine, 7, 39, 55-57
Mémoires d'outre-tombe, 216-217
MENOU (Jules de), 122
MERCIER (veuve), 33
MÉRICOURT (Théroigne de), 9, 18
Mérinos, 51-52, 55
MÉRONA (comte de), 164
Mexique, 130-131, 142
MICHAUD (Joseph-François), 16, 27, 33, 195, 200-201
MICHAUD (Gabriel), 28
MICHONIS, gardien du Temple, 10
MIGUEL (Dom), infant du Portugal, 159, 162, 167-168
MILBERT (Jacques), 58
MINA (général), 130-131
Minéralogie, 57
MIRABEAU (Honoré Gabriel, comte de), 19
MIRANDA (général), 27
MITCHILL (Samuel Latham), 57-58, 72
Mohawks (Indiens), 89
MOLIÈRE, 63
De la Monarchie selon la Charte, 194-195
MONK (général), 21
MONROE (James), 85, 121, 124-128, 135, 137-139, 142, 144, 146-147, 154-155
MONTCALM (Mme de), 117-118, 157 n
MONTCHENU (baronne de), 14, 98
MONTÉMOLIN (comte de), 214
MONTESQUIOU (abbé de), 109, 211
MONTMORENCY (vicomte de), 148-150, 155, 212
MOORE (Réverend Benjamin), 73-74
MOORE (Clément Clarke), 73

Moreau (Victor, général), 37, 43, 45,
    51, 76, 79-80, 82-83, 98-101
Moreau (générale), 45, 79, 81-83
Morée, 207
Morris (Gouverneur), 118, 120
Morris (Lewis), 74
Morris (Robert), 73-74
Mouchy (Mme de), 98
Moulin (général), 27
Mousinho da Silveira, 164
Moustier (marquis de), 199
Muraine, 34
Murat (général), 109
Murray (John B.), 74

N

Napoléon, voir Bonaparte
    (Napoléon)
Napoléon III, 133
National Intelligencer, 144-145
Navarin, 207
Necker (Germaine), 17
Néron, 65
Neufchâteau (François de), 27
Nevers (Nièvre), 11, 214
New Brunswick (N.J.), 49-51, 74, 80,
    84, 96, 215
New York, 45-50, 52 n, 56, 67, 70-82,
    104
Niagara (chutes du), 44, 88-89
Nicaise (attentat de la rue), 36-37, 117
Nièvre, 10-11, 114, 211, 215
Niles Weekly Register, 120-121, 144
Noailles (Nathalie de), 39, 79, 98,
    194

O

Oneida (indiens), 45, 88-91
Onis (Luis de), 130-132, 136-138
Onondaga (Indiens), 89
Opinion, 101, 185-186
Orléans (duc d'), 142
Oudinot (maréchal), 112
Ovide, 61

P

Pache (Jean-Nicolas), 11
Pacification de la Vendée, 21-22
Palmella (comte de), 160-164,
    166-169, 171, 173
Pastoret (Emmanuel de), 16-17, 34,
    36, 39, 46-47, 49, 212
Pastoret (Adélaïde), née Piscatory,
    16-17, 36, 39, 84
Pasquier (baron), 112, 152, 155

Pedro (Dom), empereur du Brésil,
    165
Pensacola (Fl.), 136-137
Périer (Casimir), 199
Pétry, consul général de France aux
    États-Unis, 123
Phélippeaux (Antoine Le Picard
    de), 12-13
Philanthropie, 55, 59, 69-72, 74, 76, 80,
    83, 95, 145, 190-192, 196-197,
    215-216
Philosophisme, 19, 101, 178-179, 186
Pichegru (général), 12, 16, 21, 29,
    31-33, 37
Pilorge (Hyacinthe), 197
Pitt (William), 24, 34
Pittsburgh (Penn.), 79
Poisson (Mlle), 25
Polignac (Jules, prince de), 173, 180,
    211
Portal (Antoine, baron), 202
Portalis (Jean Antoine Marie), 34,
    209
Port franc de Lisbonne, 164
Portugal, 157-177
Povoa (comte de), 164
Prague, 214
Précy (Louis-François, général de), 30
Préfets maritimes, 203
Presse (liberté de la), 104, 184-186
Princeton (N.J.), 45, 87
Prisonniers pour dettes, 104, 190
Progrès, 60, 186, 206
Prouvaires (conspiration de la rue des),
    212
Provence (comte de), voir Louis
    XVIII.
Pusy (Mme veuve Bureaux de), 81-82
Puyrredon (général), 142

Q

Quakers, 80
La Quotidienne, 200

R

Racine, 6
Raritan (rivière), 49-52
Ratel (abbé), 28, 35
Red Jacket, 45, 91
Religion, 61-62, 88, 103, 179-182, 189,
    191-192, 195, 205-206
Rémusat (Charles de), 114
Renwick (James), 58

RICHELIEU (Armand-Emmanuel du Plessis, duc de), 57, 83, 114-118, 123, 126-129, 131-139, 141, 143, 148, 151-152, 154
RIGNY (amiral de), 207
ROCHEMORE (Mme de), 14, 98
Rome, 209
ROTH (Charles), 122-123, 136, 147
ROUILLÉ DE MARIGNY (Pierre-Jean), 5, 38
ROUL (général), 123, 129
ROULET (Mme), 82
ROULET (Jean S.), 82 n
ROUSSEAU (Jean-Jacques), 179
ROYER-COLLARD (Pierre-Paul), 30-31, 115, 200-201
Russie, 43, 100-101, 124, 165
RUSH (Richard), 132

S

SADLER (Eliza), 71, 80-81, 83-84, 105
Saint-Domingue, 48, 70-71, 83, 204, 206
voir *Haïti*
Sainte-Alliance, 132, 134
SAINT-MAURICE (comtesse de), 14
SAINT-PRIEST (François Emmanuel Guignard, comte de), 30
SAINT-RÉJEANT (Pierre Robinault de), 36
SALA (Adolphe), 216-217
Sancerre (Cher), 5, 215-216
Sancerre (petite Vendée de), 5
Seminoles (Indiens), 135
Seneca (Indiens), 45, 88-89
SÉRENT (comtesse de), 15
SÉRURIER, 141
SHORT (Philip), 82, 84, 94
SIMÉON (Joseph Jérôme, comte), 34
SIMON (Louis), 45-46, 51, 83, 87
Sinnamary (Guyane), 12-13, 17
SKINNER, 125-128, 151-152
SMITH (sir Sydney), 13, 19, 28, 34, 109, 111
SMITH (Samuel Harrison), 105
SMITH (Margaret Bayard), 105
S.A. du chemin de fer de la Loire, 215
Société de charité maternelle, 17
Société des amis de la liberté de la presse, 200, 208
Société pour le secours des réfugiés français, 70
Sourds-muets, 190
Sœurs de la charité, 181, 215
STAËL (Germaine de), 17
SUBSERRA (comte de), 160, 162, 166-167, 169, 172 n

Suède, 105
Syndicat des receveurs généraux, 187

T

TALLEYRAND (Charles-Maurice de), 22, 39
Terreur blanche, 120, 127
THORNTON (chevalier), 168, 172-174
TIBÈRE, 65
TISSERANT (Père), 73
TOCQUEVILLE (Alexis de), 92
Tombigbee (rivière), 130
TOUSTAIN (marquis de), 27, 36 n
Trás-Os-Montes, 159, 166
Traité de 1819 entre l'Espagne et les États-Unis, 134-140, 142-144
Traite des Noirs, 146, 148-150, 205-206
TROMELIN, détenu au Temple, 13
Turin, 110
TURREAU (général), 90, 92

U

Ultra, 103-104, 113-115, 117, 127, 182-186, 193, 195-199
Utica (N.Y.), 45

V

Vapeur (navigation à), 87, 203
VAUBADON (Mme de), 25
VAUBLANC (Vincent Marie Viénot, comte de), 34
VAUDREUIL (vicomtesse de), 15
VAUGUYON (Mme de), 25
VAUX (vicomte de), 14, 25
VAUXNOIR (de), 25, 28
Venise, 214
VIANNEY (Révérend Pierre), 28, 73
Vilafrancada, 159, 162, 165
VILLÈLE (François, comte de), 104, 142 n, 157, 170, 173-174, 184, 194, 196-201, 202 n, 208-209, 219
VIOMÉNIL (vicomte de), 184
VITROLLES, 112-113
VIVÈS (Général), 140
VOLTAIRE, 179

W

WADDINGTON (Joshua), 82
Washington (D.C.), 50, 88
WELLINGTON (duc de), 137, 207
West-Point (N.Y.), 94-95
WILKES (Charles), 72-74, 77, 81
WILLIAMS (Mme), 25
Wilmington (Del.), 49, 80, 82
WINDHAM (William), 24
XYZ (Affaire), 119

TABLE DES ILLUSTRATIONS

		Entre les pages
Figure	1. –	Portrait du baron Hyde de Neuville, par la baronne Henriette Hyde de Neuville .... XVI et 1
Figure	2. –	Dépêche de Thauvenay au comte d'Avaray, 16 septembre 1800 .... 32 et 33
Figure	3. –	Autoportrait de la baronne Hyde de Neuville, v. 1805-1810 .... 40 et 41
Figure	4. –	Le Cottage, 1813 .... 56 et 57
Figure	5. –	Angelica, hiver 1814 .... 56 et 57
Figure	6. –	Le séchoir de la manufacture d'Eleuthère-Irénée Dupont de Nemours............... 56 et 57
Figure	7. –	École économique, env. 1810-1814 .... 72 et 73
Figure	8. –	Femme de la tribu des Seneca avec son enfant, août 1808 .... 88 et 89
Figure	9. –	Chef indien de la tribu des Little Osage .... 88 et 89
Figure	10. –	Cuisinière en costume ordinaire .... 88 et 89
Figure	11. –	Costume de scrobeuse .... 88 et 89
Figure	12. –	Article VIII du traité de session de la Louisiane de 1803........... 152 et 153
Cartes 1 et 2. –	Traité de 1819 entre les États-Unis et l'Espagne........................ 152 et 153
Figure	13. –	Convention de navigation et de commerce entre la France et les États-Unis du 24 juin 1822....................... 152 et 153
Figure	14. –	Article séparé de la Convention de navigation et de commerce entre la France et les États-Unis du 24 juin 1822 .... 152 et 153
Figure	15. –	Portrait du baron Hyde de Neuville, ministre de la Marine .... 200 et 201
Figure	16. –	Minute de la démission de Hyde de Neuville au comte Molé............................ 216 et 217
Figure	17. –	Château de Lestang .... 216 et 217

TABLE DES MATIÈRES

Préface VII

Avant-propos IX

Table des abréviations XIII

Tableau généalogique XV

Première partie

LA JEUNESSE CONTRE-RÉVOLUTIONNAIRE

Chapitre premier. **Les origines** 3

   1. Les origines familiales 3

   2. La formation intellectuelle et l'éducation morale 6

Chapitre II. **L'action contre-révolutionnaire** 9

   1. Les premières années 9

   2. L'entourage et les idées 14

Chapitre III. **Le grand rôle** 21

   1. Hyde et Napoléon 21

   2. La guerre ouverte : l'agence anglaise 23

   3. La proscription 33

Deuxième partie

L'ÉMIGRATION

Chapitre I. **L'établissement aux États-Unis** 43

   1. La décision d'émigrer 43

   2. L'installation. Fortune et biens 44

   3. Les moyens de survie 51

Chapitre II. **La vie américaine** 55
  1. Le médecin du Genesee. 55
  2. *Le Journal des dames* 59
Chapitre III. **Un philanthrope à la manière américaine.** 69
Chapitre IV. **Les relations d'exil** 79
Chapitre V. **Vision de l'Amérique** 87
  1. Hyde de Neuville, observateur des États-Unis 87
  2. Un exilé malgré tout 94
  3. L'influence du spectacle américain. 101

Troisième partie

LES AMBASSADES

Chapitre I. **Initiation à la carrière diplomatique** 109
Chapitre II. **La mission aux États-Unis** 117
  1. La situation à l'arrivée de Hyde de Neuville 117
  2. Une entente d'abord difficile entre la République et la
     Monarchie 125
  3. Les difficultés de l'Espagne 134
  4. Le traité de commerce de 1822. 144
Chapitre III. **L'ambassade au Portugal** 157
  1. La situation du Portugal. 157
  2. Les premiers jalons d'une influence française 160
  3. Point culminant de l'influence française : l'Abrilada 165
  4. Le désaveu de la politique de Hyde de Neuville 169

Quatrième partie

LE DÉPUTÉ

Chapitre I. **Les idées politiques** 177
  1. Un député ultra ? 177
  2. Les idées libérales 182
  3. Les idées sociales. 187

Chapitre II. **L'homme politique** 193

1. L'action du député 193

2. Le ministère de la Marine 202

Chapitre III. **La retraite** 211

1. Les dernières luttes pour la légitimité 211

2. La retraite : agriculture et philanthropie 215

Conclusion 219

Annexes 221

N° 1. 3 décembre 1812. Hyde de Neuville à Victor Du Pont 221

N° 2. 26 janvier 1816. Instructions à Hyde de Neuville, ministre de
France aux États-Unis. 223

N° 3. Convention de navigation et de commerce de 1822 entre les
États-Unis et la France 230

N° 4. 14 octobre 1820. Instructions à Hyde de Neuville, ambassadeur de France au Brésil. 233

N° 5. 12 juillet 1823. Instructions à Hyde de Neuville, ambassadeur
de France au Portugal 239

Sources manuscrites 245

Sources imprimées 253

Bibliographie 263

Index 275

Table des illustrations 283

IMPRIMERIE NATIONALE

6420015T 💾